普通高等教育城市轨道交通系列规划教材

城市轨道交通概论

CHENGSHI GUIDAO JIAOTONG GAILUN

主　编　王明生

主　审　毛保华

人民交通出版社
China Communications Press

内容提要

本书是普通高等教育城市轨道交通系列规划教材之一。全书共十一章,内容全面,浅显易懂,系统介绍了城市轨道交通的各种知识,主要包括:城市轨道交通的概念、分类与发展历程,规划与设计基础,线路与结构,车站,车辆,车辆段,供配电系统,通信信号与行车自动控制系统,通风、环境与安全,建设投资模式及运营组织等内容。

本书可作为高等院校城市轨道交通、交通运输、交通工程等相关专业的本科生教材,同时也可供城市轨道交通设计、施工及运营管理等工程技术人员自学或培训使用。

图书在版编目(CIP)数据

城市轨道交通概论/王明生　主编.—北京:人民
交通出版社,2012.9
ISBN 978-7-114-10047-5

Ⅰ.①城…　Ⅱ.①王…　Ⅲ.①城市铁路—轨道交通—
概论　Ⅳ.①U239.5

中国版本图书馆 CIP 数据核字(2012)第 201356 号

普通高等教育城市轨道交通系列规划教材

书　　名:城市轨道交通概论
著 作 者:王明生
责任编辑:高　培　吴燕伶
出版发行:人民交通出版社股份有限公司
地　　址:(100011)北京市朝阳区安定门外外馆斜街 3 号
网　　址:http://www.ccpcl.com.cn
销售电话:(010)59757973
总 经 销:人民交通出版社股份有限公司发行部
经　　销:各地新华书店
印　　刷:北京建宏印刷有限公司
开　　本:787×1092　1/16
印　　张:17.25
字　　数:408 千
版　　次:2012 年 9 月　第 1 版
印　　次:2023 年 7 月　第 7 次印刷
书　　号:ISBN 978-7-114-10047-5
定　　价:35.00 元
(有印刷、装订质量问题的图书由本社负责调换)

前 言 Preface

城市轨道交通具有用地少、运能大、污染小、效率高等特点，能全面提升和改变一个城市的经济发展格局，促进城市交通优化组合，解决地面交通压力，还可以在一定程度上缓解国家在公共交通方面能源和人力资源紧张的状况。城市轨道交通已成为现代大城市缓解交通"两难"问题的优先或首选公共交通方式。随着"十二五"规划的制定，中国轨道交通行业迎来了空前的发展，当前我国城市轨道交通已进入快速发展时期。本书作为城市轨道交通入门教材，内容基本涵盖了城市轨道交通的所有方面，力求及时反映和概括城市轨道交通的新技术、新工艺、新理念，并兼顾全面性、系统性、思想性和新颖性，可作为高等院校城市轨道交通、交通运输、交通工程等相关专业教学用书，供全日制或在职学习的本科生使用。

本书参考了国内外城市轨道交通系统建设、规划设计、运营管理等方面的大量相关文献。第1章介绍了城市轨道交通的概念与分类以及国内外城市轨道交通的发展历程；第2章介绍了城市轨道交通的基本建设程序，线网规划编制与审批的基本方法和工作流程，线路平、纵断面设计基础；第3章介绍了城市轨道交通的轨道结构、桥梁、隧道、涵洞等的基本构造和简要施工方法；第4章介绍了城市轨道交通车站分类与设计、平面布置与结构、客流组织与诱导服务以及换乘站的设计；第5章介绍了城市轨道交通车辆的组成、类型、基本参数和各种车辆的结构；第6章介绍了城市轨道交通车辆的维修基地及其检修标准；第7章介绍了城市轨道交通牵引供电系统的构成、特点及其表征参数；第8章介绍了城市轨道交通通信与信号系统设备的组成及其功能；第9章介绍了城市轨道交通通风空调系统构成、类型、控制方式，环境影响分析与安全防护措施等；第10章介绍了城市轨道交通的建设投资模式；第11章介绍了运营组织。

本书共分11章，全书由石家庄铁道大学王明生教授主编。各章的编写分工为：第1章和第4章由石家庄铁道大学交通运输学院罗玉屏编写；第2章由石家庄铁道大学交通运输学院宋颖编写；第3章由石家庄铁道大学交通运输学院黄守刚编写；第5章和第6章由兰州交通大学交通运输学院孟伯政编写；第7章和第9章由兰州交通大学交通运输学院孙丽芳编写；第8章、第10章和第11章由中南大学交通运输工程学院李夏苗、张云丽编写。全书各章节由王明生教授进行统稿与校对。

由于编者时间和水平有限，书中若有不当或错误之处，敬请同行专家和读者批评指正。

编 者
2012 年 5 月

目　录 Contents

第5章　车辆 142

目　录

◁第1章 绪　　论

【本章概要】
　　本章介绍了城市轨道交通系统的概念、分类、发展历史、国内外现状及系统组成。通过本章学习可了解大力发展城市轨道交通的原因,城市轨道交通的基本形式及其特点,城市交通存在的问题,以及城市轨道交通的地位与作用。

◁1.1　城市轨道交通的概念与分类

1.1.1　城市轨道交通的概念

　　我国国家标准《城市公共交通常用名词术语》(GB 5655—1985)中,对城市公共交通的定义是:"城市中供公众乘用的、经济方便的各种交通方式的总称。"我们将城市中使用车辆在固定轨道上运行并主要服务于城市公共交通的轮轨交通系统称为城市轨道交通。

　　城市轨道交通是城市公共交通的骨干,它具有运量大、速度快、节能、安全可靠、污染少、省地等特点,属绿色环保交通体系,符合可持续发展的原则,特别适合大中城市。其特点具体如下。

　　(1)运量大

　　现代化的轨道交通,由于先进科学技术的运用,使列车行车密度和单列载客能力都得到大幅度的提高,从而大大提高了城市轨道交通的运输能力,能充分满足城市大客流的需要。

　　(2)速度快

　　列车采用先进的电动车组动力牵引方式,加上良好的线路条件和行车自动控制体系,列车快速运行能得到安全保障,现代城市轨道交通系统的列车运行速度较以往有了很大提高。

　　(3)节能

　　城市轨道交通为大运量客运系统,且采用了多项高新技术,在客流得到保证的情况下,其运送乘客的人均能源消耗远远低于其他任何一种城市交通方式。

　　(4)安全可靠

　　城市轨道交通线路一般采用立交方式与地面其他交通方式完全隔离,不受地面交通干扰;同时,城市轨道交通采用先进的信号安全系统来确保列车运行安全,其受气候条件影响很小,因而城市轨道交通是一种全天候的公共交通方式,安全性和准点性高,是城市公共交通方式中可靠性最强的一种。尤其是在上下班高峰时段、气候条件恶劣的时候,其优势更加明显。

（5）污染少

城市轨道交通一般采用电力牵引动力方式，列车以电力为能源产生动力，与以燃油为动力的交通工具相比，城市轨道交通没有废气污染，有"绿色交通"之称，而这正是现代城市可持续发展最为关注的环境保护问题。

（6）占地少

城市轨道交通大量采用立交形式，大大减少了对城市土地的占用；由于其运量大，乘客交通出行人均所占土地面积相对于其他交通方式更少。

城市轨道交通具有许多优点，适合交通拥挤的大中城市采用，但城市轨道交通也存在建设投入大、线路建成后不易调整、运营成本高等如下局限性。

（1）建设投入大

城市轨道交通系统采用立交方式，建设要求高，施工难度大，设备技术标准高，线路建设一次性投资额巨大。

（2）线路建成后不易调整

城市轨道交通线路的地下隧道、高架桥等都是永久性结构，建成后几乎没有调整的可能性。

（3）运营成本高、经济效益有限

城市轨道交通系统的设备和设施科技含量高、标准要求高，因此日常维修保养费用也高，运营成本居高不下；由于城市轨道交通系统有较强的公益性，无法按运营成本核收票价，极易导致运营亏损，大多数城市轨道交通系统依赖国家与地方政府、社会机构提供补贴。

1.1.2　城市轨道交通系统的分类

城市轨道交通在发展过程中，出现了许多不同的类型。按照不同的标准，城市轨道交通系统有不同的分类。

（1）按技术特征分类

根据城市轨道交通系统基本技术特征的不同，城市轨道交通系统主要分为地下铁道、轻轨交通、有轨电车、独轨系统、市郊铁路和磁悬浮系统六种类型。

①地下铁道：原始含义指修建在地下隧道中的铁路。随着地下铁道的发展，其线路布置已不只局限在地下隧道中，根据需要也可布置在地面或采用高架的方式修建，但市区内的线路还是以地下为主。地下铁道的服务范围主要集中在市区，通常简称为地铁。

②轻轨铁路：原始含义指车辆运行的线路所使用的钢轨，比重型地铁所使用的钢轨轻的铁路。由于轻轨铁路的钢轨较轻，整体技术标准低于地铁，运输能力远小于地铁，早期的轻轨一般是直接对旧式有轨电车系统改建而成。20世纪70年代后期，一些国家开始修建全新的现代轻轨系统，使得轻轨系统的行车速度、舒适程度得到了很大提高，噪声问题得到了很大改善。随着轻轨线路的高架发展，其相关技术标准也在与地铁接近，因而轻轨的运输能力也相应得到了提高。轻轨的服务范围主要连接市区与郊区，构成市区与重点郊区的大运能通道。

③有轨电车：是一种在城市道路上修建轨道并在空中架设输电系统的城市轨道公共交通系统。有轨电车通常采用地面线，有时也有隔离的专用路基和轨道，隧道或高架区间仅在交通拥挤的地带才被采用。现代有轨电车系统与性能较差的轻轨交通已很接近，但前者的建设投资较小，见效较快，运输能力相对也较小。

④独轨铁路:是车辆或列车在单一轨道梁上运行的城市客运交通系统。独轨铁路的线路通常采用高架结构,车辆则大多采用橡胶轮胎。独轨铁路适合于在地面起伏较大的城市修建。

⑤市郊铁路:是连接市区与郊区,以及连接城市周围几十公里甚至更大范围的卫星城镇的铁路。市郊铁路往往又是连接大中城市干线铁路的一部分,具有干线铁路的技术特征,如轨道钢轨通常是重型的;运营组织上通常是市郊旅客列车与干线旅客列车、货物列车混行。

⑥磁悬浮系统:磁悬浮列车依靠电磁吸力或电动斥力将列车悬浮于空中并进行导向,实现列车与轨道之间的无机械接触,再利用线性电机驱动列车运行。磁悬浮系统的轨道往往也采用轨道梁的高架结构,时速可达到 500km 以上,是当今世界最快的地面客运交通工具,具有速度快、爬坡能力强、能耗低的优点。

(2)按运输能力分类

根据城市轨道交通系统单向高峰小时运输能力的大小,城市轨道交通系统可分为大运量、中运量和低运量三种类型。

①大运量城市轨道交通系统:单向高峰小时运输能力在 3 万人次以上,地下铁道属于此种类型。

②中运量城市轨道交通系统:单向高峰小时运输能力为 1.5 万~3 万人次,轻轨铁路、独轨铁路属于此种类型。

③低运量城市轨道交通系统:单向高峰小时运输能力为 0.5 万~1.5 万人次,有轨电车属于此种类型。

1.1.3 城市轨道交通系统的组成

城市轨道交通系统由一系列相关设施组成,这些设施包括车辆、线路、车站、供电、通信信号以及环控系统等,各系统协同合作为用户提供满意服务。线路、轨道、车站、车辆、供电系统、通信信号系统和环境控制系统,是城市轨道交通系统的基本构成。

(1)线路

线路敷设方式,应根据城市总体规划和地理环境条件因地制宜选择,一般在城市中心地区采用地下线,其他地区在条件许可时可采用高架线或地面线。

城市轨道交通线路按其在运营中的作用,分为正线、辅助线和车场线。正线是车辆载客运营的线路,行车速度高、密度大,要保证行车安全和乘坐舒适,线路标准要求高;辅助线是为了保证正线运营而配置的线路,速度要求低,标准较低;车场线是供车辆检修作业用的线路,行车速度较低,线路标准只要满足场区作业即可。

(2)轨道

轨道是列车运行的基础,直接承受列车荷载,并引导列车运行。轨道结构是城市轨道交通系统的重要组成部分,一般由钢轨、扣件、轨枕、道床、道岔及其他附属设备组成。为保证列车的安全运行,轨道结构应具有足够的强度、稳定性、耐久性、绝缘性和适量弹性,且养护维修量小,以确保列车安全运行和乘坐舒适。

(3)车站

车站是旅客乘降的场所,也是城市轨道交通面向公众开放的窗口。车站的规模、设施先进程度、服务水平,也反映了城市的综合实力和科技发展水平。

车站按运营性质可分为中间站、尽头站、换乘站和折返站;按结构形式可分为地下车站、地面车站和高架车站;按车站与轨道的相对位置又可分为岛式站台车站和侧式站台车站。

(4)车辆

城市轨道交通车辆主要是指地铁车辆和轻轨车辆,它们是城市轨道交通系统最重要的设备,也是技术含量最高的机电设备。车辆作为旅客运载工具,不仅要保证运行安全、可靠、快速,而且应考虑乘客的舒适和方便程度,以及满足公共交通所需的大容量。

车辆分为动车、拖车,带司机室、不带司机室等多种形式。地铁车辆(无论是动车还是拖车)主要由车体、转向架、牵引缓冲装置、制动装置、受流装置、车辆内部设备、车辆电气系统等几部分组成。

(5)供电系统

电能是城市轨道交通系统必需的能源,几乎所有的设备都离不开电力供应,一旦供电中断,整个轨道交通运输将陷入瘫痪状态,安全、可靠的供电系统是城市轨道交通系统正常运营的重要条件和保证。

供电系统一般包括牵引供电系统和动力照明供电系统。牵引供电系统为电动车辆运行提供电能,由牵引变电所和牵引网组成;动力照明供电系统提供车站和区间各类照明、扶梯、风机、水泵等动力机械设备电源,以及通信、信号、自动化等设备电源,其由降压变电所和动力照明配电线路组成。

(6)通信信号系统

城市轨道交通具有高速度、高密度、短间隔的特点,其信号系统从传统的以地面信号为主发展到自动监控列车速度和自动调整列车追踪间隔的方式。信号系统按功能分为自动闭塞、联锁、列车自动监控系统、列车自动防护系统和列车自动运行系统等几个部分。

城市轨道交通具有自成体系的独立完整的内部通信网,由光纤数字传输系统、数字电话交换系统、闭路电视系统、无线调度系统以及车站广播系统等组成,以保证迅速、准确、可靠地传递和交换语音、图像、数据信息。

(7)环境控制系统

城市轨道交通环境控制系统(以下简称环控系统)是城市轨道交通系统的重要组成部分,它关系到乘客旅行安全和旅途心情。早期地铁在隧道内运行较少考虑环境问题,乘客必须忍受高温、高湿及污浊的空气,随着经济和社会发展水平的提高,乘客对乘车环境有了更高要求,地铁系统中开始增设环控系统。环控系统主要包括地铁通风、空调和采暖等设备。

◀1.2 城市轨道交通的发展历程

城市轨道交通的雏形是轨道公共马车。把马车放在钢轨上行驶,可以提高运行速度及平稳性,还可以利用由多匹马组成的马队来提高牵引力,增大车辆规模,降低运输成本及票价。世界上第一条马拉的城市街道铁路于1832年在美国纽约的第四大街开始运营,但直到1855年,随着轨道安装成本下降,同时街道上有轨车辆交通与无轨车辆交通的相互干扰问题得到解决,这种有轨道的马车才开始大规模地替代公共马车。

虽然马车铁道比公共马车有了很大的改进,但随着城市人口及车辆数量的增加,平交道口出现了交通阻塞,这一问题在较大的城市中非常严重。因此,需要通过立交形式的快速交通系统来避免铁道上或其所在街道上的拥挤。同时,人们考虑采用机车代替马车进行牵引,进一步提高车辆运行速度。

1.2.1 地下铁道的发展

1863～1900 年间,英国的伦敦和格拉斯哥、美国的芝加哥和波士顿、匈牙利的布达佩斯、奥地利的维也纳以及法国的巴黎,共 5 个国家的 7 座城市率先建成了地下铁道。

1863 年 1 月 10 日,世界上第一条地铁线路在英国伦敦建成通车,线路全长 6.4km,采用明挖施工法建造,列车由蒸汽机车牵引。1892 年 6 月 6 日,芝加哥建成了世界上第二条蒸汽驱动地铁。但由于蒸汽机车在地下隧道内产生大量的蒸汽和烟雾,且不易扩散,乘行环境不佳,直到 1890 年 12 月 18 日,伦敦建成开通世界上第一条电气化地铁,线路走向从威廉王子街到斯托克威尔,长度为 5.23km,此后,地铁才开始在欧美发达国家发展起来。芝加哥于 1895 年建成了电气化地铁;1896 年匈牙利的布达佩斯建成了欧洲大陆第一条电气化地铁;同年 12 月,英国的格拉斯哥开通一条 10.6km 长的地下环线(其最初由电缆驱动,不久便改造为电力驱动,系世界上第五条电气化地铁);1897 年波士顿建成世界上第四条电气化地铁;1900 年巴黎建成世界上第六条、欧洲大陆第二条电气化地铁。

1901 年 12 月 10 日,纽约建成世界第七条蒸汽驱动地铁,该条铁路直到 1904 年 10 月 27 日才实现电气化。1902 年 2 月 18 日柏林建成世界第八条、欧洲大陆第三条电气化地铁。

20 世纪上半叶,东京、莫斯科等几座城市相继修建了地铁。截止到 1963 年的 100 年间,世界上建有地铁的城市共有 26 座。1964 年到 1980 年的 17 年中又有 30 座城市修建了地铁,到 1985 年世界上大约共有 60 座城市正在有计划地修建地铁,当时全世界地铁的运营里程总计 3000km。到 2000 年,全世界有 127 座城市修建了合计 6000 多公里地铁。目前地铁运营线路超过 100km 的城市已有十多个,其概况如表 1-1 所示。

运营线路超过 100km 的城市地铁概况　　　　　表 1-1

城市	城市人口（万人）	区域人口（万人）	线路（km）	地下线路（km）	高架线路（km）	地面线路（km）	车站（个）	供电（V）	受流方式
纽约	730	1330	436	253	129	75	501	DC625	三轨
伦敦	670	—	398	16.3		235	273	DC600	三轨
巴黎	210	1020	192	177	13.7	1.1	429	DC750	三轨
莫斯科	880		220	184	36	—	143	DC825	三轨
东京	840	1190	218	174	24	20	206	DC1500	三轨/架空线
芝加哥	300	700	163	18	85	60	143	DC750	三轨
墨西哥	2000	—	141	103	10	28	125	DC750	两导向杆
柏林	260	438	191	114	3	74	180	DC780/600	三轨

城市	城市人口（万人）	区域人口（万人）	线路（km）	地下线路（km）	高架线路（km）	地面线路（km）	车站（个）	供电（V）	受流方式
首尔	1020	1350	116	116	—	—	102	DC1500	三轨
马德里	320	400	113	105	3	5	137	DC600	架空线
华盛顿	60	300	112	62	10	40	64	DC750	三轨
斯德哥尔摩	66	160	105	62	—	—	99	DC650/750	三轨
大阪	260	—	104	93	11		98	DC750	三轨/架空线

1.2.2　轻轨的发展

轻轨是从旧式有轨电车发展演变而来的。过去，国外许多城市发展快速轨道交通系统以地下铁道为主，但地下铁道昂贵的造价，又使许多城市对地铁望而生畏。从20世纪70年代开始，欧洲和北美的一些国家对20世纪30年代后被纷纷拆除的旧式有轨电车系统产生了浓厚兴趣，这些国家通过对旧式有轨电车系统的技术改造，建成了一种全新的轻轨系统。

1978年3月，国际公共交通联合会（UITP）在比利时首都布鲁塞尔召开会议，会上确定了新型有轨电车交通的统一名称，其英文名称为 Light Rail Transit，简称"轻轨"，英文缩写为 LRT。

据统计，至20世纪90年代初期，已经有欧洲的十几个国家，北美洲的美国、加拿大，亚洲的日本、中国、菲律宾，以及非洲的突尼斯等国家建成轻轨系统，轻轨线路的总长约有1300km。各国轻轨线路概况见表1-2。同地铁的发展一样，轻轨的建设也朝着多元化方向发展。在多元化的轻轨技术标准系列中，处于高、低两端技术标准位置的分别是准地下铁道和新型有轨电车系统。

各国轻轨线路概况　　　　表 1-2

国 家 名 称	线路数量（条）	国 家 名 称	线路数量（条）
加拿大	4	德国	62
美国	25	荷兰	6
墨西哥	3	英国	6
巴拉圭	1	比利时	5
阿根廷	1	法国	8
巴西	4	奥地利	7
瑞典	4	瑞士	9
挪威	2	意大利	6
斯洛伐克	3	西班牙	3
波兰	14	葡萄牙	3
捷克	7	突尼斯	1
芬兰	1	阿塞拜疆	2
爱沙尼亚	1	哈萨克斯坦	5

国 家 名 称	线路数量(条)	国 家 名 称	线路数量(条)
拉托维亚	3	亚美尼亚	1
俄罗斯	71	埃及	2
贝拉如斯	4	南非	1
乌克兰	25	土耳其	3
罗马尼亚	15	印度	
波斯尼亚	1	中国	3
克罗地亚	2	朝鲜	
塞尔维亚	1	菲律宾	1
保加利亚	1	日本	18
匈牙利	4	澳大利亚	4
格鲁吉亚	1	马来西亚	1
乌兹别克斯坦	1		

1.2.3　其他城市轨道交通形式的发展

(1)独轨交通的发展

独轨交通是以单一轨道支承或悬挂车厢并提供导向作用而使车辆运行的轨道交通系统。1824 年英国人亨利·帕尔默(Henry Palmer)在伦敦码头区布设独轨系统轨道来运载货物,是世界上第一个独轨系统,当时的轨道采用木制,该系统将车厢跨坐在木轨上并用马匹拉动车厢。

1888 年法国人夏尔·拉蒂格(Charles Lartigue)在爱尔兰建造了一条 15km 跨座式客货两用独轨系统,由蒸汽机带动,是世界上第一个动力式独轨系统。1901 年德国人欧根·朗根(Eugen Langen)在伍珀塔尔市沿着贯穿市区的河谷,建成了悬挂式独轨系统。1952 年,瑞典人阿尔塞尔·莱昂纳特·文纳·格伦(Axel Leonart Wenner Gren)试验成功新型跨座独轨系统,其以钢筋混凝土建造轨道梁,被称为 ALWEG 型独轨系统,是现代独轨系统的主流技术之一。

20 世纪 80 年代后期,欧洲的独轨交通开始进入城市轨道交通体系。

(2)新交通系统的发展

新交通系统指自动导轨运输系统,泛指无人驾驶车辆在专用路权及自动化控制条件下行驶的新型运输系统。

1963 年美国西屋电气公司在匹兹堡附近的南区公园展示了世界上第一个自动导轨运输系统,其由混凝土轨道、钢制导向梁构成轨道结构,由电脑控制中心集中控制所有系统运行。

1973 年日本车辆制造株式会社的两辆"VONA"(Vehecles of New Age)在千叶县的谷津

游园开通启用,是日本最早的自动导向交通(Automated Guideway Transit, AGT)系统运输工具,20世纪70年代中期,日本掀起AGT技术研究热潮,产生了8个机种,多为群体快速输送系统。

1983年法国北方里尔的城市中运量轨道交通系统VAL(法文"Vehicle Automatique Leger")正式通车,使法国成为世界第一个拥有全自动城市轨道交通系统的国家。

(3)磁悬浮铁路的发展

日本从1962年起开始研究试验超导磁斥式磁悬浮系统。1975年日本着手修建宫崎试验线,1977年日本对倒T形导轨和跨座式ML500型试验车进行了无人驾驶试验。1979年12月日本实现517km/h的世界磁悬浮系统最高运行速度。

德国从20世纪70年代开始研制磁悬浮列车,采用常导磁吸式。1974年德国研制的TR04型磁浮车,采用异步短定子,最高时速为250km。1983年德国推出的TR06型磁浮列车,采用同步长定子,最高时速为400km。

1984年4月,英国开通从伯明翰机场到国际火车站的低速磁悬浮列车,该线路为高架复线,由于速度较低,采用常导磁吸式和直线异步电机推进,浮起高度恒定,为15mm。

2002年12月31日中国上海磁悬浮列车示范线开通试运营,这是至今世界上第一条高速磁悬浮铁路商业运行线路,其采用了德国蒂森克虏伯—西门子的技术。

1.2.4 世界城市轨道交通的发展阶段

到2000年,全世界已有43个国家或地区的120多个城市修建了城市轨道交通系统,总运营里程超过了7000km。世界城市轨道交通经历了一个曲折的螺旋式上升的发展历程,可以分为以下几个阶段。

(1)初步发展阶段(1863~1924年)

1863年世界上第一条地铁在伦敦建成通车,列车采用蒸汽机车牵引,线路全长约6.4km。这一阶段,欧美城市的地铁发展较快,英国的伦敦和格拉斯哥,美国的纽约、波士顿和费城,匈牙利的布达佩斯,奥地利的维也纳,法国的巴黎,德国的柏林和汉堡以及西班牙的马德里等13个城市相继修建了城市轨道交通。20世纪20年代后,美国、日本、中国等国的有轨电车发展很快。

(2)停滞萎缩阶段(1925~1949年)

第二次世界大战的发生以及欧美汽车工业的发展和普及,致使城市轨道交通发展停滞不前。由于私人汽车的灵活性和便捷性,私人汽车成为主流交通工具。城市轨道交通因投资大,建设周期长,发展缓慢。这一阶段只有东京、大阪、莫斯科等5个城市建成了地铁;而有轨电车的很多线路被拆除,如美国在1912年有370个城市建有有轨电车,到了1970年只有8个城市保留了有轨电车。

(3)再发展阶段(1950~1969年)

随着汽车数量激增,城市道路开始堵塞,行车速度下降,同时汽车交通带来的空气污染、噪声、能耗、停车位等问题日益严重,城市轨道交通因此得到了重新重视和再发展,并从欧美扩展到日本、中国、韩国、巴西、伊朗、埃及等其他国家。这期间有加拿大的多伦多和蒙特利尔、意大利的罗马和米兰、前苏联的列宁格勒和基辅以及中国的北京等17个城市新建了地铁。

(4)高速发展阶段(1970 年至今)

这一时期世界范围内城市化进程加快,人口向城市集聚,世界上很多国家都确立了优先发展城市轨道交通的方针,各种技术的发展也为城市轨道交通的发展奠定了良好的基础,各大城市均将轨道交通纳入城市长远发展规划。发展中国家也在积极发展城市轨道交通。近几年,又有 40 多个城市修建了地铁、轻轨和其他轨道交通。

目前,地铁运营线路长度排名前 10 位的城市依次为纽约、伦敦、巴黎、莫斯科、东京、芝加哥、墨西哥城、柏林、波士顿、圣彼得堡。图 1-1、图 1-2 分别为纽约、伦敦的地铁线网示意图。

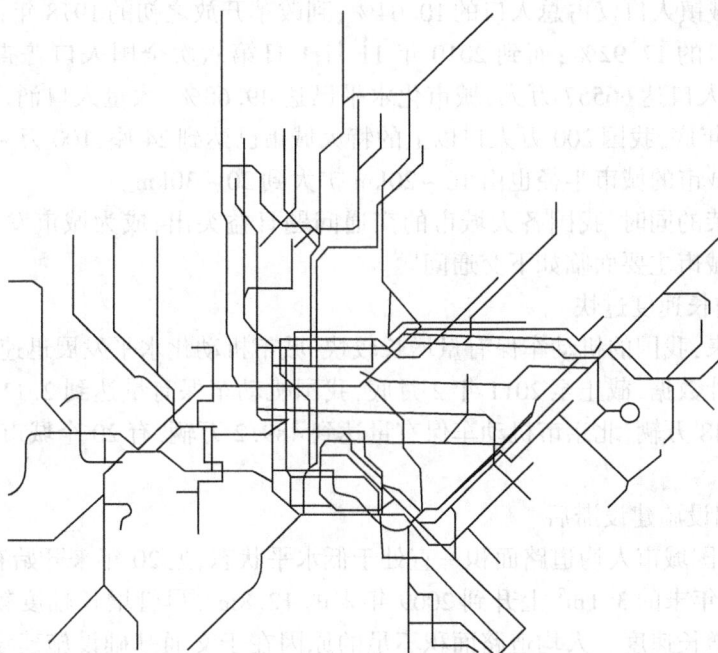

图 1-1　纽约地铁线网示意图

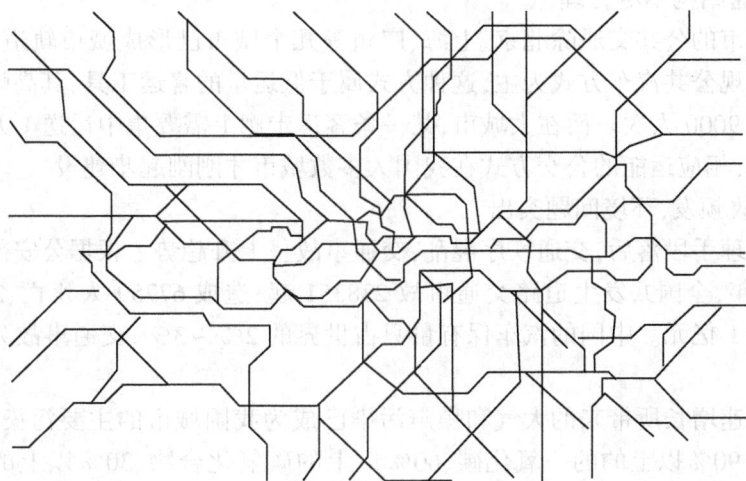

图 1-2　伦敦地铁线网示意图

1.3　我国城市轨道交通的发展

1.3.1　我国城市交通现状

随着经济建设飞速发展,我国经济实力显著增强,城市化进程逐步加快。新中国成立之初的1949年,我国城镇人口仅占总人口的10.64%;到改革开放之初的1978年,我国城镇人口也只发展到占总人口的17.92%;而到2010年11月1日第六次全国人口普查日,我国总人口13.39亿人,城镇人口达66557万人,城市化水平已达49.68%,大量人口涌入城市,城市人口急剧增加。2009年底,我国200万人口以上的特大城市已达到24座,100万~200万人口的大城市有35座,大城市的城市半径也由10~20km扩大到20~30km。

社会经济繁荣的同时,我国各大城市的交通问题日益突出,成为城市发展面临的主要问题。目前我国大城市主要面临如下交通问题。

(1)机动车增长速度过快

改革开放以来,我国的机动车保有量增长较快,城市机动化水平发展迅速。据公安部交通管理局公布的统计数据,截止至2011年2月底,我国机动车保有量达到2.11亿辆,2010年全国新增机动车2048万辆,北京市机动车保有量达到489.2万辆,有20个城市的机动车保有量超过100万辆。

(2)交通基础设施建设滞后

长期以来,我国城市人均道路面积一直处于低水平状态,近20年来开始有较快发展,人均道路面积由1990年末的3.1m^{2}上升到2009年末的12.8m^2,尽管增长幅度较快,但仍远远落后于城市交通的增长速度。人均道路面积不足的原因在于交通基础设施建设滞后,使城市现有的道路功能变得混乱而低效。

(3)公共交通结构不尽合理

目前我国城市的公共交通除北京、上海、广州等几个城市已形成城市轨道交通网络外,其余城市还是以常规公共汽车方式为主,这种方式属于低运量的客运工具,其高峰小时单向的客运能力最大只有9000人次。而在大城市,某一条客运走廊上需要集中运送1万人次以上客流的现象已很普遍,相应运能的公交方式在我国大多数城市才刚刚起步建设。

(4)交通事故频发,环境问题突出

我国交通管理手段落后,交通秩序混乱,交通事故呈上升趋势。根据公安部交通管理局公布的数据,2009年,全国共发生道路交通事故238351起,造成67759人死亡、275125人受伤,直接财产损失9.1亿元。中国的汽车保有量只占世界的2%~3%,交通事故死亡人数却占到世界的20%。

机动车的迅速增长所带来的大气和噪声污染已成为我国城市的主要污染源。据统计,我国大城市空气中90%以上的的一氧化碳、60%以上的碳氢化合物、30%以上的氮氧化合物都来自汽车尾气排放。

城市轨道交通作为一种准点、速度快、高效、客运量大、污染小和能耗低的客运交通方式,符合城市交通可持续发展的战略需求,可以从根本上解决城市交通问题。因此,建立一个以城市轨道交通为骨干、以公共交通为主体、多种交通方式相互协调的综合交通系统是我国大城市交通发展的必然趋势。

1.3.2 我国城市轨道交通的发展与展望

我国的城市轨道交通从 1965 年开工建设,至今已有 40 多年历史。进入 20 世纪 90 年代后,随着我国经济体制改革的逐步深入,社会经济迅速发展,城市交通需求剧增,使得我国城市轨道交通进入高速发展期。2010 年底,全国已有 29 个城市获得城市轨道交通的建设批复。根据规划,至 2020 年线路总里程将达 6100km。

截至 2010 年 10 月,全国已有北京、上海、广州、深圳、南京、天津、重庆、武汉、长春、大连、成都、沈阳 12 个城市的城市轨道交通投入运营,线路总里程约为 1270km。除了里程增加外,我国的城市轨道交通也由原先的地铁单一形式向多样化方向发展,如上海的磁悬浮列车、广州的直线电机列车、重庆的单轨列车等。我国城市轨道交通的发展在不到半个世纪的时间里,取得了令世人瞩目的成绩。城市轨道交通项目的建成,承担了大量的客流,逐渐在客运交通中发挥不可替代的作用,其占公共交通运量的比重逐年上升。同时,城市轨道交通解决了交通拥堵问题,提高了居民的生活和环境质量,对调整城市区域结构和产业布局起到了突出作用。

(1)北京

北京市第一条地铁于 1969 年 10 月 1 日完工,从 1965 年至今,北京地铁经历了三个发展阶段,形成了比较完善的网络。

①1965~1981 年:早期地铁系统(一期工程)。

北京地铁一期工程于 1965 年 7 月 1 日开工,1969 年 10 月 1 日完工。这条线路是中国内地最早的地铁线路。1981 年 9 月 15 日,在试运营了 10 年之后,北京地铁一期工程对外开放,该线路包括 19 座车站,从西山的福寿岭到北京站,全长 27.6km。1982 年,北京地铁年客运量达到了 7250 万人次。

②1984~2000 年:二期工程。

1984 年 9 月 20 日,北京地铁二期工程开通运营。这条线路自复兴门至建国门,长16.1km,有 12 座车站。到 1987 年 12 月 28 日,两条已有线路重新组合成两条新线,即自苹果园至复兴门的地铁 1 号线和沿北京内城城墙行驶的环线——地铁 2 号线。1988 年,北京地铁客运量达到了3.07亿人次。1990 年,北京地铁日客流量首次突破 100 万人次,全年总客流量达到了 3.81 亿人次。

1991 年 1 月 26 日,地铁 1 号线沿长安街东延的规划获得批准,并开始建设,2000 年 1 月 26 日,北京地铁 1 号线全线贯通运营。

③2001 年至今:飞速发展。

2001 年 7 月 13 日,北京获得了第 29 届夏季奥林匹克运动会主办权,这极大地推动了北京城市轨道交通事业的发展。为了实现 2015 年建成总长 561km、共 19 条线路的目标,北京投入总计达 300 亿元的资金。

2002 年 9 月 28 日,连接城市北部的半环线 13 号线西线自西直门至回龙观开通,2003 年 1 月 28 日 13 号线全线贯通。八通线作为 1 号线向通州区的延长线,于 2003 年 12 月 27 日开通。2004 年,北京地铁年客运量达到了 6.07 亿人次。

2000 年 9 月 25 日 5 号线开工建设,2007 年 10 月 7 日通车运营。

2008 年 7 月 19 日,10 号线一期、8 号线(奥运支线)、机场快轨同时开通试运营,以迎接 8 月的奥运会。北京地铁 2008 年客运量达到了 12 亿人次。

2009 年 9 月 28 日,北京地铁 4 号线开通试运营;2010 年 12 月 30 日,北京 5 条新地铁——大兴线、亦庄线、15 号线首开段、昌平线一期、房山线开通试运营,北京城市轨道交通运营线路达 14 条,车站达 198 座,运营里程达 336km。2010 年北京轨道交通客运量达 18.46 亿人次,承担的城市公共交通客运量比例达 26.77%,而这一比例,在 2001 年仅为 10.71%。

2015 年前,将有 10 条地铁新线启动建设,主要分布在中心城区,包括:8 号线三期、3 号线东段、3 号线西段、12 号线(北三环东西向)、16 号线、6 号线北段、东部加密线(天通苑)、西北加密线(昌平)、燕房线、海淀后山线(功能线)。至 2015 年,北京轨道交通里程将超过 620km,力争达到 700km。北京市城市轨道交通规划见图 1-3。

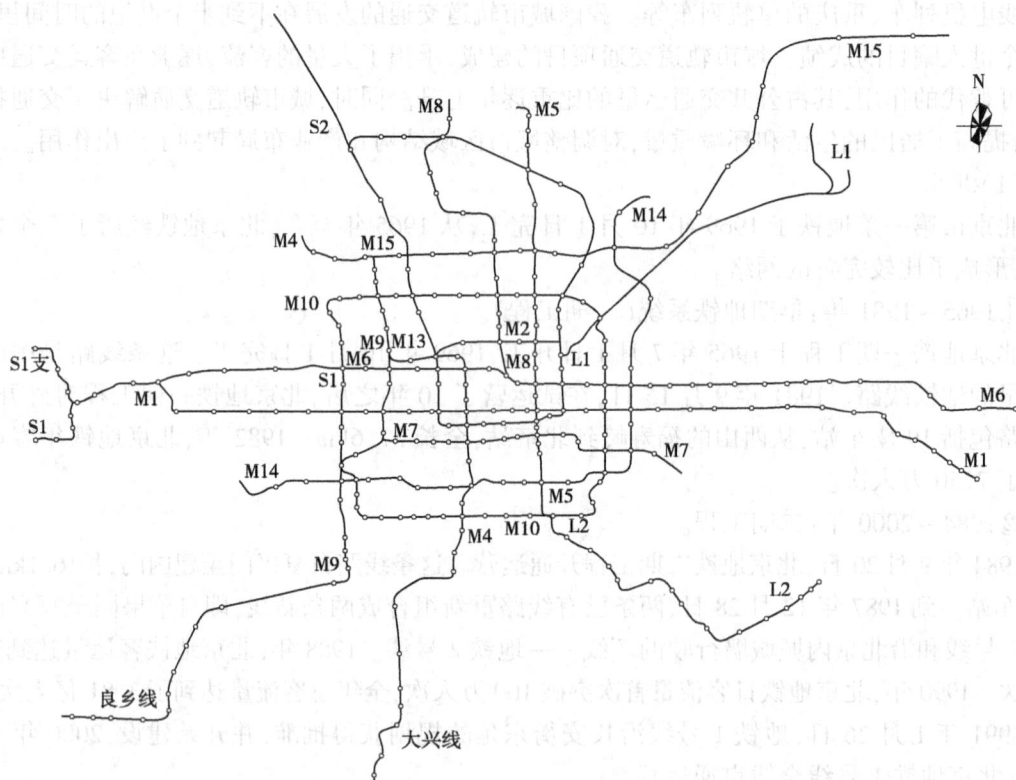

图 1-3 北京市城市轨道交通规划图

(2)上海

上海地铁 1 号线于 1990 年动工修建,1995 年 4 月开始运营。经过 20 年建设,上海已建成线网规模居全国之首的城市轨道交通网络。

①1995 年 4 月 10 日,上海轨道交通 1 号线通车运营,南延伸段、北延伸段一期、北延伸段二期分别于 1997 年 7 月 1 日、2004 年 12 月 28 日和 2007 年 12 月 29 日开通试运营。

②1999 年 10 月 20 日轨道交通 2 号线一期工程投入观光运营,2 号线(张江高科站—中山

公园站）于 2000 年 12 月 26 日建成试运营，西延伸段于 2006 年 12 月 30 日开通。2010 年 2 月 24 日上海轨道交通 2 号线张江高科站—广兰路站延伸段通车运营。

③2000 年 12 月 26 日轨道交通 3 号线建成试运营，北延伸段于 2006 年 12 月 18 日开通。

④2005 年 12 月 31 日轨道交通 4 号线开始"C"字形试运营，2007 年 12 月 29 日实现环通运营。轨道交通 4 号线与轨道交通 3 号线接轨成环。

⑤2003 年 11 月 25 日轨道交通 5 号线建成试运营；2007 年 12 月 29 日轨道交通 6 号线建成试运营；2009 年 12 月 5 日轨道交通 7 号线一期工程建成试运营；2007 年 12 月 29 日轨道交通 8 号线一期工程建成试运营，2009 年 7 月 5 日 8 号线二期建成试运营；2007 年 12 月 29 日轨道交通 9 号线一期工程建成试运营，2009 年 12 月 31 日 9 号线二期工程建成试运营；2009 年 12 月 31 日轨道交通 11 号线一期的主线建成试运营。

⑥2010 年 4 月 10 轨道交通 10 号线开通试运营，至此，上海城市轨道交通网络已达 11 条线路、总运营里程达 420km，跃居世界第五位。

上海还建成了世界上第一条投入商业化运营、全长 33km 的磁悬浮列车线——上海磁悬浮示范运营线，该线路于 2002 年 12 月 31 日开通试运营。

上海市城市轨道交通客运量，由 2001 年的 2.39 亿人次，增长到 2010 年的 18.84 亿人次，承担的城市公共交通客运量的比例，由 2001 年的 8.17% 增长到 2010 年的 40.16%。城市轨道交通在城市公共交通系统中，逐渐显示出骨干作用。

上海市城市轨道交通规划见图 1-4。

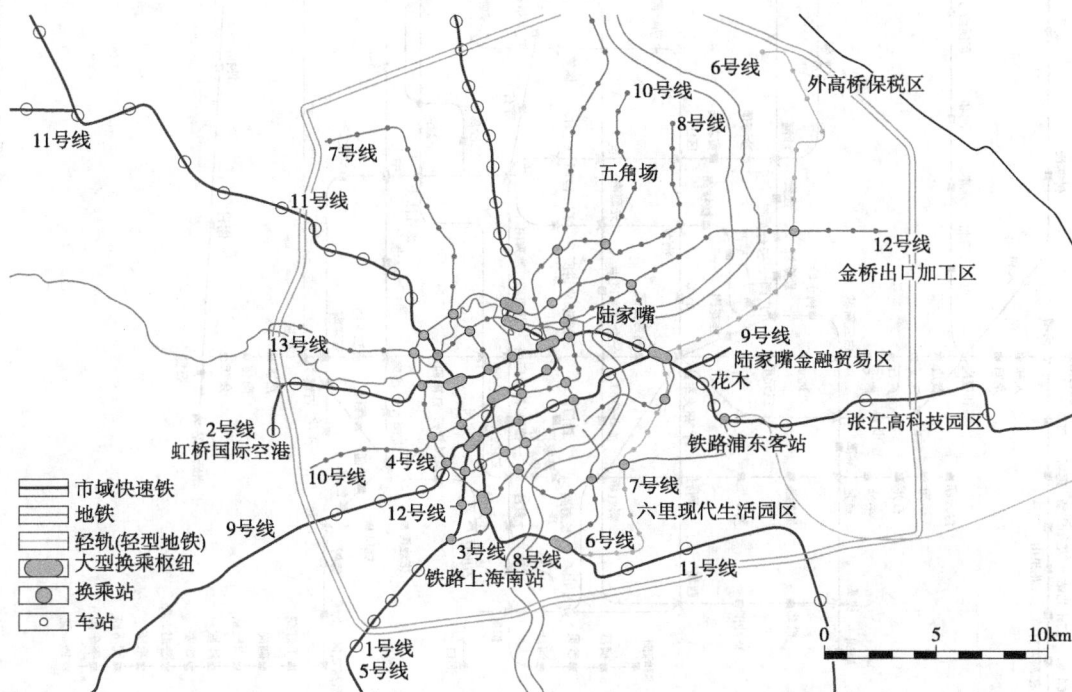

图 1-4 上海市城市轨道交通规划图

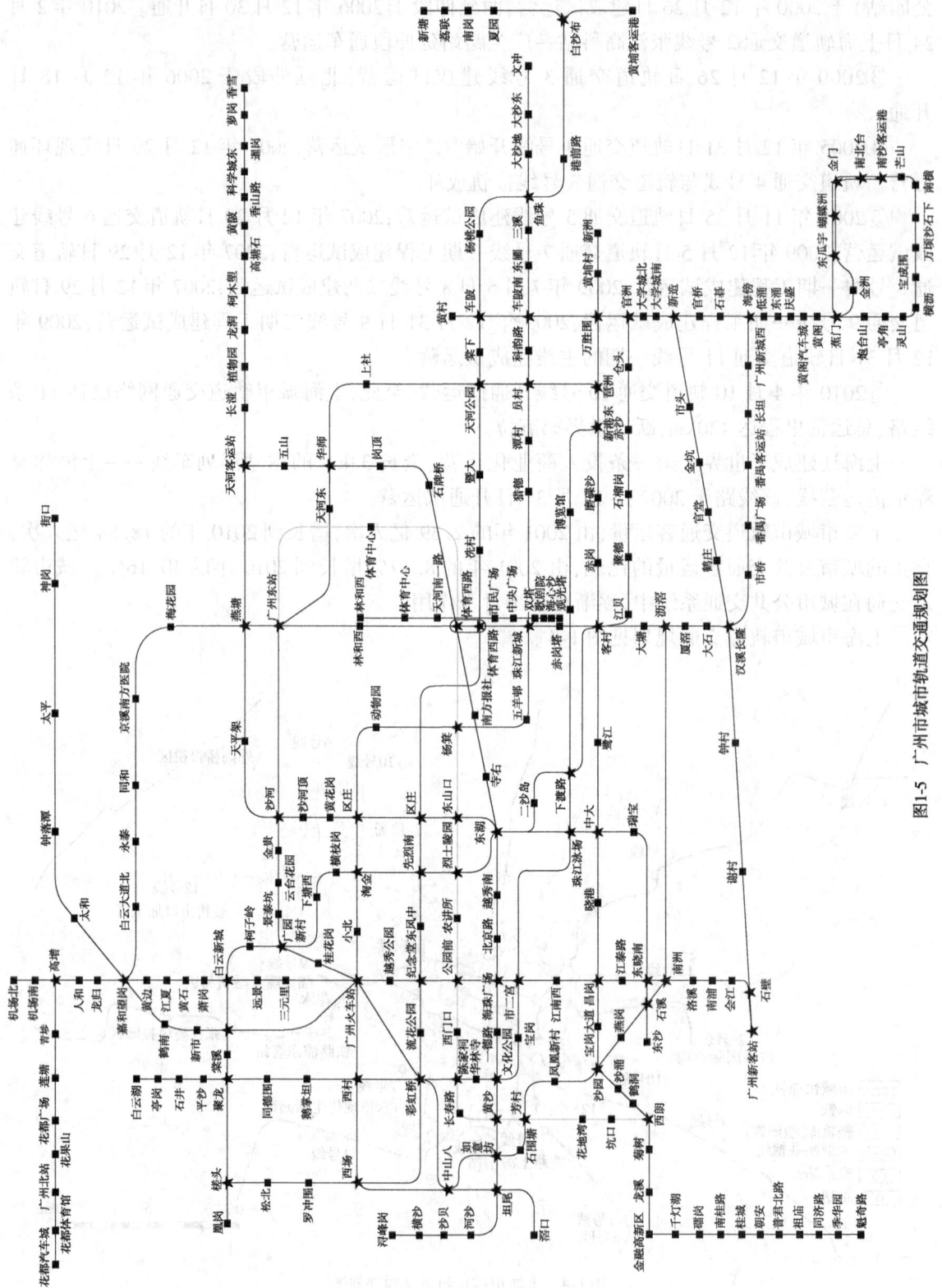

图1-5 广州市城市轨道交通规划图

（3）广州

1997 年 6 月 28 日广州地铁 1 号线开通运营,经过十几年的建设,广州已成为内地第三座地铁里程突破 200km 的城市。

①1993 年 2 月 28 日,广州地铁 1 号线正式动工,1997 年 6 月 28 日,地铁 1 号线首段(西朗至黄沙)开通试运营。1999 年 6 月 28 日,地铁 1 号线全线(西朗至广州东站)正式开通运营。

②2002 年 12 月 29 日,地铁 2 号线首段(三元里至晓港)开通试运营,与原有的 1 号线形成"十"字形交叉。2003 年 6 月 28 日,地铁 2 号线(三元里至琶洲)全线正式开通运营。

③2005 年 12 月 26 日,2 号线调整工程(琶洲至万胜围区间)、3 号线首段(广州东站至客村)、4 号线大学城专线(万胜围至新造段)开通运营。2006 年 12 月 30 日,地铁 3 号线一期全线(广州东站至番禺广场、天河客运站至石牌桥)、地铁 4 号线(新造至黄阁段)开通试运营。

④2007 年 6 月 28 日,广佛城际轨道交通(广佛地铁)全线、地铁 3 号线北延长线(白云国际机场至广州东站)动工。地铁 4 号线一期全线(万胜围至金洲)开通运营。2009 年 12 月 28 日,地铁 5 号线首段(滘口至文冲)开通试运营。2010 年 9 月 25 日,新 2 号线(嘉禾望岗—广州南站)和 8 号线(万胜围—昌岗)、4 号线北延段(车陂南—黄村)于早上 6 时开通试运营。

⑤2010 年 10 月 30 日,广州地铁 3 号线北延段(广州东站—机场南站)开通试运营,至此广州地铁已形成总共 8 条线路、总长 236km 的规模。广州市城市轨道交通规划图见图 1-5。

广州城市轨道交通客运量由 2001 年的 6364 万人次,增长到 2010 年的 11.81 亿人次,承担的城市公共交通客运量的比例,由 2001 年的 2.87%增长到 2010 年的 26.51%,城市轨道交通在城市公共交通系统中起着越来越重要的作用。

本章小结

本章首先介绍了城市轨道交通的概念,按技术特征、运输能力不同对城市轨道交通进行分类并对各种类型的简要情况进行了介绍;其次,本章介绍了城市轨道交通系统的基本组成,对线路、轨道、车站、车辆、通信信号、供电配电、环境控制系统进行了简要介绍;再次,本章较详细地介绍了地下铁道、轻轨交通、独轨交通、新交通系统、磁悬浮铁路这几种城市轨道交通主要形式的诞生及发展历程;最后,本章分析了我国城市公共交通存在的问题,并介绍了我国主要城市轨道交通发展历程。

思考题

1.简述城市轨道交通系统的特点。
2.城市轨道交通经历了哪几个发展阶段,其发展变化的原因是什么。
3.我国城市交通存在哪些问题。

◁第2章 规划与设计

【本章概要】

本章介绍城市轨道交通的基本建设程序、阶段划分和每阶段的主要工作;线网规划编制与审批的基本方法和工作流程;线路平纵断面设计基础。

◁2.1 城市轨道交通基本建设程序

建设和发展大运量、快速、方便、经济的城市轨道交通,建立城市综合交通网络体系,已成为当今城市交通的发展方向。为保持城市轨道交通可持续、健康、良性地发展,需要加强对城市轨道交通建设的管理,尤其要从源头抓起,强调建设程序和前期工作,同时强化和突出项目的程序性和规范性。

2.1.1 项目建设周期

一个建设项目,从提出项目设想、开发、建设、施工,到开始生产活动的整个过程,一般被称

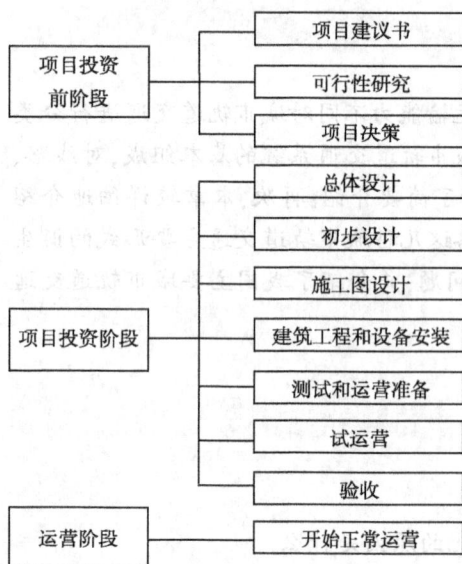

图2-1 项目周期

为"项目建设周期"。在这个周期中的各个时期又有许多不同的工作和活动,概括起来,可以把这些工作和活动分为三个阶段,即投资前阶段、投资阶段和生产阶段,每个阶段的各项活动,形成了一个循序渐进的工作过程,在此过程中,项目逐渐形成。

一个城市轨道交通项目周期的各个阶段及其主要活动,可以用图2-1表示。

根据我国现行的投资建设程序,投资前期(建设前期)是指从提出项目建议书到批准可行性研究报告这一时期,包括提出项目建议书、可行性研究、评估和决策等工作内容。

项目经过国家立项审批后,就由立项阶段进入了投资阶段(建设阶段)。按照国家基建程序开展建设工作,即可行性研究完成之后的设计工作。项目建设设计工作,一般包括:工程总体设计、工程初步设计、工程施工设计。

2.1.2　城市轨道交通项目前期工作内容

城市轨道交通是大型城市基础设施项目,对城市的建设和发展有较大的影响,在项目决策前阶段,要做相应的前期工作。如表 2-1 所示,工程项目前期工作主要内容,包括城市轨道交通规划(含远景线网规划和近期建设规划)、机会研究、预可行性研究及可行性研究等。

轨道交通项目前期工作内容　表 2-1

工作阶段	机会研究	预可行性研究	可行性研究	评估与决策
工作性质	项目设想	项目初选	项目拟定	项目评估
工作内容	鉴别投资方向,寻找投资机会(地区、行业、资源和项目的机会研究),提出项目投资建议	对项目作专题辅助研究,广泛分析、筛选方案,确定项目的初步可行性	对项目进行深入细致的技术经济论证,重点对项目进行财务效益和经济效益分析评价,作出方案比较,提出结论性意见,确定项目投资的可行性和选择依据标准	综合分析各种效益,对可行性研究报告进行评估和审核,分析判断项目可行性研究的可靠性和真实性,对项目作出最终决策
工作成果及作用	提出项目建议,作为制订经济计划和编制项目建议书的基础,为初步选择投资项目提供依据	编制初步可行性研究报告,提出是否有必要进行下一步详细可行性研究,进一步判明建设项目的生命力	编制可行性研究报告,作为项目投资决策的基础和重要依据	提出项目评估报告,为投资决策提供最后决策依据,决定项目取舍和选择最佳方案
估算精度(%)	±30	±20	±10	±10
费用占总投资的比例(%)	0.2~1.0	0.25~1.25	大项目 0.8~1.0,中小项目 1.0~3.0	
需要时间(月)	1~3	6~8	8~12 或更长	

(1)城市轨道交通规划

城市轨道交通规划是保证城市轨道交通建设科学、合理、经济、可持续发展的关键环节,属于城市总体规划的组成部分,应依据城市总体规划制订,要与城市总体发展战略、土地利用布局及交通发展战略有机地结合起来。城市轨道交通项目工程浩大,对城市发展有极强的引导作用,对整个城市土地开发和交通结构的变化都有巨大的影响作用,因此城市轨道交通线网规划的合理与否,对城市发展至关重要。城市轨道交通线网的规划也是项目建设的前提,对建设项目的选择、为项目建设提供规划条件、协调与其他交通方式的衔接及与市政工程的配套,都有直接的作用。

城市轨道交通规划原则上分为两个阶段,即战略规划阶段和项目规划阶段。

城市轨道交通战略规划是关系到城市轨道交通全局和长远的指导性规划,其主要内容包括:土地的使用,交通网络和交通政策的重大发展方向,交通需求与交通设施之间的供求关系(并提出达到动态相对平衡的方案),规划期的发展目标,达到目标的方针、政策和行动方案,以指导城市轨道交通又快、又好地发展。城市轨道交通战略规划年限一般为 20~30 年。

城市轨道交通项目规划是根据城市轨道交通战略规划的要求,对 5～10 年内应进行的项目作出实施性规划。它包括土地利用规划、项目详细规划和系统管理三部分。

制订城市轨道交通规划是一个持续的动态过程,各阶段、各层次之间都要相互衔接,而且每个阶段都必须和与其相对应的城市规划及城市交通规划相适应,并构成一有机整体。

(2)机会研究

机会研究的主要任务是捕捉投资机会,为拟建投资项目的投资方向提出轮廓性的建议。机会研究可分为一般机会研究和项目机会研究。一般机会研究可以作为规划研究,以计划部门或城市交通部门为主对城市轨道交通项目投资机会进行研究。这项研究,一般作为制订经济发展计划的基础。项目机会研究是在一般机会研究基础上以项目为对象进行的研究,通过项目机会研究将项目设想落实到项目投资建议,以引起投资者的注意,使其作出投资意向。对城市轨道交通项目的引资等活动,可以以该研究为基础。

(3)预可行性研究

预可行性研究是介于机会研究和可行性研究的中间阶段,其研究内容与可行性研究基本相同,但深度和广度略低。预可行性研究是城市轨道交通项目立项的依据,其任务是根据城市总体规划及城市轨道交通线网规划的要求,对项目与城市发展的关系,项目在城市交通发展中的地位和作用,主要工程技术标准和方案设想、组织机构和建设进度等进行研究,进行初步技术经济评价,以判定项目的必要性和紧迫性,为下一步的可行性研究工作奠定基础。

这一阶段的主要工作如下。

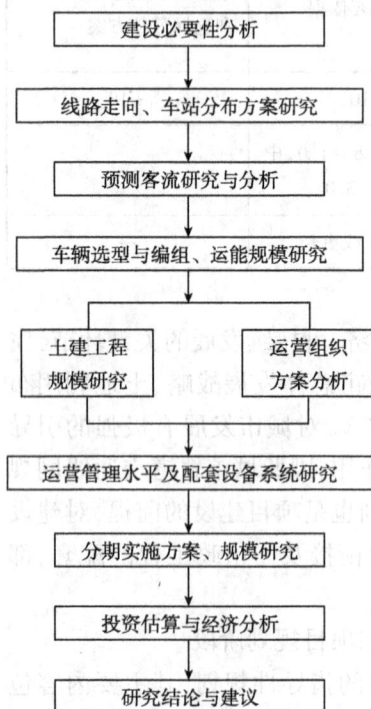

①分析投资机会研究的结论;

②对关键性问题进行专题的辅助性研究;

③论证项目的初步可行性,判定有无必要继续进行研究;

④编制项目建议书(预可行性研究报告)。

根据工程预可行性研究的内容分析,对于城市轨道交通项目,一般可按照图 2-2 所示的路线开展预可行性研究工作。这一阶段工作对投资估算精度控制在 ±20% 以内,所需时间大致为 4～6 个月。

(4)可行性研究

可行性研究(Feasibility Study)亦称详细可行性研究,是在投资决策之前对拟建项目进行全面技术经济分析论证的科学方法,也是投资前期工作的重要内容,是投资建设程序的重要环节。在投资项目管理中,可行性研究是指在项目投资决策之前,调查、研究与拟建项目有关的自然、社会、经济、技术资料,分析、比较可能的投资建设方案,预测、评价项目建成后的社会经济效益,并在此基础上,综合论证项目投资建设的必要性,财务上的盈利性和经济上的合理性,技术上的先进性和适用性以及建设条件上的可能性和可行性,从而为投资决策提供科学依据的工作。

图 2-2 轨道交通工程项目预可行性研究技术路线图

根据国家规定,一般建设项目的可行性研究,应包括以下几个方面的内容。

①总论。说明项目提出的背景、项目投资建设的必要性和社会经济意义,项目投资对国民经济的作用和重要性;提出项目调查的主要依据、工作范围和要求;项目建议书及有关审批文件;综述可行性研究的主要结论、存在的问题与建议,列表说明项目的主要技术经济指标。

②客流预测和拟建规模。城市或地区客流市场需求的调查与预测;城市或地区交通结构和特征及现状客流分析;拟建项目的规模、线路、站点方案的技术经济比较和分析。

③工程地质条件和施工方案。项目建设或改建线路的地理位置、气象、水文、地质、地形条件和社会经济现状;交通、运输及水、电、气的现状和发展趋势;线路比较和选择意见;站点、车场占地范围,总体布置方案,建设条件,地价,拆迁及其他工程设计、施工和相关费用情况。要求进行相关施工方案的优化比选,以降低工程造价,减少项目投资。

④机电工程。供电系统的供电制式选择、用电容量估算、牵引变电站和动力照明电力系统的设置;通信系统设计与建设;信号系统组成及搭建方案;通风、空调、给排水、供暖、防灾报警、设备监控等系统的设计、工程量估算与建设方案;公用辅助等其他设施比较和初步选择。

⑤环境保护与劳动安全。调查环境现状,预测项目对环境的影响,提出环境保护、三废治理和劳动保护的初步方案。

⑥行车组织和运营管理。生产运营管理体制、机构设置;运营计划和行车组织方案;行车管理、站务管理、票务管理及其他组织管理方案;组织机构与工程技术人员和管理人员素质、数量的配置;劳动定员的配备方案;人员培训的规划和费用估算。

⑦设备国产化实施方案。项目涉及的主要车辆、供电系统、信号系统、通信系统和其他机电设备等需编制国产化实施方案,并保证国产化率大于70%。

⑧项目实施计划和进度。根据指定建设工期和勘察设计、设备制造、工程施工、安装、试生产所需时间与进度要求,选择整个工程项目实施方案和总进度,用线条图或网格图表述最佳实施计划方案的选择。

⑨投资估算与资金筹措。主体工程和协作配套工程所需的投资;运营资金的估算;资金来源、筹措方式及贷款的偿付方式。

⑩社会及经济效益评价。财务评价、国民经济评价、社会评价和不确定性分析。

⑪评价结论。建设方案的综合分析评价与方案选择;运用各项数据,从技术、经济、社会以及项目财务等方面论述建设项目的可行性,推荐一个以上的可行性方案,提供决策参考,指出项目存在的问题、改进建议及结论性意见。

综上所述,项目可行性研究的基本内容可概括为三部分。第一部分是客流调查和预测,说明项目建设的"必要性"。第二部分是建设条件和技术方案,说明项目在技术上的"可行性"。第三部分是社会经济效益的分析与评价,这是可行性研究的核心,说明项目在经济上的"合理性"。可行性研究主要从这三个方面对项目进行优化研究,并为投资决策提供依据。目前我国尚无有关主管部门或行业对城市轨道交通项目建设的可行性研究的内容进行界定。鉴于建设项目的性质、任务、规模及工程复杂程度不同,可行性研究的内容有所侧重,深度和广度不尽一致。改扩建项目的可行性研究,应增加对现有线路客流、设备、运营情况的说明和分析。如属于合资项目,应按照国家发展和改革委员会、中华人民共和国住房和城乡建设部发布的《中外合资经营项目经济评价方法》的要求编制可行性研究报告。

这一阶段的研究工作是城市轨道交通建设项目投资决策的基础,其工作成果为可行性研究报告。这一工作阶段一般需要一年时间,估算误差要求在10%左右,所需费用占总投资的比例约为0.2%~1%。

(5)评估与决策

项目评估是在可行性研究报告的基础上进行的,其主要任务是对拟建项目的可行性研究报告提出评价意见,评价最终决策项目投资是否可行,并选择满意的投资方案。在评价报告中应做出项目是否可行的结论和建议。

2.1.3 城市轨道交通项目的审批

城市轨道交通项目,是重大的基础设施项目,根据我国目前基本建设程序规定,其属大中型基建项目,需要国家进行审批,主要审批程序如下。

(1)对城市轨道交通线网规划的审批

城市轨道交通线网规划应纳入城市总体规划内容,进行专项评审后,纳入城市总体规划。专项评审,一般由城市建设或规划主管部门组织,对编制单位研究提出的规划报告进行评议,经修改完善后,报请城市政府批准。

(2)对项目建议书(预可行性研究报告)的审批

一般由项目法人单位或主管单位,委托有资格的咨询公司或设计单位,编制预可行性研究报告,由城市建设或计划主管部门对报告提出初步审查意见后,报国家发展和改革委员会审批。国家发展和改革委员会在审批项目立项前,委托有资格的工程咨询公司对预可行性意见报告进行评估,咨询公司提出评估报告后报国家发展和改革委员会,国家发展和改革委员会对项目审查后批准项目立项。城市轨道交通项目因投资较大,国家发展和改革委员会一般要报请国务院批准项目立项。

(3)对可行性研究报告的审批

由于可行性研究报告的重要性,国家对可行性研究报告审批比较严格。在项目建议书批准后,根据国家规定,要落实项目法人,并委托有资格的咨询公司或设计单位编制可行性研究报告。在可行性研究阶段,要落实各项配套条件,项目涉及规划、土地、供电、通信、人防、市政、公交等条件,所以各城市政府对可行性研究报告的审批也非常重视,同时审批过程也是帮助项目协调各方关系,落实配套条件的过程。城市政府或计划部门对可行性意见报告提出初步审查意见后,报国家发展和改革委员会审批。国家在审批可行性研究报告时,要求有环保部门对项目的审查意见、土地部门对项目使用土地的审批意见以及项目资本金的承诺函,并委托有资格的工程咨询公司对可行性研究报告进行评估,国家发展和改革委员会最后提出审批意见。同样,国家发展和改革委员会也要报请国务院批准项目可行性研究报告。

(4)初步设计审批

关于城市轨道交通项目的初步设计审批,国家发展和改革委员会曾专门发文提出要求,由地方政府严格按照国家批注的可行性报告组织审查初步设计,并将审查意见报送国家发展和改革委员会和中华人民共和国住房和城乡建设部备案,如有异议,将在15天内把意见函回复给地方政府。

2.2　城市轨道交通线网规划

2.2.1　线网规划的目的与意义

1）规划的目的

大运量、高速度、独立专用轨道的城市轨道交通,已经具备了作为大城市公共交通系统骨干运输方式的条件。骨干系统就是要承担较大比例的城市客运周转量。单一的城市轨道交通线路一般很难达到这种骨干要求,主要原因在于其客流吸引范围和线路走向的局限。因此,城市轨道交通必须要形成网络才能起到骨干作用。

在一般的交通规划中,城市轨道交通的某些特点难以得到考虑,尤其是一些工程方面的因素。从城市公共交通的运营特点出发,公共汽车与城市轨道交通的关键区别在于:后者需要自己的基础设施,而公共汽车可以与其他用户分享道路,并且可以随时改变线路,城市轨道交通运营则没有这种灵活性。正因为如此,城市轨道交道线路的前期规划尤为重要。由于环境的复杂性,实际上要做好这项工作并不容易。前期规划要解决的关键问题,就是确定系统选择或线路规划与设计的优点或缺点的一些影响因素。

城市公共交通的目标,简单说来就是为建成区居民的交通出行提供手段。上下班的出行是必然发生的,它形成的高峰是城市交通要解决的核心问题。不过,如果要建设城市轨道交通来解决这类问题,很重要的一点就是要保证在非高峰期也有较大的交通出行需求。

线网规划只是城市轨道交通系统建设的一个过渡阶段。这一阶段,工程师的作用非常重要,其结果对于系统未来的发展具有重要意义。尽管城市轨道交通已有一百多年的历史,许多大城市也建设了规模宏大的城市轨道交通线网,但资料表明,过去国外一些城市对线网规划的研究不太系统。例如,在早期即形成城市轨道交通网络的城市中,往往在中心区局部出现几条轨道交通线集中在一条交通走廊内的情况,重合距离很长。其成因类似于现在"中巴"公司争抢"肥线"的现象。这样造成工程难度增加、投资增加、线网结构不合理,甚至造成城市中心区土地的畸形发展。近年来,关于线网规划的研究有所加强,但远没有达到完善的程度。我国对城市轨道交通线网的规划研究相对较早,但受到传统城市规划学术思想的影响,这些规划的主观计划色彩较重,同时研究内容也不完善,往往造成规划的可操作性较差。

线网规划研究存在的不足,往往造成以下问题。

①缺乏交通需求和交通供给之间的动态平衡关系研究,表现在:或者规模失控,或者导致城市土地的畸形发展,或者部分线路客流效益得不到保证。

②缺乏投入和效益的宏观分析,不能制订合理的工程进度和投资强度制约下的修建计划,造成政府决策的盲目性,影响线网建设的可持续发展。

③线路走向因缺乏论证而不稳定,影响线网整体的合理布局。

④没有预留适度的工程条件,使后续工程建设难度加大。其后果轻则投资加大,重则工程无法实施。这种情况集中表现在相交线路的换乘站建设中。

⑤没有预留轨道交通工程用地,主要是正线区间和车站用地,车场用地及联络线用地,造

成功能合理的线路位置往往没有建设条件。

上述问题说明线网规划方法研究需要加强,线网规划工作水平亟待提高。1997 年,由北京城建设计研究院主编的《广州市城市轨道交通线网规划》编制完成,该课题全面系统地对特定城市的轨道交通线网规划进行了科学研究,这标志着我国对城市轨道交通线网的研究步入了新的阶段。

由此可见,进行城市轨道交通线网规划的目的,就是为了指导城市轨道交通工程持续发展,为政府部门决策提供可信的依据,并使规划部门作好用地控制规划,保证今后工程建设的可实施性。

2)规划的意义

对于发展中国家来说,城市轨道交通系统规划具有特殊意义,主要包括以下四个方面。

(1)科学制订城市经济发展计划的需要

城市轨道交通耗资巨大,一条线的建设投入少则数十亿,多则上百亿,往往成为具有最大规模的基础设施建设项目。此外,城市轨道交通线网建设一般都是持续数十年甚至上百年的浩大工程,因此无论在强度还是时间方面都会对城市经济发展产生巨大的影响,没有一个稳定、合理的线网规划和修建计划,城市就无法科学制订经济发展计划,合理安排财政支出。

(2)制订城市各项设施建设计划的需要

城市轨道交通系统规划将解决在城市哪些地方修建城市轨道交通的问题,从而为城市各项设施,尤其是城市基础设施的建设奠定基础。凡在城市轨道交通沿线兴建城市建筑、道路立交桥及大型地下管线,只要与城市轨道交通工程在规划设计上进行协调配合,做到统一规划、综合设计、分步建设,就可起到事半功倍的作用。这方面的例子很多,例如:

①某市大型体育馆东北侧的溜冰训练馆在地铁规划控制走廊一侧,经设计配合后,采取了必要的措施,既保留了地铁走廊,又使溜冰馆建立起来。

②某市大型体育馆附近的两座特大型立交桥都建在地铁车站隧道上,经同步设计、同步施工后地铁与立交桥同时建成。

③某市主干道建设时,为配合城市轨道交通线规划设计,在道路中央预留了 12 ~ 16m 宽的城市轨道交通线规划用地走廊。

④某市建设长江公路桥时,结合轻轨线规划,在大桥设计时预留出轻轨走廊,为未来的轻轨交通工程建设创造了条件。

⑤许多城市拟将城市轨道交通工程的车站土建工程交付房地产开发商进行开发,将来根据使用年限和投资回收情况,采用不同的方式收回。

总之,有了城市轨道交通线网规划,城市与城市轨道交通的建设就可以相互协调、有机配合、各得其利。

(3)控制城市轨道交通建设用地、降低工程造价的需要

城市轨道交通是系统的、大型的城市基础设施工程,其用地范围有严格的技术要求,因此在实施过程中,最大的问题是工程用地困难,造成大量的拆迁工程。在工程总投资中,拆迁工程一般占 10% ~ 15%,其数额十分可观。

拆迁工程中,属于拓宽道路、城市改造规划中必拆的危旧房屋,尚属合理。但因城市轨道交通用地未得到配合和控制,而把房屋、桥梁、大型管道等建筑物建在城市轨道交通用地范围

内,若对其搬迁改移,不但增加拆改费用,而且会产生不好的影响;若采取各种措施来保留现有建筑物不拆,又会增加工程造价,有时代价比重建还大。某城市曾遇到过类似的情况,因未对用地范围严格控制,造成地铁隧道必须从几栋楼下通过。其施工中采取了楼基础托换技术,楼房虽不用拆迁,可工程费用增加约一千万元。如果当时能控制用地或对楼房基础位置进行必要的改移和配合,就可能减少后续工程的施工难度,节约费用。由此可见,做好线网及其用地控制规划是一项十分重要的基础工作,其经济效益是无法估量的。

有了线网规划,才能知道对哪些路段及地块进行控制,因此线网研究的另一个目的,就是为城市规划部门控制城市轨道交通工程建设用地提供依据。

(4)城市轨道交通工程立项建设的依据

一条城市轨道交通线路的合理性和必要性,要从其在整个线网中的作用及地位来描述。各线之间关系如何、换乘站分布、联络线分布、车辆段共用关系、线路走向是否合理,线路大概是何种规模等级,应该修建哪一条、哪一段,都必须以线网规划为依据。

城市轨道交通工程的立项报告,应当阐明立项的目的和依据,其中线网规划就是最重要的依据。因此,线网规划就是为城市轨道交通提出分期建设顺序,为工程立项做好必要的前期准备,也为各阶段设计研究工作提供最基础的依据。

以上分析说明,城市轨道交通系统规划是促进城市总体规划整体实施和城市环境改善的重要保证,与城市规划是相辅相成的。因此,城市轨道交通系统规划是城市总体规划中不可缺少的组成部分,对城市总体规划的实施具有重要的影响。

2.2.2　线网规划的原则与内容

1)线网规划的一般原则

下述原则不区分城市发展阶段和规划侧重点,而作为一般原则提出,供进行城市轨道交通线网规划时参考。

(1)线网规划要与城市发展规划紧密结合,并适当留有发展余地

城市轨道交通线网规划是城市发展总体规划的重要组成部分。线网规划应与城市总体规划相配合,支持形成合理的城市结构,支持城市发展与城市结构调整战略目标的实现,并与城市的发展走廊相适应。应结合城市的地理结构、人文景观、城市人口规模、用地规模、经济规模和基础设施规模等,来规划城市轨道交通。在制订轨道交通线网规划时,一定要根据城市规划发展方向留有向外延伸的可能性。而且,线网规划要能够适应都市的未来发展,充分考虑土地利用和交通的相互影响关系,处理好满足需求和引导发展的关系。

(2)满足城市主干客流的交通需求是城市轨道交通线网布线的根本原则

建设城市轨道交通的根本目的是要满足城市发展带来的现在与未来的交通需求,提高城市轨道交通分担率,调整城市结构和交通结构,解决交通拥挤、人们出行时间过长及乘车难等问题。因此,线网规划应重点研究城市土地利用形态、人口与产业分布特征、现在及未来路网客流分布特点,使城市轨道交通能够最大限度地承担交通需求大通道上的客流,提高城市轨道交通的分担率。贯穿城市中心的路线通常被称为直径线,从城市轨道交通线网体系和运输效率的角度看设置贯穿城市中心的路线比较理想;城市副中心、卫星城和城市中心组团间以最短路径连接,目的是将通勤交通需求大的地域连接起来。大城市轨道交通能为居民提供优质的

交通服务,尤其对中、远程乘客来说,城市轨道交通是最能满足其出行要求的交通方式。这对提高城市轨道交通的社会效益、经济效益以及企业内部的财务效益都是非常有益的。

(3)规划线路要尽量沿城市干道布设

城市干道,尤其是主干道的交通最繁忙,是客流汇集最多的地方,并且空间较宽广,在工程实施时,不但工程量较少,而且对居民的干扰也相对要小。所以,在规划线路时,要尽量使线路沿城市干道布设,并且要以最短的线路连接大的交通枢纽(包括对外交通中心,如火车站、飞机场、码头和长途汽车站等)、商业中心、文化娱乐中心、大的生活居住小区等客流集散量大的场所,以减小线路的非直线系数和缩短居民的出行时间。

(4)线网中的线路布置要使线网密度适当、乘客换乘方便、换乘次数少

居民出行最关心的是"时距"而不是"行距",尤其对劳动客流来说,他们对出行距离的远近不是主要的考虑问题,而最关心的是一次出行在旅途中要花多少时间。线网密度、换乘条件及换乘次数同出行时间关系极大,并且直接影响着吸引客流的大小。根据国内外经验,两平行网线间的距离,在市区一般以1400m左右为宜,同时要与街道布局相配合;除特殊情况外,两线间距离最好不小于800m,且不大于1600m。在市郊区两线间距离可适当增大,若乘客必须换乘时,除在设计中要创造方便的换乘条件外,其次数最好经一次换乘就能到达目的地,最多不要超过两次。当然,由于城市轨道交通是骨干交通,不可能覆盖全部的交通需求,最根本的还是要根据现在与将来的客流需求强度特点,在需要布设轨道交通线路的地方来布设轨道交通线路,切不可机械地确定线网密度,布设轨道交通线路。

(5)城市常规公共交通网与轨道线网要衔接配合好,充分发挥各自的优势

常规公共交通是接近门到门的交通服务,若能与城市轨道交通合理衔接,既方便了乘客,使其缩短出行时间,又能为城市轨道交通集散大量客流,使其充分发挥运量大的作用。只有这样才能充分发挥各自的优势和快速轨道交通的骨干作用。同时,线网端点处应尽量与市郊铁路相连接。未来的理想状态是不仅考虑换乘方便,而且应该考虑直通运行。在这方面,日本有非常成功的实践。日本东京的地铁与市郊铁路制式相同,乘客不用换车即可到达郊区的目的地。

(6)线网中各条规划线路上的客运负荷量要尽量均匀

线网规划时要避免出现个别线路负荷过大或过小的现象,以提高运营效率和舒适性。

(7)线网规划要与城市的性质、地貌和地形相联系

在选择线路走向时,应考虑沿线地面建筑的情况,注意保护国家重点历史文物古迹和保护环境。应充分考虑地形、地貌和地质条件,尽量避开不良地质地段和重要的地下管线等构筑物,以利于工程实施和降低工程造价。

(8)环线的设置要因地制宜,不可生搬硬套

环线的主要作用是为了减少不必要到市中心去换乘的客流,并使沿环线乘行的乘客能直达目的地,提高其可达性,以起到疏解市中心区客流的作用。所以,环线除方便乘客换乘与减小市中心区客流压力外,在其线路上也应保证日常有足够的客流量。环线客流负荷强度大小,会影响运营效率和企业的经济效益。

2)线网规划的主要内容

城市轨道交通线网规划就是要根据城市现有条件、总体规划以及城市综合交通规划,在详

细分析城市交通发展规律和影响因素的基础上,确定能适应未来城市交通需求的轨道交通总体规模、线网结构、线路走向、技术制式和建设时序等。线网规划研究内容主要包括三个方面:即城市背景研究、线网构架研究和可实施性规划研究。在规划观念上突出宏观性和专业性的有机结合,从规划工作安排上使研究过程和研究结果并重。线网规划属于宏观性、长期性、控制性、指导性规划,其主要任务是协调城市总体规划和综合交通规划对城市轨道交通的总体要求,对城市轨道交通线网起到宏观控制作用。这里叙述的只是基于目前一些线网规划研究成果的总结,因此不能简单理解为是成熟的、不可改变的体系。

(1)城市背景研究

城市背景研究主要是对城市自然和人文背景加以研究,从中总结指导城市轨道交通线网规划的技术政策和规划原则。其主要研究依据应是城市总体规划和综合交通规划等。具体研究内容如下。

①城市现状与发展规划——城市性质、城市地理环境、地形地质概况、城市区域与人口、城市布局、国民经济和社会发展规划。

②城市交通现状与规划——城市道路交通现状分析、道路网结构和布局、城市客运交通的发展和现状、城市交通发展总体战略、城市轨道交通现状。

(2)线网构架研究

线网构架研究是线网规划的核心,通过多规模控制→方案构思→评价→优化的研究过程,规划较优的方案。这部分研究的主要内容包括以下几个方面。

①线网规模的研究。城市轨道交通线网规模是指线网的总长度及其线路的数目。在进行城市快速轨道交通线网规划时,一个十分重要的问题是,即如何根据城市的现状及其发展规划、城市的交通需求、城市的经济社会发展水平等,确定城市轨道交通网络的规模。不同的网络规模会产生不同的网络规划方案,合理的网络规模是城市轨道交通网络规划方案设计及方案选择的前提和依据。由于线网规模并未与具体的城市轨道交通线路的布线等联系起来,只是在宏观上给出城市轨道交通合理规模的上下限。线网规模是否真正合理,最终应放入交通模型中进行需求与供给的动态检验和调整。在进行方案构架研究之前,应对线网规模进行约束,以使多个方案有共同的比较基础。

②线网方案的构思。城市轨道交通线网结构是指线网的形态结构,主要是指中心城区的线网结构,如网格式、放射式、环形放射式等。不同的线网结构,有着不同的特点。线网结构对城市发展形态的形成、城市轨道交通线网的工程投资、运行效率等都会产生很大的影响。

③线网方案客流测试。客流预测是通过交通流量预测模型,在分析交通现状的基础上,对未来一定时期内城市轨道交通的客流规模、分布状况、特征和规律进行预测。客流预测是进行城市轨道交通建设必要性、系统规模选择、系统建设效益分析和各项专业设计的基础和前提。具体地说,客流预测主要在以下几个方面参与网络规划设计:论证本城市轨道交通建设的必要性;确定城市轨道交通的规划目标;拟订城市轨道交通网络的规模;预测城市轨道交通整个网络的客流量。在城市轨道交通线网的其他设计阶段,仍有很多方面需要利用客流预测的数据。通常,客流预测一般采用"出行产生——出行分布——交通方式划分——交通量分配"四阶段预测法。

④线网方案的综合评价。线网方案评价涉及众多因素,如何全面准确地衡量一个线网方

案的好与坏、优与劣,使其尽可能不受主观因素的影响,是线网构架研究中的重要环节之一。线网的评价应本着定性与定量相结合的原则,运用系统工程学原理,根据城市轨道交通线网的具体特点,征求专家意见,建立一套评价指标体系和相应的评价方法,从而对线网方案进行系统的评价。

(3)可实施性规划研究

可实施性规划是城市轨道交通是否具备可操作性的关键,集中体现城市轨道交通的专业性,主要研究内容是工程条件、建设顺序、附属设施的规划。具体内容包括:车辆段及其他基地的选址与规模研究,线路敷设方式及主要换乘节点方案研究,修建顺序规划研究,城市轨道交通线网的运营规划,联络线分布研究,城市轨道交通线网与城市的协调发展及环境要求,城市轨道交通和地面交通的衔接等。

2.2.3 线网规划编制基本方法

线网规划是城市总体规划中的专项规划,在城市规划流程中,线网规划位于综合交通规划之后,专项详细控制性规划之前。线网规划是涉及多专业、多系统的集成化过程,仅依靠某一项理论来指导整个研究过程是不现实的。线网规划是一项探索性很强的工作,关键在于探索一条技术路线,将各子系统的研究有机结合为一个整体。

1)规划范围与年限

线网规划的研究范围一般是规划的城市建成区范围。在研究范围内,还应进一步明确重点研究范围,即城市轨道交通线路最为集中、规划难点也最为集中的区域。重点研究范围应根据具体城市的特点确定,但一般应选择城市中心区。

从规划年限来看,线网规划分为近期规划和远景规划。近期规划主要研究线网重点部分的修建顺序以及对城市发展的影响,因此其年限应与城市总体规划的规划年限一致。远景规划是研究城市理想发展状态下(或饱和状态)轨道交通系统合理的规划,因此没有具体年限。一般地,可以以城市总体远景发展规划和城市用地控制范围及其推算的人口规模和就业分布为基础,作为线网远景规模的控制条件。

线网规划虽是一项专业规划,但最终将回归于城市总体规划,所以它必须依托城市内诸多因素的支持。因此,线网规划研究应建立在城市总体规划、城市社会经济发展目标和战略、城市综合交通规划以及城市轨道交通建设现状这四个方面基础上。

2)规划层次与方法

(1)规划层次

线网规划是覆盖数百平方公里范围的大系统,规划的核心内容是线网构架分析。在线网构架分析过程中,应进行分类、分层的系统性研究。

线网规划研究可分为以下三个层次。

①面,即整体研究,这既包含了对整个研究区域的整体性研究,也包括对规划区范围内的影响分析。它主要涉及以下内容:a.区域内土地利用的功能定位和合理分布;b.区域内交通分布和方式划分的预测;c.轨道交通合理的需求和供给平衡;d.城市综合环境影响下轨道交通线网的整体形态;e.线网构架整合;f.线网构架内各线路的功能分析,以及由此影响下的相对关系、建设顺序、制式搭配、系统运营。

②点,即局部研究,主要涉及以下内容:a. 大型交通吸引点、发生点分布;b. 具体工程实施方案;c. 需要轨道交通疏解的交通瓶颈;d. 工程难点。

③线,即城市的主要交通走廊,是城市客流流经的主要路线,是串联"点",构成"面"的途径,主要涉及以下内容:a. 大型交通吸引、发生点;b. 城市客运交通走廊分布;c. 交通走廊沿线的土地利用和客流发展;d. 交通走廊敷设轨道交通的工程条件。

以上"面"、"点"、"线"的关系,实际上就是整体与局部、宏观与微观、系统与个体之间的循环分析过程。规划过程中,要坚持以整体指导局部、以局部支持整体的思路。

(2)规划方法

城市轨道交通线网规划是一项涉及多个研究范畴的系统工程,研究理论涉及城市规划、交通工程、建筑工程及社会经济等多种学科理论,在各子系统中又包含各自的方法,线网规划将其统一为一个整体。其中,交通工程学的交通规划理论是本研究理论体系的主线。

①交通分析为主导。以交通模型为基础、交通预测为核心的交通规划方法,是本研究的基本方法。从交通规划入手,以交通引导城市土地利用和工程方案规划,是本项课题的主导思路。

②定性分析和定量分析相结合。交通规划既要有专业性,又要有综合性;既有规律性,又有不定性;既有数据计算,也要经验判断。在研究各子系统时,应采用定性分析和定量分析相结合;专家经验和数理论证(模型预测)相结合的系统分析。这也可以理解为要做到规划师、工程师和模型师的完美组合。

③静态和动态相结合。交通规划实际是出行需求与交通供给这一对矛盾因素的动态平衡过程。本规划也就是针对这一动态过程的规划。城市交通规划侧重长远规划,且在这一过程中又涉及许多影响因素。因此在进行方案研究时,在利用交通模型测试时,要充分估计到不定因素的影响和客流自然调节平衡的可能性,注重各种因素的不稳定性,应考虑进行动态的层次分析。虽然因素分析及预测主要是针对远景年的,但其中仍然存在规律性,为静态前提下的宏观分析计算提供了可能。因此,在规划方法上应注意静态和动态相结合。

④近期规划与远景方案相结合。规划的主要目的是刻画远景,可操作性是规划成败的关键。要考虑设计的阶段性和连续性,必须进行科学的近期实施规划,并使近期实施与远期规划之间有科学合理的过渡和延伸,才能保证远景规划的实现。另一方面,近期的交通治理或工程建设,都应在远景规划指导下进行,脱离远景目标的建设往往是没有生命力的。

3)规划技术路线

技术路线是指规划工作的基本程序和主要指导思想。它要体现各阶段的工序流程,反映各层次间的逻辑关系、研究内容、技术手段和阶段成果。

城市轨道交通网络规划采用通用的系统工程方法,规划全过程大致可分为三大部分,即基础研究、线网构架研究和可实施性规划研究。需经历提出和分析存在问题、明确规划目标、制订备选方案、评价备选方案、提出推荐方案、实施和修订规划等阶段。城市轨道交通线网规划总体流程,如图2-3所示。

城市轨道交通网络规划涉及需求预测、流量预测、线网规模分析和估算、线网方案设计和线网方案的评价选定等步骤。

```
┌─────────────────────────┐        ┌─────────────────────────┐
│   分析现状与未来交通需求   │        │   分析城市结构与土地利用   │
└─────────────────────────┘        └─────────────────────────┘
              │                                  │
              └──────────────┬───────────────────┘
                             ▼
              ┌──────────────────────────────┐
              │  提出若干城市轨道交通线网规划方案  │
              └──────────────────────────────┘
                             │            ┌─────────────────────────┐
                             │            │   分析地形、地势等线路可行性  │
                             ▼            └─────────────────────────┘
        ┌──▶ ┌──────────────────────────────┐
        │    │  确定城市轨道交通线网备选方案    │
        │    └──────────────────────────────┘
        │                    │
        │    ┌──────────────────────────────┐
        │    │   对备选方案进行定量分析        │
        │    └──────────────────────────────┘
        │                    │
        │    ┌──────────────────────────────┐
        │    │   对推荐方案进行客流预测        │◀──┐
        │    └──────────────────────────────┘    │
    调整 │              ◇ 方案评价优选 ◇ ──────────┘
        │                    │
        │    ┌──────────────────────────────┐
        └────│      确定优选方案              │
             └──────────────────────────────┘
                             │
             ┌──────────────────────────────┐
             │     线网可实施性规划方案        │
             └──────────────────────────────┘
```

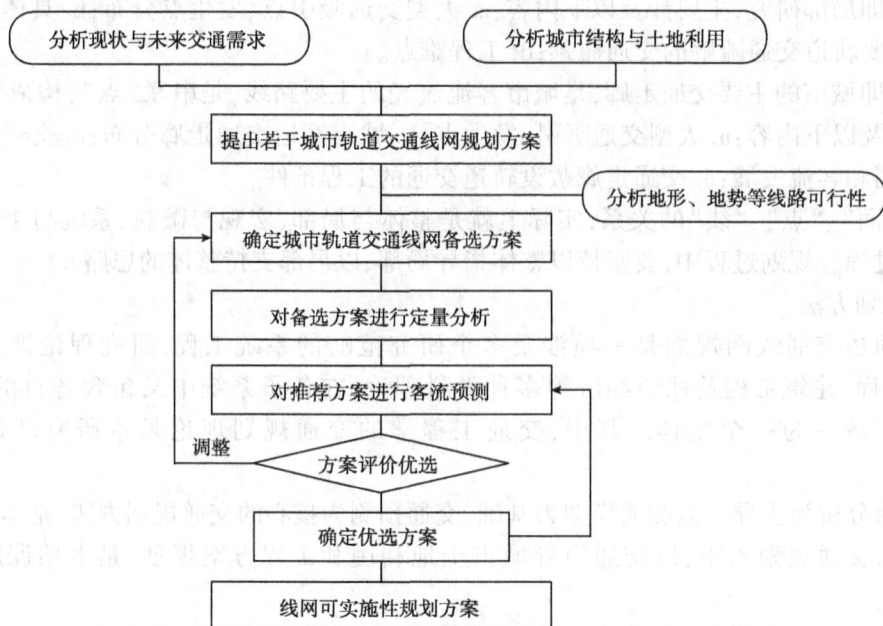

图 2-3　城市轨道交通线网规划总体流程图

①收集和调查历年城市社会经济资料,如:GDP、人均收入、常住人口、流动人口、岗位分布、土地利用、全方式 OD(对市内各小区出发和到达客流调查)流量及流向资料等,为分析现状及客流预测提供基础。

②根据路段交通量、拥挤度、车速、行程时间、出行距离等指标,分析城市交通现状并预测按目前发展趋势可能发生的问题,为制订规划目标提供基础性资料。

③分析未来城市结构形态、经济发展态势、人口分布、出行特征、交通结构等,结合目前交通存在的问题,制订远景综合交通发展战略,明确城市轨道交通在城市综合交通系统中的定位,论证城市轨道交通的规划目标。

④根据城市轨道交通规划目标,结合人口、岗位分布情况、出行特征、交通结构等,进行城市轨道交通远景年的客流需求预测。

⑤根据城市的经济发展、交通发展战略等初步拟定城市轨道交通线网的总体规模。

⑥在城市轨道交通线网规模的指导下,结合城市结构、道路网形态及重要集散点编制多个网络方案。

⑦对线网方案进行客流预测,校验线网规模的合理性,并进行适当调整,再重新编制多个备选线网方案。

⑧制订综合评价体系,对各方案进行定性与定量的分析比较,形成推荐方案。

⑨在推荐方案的基础上,作进一步细致的规划研究,如选择大型枢纽点、优化个别线路的局部路段等。

需要指出的是,上述各个步骤间有着相互作用,都可能反复循环。一个好的规划方案是在不断反复的过程中逐步完善的,通过这种反复循环的过程使得规划方案更加科学、合理。图 2-4是天津市轨道交通网络规划的一个例子。

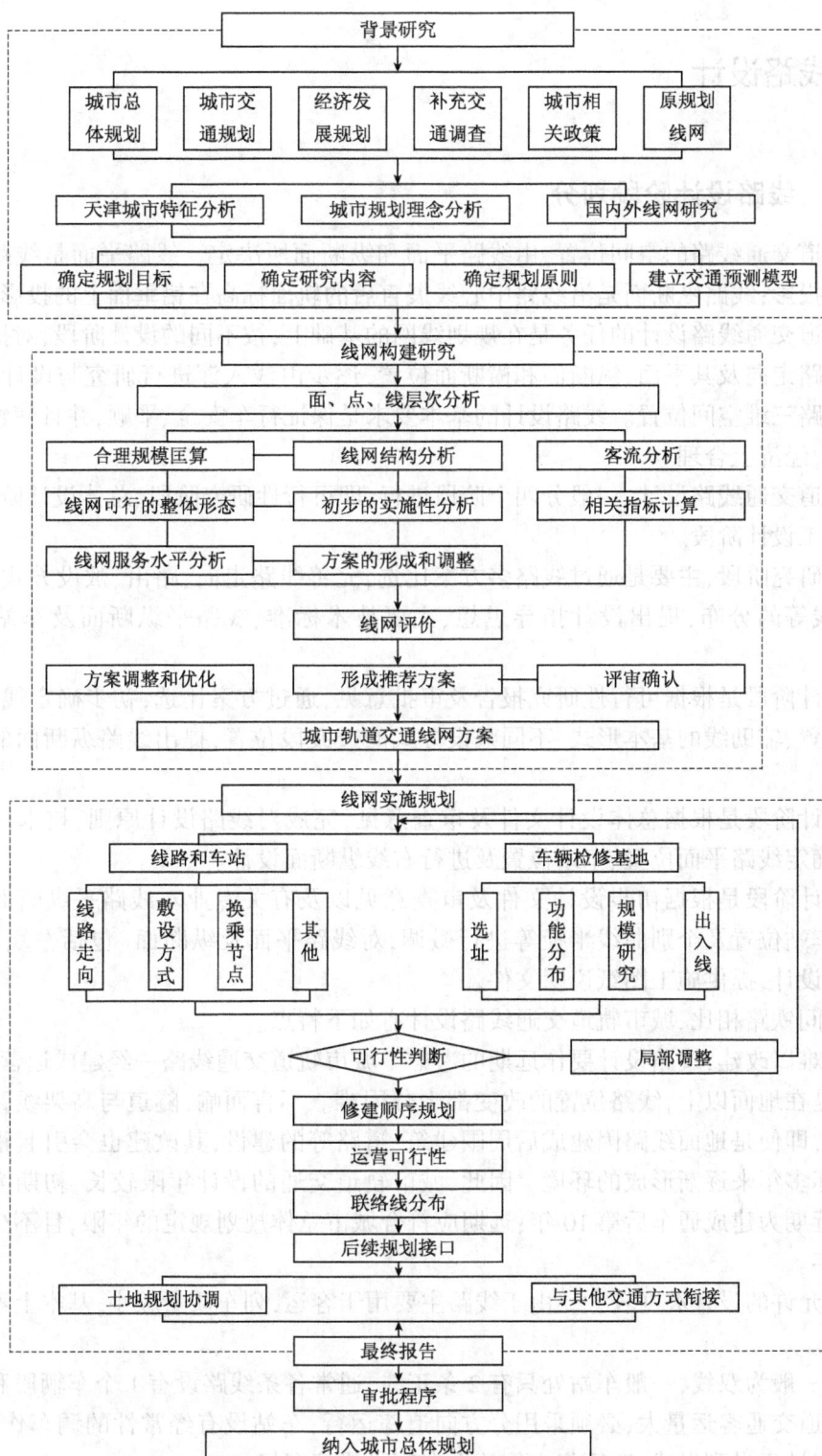

图 2-4　城市轨道交通规划总体技术路线

◀2.3　线路设计

2.3.1　线路设计阶段划分

城市轨道交通线路的空间位置,由线路平面和纵断面所决定。线路平面是线路中心线在水平面上的投影;线路纵断面是沿线路中心线展直后的轨面标高在铅垂面上的投影线。

城市轨道交通线路设计的任务是在规划线网的基础上,按不同的设计阶段,对拟建的城市轨道交通线路走向及其平面、纵断面和横断面位置,逐步由浅入深进行研究与设计,最终确定最合理的线路三维空间位置。线路设计的基本要求是保证行车安全、平顺,并且使整个工程在技术上可行,经济上合理。

城市轨道交通线路设计,一般分四个阶段进行,即可行性研究阶段、总体设计阶段、初步设计阶段和施工设计阶段。

可行性研究阶段,主要是通过线路多方案比选,完善线路走向、路由、敷设方式,基本确定车站、辅助线等的分布,提出设计指导思想、主要技术标准、线路平纵断面及车站的大致位置等。

总体设计阶段是根据可行性研究报告及审批意见,通过方案比选,初步确定线路平面、车站的大体位置、辅助线的基本形式、不同敷设方式的过渡段位置,提出线路纵断面的初步标高位置等。

初步设计阶段是根据总体设计文件及审查意见,完成对线路设计原则、技术标准等的确定,基本上确定线路平面位置、车站位置及进行右线纵断面设计。

施工设计阶段是根据初步设计文件及审查意见以及有关专业对线路平纵断面提出的要求,对部分车站位置及个别曲线半径等进行微调,对线路平面及纵断面(包括左线)进行精确计算和详细设计,提供施工图纸说明文件。

与城市间铁路相比,城市轨道交通线路设计有如下特点。

①线路难以改建,线路设计要作远期的考虑。城市轨道交通线路一经建成运营,无论在地下、地面还是在地面以上,线路位置的改变都十分困难。不言而喻,隧道与高架线路的改建是非常困难的,即使是地面线路因建成后周围建筑、道路等的建设,其改建也会引起很大的拆迁工程,并破坏多年来逐渐形成的环境。因此,城市轨道交通的设计年限较长,初期为建成通车后第 3 年;近期为建成通车后第 10 年;远期应符合城市总体规划规定的年限,且不少于建成通车后第 25 年。

②线路允许的设计坡度较大。由于线路主要用于客运,列车质量较小,基本上不受机车牵引力的限制。

③线路一般为双线,一般车站处只有 2 条正线,通常各条线路设有 1 个车辆段和 1 个停车场。城市轨道交通客运量大,必须采用分方向追踪运行;车站设有经常性的调车作业,为节省用地,一般车站不设到发线,车辆集中停放在车辆段或停车场。

④运距短,站点密,停车频繁,中等运速。由于城市内客运的运距较短,为保证线路的客流

吸引力,站距通常设为 1~2km。由于站距短,所以列车速度太高没有实际意义。列车启动加速到最高速度,或由最高速度开始施行制动使列车在车站范围内停下来,都需要经过一定的距离,其长度与最高速度成正比。站间距离短制约了列车的最大速度。目前国内外城市轨道交通系统选用的车辆实际上最高运营速度都不超过 80km/h,旅行速度多为 30~45km/h。

⑤车站长度较短。城市客流要求等待的时间较短,因而发车间隔时间不能太长,一般不超过 15min。在这段时间里聚集的客流量有限,因而列车编组长度比城市间列车编组长度短,通常为 4~8 节车厢。这样,供乘客上下车的站台长度通常在 150~200m。

鉴于城市轨道交通的列车有长度短、载重量小、车速中等、运距短、停站频繁等特点,故其设计标准与城市间铁路有所不同,其差异程度与城市轨道交通类型及形式有关。

城市轨道交通线路按其与地面的关系可分为地下线路、地面线路和高架线路;按其在运营中的作用可分为正线、辅助线和车场线。正线是指两相邻车站之间贯通的线路、一般为双线;辅助线是为保证正常运营,合理调度列车而设置的线路,包括车辆段或停车场的出入线、车站配线(存车线、渡线、折返线)及两条线路之间的联络线;车场线简称场线,是车辆段场区作业的全部线路,包括牵出线、车底(空车列)停留线、检修线及综合维修基地内各种作业线。

2.3.2 选线原则

1)线路走向选择的基本原则

城市轨道交通的主要功能是为城市居民出行服务,所以城市轨道交通线路走向选择的基本原则是沿客流方向布置。同时应考虑有效地利用土地、缩短建设工期、节约建设投资、线路运营后能方便旅客使用等方面的问题,市区线路绝大多数应敷设在城市街道地区的主要道路下面。由于城市轨道交通一旦建成,改造十分困难,而且费用昂贵,所以线路的走向应经慎重研究比较后选定。城市轨道交通线路走向选择应考虑以下主要原则。

①应符合城市轨道交通线网规划和城市发展总体规划要求,沿主客流方向选择并通过大客流集散点(如工业区、大型住宅区、商业文化中心、公交枢纽、火车站、码头、长途汽车站等),以便于乘客直达目的地,减少换乘。如上海轨道交通 1 号线一期工程将铁路上海南站、徐家汇、人民广场、铁路上海站等大客流集散点作为其必经的控制点,为解决铁路上海南站地区、徐家汇、人民广场及铁路上海站地区之间的南北客流交通发挥了重要的作用。

②应符合城市改造及发展规划,通过形成以轨道交通换乘站为核心的城市综合交通枢纽来引导或维持沿线区域中心或城市副中心的发展。如上海轨道交通 11 号线和 14 号线线路走向规划方案的调整,就是为了形成以铜川路换乘站为核心的城市大型综合交通换乘枢纽,以支撑真如城市副中心的建设和发展。

③尽量避开地质条件差、历史文物保护、地面建筑和地下建筑物等地域,在老城区线路宜选择地下线路。

④应结合地形、地质及道路宽窄等条件,尽量将线路位置选择在施工条件好的城市主干道上。同时进行施工方法的比选,合理选择线路基本位置、埋置方式及深度,减少城市轨道交通地下线施工过程中对现有房屋等建筑物的拆迁及城市交通的干扰。在郊区及次中心区有条件地段,可以选择地面线或高架线,以节省建设投资,降低运营费用。

⑤尽可能减少线路通过建筑群区域的范围。线路在道路的十字路口拐弯时,通过十字路

口拐角处往往会侵入现存的建筑用地。此时若以大半径曲线通过,虽然对运行速度、电能消耗、轨道养护、乘客舒适性等方面都有利,但会造成通过建筑群地带占用地面以下的区间增长,用地费用增加,征地困难。同时,还会出现基础托底加固等困难工程。

⑥车站应设置在客流量大的集散点和各类交通枢纽上,并与城市综合交通规划网相协调。这样有利于最大限度地吸引客流,方便乘客,使轨道交通成为城市公共交通骨干,轨道交通车站成为城市交通换乘中心。车站间的距离应根据需要确定,一般为 1~2m 之间,市郊区域可长些,而市中心区可以短些。

⑦对于浅埋隧道线路、地面线路或高架线路,其位置通常是沿着较宽的城市干道布设,或是通过建筑物稀少的地区,这样可以减少因避让线路穿越建筑群区域桩基或拆迁房屋而增加的麻烦及费用,也为线路施工创造了良好的明挖条件,并增加了车站位置选择的自由度。对于深埋隧道,其线路位置由车站位置决定,一船在其间取短直方向。

⑧应充分考虑城市轨道交通既有线路及规划线路的情况。当线路预定与远期规划线路联络时,先期建设的线路应考虑与远期规划线路交叉点处的衔接,为方便未来线网中的乘客换乘创造条件,虽然费用支出可能有所增加,但较将来改建线路增设换乘设施所需的投资要少。

⑨应考虑车辆段、停车场的位置和连接两相邻轨道交通线路间的联络线。

2)实例分析

(1)上海轨道交通 1 号线线路走向选择案例。

上海轨道交通 1 号线线路走向选择的主要依据是客流的资料和城市规划的总体要求;其中,第一期工程确定为南起新龙华、北至新客站,中间经过徐家汇和人民广场两个控制点。为了使选线切合实际,在方案研究过程中,曾对客流量、各控制点间的通路、交通、建筑物、地下管线等现状做了深入调查,并对沿线地形、地貌和地质情况进行了修正测量和勘探。根据所取得的大量资料逐段进行线路的多方案比选。现举例说明徐家汇—人民广场间线路走向的选定方法。

如图 2-5 所示,徐家汇—人民广场之间线路走向可以考虑以下三个方案。

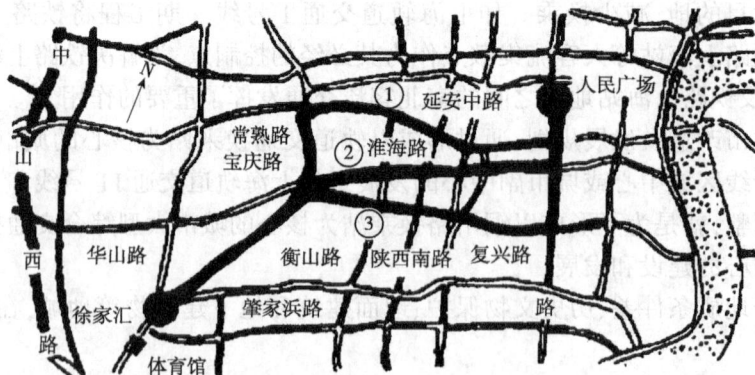

图 2-5 上海轨道交通 1 号线部分线路走向方案比较

第一方案:延安中路方案,线路由徐家汇站沿衡山路向北,经宝庆路过淮海中路,然后沿常熟路,右转进入延安中路。在上海展览馆前,顺着威海路往东,在武胜路、望亭路附近向北至人民广场站。其间设有衡山路站、常熟路站、延安中路站、陕西南路站、重庆北路站和人民广场站。

第二方案:淮海中路方案。线路由徐家汇站沿衡山路向北,自衡山路站北端斜穿乌鲁木齐路进入淮海中路,并沿淮海中路一直往东,过望亭路后朝北,经武胜路、西藏中路西侧到达人民广场站。其间设有衡山路站、常熟路站、陕西南路站、黄陂南路站和人民广场站。

第三方案:复兴中路方案,线路由徐家汇站沿衡山路向北,至宝庆路、复兴路口折入复兴中路。过瑞金二路后,线路北折穿越居住区、复兴公园,在黄陂南路、嵩山路之间过淮海中路,再经望亭路、普安路、延安中路接人民广场站。其间设有衡山路站、跳水池站、文化广场站、重庆南路站、西藏路站和人民广场站。

三个方案比较如下:

①淮海中路是繁华的商业街。全日客流量比复兴中路大 50%,高峰小时单向断面流量比复兴中路大 80%。线路取淮海中路,吸引客流多,社会效益和经济效益好。

②淮海中路的地下管网管径小且比较陈旧,可结合修建地铁综合改造;而复兴中路管线多,尤其是汾阳电话局出局电缆、$\phi700\text{mm}$ 煤气中压干管及复兴公园地下水库的出水管等,均为重要管道,不宜迁移。

③淮海中路路面较复兴中路宽,有利于设置车站,拆迁房屋较少。

④延安中路方案与规划的地铁 2 号线走向平行,且相距不远(约 $300\sim500\text{m}$)投资效率低。因此,该方案在网络布局上不甚合理。

⑤淮海中路方案线形比其他两个方案短直。

综上比较,淮海中路方案虽有施工时对交通影响较大的缺点,但从长远来看,在社会效益、经济效益和便利乘客等方面,其优点显然比其他两个方案突出,故本段线路走向采用淮海中路方案。

经过各段线路走向的分析比较,汇总得到上海轨道交通 1 号线新龙华至上海火车站线路的具体走向与车站位置,如图 2-6 所示。

图 2-6　上海轨道交通 1 号线走向

（2）上海轨道交通 11 号线和 14 号线真如副中心地区线路走向选择案例。

①真如副中心建设规划。上海市目前规划了徐家汇、江湾五角场、花木和真如四个副中心，其中真如副中心位于普陀区，规划范围东至岚皋路，南到中山北路、武宁路，西接真北路（中环线），北临沪宁铁路，规划用地约 $6km^2$，其中核心区用地约 $1.2km^2$（图 2-7）。

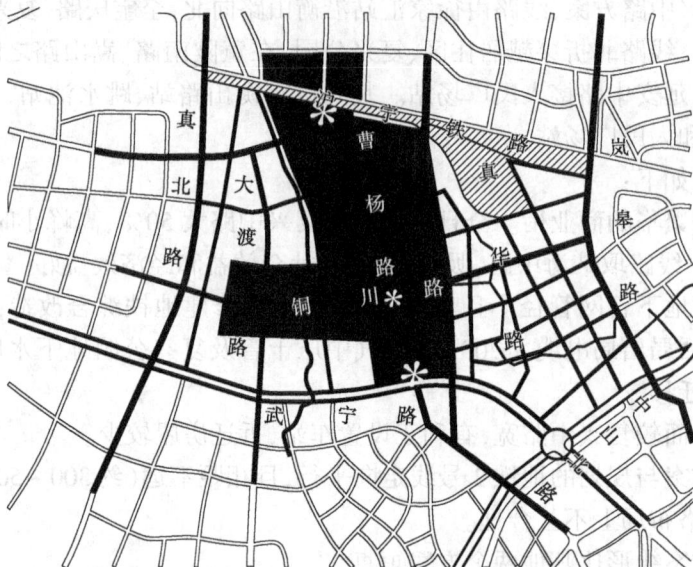

图 2-7　上海真如副中心规划范围示意图

根据《上海市城市总体规划》的要求，真如城市副中心主要功能为：商务办公、服务贸易、文化娱乐、商业以及西北物流群落的信息管理中心；服务于普陀区的常住人口和流动人口；满足上海西北地区和全市范围内的广域性消费需求。近期将优先建设以曹杨路/铜川路节点为核心的区域，以尽快形成地区中心。并在远期形成以曹杨路/铜川路节点为核心的商务功能区为主体，以曹杨路为商务主轴和铜川路为商业文化主轴的整体功能结构。

②国内外典型城市副中心发展的历史经验与启示。从国际典型城市副中心的发展历程可以看出，城市副中心的功能决定了其位置一般都位于联系市中心与郊外的交通枢纽所在的区域，而且其只有在强有力的交通支持前提下才能得以形成，并长期保持其副中心的地位。

a. 城市副中心的形成需要强有力的交通支持，即城市副中心地区的交通条件必须相对优于其他地区。如东京 6 个城市副中心的建设情况就是一个很好的例证。新宿、池袋、涩谷和上野/浅草 4 个城市副中心由于有数条轨道交通线路（新宿副中心 10 条线路、池袋副中心 8 条线路、涩谷副中心 6 条线路、上野/浅草副中心 10 条线路）在此形成以轨道交通换乘站为核心的大型综合交通枢纽，所以已经发展得非常成熟；上海徐家汇副中心的形成也证明了这一点。而锦系町/龟户和大畸/五反田 2 个城市副中心只有少量的轨道交通线路为之服务，由于交通优势不明显，所以至今还未能发展成为真正意义上的副中心，真如副中心的现状也说明了这一点。

b. 人口高密度城市的副中心交通问题只有通过大容量的轨道交通枢纽建设才能解决。国外拉德芳斯、新宿、池袋、涩谷等城市副中心的交通设施设置就充分证明了这一点；国内徐家汇副中心的交通拥挤现象也从另一个角度说明了这一点。

c.要长期维持城市副中心的地位,还需要强有力的交通枢纽作为支撑。城市副中心地位的持久,首先要具备吸引人群、聚集人气的条件,而强有力的交通枢纽就是吸引人群、聚集人气的最重要条件之一。如上海中山公园地区的公交换乘枢纽西移后,出现了原来商业中心日趋衰落的现象。

③上海轨道交通11号线和14号线真如副中心地区线路走向调整方案。根据上海市轨道交通线网规划,上海城市轨道交通远期线网中,有8条轨道交通线在普陀区域范围内经过,其中,R3线(11号线)、L1线(15号线)、L2线(16号线)、L3线(17号线)与沪宁铁路在上海西站形成大型综合换乘枢纽(图2-8)。按照原有规划方案,在真如城市副中心范围内,R3线(11号线)沿真华路走向,M6(14号线)沿铜川路向东在曹杨路口转向南沿曹杨路的走向,在曹杨路/铜川路节点不能形成以城市轨道交通为核心的综合换乘枢纽,因而不能对以曹杨路/铜川路节点为核心的真如城市副中心先期开发区域的发展形成有力的交通支撑。

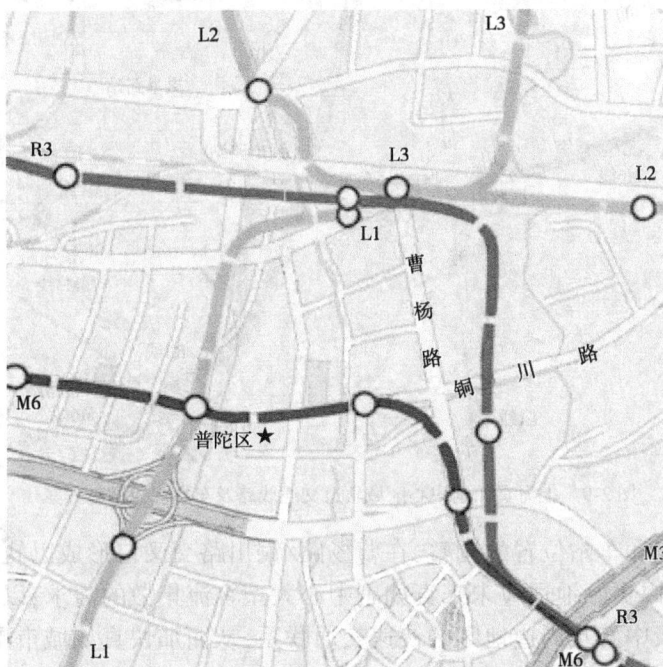

图 2-8　上海真如副中心区周边轨道交通线路原规划图

参照国内外城市副中心建设的基本经验,结合真如地区的轨道交通规划,从交通带动真如城市副中心发展的角度来看,在真如副中心先期发展的曹杨路/铜川路节点形成轨道交通换乘枢纽是必要的。如果没有数条轨道交通形成的交通枢纽来支持真如城市副中心的建设,则以曹杨路/铜川路节点为核心的周边区域将难以达到城市副中心功能集聚的效果,从而也就难以成为真正意义上的城市副中心。为此,需要对经过真如地区的轨道交通R3(11号线)和M6线(14号线)为核心的城市大型综合交通换乘枢纽,支持真如副中心的建设。具体调整方案如图2-9所示。

a.R3线(11号线)从由南向北穿越中山北路后,在曹杨路口沿曹杨路一直向北,在铜川路路口设站,继续向北在地下斜穿沪宁铁路上海西站,在上海西站下方设站;然后向北逐渐转向新村路、真南路,在同济大学沪西校区大门西侧设站。

　　b. M6 线(14 号线)出兰溪路站一直沿铜川路向东,在曹杨路口设站,过曹杨路后在规划的真华路转向南沿规划真华路走向。

　　c. R3 线(11 号线)和 M6 线(14 号线)在曹杨路/铜川路交叉口形成换乘枢纽。

　　d. 将周边公交线路如 833、742 车站移到曹杨路/铜川路交叉口附近,交叉口附近和周围建筑内设置一定规模的机动车停车场和自行车停车场,与轨道交通形成大型综合换乘枢纽。

图 2-9　上海真如副中心区域轨道交通线路及车站优化调整方案

　　通过对以上线路和车站位置的调整,在曹杨路/铜川路交叉口形成以轨道交通为主体的大型综合换乘枢纽,可以更好地适应未来真如副中心大型客流集散的需求,以确保真如城市副中心核心功能区与市级中心及周边地区的快速交通联系,从而加快真如城市副中心的建设步伐。

2.3.3　线路基本形式

　　城市轨道交通的线路敷设形式,根据线路工程与地面的关系,主要有:地下线、地面线、高架线和敞开式线路。

　　1)地下线

　　城市轨道交通地下线的建设,一般选择在城市中心繁华地区,它能较好地解决立交问题和城市景观问题,能节省土地,使土地资源得到合理的利用,它是对城市环境影响最小的一种线路敷设方式。

　　地下线的施工方法,主要有明挖法、暗挖法等。暗挖法包括盾构法和矿山法。盾构法又分为单圆盾构、双圆(双线)盾构。线路在平纵断面的设计上要紧密结合具体的环境情况,根据所采用的施工方法来决定线间距和线位埋深。采用单圆(单线)盾构施工时,左右线一般平行布置,且为确保施工安全,隧道净距和隧道覆土厚度要求不小于一倍盾径(6.20m,见图2-10)。因盾构施工对城市交通和环境影响较小,故多被采用。

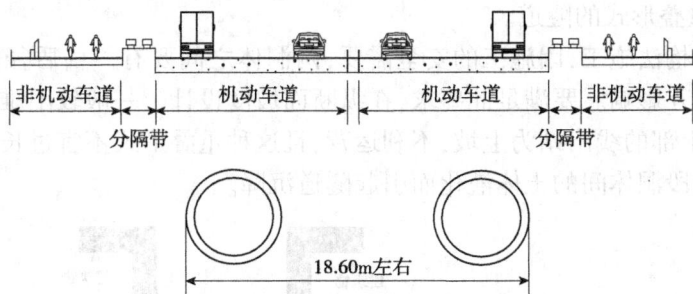

图 2-10　地铁单圆盾构区间隧道横剖面

对于长距离的狭窄地带且不便采用明挖施工的地段,可采用双圆(双线)盾构法施工。其特点是左右线同时推进,隧道横剖面呈"眼镜状"(图2-11),线间距根据采用的车型和限界来确定。如:A 型车的线间距为 4.60m,隧道横剖面的结构外缘宽度为 10.80m(图2-10 中单圆盾构隧道横剖面的结构外缘宽度为 18.60m 左右)。采用双圆(双线)盾构法施工可大大节省横向空间,有效躲避地下障碍物,又避免施工开挖带来的环境影响。目前,国内采用双圆(双线)盾构施工的还很少,仅上海的 M8 线首先使用。此工法除了缺乏施工技术经验外,车站一般只能设置为侧式站台,使用起来不方便,且线路的曲线半径不宜太小;此外,双圆(双线)盾构法施工的隧道两洞体容易发生不均匀沉降。

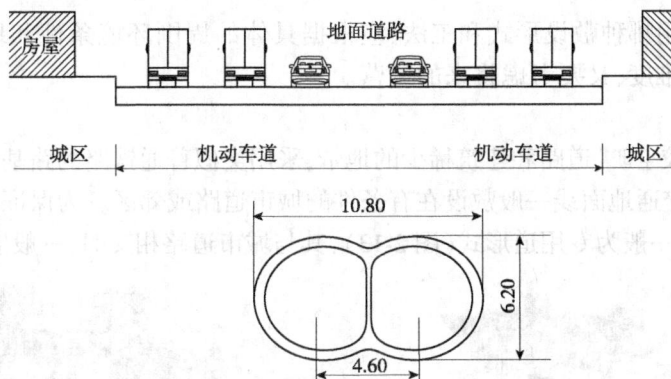

图 2-11　地铁双圆盾构隧道横剖面(尺寸单位:m)

最近还出现了异型盾构,即:H & V(Horizontal Varition & Vertical Varition)型盾构。其最大的特点是:根据需要,两线的洞体可由水平双圆逐渐转换为竖向双圆,或由竖向双圆转换为水平双圆,以更有效地穿越狭窄地下空间。

在线间距及覆土等不能满足盾构施工条件的地段,只能用明挖法施工。因该工法要挖开路面,不但要影响城市交通、破坏市容,还要考虑施工时的交通疏解及市政管线的搬迁改移等,故只能在不得已的情况下采用。

在极其困难的情况下,有时也采用左右线隧道上下重叠的敷设形式。这可以把线路在水平方向上占用的空间减至最小,更有效地避让两侧的建筑物桩基础。但这种重叠形式会增加施工难度,且纵断面的坡度会受限制,影响将来的运营。这种重叠线位一般有两种形式(图2-12)。

①采用明挖或盖挖方法施工,隧道断面形式为矩形,左右线隧道紧密重叠,两隧道体之间没有土体。这种形式可适合较长距离的重叠。如深圳地铁1号线罗湖至大剧院段线路就已建成1km长的这种重叠形式的隧道。

②采用单圆盾构法施工,因施工的安全需要,两洞体之间要有一倍盾径的间距,以避免盾构施工时左右线相互影响。要满足此要求,在纵断面坡度设计上一般较困难,往往造成在下部的线坡度较大,在上部的线出站为上坡,不利运营;且这种重叠形式不宜过长,因运营后的振动会造成上下线重叠段洞体间的土体液化而引起隧道沉降。

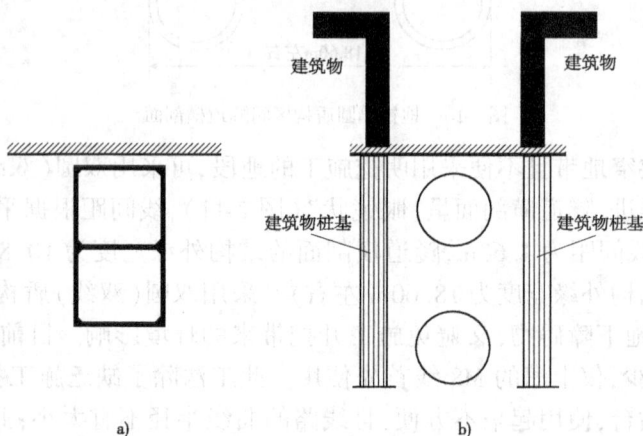

图 2-12　地下线的上下重叠形式

地下线具体采用哪种敷设形式和工法,应根据具体的周围环境条件和地质状况从全局考虑。既要考虑施工难度,又要考虑将来的运营。

2)地面线

地面线是指在较空旷、道路和建筑稀少的地带,采用类似普通铁路的路基作为轨道基础的线路形式。城市轨道交通地面线一般敷设在有条件的城市道路或郊区。为保证城市轨道交通车辆的快速运行,地面线一般为专用道形式(图2-13),其与城市道路相交时,一般应设置为立交。

图 2-13　地面线

地面线的优点是土建工程造价最低;其缺点是隔断线路两侧的交通,使线路两侧难以沟通,不利两侧土地的商业开发利用,同时运营时噪声较大。此外,地面线的沉降变化较大,故多采用碎石道床,因此运营后养护维修工作量较大。城市轨道交通中的市域线在偏远市郊路段多采用此种形式。

3)高架线

高架线是介于地面和地下之间的一种线路,既保持了专用道的形式,占地也较少,对城市交通干扰也小,一般在市区外建筑稀少及空间开阔的地段采用。高架线是城市轨道交通中一种重要的线路敷设方式。高架区段中的高架桥是永久性的城市建筑,结构寿命要求按 50 年以上来考虑。

桥梁的净空一般由沿线所跨越的道路通车高度及河流的通航高度要求来确定。桥梁跨度非特殊地段按最经济跨距布置,一般为 20～30m,具体根据桥梁结构形式计算决定。

高架桥梁的选型,首先要满足列车安全行驶的要求,其次要考虑结构合理、经济适用,并结合城市规划、周围环境、施工方法等一系列因素来确定,既要达到美观协调的效果,又要容易施工。目前国内外采用的梁的结构形式有:槽型梁、下承式脊梁、T 形梁,板梁和箱梁等。高架线的桥梁设计梁式有现浇连续箱梁、现浇简支梁、预制梁等。上海轨道交通 9 号线在出市区以后至松江新城前全部采用高架线,因沿线交通方便、空间开阔,便于梁的运输和架设,故多为预制梁。天津的津滨快轨出天津市区后至塘沽区前,两侧地区空旷,线路基本采用高架形式。

目前国内外对穿越城区的城市轨道交通道路设置高架线存在一些争议,问题的焦点在于三个方面:一是高架线路对市区景观存在影响,可能破坏城市市容;二是高架系统产生的噪声和污染对线路周围环境有不良影响;三是高架线路对沿线居民的隐私权有所侵犯,易引起纷争。

4)敞开式线路

敞开式线路是线位由地下线过渡为地面线或高架线时(或相反时)的一种过渡形式(图 2-14),一般包括“U”形槽段和填土路基段。

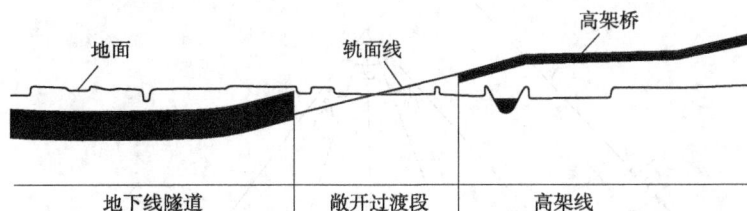

图 2-14　敞开过渡段线路形式示意图

还有一种近似于地下和敞开式之间的线路敷设形式,即:线位结构顶部几乎与地面相平,只在穿越道路时稍微增加埋深,增加覆土厚度。当这种线路敷设距离较长时,为防止雨水的大量汇入,应在上部加蓬顶(最好为透明材质,以利于自然采光);另外可根据环控计算在一定位置加设换气窗,采用自然通风。线路两侧可设计种植由里向外、由高到低的绿化树木,这样既可降低噪声,又让列车运行于绿色长廊下。这种线路埋深浅,施工难度小,造价低,还可节省环控设备及照明,很适合南方城市特定地段采用。

敞开式线路设计时应注意以下两方面。

①过渡段位置的确定要慎重考虑。敞开沟堑形式对线位两侧环境影响较严重,不但产生噪声和振动,且隔断线路两侧的沟通,对城市景观也不利。

②要注意排水。顶部敞开会形成雨水汇聚。排水系统要结合当地的暴雨强度考虑排水能力。

2.3.4　线路平面

城市轨道交通的线路平面是由直线、圆曲线和缓和曲线组成的,三者的相互位置如图 2-15

所示,有关曲线参数的计算公式为:

$$T = (R + p) \cdot \tan \frac{\alpha}{2} + m \qquad (2-1)$$

$$K = R \frac{\pi(\alpha - 2\beta_0)}{180} + 2l_0 = R \frac{\pi \cdot \alpha}{180} + l_0 \qquad (2-2)$$

式中: T —— 切线长度(m);

$\quad R$ —— 曲线半径(m);

$\quad K$ —— 曲线长度(m);

$\quad l_0$ —— 缓和曲线长度(m);

$\quad \alpha$ —— 曲线偏角(°);

$\quad \beta_0$ —— 缓和曲线角度(°), $\beta_0 = \dfrac{90l_0}{\pi R}$;

$\quad m$ —— 切垂距(m), $m = \dfrac{l_0}{2} - \dfrac{l_0^3}{240R^2}$;

$\quad p$ —— 圆曲线内移距离(m), $p = \dfrac{l_0^2}{24R} - \dfrac{l_0^4}{2688R^3}$。

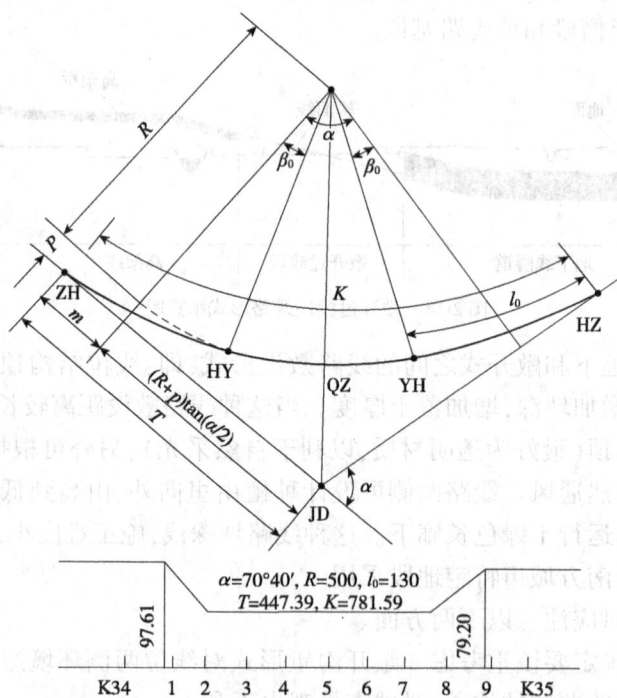

图 2-15　城市轨道交通曲线示意图(尺寸单位:m)

另外,曲线起讫点里程,可按下列方法推求:

①ZH 里程,在平面上量得;

②HZ 里程 = ZH 里程 + K;

③HY 里程 = ZH 里程 + l_0;

④YH 单程 = HZ 里程 - l_0。

线路平面设计的主要技术要素包括:最小曲线半径、夹直线最小长度、最小圆曲线长度、缓和曲线线形和长度等。

1)线路平面位置选择

(1)地下线平面位置

地下线是线路在交通繁忙路段和市区内繁华地段主要采用的线路敷设形式,其线路设计的一般原则是:线位尽可能沿城市道路敷设,尽量不侵入两侧的规划红线;在偏离道路或穿越街坊时,主要考虑躲避沿线的构筑物桩基础和地下各种市政管线,以确保安全和减少拆迁。

城市轨道交通地下线路的平面位置主要有如下两类。

①城市轨道交通线路位于城市规划道路红线范围内,是常用的线路平面位置形式。它的特点是对道路红线范围以外的城市建筑物干扰较小。图 2-16 是城市轨道交通地下线路的三种代表位置。

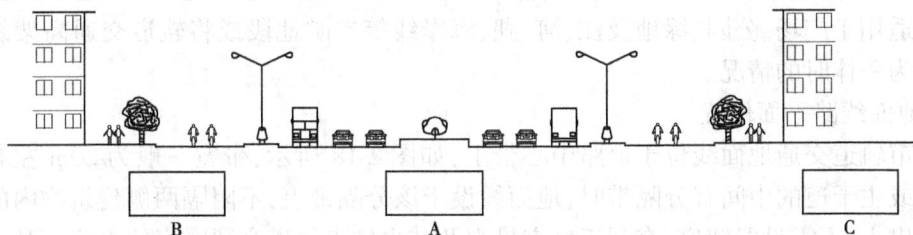

图 2-16　城市轨道交通地下线路设置位置示意图

A 位:城市轨道交通线路居道路的中心,对两侧建筑物影响小,地下管网拆迁较少,有利于线路裁弯取直,减少曲线数量,并能适应较窄的道路红线宽度。缺点是当采用明挖法施工时,会破坏现有道路路面,对城市交通干扰大。

B 位:城市轨道交通线路位于慢车道和人行道下方,能减少对城市交通的干扰和对机动车路面的破坏。

C 位:城市轨道交通线路位于待拆的已有建筑物下方,对现有道路及变通基本上无破坏和干扰,地下管网也极少,但房屋拆迁及安置量大,只有与城市道路改造同步进行,才十分有利。

②城市轨道交通线路位于道路范围以外。城市轨道交通地下线路置于道路范围之外,可以达到缩短线路长度、减少拆迁、降低工程造价的目的,但必须具备如下条件之一。

a.沿线区域地质条件好,基岩埋深很浅,隧道可以用矿山法在建筑物下方施工。

b.沿线区域为城市非建成区或广场、公园、绿地(耕地)等。

c.沿线区域为老的街坊改造区,可以与轨道交通同步规划设计,并能按合理施工顺序进行施工。

除上述条件外,若线路从既有多层、高层房屋建筑下面通过时,不但施工复杂,难度大,并且造价高昂,选线时应尽量避免。

(2)高架线路平面位置

高架线路平面位置选择较地下线路严格,自由度更少,一般要顺城市主干道平行设置,道路红线宽度宜大于 40m。在道路横断面上,城市轨道交通高架桥墩柱位置要与道路车行道分隔带配合,一般宜将桥柱置于分隔带上,如图 2-17 所示。

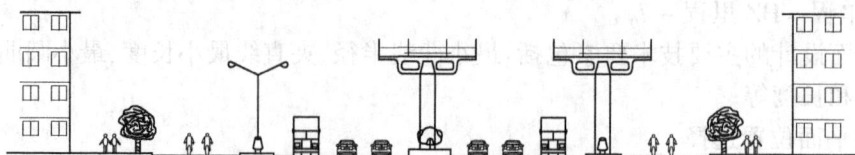

图 2-17　城市轨道交通高架线路设置位置示意图

①高架桥位于道路中心线上对道路景观较为有利,噪声对两侧房屋的影响相对较小,路口交叉处,对拐弯机动车影响也小。但是,在无中间分隔带的道路上敷设高架桥时,改建道路的工程量大。

②高架桥位于快慢车分隔带上,充分利用道路隔离带,减少高架桥柱对道路宽度的占用和改建,其一般偏房屋的非主要朝向面,即东西街道的南侧和南北街道的东侧。缺点是噪声对一侧市民的影响较大。

③除上述两种位置外,还可以将高架轨道交通线路设置于慢车道、人行道上方及建筑区内。它仅适用于广场、公园、绿地及江、河、湖、海岸线等空旷地段或将轨道交通高架线与旧房改造规划为一体时的情况。

（3）地面线路平面位置

①城市轨道交通地面线位于道路中心带上,如图 2-18 所示,带宽一般为 20m 左右。当城市快速路或主干道的中间有分隔带时,地面线设于该分隔带上,不阻隔两侧建筑物内的车辆按右行方向出入,不需设置辅道,有利于城市景观及减少城市轨道交通噪声的干扰。其不足之处是乘客均需通过地道或天桥进入城市轨道交通站台。

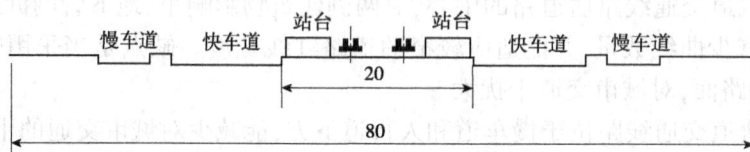

图 2-18　城市轨道交通地面线路设置位置示意图(一)(尺寸单位:m)

②城市轨道交通地面线位于快车道一侧,如图 2-19 所示,带宽一般为 20m 左右;当城市道路无中间分隔带时,线路设于该位置可以减少道路改移量。其缺点是在快车道另一侧需要建辅路,增加了道路交通管理的复杂性。

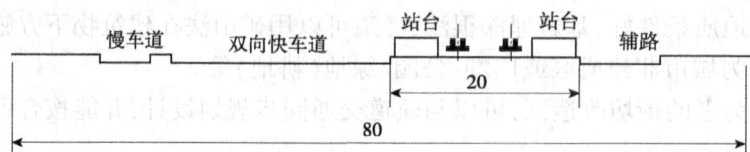

图 2-19　城市轨道交通地面线路设置位置示意图(二)(尺寸单位:m)

当道路范围之外为江、河、湖、海岸滩地,不能用于居住建筑的山坡地等时,可考虑将城市轨道交通线路布置于这些地带上,但要充分考虑路基的稳固与安全。城市轨道交通地面线一般应设计成封闭式,防止行人、车辆进入,其与城市道路的交叉一般应采用立交。

地面线设计时应注意:

①要结合沿线土地的使用性质,从长远的规划上综合慎重考虑是否设置地面线,因为城市

轨道交通的行车密度大,需要对地面线进行防护隔离,这将隔断线路两侧的联系,并带来很大的噪声。城市轨道交通是百年大计,不要图节省初期的建设投资而对沿线周围环境的发展造成不良的影响。

②在南方地区要充分考虑路基的防淹和排水问题,以确保线路的运营安全。要调查搜集当地的暴雨积水强度,来确定最小路肩标高。如上海轨道交通 9 号线经过一处高压走廊,因受高压线高度控制,局部线路由高架降为地面线;其路肩高度根据当地 30 年一遇的暴雨积水高度确定,并采取了一定的排水和保护措施。

总之,上述三种敷设方式的选择应结合城市的总体规划、线路所穿越的地区环境、工程具体技术要求及造价综合比选后确定,其中与城市规划相结合是最重要的方面。由于我国城市道路交通环境复杂,新建轻轨交通线路如不能做到全封闭,一般认为其应达到 65% 以上的封闭,才能符合快速的要求。一般在城市中心地区宜采用地下线,其他地区条件许可时宜采用高架线或地面线。

(4)城市轨道交通与地面建筑物之间的安全距离

①地下线与地面建筑物之间的安全距离。为了确保地下线施工时地面建筑物的安全,城市轨道交通线路与地面建筑物之间应留有一定距离。它与施工方法和施工技术水平密切相关。采用放坡明挖法施工时,其距离应大于土层破坏棱体宽度。北京地铁一期工程采用工字钢桩加护板支护,深水泵降低地下水位的明挖法施工,由于护板与土层之间有空隙,施工过程中,在距基坑边 10m 左右的地面,平行线路方向出现明显的裂缝。上海地铁一期工程施工中,无论采用盾构法,还是采用连续墙支护的明挖法,隧道(连续墙)外缘至建筑物间的距离一般不小于 2m。由于施工过程中采取了措施,从施工结果看,房屋基本上没有受到影响。

②高架线与建筑物之间的安全距离。城市轨道交通高架线与建筑物之间的安全距离,由防火安全距离与防止物体坠落城市轨道交通线路内的安全距离确定。前者参照建筑物防火与铁路防火相关规范执行,后者暂无规范,可视具体情况考虑。

地面线与道路及建筑物之间的最小安全距离。目前规范未作出规定,建议按下列值考虑:

a.城市轨道交通围护栏杆外缘至机动车道道牙内缘最小净距 1.0m(无防护挡墙)或 0.5m(有防护挡墙);

b.城市轨道交通围护栏杆外缘至非机动车道道牙内缘最小净距 0.25m;

c.城市轨道交通围护栏杆外缘至建筑物外缘最小净距 5.0m(无机动车出入)或 10m(有机动车出入);

此外,在决定安全距离时,尚应考虑列车运行时振动、噪声的影响。

(5)线路平面位置方案比选

线路平面位置比选主要包括直线位置的比选和曲线半径的比较,其主要比选内容如下所示。

①线路条件比较:包括线路长度、曲线半径、转角等。对于小半径曲线,在拆迁数量、拆迁难度、工程造价增加不多的情况下,宜推荐较大半径的方案。若半径大于或等于 400m,则不宜增加工程造价来替换大半径曲线。

②房屋拆迁比较:包括拆迁房屋数量、质量、使用性质、拆迁难易等的比较。质量差的危旧房屋可以拆,住宅房易拆迁,办公房次之,工厂厂房难拆迁;学校、医院等单位,一般考虑邻近安

置;商贸房异地搬迁,在市场经济的条件下拆迁难度大。

③管线拆迁比较:包括上下水管网、地下和地上电力线(管),地下和地上通信电缆线(管)、煤气管、热力管等的数量、规格、费用及拆迁难度比较。大型管道改移费用高,下水管改移难度大。

④改移道路及交通便道面积比较:包括施工时改移交通的临时道路面积及便桥,恢复被施工破坏的正式路面及桥梁等。

⑤其他拆迁物比较:不属于上述拆迁内容的其他拆迁。

⑥城市轨道交通主体结构施工方法比较:包括施工的难易度、安全度、工期、质量保证、对市民生活的影响等方面的综合分析评价。

2)线路平面主要技术要素的选择

(1)平面曲线半径

①最小曲线半径标准选择的主要影响因素。

a. 曲线半径对行车速度的影响。城市轨道交通线路最小曲线半径的理论计算公式为:

$$R_{\min} = \frac{11.8v^2}{h_{\max} + h_{qy}} \tag{2-3}$$

式中:$R_{\min}$——满足欠超高要求的最小曲线半径(m);

v——设计速度(km/h);

$h_{\max}$——最大超高(mm);曲线地段轨道超高是指为了平衡曲线上运行列车所受离心力而设置的内、外轨面的高度差,$h = \frac{11.8v^2}{R}$;根据《地铁设计规范》(GB 50157—2003)规定取 $h_{\max}$ 为120mm;

h_{qy}——允许欠超高(mm),根据《地铁设计规范》(GB 50157—2003)可取为60mm。

由此可见,列车运行速度的平方与曲线半径成正比。

b. 曲线半径对运营费的影响。曲线半径越小,钢轨磨耗越严重,钢轨更换周期越短。根据国内对铁路曲线钢轨磨耗的研究结果推算出的200m半径曲线的换轨周期比400m半径曲线的换轨周期约缩短40%。由于大部分小半径曲线是设在道路交叉口转弯处,且曲线转角多为90°,此时小半径曲线的曲线长度短于大半径的曲线长度,上述换轨费用还会增加。

c. 曲线半径对工程的影响。较小的曲线半径,能够较好地适应地形、地物、地质等条件的约束;在上海、北京等城市,随着社会经济的快速发展,高层建筑、高架桥等设施大量兴建,其深桩基对城市轨道交通选线形成很大的约束。在这样复杂的约束条件下,不同的曲线半径标准产生的工程拆迁量的差异很大。如果遇到高层建筑群,一处曲线采用大、小不同的半径造成拆迁工程费的差异高达数千万元甚至上亿元。

d. 曲线半径对换乘站设计方案的影响。当曲线半径大于300m时,在大城市中心区域的城市轨道交通线路走向调整的余地较小,从而在设计时大大限制了可提出的换乘方案数量;而当半径降至200m或以下时,交叉线路(尤其是交角小于60°时)设置平行换乘或其他较短换乘路径的换乘方案的可行性将大大提高。

e. 曲线半径与工程可实施性。在地面或高架线路中,任何小半径曲线均可实施;在地下线路中,明挖、暗挖等施工方法能够适应各种小半径曲线的施工,但对盾构法,目前国内受现有设备的限制,只能实施半径 300m 以上的曲线。而日本早已具备实施半径 80m 以上的盾构设备并大量运用于东京、大阪的地铁建设中。

②最小曲线半径的合理选择。

随着大城市向高密度方向发展,城市轨道交通的最小曲线半径标准将会对工程、运营、换乘设计方案等方面产生越来越大的影响。400m 以下的小半径曲线具有限制列车速度、养护比较困难、钢轨侧面磨耗严重及噪声大等缺点,特别是在城市轨道交通运量大、密度高的情况下,上述缺点更加突出。因此,曲线半径宜按标准半径系列从大到小合理选用,在实际工作中,最大曲线半径一般不超过 3000m。同时,从运营角度出发,最小曲线半径应尽量少用,并应有一定限制。我国《地铁设计规范》(GB 50157—2003)规定的线路最小曲线半径标准如表 2-2 所示,《城市轨道交通工程项目建设标准》(建标 104—2008)规定的线路工程主要技术标准如表 2-3 所示。

线路最小曲线半径(单位:m)　　　　　　　　　　　　　　　　　　表 2-2

线　路		一 般 情 况		困 难 情 况	
		A 型车	B 型车	A 型车	B 型车
正线	≤80km/h	350	300	300	250
	>80km/h ≥100km/h	550	500	450	400
联络线、出入线		250	200	150	
车场线		150	110	110	

线路工程主要技术标准　　　　　　　　　　　　　　　　　　表 2-3

技术名称及线路		A 型车	B 型车	C 型车
最小曲线半径(m)	正线	300~350	250~300	50~100
	辅助线	250	150~200	25~80
	车场线	150	80~110	25~80
最大坡度(‰)	正线	30~35	30~35	60
	辅助线	40	40	60
	车场线	1.5	1.5	1.5
竖曲线半径(m)	正线	3500~5000	2500~5000	1000
	辅助线	2000	2000	1000
钢轨(kg/m)	正线	≥60	50~60	50
	辅助线	≥50	≥50	50
道岔(N_0/R_0)	正线	9/200	9/200 或 7/150	7/150
	车场	7/150	6/110	待定

注:特殊地段的技术标准,应按国家现行有关技术规范执行;C 型车的线路最小曲线半径 80m,是指受流器的车辆;N_0 指道岔号,R_0 指道岔导曲线半径。

美国、日本、法国等国家为了降低工程造价而采取了较为灵活的最小曲线半径标准值,主要线路上的曲线半径比我国的标准小得多。纽约地铁的最小曲线半径为107m,芝加哥和波士顿地铁为100m;东京、大阪等城市的地铁线路最小曲线半径大部分不足200m(表2-4);巴黎地铁的最小曲线半径仅为75m。

日本部分城市地铁线路最小曲线半径标准 表2-4

经营主体	线路名称	车辆宽度(m)	最小曲线半径(m)	旅行速度(km/h)	最高速度(km/h)
札幌市	南北线	3.470	200.0	31.7	70
交通局	东西线	3.080	201.0	34.6	70
交通营团	银座线	2.580	90.0	24.9	55
	丸之内线	2.790	127.0	27.4	60
	日比谷线	2.790	126.0	28.3	70
	东西线	2.870	200.0	38.5	75
	千代田线	2.865	143.8	31.5	55
	有乐町线	2.865	150.0	30.0	75
	半藏门线	2.835	200.2	36.9	75
东京都交通局	浅草线	2.800	161.0	31.8	70
	三田线	2.800	162.0	31.4	70
	新宿线	2.800	204.0	31.9	75
大阪市交通局	御堂筋线	2.890	120.0	33.0	70
	古町线	2.890	122.0	31.6	70
	四桥线	2.890	122.0	32.6	70
	中央线	2.890	160.0	33.5	70
	前日前线	2.890	122.0	29.9	70
	筋线	2.840	190.0	30.0	70

在目前车辆条件下,在车站两端可视具体情况降低最小曲线半径标准。同时应尽快投入力量,积极研究适应较小半径曲线的新型车辆,以降低城市轨道交通土建成本,并为改善换乘设计方案提供更有利的条件。

③各类车辆的主要技术规格,可参照表2-5选定。

由于轻轨交通运量较地铁小,故其最小曲线半径视车型情况可采用比地铁线路更小的数值。

车站站台段线路面尽量设置在直线上。因为站台上有大量旅客活动,直线站台通视条件好,有利于行车安全;而且城市轨道交通多为高站台,曲线站台与车辆间的踏步距离不均匀,不利于旅客上下车和乘车安全。在困难地段,站台段线路可设在曲线上,为了保证行车安全和合理的踏步距离,其半径不应小于800m。

各类车型主要技术规格　　　　　　　　　　　　　　　　　　　　　表 2-5

项 目 名 称		A 型车	B 型车	C 型车	D 型车	L_b 型车	单轨车
车辆驱动特征		钢轮/钢轨					胶轮—跨座单轨
		旋转电机				直线电机	
车轴数		四轴	四轴	四、六、八轴—铰接车		四轴	四轴
车辆轴重(t)		≤16	≤14	≤11		≤13	≤11
车辆基本长度(m)	单司机室车辆	23.6 (24.4)	19 (19.55)			17.2	14.6 (5.5)
	无司机室车辆	22.0 (22.8)	19 (19.55)			16.84	13.9 (14.6)
车辆基本宽度(m)		3.0	2.8	2.6	2.6	2.8	2.9(车门踏板处2.98)
车辆高度(m)	受流器车 有空调	3.8	3.8	3.7	3.7	≤3.625	车辆总高度≤5.53 轨面以上高3.84
	受流器车 无空调	3.6	3.6	—	—	—	
	受电弓车(落弓高度)	3.81	3.81	3.7	3.7	3.56	
	受电弓工作高度	3.9~5.6	3.9~5.6	3.9~5.6	3.9~5.6		
车内净高(m)		2.10~2.15	≥2.1	≥2.1	≥2.1		2.2
地板面(m)(车门处)		1.13	1.10	0.95	0.35	0.93	1.13
转向架中心距(m)		15.7	12.6	11.0	10.70	11.14	9.6
固定轴距(m)		2.2~2.5	2.2~2.3	1.8~1.9	1.7~1.8	1.9~2.0	走行轮1.5导向轮2.5
车轮直径(mm)		φ840		φ760 或 φ660	φ660	φ660~φ730	走行轮φ1006 导向轮、稳定轮φ730
车门数(个/每侧)		5	4	—	4	3	2
车门宽度(m)		≥1.3~1.4		1.3~1.4	1.3~1.4	1.4	1.3
车门高度(m)		≥1.8				1.86	1.82
定员(人)	单司机室车	310 (超员432)	230 (超员237)	—	双司机室238	217	151(211)
	无司机室车	310 (超员432)	250 (超员352)	—	—	242	165(230)
最高运行速度(km/h)		80~100	80~100	80	80	90	80

项 目 名 称		A 型车	B 型车	C 型车	D 型车	Lb 型车	单轨车
启动平均加速度(m/s²)		0.83 ~ 1.0		0.85	0.85	0.95 ~ 1.0	≥0.833
常用制动减速度(m/s²)		1.0		1.1	1.1	≥1.0	≥1.1
紧急制动减速度(m/s²)		1.2		1.5	1.5	≥1.3	≥1.25
噪声[dB(A)]	司机室内	≤80		≤75	≤75	—	≤70
	客室内	≤83		≤75	≤75	75	≤75
	车外	83 ~ 85		≤80	≤80	80	≤75

注:①无司机室的车辆基本长度为标准车辆长度。

②有司机室的车辆加长长度部分,应满足标准车的曲线地段限界。

③( )内的数字为车辆两端车钩连接中心点之间的距离。

④C 型车为低地板车,D 型车为高地板车,均分为四、六、八轴的铰接车。

⑤双铰六轴 70% 为低地板车辆,全长 28.76m。

（2）平面圆曲线长度

城市轨道交通圆曲线长度短,对改善条件、减少行车阻力和养护维修有利;但当圆曲线长度小于车辆的全轴距时,车辆将同时跨越在三种不同的线形上,会危及行车安全、降低列车的稳定性和乘客的舒适度。因此,我国《地铁设计规范》（GB 50157—2003）规定:正线及辅助线的圆曲线最小长度,A 型车不宜小于 25m,B 型车不宜小于 20m,在困难情况下不得小于车辆的全轴距。

（3）缓和曲线

由于直线与圆曲线间存在曲率半径的突变,圆曲线半径越大,突变程度就越小。当圆曲线半径超过 3000m 时,这种突变对城市轨道交通行车影响很小。而当正线上曲线半径等于或小于 3000m 时,则要在圆曲线与直线间加设缓和曲线,实现曲率半径、轨距加宽和外轨超高的逐渐过渡,减少列车在突变点处的轮轨冲击。因此,我国《地铁设计规范》（GB 50157—2003）规定:在正线上,当曲线半径等于或小于 3000m 时,圆曲线与直线间应根据曲线半径及行车速度设置缓和曲线。缓和曲线长度可以参照表 2-6 的标准选用。车场线上由于运行速度低,可不设缓和曲线和超高。

缓和曲线长度 l (m)　　　　　　　　　　　表 2-6

R(m)	v(km/h)														
	100	95	90	82	80	75	70	65	60	55	50	45	40	35	30
3000	30	25	20	—	—	—	—	—	—	—	—	—	—	—	—
2500	35	30	25	20	20	—	—	—	—	—	—	—	—	—	—
2000	40	35	30	25	20	20	—	—	—	—	—	—	—	—	—
1500	55	50	45	35	30	25	20	—	—	—	—	—	—	—	—
1200	70	60	50	40	35	30	25	20	20	—	—	—	—	—	—
1000	85	70	60	50	45	35	30	25	25	20	—	—	—	—	—

续上表

R(m)	v(km/h)														
	100	95	90	82	80	75	70	65	60	55	50	45	40	35	30
800	85	80	75	65	55	45	40	35	30	25	20	—			
700	85	80	75	70	60	50	45	35	30	25	20	20			
650	85	80	75	70	60	55	45	40	35	30	20	20			
600	—	80	75	70	70	60	50	45	35	30	20	20			
550	—	—	75	70	70	55	45	40	35	20	20				
500				70	70	65	60	50	45	35	20		20		
450				70	65	60	55	50	40	25	20		20		
400					65	60	60	55	45	25	20		20		
350					—	60	60	60	50	30	25	20	20	20	
300							60	60	35	30	25	20	20		
250								60	60	40	35	30	20	20	
200									60	40	40	35	25	20	
150	—	—	—	—					—	—	40	40	35	25	

注:R——曲线半径(m);

v——设计速度(km/h)。

(4)夹直线

当相邻曲线距离较近时,可能会出现两曲线(有缓和曲线时,指缓和曲线;无缓和曲线时,指圆曲线)相邻两端点间的夹直线过短的情况。夹直线短于车辆的全轴距时,会出现一辆车同时跨越两条曲线的情况,引起车辆左右摇摆,影响行车平稳性;夹直线太短,也不易保持夹直线的方向,增加养护困难。因此,我国《地铁设计规范》(GB 50157—2003)规定:正线及辅助线上相邻曲线间的夹直线长度(不含超高顺坡及轨距递减段的长度),A 型车不宜小于 25m,B 型车不宜小于 20m,在困难情况下不得小于一个车辆的全轴距;车场线上的夹直线长度不得小于 3m。

(5)其他

①道岔应设在直线上。在困难情况下,道岔也可设在曲线上,但道岔端部至曲线端部的距离不宜小于 5m,车场线可减少到 3m。道岔宜靠近车站位置,但道岔基本轨端部至车站站台端部的距离不小于 5m。

②不同号数道岔的导曲线半径和长度也不同,会影响线路线间距和线路长度。正线和辅助线上为保证必要的侧向过岔速度,宜采用 9 号道岔;车场线因过岔速度要求低,可采用不大于 7 号的道岔,以缩短线路长度,节省造价。设置交叉渡线两平行线的线间距宜按规定采用;12 号道岔采用 5.0m;9 号道岔采用 4.6m 或 5.0m;6 号、7 号道岔采用 4.5m 或 5.0m。

③城市轨道交通线路不宜采用复曲线。在困难地段,有充分技术依据时可采用复曲线。

当两圆曲线的曲率差大于 1/2500 时,应设置中间缓和曲线,其长度根据计算确定,在困难情况下不得小于 20m。

④折返线的有效长度,宜为远期列车长度加 40m(不含车挡长度)。

3)线路平面设计方法

(1)设计步骤及方法

城市轨道交通平面设计以右线为准,具体设计步骤及方法如下。

①确定线路起始点坐标及直线边方位角。根据定线所要求的线路与城市规划道路或指定建筑物的关系,求取线路右线直线边及任一点坐标和方位角。为了施工的方便,城市轨道交通线路平面及标高控制系统应尽量与城市控制系统取得一致,方位角一般取整到秒,线路长度取整到毫米,交点坐标取值精确到 0.1mm。

当道路中线由多个极小折角、短边组成近似直线时,城市轨道交通线路应尽量取直,并与城市规划部门协调,得到认可。

若控制点在曲线地段,则宜先确定圆心点坐标。有时需要通过变更曲线半径反复计算,才可得出线路的最佳位置。

②右线交点坐标计算。右线坐标计算从起点开始,先用已知直线相交公式及点间距离公式求出起始边长,取整后用坐标公式计算交点坐标。用交点坐标及第二直线边方位角作为新起始边直线,再用上述公式求出第二直线边长,取整后计算第二个交点坐标。这种交替计算边长和坐标的方法,可以保持线路的计算位置与设计位置一致,误差在 0.5mm 以内。

③曲线要素计算

a. 曲线半径:初步设计阶段,右线曲线半径一律采用标准整数。施工设计阶段,当左右线为同心圆曲线时,外圆曲线半径采用标准整数;若是最小曲线半径,内圆一律采用标准整数半径。

b. 缓和曲线长度:初步设计阶段根据曲线距车站的远近,根据经验按《地铁设计规范》(GB 50157—2005)初步选用缓和曲线长度,如表 2-5 所示。施工设计时根据列车运行图,选用缓和曲线长度。

左、右线并行于同一隧道结构内,左、右曲线一般设计为同心圆,线间距按限界要求加宽。当右线为外圆曲线时,右线缓和曲线长度按《地铁设计规范》(GB 50157—2005)标准设计,其左线的缓和曲线长度按加宽要求,由计算确定加长,并取整到 1m;当右线为内圆曲线时,缓和曲线长度按加宽要求计算,有条件的,取整到 5m,外圆再根据内圆缓和曲线长度及线间距加宽要求,调整缓和曲线长度至整数米。

当一个较长曲线紧邻车站端部时,靠近车站端可用较短缓和曲线,另一端用较长缓和曲线,以利于车站站位布置。在曲线两端线间距略有差异时,也可以用不等长缓和曲线调制同心圆曲线。

切线长与曲线长按有关公式计算,精度为 0.1mm,取整到毫米。

初步设计阶段,左线一般不进行曲线要素计算,但夹直线长度紧张地段除外。

④右线里程计算。城市轨道交通里程曾采用百米标表示,现改用千米标表示,如 K8 + 800,表示为 8km 加 800m 处。另外,可以在"K"字前冠以不同的西文字母,表示不同比较方案。对不同设计阶段,一般不需用字母区分,以简化设计工作。

⑤断链使里程失去线路直观长度,也容易造成设计施工中的差错,因此右线在任何设计阶段,里程不宜产生断链。

⑥建筑物控制点与线路相互关系计算。建筑物控制点至线路的垂距及其里程,可用点线间垂距公式计算,也可以用两直线的交点公式计算。

⑦车站中心右线里程及坐标计算。根据定线要求的站位,首先计算右线站中心里程,移动车站中心位置取车站里程为整数米,再计算站中心坐标。坐标取值到 0.1mm。

以下各步骤仅在施工设计阶段进行,初步设计阶段并不要求。

①左线交点坐标计算。左右线平行地段,首先从右线控制点上,根据定线要求的线间距,计算左线各直线边上任一点坐标,然后按右线交点坐标计算方法,求出左线各交点坐标。左右线非平行地段,根据左右线平面相应的几何关系进行坐标计算。左线单独绕行地段与右线坐标计算方法相同。

计算完成后,应检查左右线平面相互关系与设计要求是否相符,线间距离误差应在 0.5mm 以内。

②内外曲线交点错动量计算。错动量计算可以应用三角方程公式和点线垂距公式。当应用三角方程公式时,曲线两端线间距离应是精确到 0.1mm 的计算值而不是设定值,否则在小转角曲线上将产生较大误差;当采用点线距离公式时,用左右线交点坐标和转换两切线方位角带入公式求得。

③左线里程及断链计算。左线里程按右线里程推算,由于曲线内外长度不同等原因,将产生断链。因左线绕行或内外曲线的关系,左线与右线长度不等,但为了设计及施工上的便利,左右线平行直线段同一断面上的里程宜一致。通常在每一处左右线长度不等的地段设置左线断链,尤其在左右线处于同一隧道结构内时,更宜如此。但在曲线多的地段,若在每一曲线设一断链,也给设计及施工带来不便。为减少左线断链数量,可以将左线断链进行适当合并。当两个曲线间夹直线较短时,两个断链宜合并为一个;当区间左右线隧道结构分开时,可将两车站间的多个曲线断链合并为一个。断链不应进入曲线范围和车站站界范围。

④线路详细坐标计算。左右线均需进行详细坐标计算,包括曲线头尾、缓和曲线头尾、曲线中点、千米及百米里程点、道岔中心、车挡、区间附属建筑物(通风道连接口、排水泵站、隔断门、区间连接通道等)中心(或接口中心)、车站端墙外缘(或竖井中心)等位置的详细坐标计算。

线路详细坐标计算,以就近的交点或站中心点为原始坐标点,分段计算,坐标取整到毫米,计算误差允许为 1mm。

⑤左右线间间距计算。当左右线处于同一隧道,线间距离发生变化时,或左右线隧道分开,但有附属建筑物连接时,为隧道结构设计之需要,一般每隔 10 ~ 20m 计算一点线间距。

⑥线间距离计算采用解析几何公式,计算误差不大于 10mm。曲线地段的线间距离计算以右线法线方向为准。

(2)部分计算公式介绍

线路平面设计时,所应用的公式很多,现仅将城市轨道交通设计中常用公式的一部分列出。其他公式可以参照铁路选线设计有关参考书。

①点线间垂距计算公式：

$$d = (X - X_0)\sin\alpha - (Y - Y_0)\cos\alpha \qquad (2\text{-}4)$$

式中：α——线路方位角，其余见图 2-20；

d——正值表示 P 点与坐标原点分别位于线路两侧；负值表示 P 点与坐标原点位于线路同侧。

②两线相交点坐标计算公式：

$$X_c = X_a + \frac{(X_a - X_b)\tan\alpha_b - (X_a - X_b)}{\tan\alpha_a - \tan\alpha_b} \qquad (2\text{-}5)$$

$$Y_c = Y_a + (X_c - X_a)\tan\alpha_a \qquad (2\text{-}6)$$

或

$$Y_c = Y_b + (X_c - X_b)\tan\alpha_b \qquad (2\text{-}7)$$

式中符号含义如图 2-21 所示。

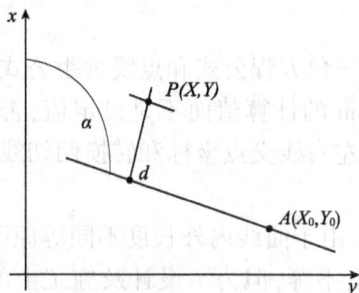

图 2-20 点线间垂距计算示意图   图 2-21 两线相交点坐标计算示意图

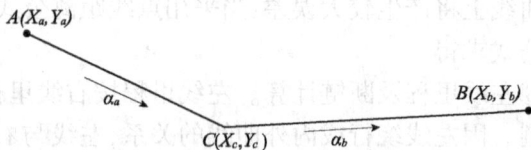

式(2-6)与式(2-7)可互为校核，当转角很小时，得出的小数要取 4 位，这样才能保证所得毫米值一致。

③不等缓和曲线长度的切线长度计算公式：

$$T_{1s} = (R + p_1)\tan\frac{\alpha}{2} + \frac{p_2 - p_1}{\sin\alpha} + m_1 \qquad (2\text{-}8)$$

$$T_{2s} = (R + p_2)\tan\frac{\alpha}{2} + \frac{p_2 - p_1}{\sin\alpha} + m_2 \qquad (2\text{-}9)$$

$$L_s = \frac{\pi R\alpha}{180°} + \frac{l_1 - l_2}{2} \qquad (2\text{-}10)$$

式中符号含义如图 2-22 所示。

2.3.5 线路纵断面

城市轨道交通的线路纵断面是由坡段和连接相邻坡段的竖曲线组成的。坡段的特征用坡段长度和坡度值来表示。

坡段长度 L_i 为该坡段前后两个变坡点之间的水平距离(m)。

坡段坡度 i (‰)为该坡段两端变坡点的标高 H_i (m)除以坡段长度 L_i (m)，其值以千分数

表示(图2-23)。坡度值上坡取正值,下坡取负值。例如坡度为30‰,即表示每千米高差为30m。其计算公式为:

$$i = \frac{H_i}{L_i} \times 1000 \qquad (2\text{-}11)$$

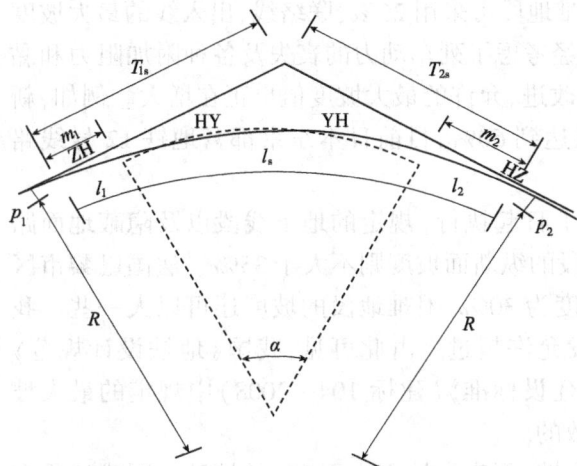

图 2-22 不等缓和曲线长度的切线长度计算示意图

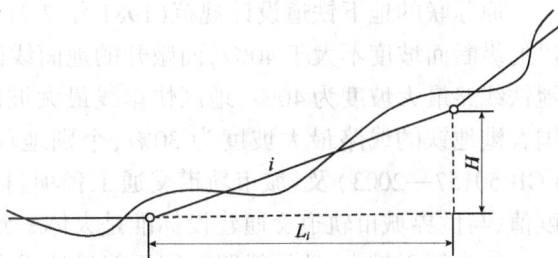

图 2-23 坡段长度及坡度示意图

城市轨道交通线路纵断面设计的主要技术要素有坡度、坡段长度及坡段连接。

1)设计原则

①纵断面设计要保证列车运行的安全、平稳及乘客舒适,高架线路要注意城市景观,坡段要尽量长些。

②线路纵断面要结合不同的地形、地质、水文条件、线路敷设方式与埋深要求、隧道施工方法、地上和地下建筑物与基础情况以及线路平面条件等进行合理设计,力求方便乘客使用和降低工程造价。必要时,可考虑变更线路平面及施工方法。

③尽量设计成符合列车运行规律的节能型坡道组合的纵断面。车站一般位于纵断面的高处,区间位于纵断面的低处;除车站两端的节能坡道外,区间一般宜用缓坡,避免列车交替使用制动—给电运行。

2)主要技术要素的确定

(1)坡度

正线最大坡度是线路的主要技术标准之一,对线路的埋深、工程造价及运营都有较大的影响。因此,合理地确定线路最大坡度具有重要的意义。

城市轨道交通由于载重量小、运距短,坡度已不是限制列车牵引质量的主要因素。城市轨道交通线路纵断面的最大坡度值,不包含曲线阻力、隧道内空气阻力等附加当量坡度,与我国城市间铁路设计中的限制坡度值定义有区别。

①城市轨道交通列车为了适应小站距的频繁启动、制动,要求具有良好的动力性能,一般采用全动轴或2/3动轴列车,启动加速度要求达到1m/s²及以上,这就意味着列车可以爬100‰及以上的当量坡度(最大坡度加上曲线阻力坡度、隧道附加阻力坡度)。

在实际设计纵断面时,线路坡度在满足排水及标高控制要求的前提下应尽可能平缓,一般应在20‰以下。正线允许的最大坡度值,主要受行车安全(与制动设备性能有关)、旅客舒适度、运营性能三方面影响。从保证行车安全出发,要求列车在失去部分(最大可达到一半)牵引动力的条件下,仍能用另一部分牵引动力,将列车从最大坡度上启动。因此,最大坡度阻力及各种附加阻力之和,不宜大于列车牵引动力的一半。我国《地铁设计规范》(GB 50157—2003)规定,正线的最大坡度不宜大于30‰,困难地段可采用25‰,联络线、出入线的最大坡度不宜大于40‰(均不考虑各种坡度折减值),已经考虑了列车动力的丧失及各种附加阻力和黏着力的影响。但随着各种城市轨道交通车辆的改进,允许的最大坡度值也正在增大。例如,新型的线性电机车允许的正线设计最大坡度可以达到60‰,目前日本东京都营地铁12号线路的正线设计最大坡度已经达到50‰。

原苏联的地下铁道设计规范(1981年7月1日起执行)规定的地下线段以及隐蔽地面路段的纵断面坡度不大于40‰,而敞开的地面线段的纵断面坡度则不大于35‰。法国巴黎市区地铁线路最大坡度为40‰,地区快车线最大坡度为30‰,困难地段的坡度还可以大一些。我国香港地铁的线路最大坡度为30‰,个别地段允许超过。由此可见,我国《地铁设计规范》(GB 50157—2003)及《城市轨道交通工程项目建设标准》(建标104—2008)中规定的最大坡度值,与世界城市轨道交通建设标准是大体一致的。

②为便于排水,地下线路区间不能设计成平坡,而应设计不小于3‰的坡度。困难地段在确保排水的条件下,可采用小于3‰的坡度;地面和高架桥上正线最小坡度在采取了排水措施后不受影响。

③地下车站站台计算长度范围内的线路坡度宜采用2‰,在困难条件,可设在不大于3‰的坡道上。

④在地下线路的存车线和车辆折返用的尽端线上,应设2‰的纵向坡度,且是由车站向车挡为上坡。道岔宜设在不大于5‰的坡道上,在困难地段可设在不大于10‰的坡道上。

⑤地面和高架桥上的车站站台计算长度范围内线路宜设在平坡道上,在困难地段可设在不大于3‰的坡道上。车场线宜设在平坡道上,条件困难时,库外线可设在不大于5‰的坡道上。

⑥车站站台计算长度范围内线路应设在一个坡道上,有条件时宜布置在纵断面的凸形地段上,并设置合理的进、出站坡度。

⑦折返线和停车线应布置在面向车挡或区间的下坡道上,隧道内的坡度宜为2‰,地面和高架桥上的折返线、停车线,其坡度不宜大于1.5‰。

(2)坡段长度

两个坡段的连接点,即坡度变化点,称为变坡点。一个坡段两端变坡点之间的水平距离称为坡段长度。如果坡段长度小于列车长度,那么列车就会同时跨越2个或2个以上的变坡点,各个变坡点所产生的附加应力和局部加速度会因叠加而加剧,影响列车的平稳运行和旅客的舒适。因此,线路坡段长度不宜小于远期列车计算长度。按每节车厢19.11m计算,当列车编组为8节车厢时,约为150m;当列车编组为6节车厢时,约为115m;当列车编组为4节车厢时,约为75m。与城市间铁路不同,城市轨道交通线路不要求坡段长度取整为50m的整倍数。

（3）坡段连接

①坡度代数差。列车通过变坡点时，车钩产生附加应力，使车辆的局部加速度增加，其值与相邻两坡段的坡度代数差成正比。坡度代数差太大，会影响旅客舒适度。虽然我国规范没有对坡度代数差加以限制，但根据国内外传统的经验：如两反向坡段的坡度值均超过 5‰ 时，通常采用一段坡度不大于 5‰ 的坡段连接。

②竖曲线。在纵断面上，若各坡段直接相连则形成一条折线。列车运行至坡度代数差较大的变坡点处，容易造成车轮脱轨、车钩脱钩等问题。为避免出现这类情况发生，当坡度代数差等于或大于 1‰ 时，应在变坡点处设置竖曲线，把折线断面平顺地连接起来，以保证行车的安全和平稳。竖曲线有抛物线形和圆曲线形两种。抛物线形曲率是渐变的，更适宜列车运行，但由于铺设和养护工作较复杂，因城市轨道交通的最高运行速度并不高，故基本上不采用。另一方面，圆曲线形竖曲线具有便于铺设和养护的优点，且当竖曲线半径较大时，近似于抛物线形，因此，我国城市轨道交通线路采用圆曲线形竖曲线。

我国《地铁设计规范》（GB 50157—2003）和《城市轨道交通工程项目建设标准》（建标 104—2008）规定（表 2-3）：对正线的区间线路，竖曲线半径一般取 5000m，困难情况下取 2500 ~ 3000m；车站两端因行车速度较低，其线路的竖曲线半径可取 3000m，困难情况下可取 2000m。对辅助线和车场线，竖曲线半径可取 2000m，而对于 C 型车，竖曲线半径可以取 1000m。车站站台和道岔范围不得设竖曲线，竖曲线离开道岔端部的距离不应小于 5m。渡线应设在 5‰ 以内的坡度上，而且竖曲线不应伸入道岔范围之内。竖曲线起点至道岔基本轨起点的距离，或距辙叉跟端以外短轨端点的距离，均不应小于 5m。

竖曲线半径的理论计算公式为：

$$R_{sh} = \frac{v_{max}^2}{3.6a_{sh}} \qquad (2-12)$$

式中：R_{sh} ——竖曲线半径（m）；

v_{max} ——最高行车速度（km/h）；

a_{sh} ——竖向离心加速度（m/s^2）。

竖向离心加速度不得超过一定的允许值，否则会影响旅客的舒适度。竖向离心加速度的取值范围一般在 0.3 ~ 1.0m/s^2 之间。

竖曲线的几何要素计算如图 2-24 所示。

a. 竖曲线切线长度 T_{sh}（m）：

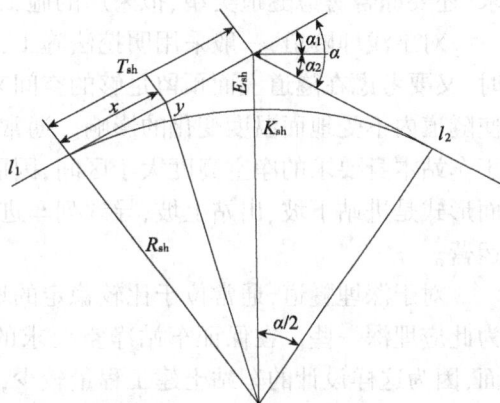

图 2-24 圆形竖曲线示意图

$$T_{sh} = R_{sh}\tan\frac{\alpha}{2} \approx \frac{R_{sh}}{2}\tan\alpha = \frac{R_{sh}}{2}\tan|\alpha_1 - \alpha_2| = \frac{R_{sh}}{2}\left|\frac{\tan\alpha_1 - \tan\alpha_2}{1 + \tan\alpha_1 \cdot \tan\alpha_2}\right|$$

$$\approx \frac{R_{sh}}{2}|\tan\alpha_1 - \tan\alpha_2| = \frac{R_{sh}}{2}\left|\frac{i_1}{1000} - \frac{i_2}{1000}\right| = \frac{R_{sh} \cdot \Delta i}{2000} \qquad (2-13)$$

式中：α ——竖曲线的转角（°）；

α_1、α_2 ——前、后坡段与水平线的夹角（°），上坡为正值，下坡为负值；

i_1、i_2 ——前、后坡段的坡度（‰），上坡为正值，下坡为负值；

Δi ——相邻坡度代数差的绝对值(‰)。

b. 竖曲线长度 $K_{sh}(m)$:

$$K_{sh} \approx 2T_{sh} \tag{2-14}$$

c. 竖曲线纵距 y :

因为

$$(R_{sh} + y)^2 = R_{sh}^2 + x^2$$

$$2R_{sh} \cdot y = x^2 - y^2 \quad (y^2 \text{ 值很小,可略去不计})$$

所以

$$y = \frac{T_{sh}^2}{2R_{sh}}(m) \tag{2-15}$$

式中: x ——切线上计算点至竖曲线起点的距离(m)。

变坡点处的纵距称为竖曲线的外矢距 E_{sh} ,其计算公式为:

$$E_{sh} = \frac{T_{sh}^2}{2R_{sh}}(m) \tag{2-16}$$

③竖曲线夹直线。由于允许的坡段长度较短,而允许的坡度值又较大,因而实际设计时常会出现两条竖曲线重叠或相距很近的情形。为了避免或减轻列车同时位于两条竖曲线而产生的振动叠加,《地铁设计规范》(GB 50157—2003)规定,两条竖曲线之间的夹直线长度不宜小于50m。

④其他因素。地下隧道车站的纵断面设计,除了满足相应的坡度、坡段长度、坡段连接要求,还要综合考虑隧道类型、拟采用的施工方法及运营特点等因素。

对于浅埋隧道,一般采用明挖法施工,宜接近地面,以减少土方工程量,简化施工条件。同时,又要考虑在隧道上面预留足够的空间来设置城市地下管线,并有足够厚度的土层来隔热,使隧道内不受地面温度变化的影响。通常浅埋区间隧道衬砌顶部至地面距离不小于2m。由于车站本身要求的净空高度大于区间,因而浅埋车站一般位于凹形纵断面的底部。这种纵断面形式是进站下坡、出站上坡,导致列车进站制动和出站加速都需要耗费更多的能量,不利于运营。

对于深埋隧道,通常位于比较稳定的地层内,其顶部以上的地层厚度要能够形成承载拱,为此应埋深一些。在保证车站净空要求的前提下,深埋隧道的车站应埋浅一些,尽量接近地面,因为这样设计的车站土建工程量较少,还可节省升降设备投资,乘客上、下地面的时间也相应减少。在这种情况下,车站位于线路凸形纵断面顶部,便于进站减速、出站加速,节省运营成本。

3)线路纵断面设计方法

(1)纵断面设计步骤

①绘制基础资料。根据不同的设计阶段,设计深度,按不同的纵断面图幅格式,将不同繁简的基础资料绘制于厘米格纸上(或输入计算机)。这些资料包括:

a. 地面线(道路线)及其跨越道路立交桥、河床底、航行水位、洪水位、铁路、高压线标高等资料;

b. 地下管道及主要房屋、人防工程基础标高等资料;

c. 道路、立交桥、铁路、河渠、地下管道等规划标高资料;

d. 地质剖面及地下水位标高资料；

e. 线路平面及附属结构物设计资料。

②找出线路控制标高。根据设计原则、标准、隧道结构外轮廓尺寸、覆土厚度、桥下净高、距建筑物的最小距离、地铁排水位置等要求，找出纵断面设计的控制标高。

③右线坡度设计。右线坡度设计贯穿于各个设计阶段。初步设计及以前各阶段，坡段长度宜为50m的倍数，变坡点一般落在百米里程及50m里程处。施工设计阶段，右线坡段长度一般取整为10m的倍数，变坡点落在整10m的里程上，坡度一般用千分整数表示，以方便其他设计专业和施工人员应用。设计标高应为轨顶标高。

④右线竖曲线设计。竖曲线设计包括竖曲线半径选择、竖切线长度计算及竖曲线标高改正值计算。初步设计阶段只进行竖曲线半径设计，施工设计阶段才进行竖曲线标高改正值计算，精确至毫米。

施工图设计阶段的内容，还包括左线坡度设计、左线竖曲线设计，左右线轨顶详细标高计算等。左右线轨顶详细标高计算包括百米及千米标、控制加标、车站中心、道岔中心、附属结构物中心或接口中心、线路最低点、断链，有时还应包括隧道结构变形缝等标高计算。标高值计算至毫米。

（2）左线坡度设计

①左线与右线并行于同一隧道内。左线与右线位于同一隧道结构体内，无论隧道结构是单孔（跨）还是多孔（跨），无论是车站隧道结构还是区间隧道结构，左线坡度应与右线一致，同段面的左右线标高应相等。

曲线地段：左、右线（内、外曲线）长度不同，左线坡度应作调整，使曲线范围内同一法线断面上的左右线标高相同。调整坡度段与原坡段视为同一坡段，调整坡度段的变坡点最好位于缓和曲线中部的整10m里程位置上，并验算左右线同断面标高是否相同，允许标高差不大于2cm。在小曲线小坡度地段，可以调整变坡点位置，避免零碎坡段和坡度，但要满足相同断面标高差不大于2cm的要求。调整坡度值与调整变坡点可以同时进行。

左线与右线上下重叠于同一隧道内，是一种立体并行形式。这种形式的左线坡度与右线应完全相同，标高相差一常数。

②左线与右线分设于单线隧道内。车站范围内的左线坡度及标高应与右线一致（左右线站台位于同一平面上）或标高相差一常数（左右线站台不位于同一平面上）。虽然车站范围内左线与右线的隧道是单独的，但站台之间、站台与站厅之间都有通道相互联络，左右线坡度及标高（或差一常数），有利于车站各部分的设计与施工。

区间地段的左线坡度不要求与右线相同，坡度设计较为灵活。但左右线宜共用一个排水站，要求左线最低点位置处于右线最低点同一断面处，如错动不应大于20m，最低点标高宜相等，但允许有30cm以内高差；左右线之间若有连接通道，其左右线标高宜相同，允许有50cm以内的高差。

（3）纵断面修改设计

地基原因：软土地基及软硬土层交界地段。

施工原因：不同施工方法、新老施工段相隔时间久、利用隧道上方场地大量存土等原因，造成建好的隧道结构不均匀下沉；又由于隧道结构净空限制，致使轨道无法按原纵断面设计坡度

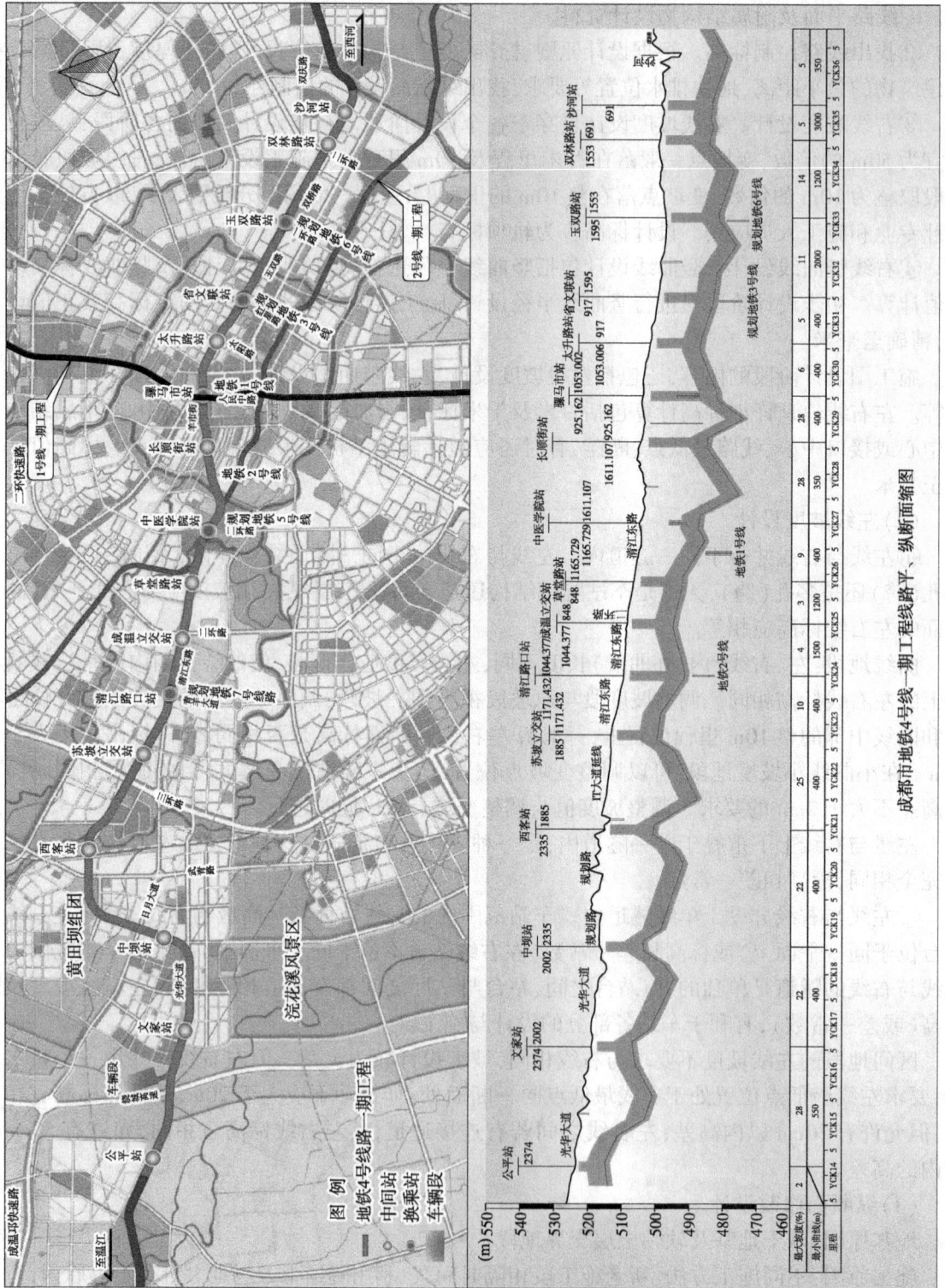

图2-25 线路平、纵断面设计示例
成都市地铁4号线一期工程线路平、纵断面缩图

及标高铺设,必须修改纵断面坡度及标高。

纵断面坡度修改设计标准与新线设计标准基本相同,允许的最小坡度可用到 2‰,但排水沟要特殊施工,以保持水沟不积水。变坡点位置可设在整数米的位置,坡度可以用非整数千分坡。

修改纵断面设计的关键工作是准确掌握已完工的隧道结构沉降、断面净孔尺寸及其误差情况。设计人员应深入现场,实地检查,在此基础上提出横断面净孔测量及加密底板面标高测量要求。一般对底板面标高,沿线路中心线每隔 5～20m 距离测量一次。对断面净孔尺寸及顶板底面标高,一般每隔 10～50m 测一次。

纵断面修改设计的步骤如下所示。

①审阅线路平面贯通测量及隧道底板标高资料,现场踏勘检查。

②提出左右线隧道结构断面净孔及标高测量要求。

③标绘隧道结构底、顶板净孔的放大纵断面图。

④分析隧道结构净孔放大纵断面图,找出标高控制点。

⑤纵断面坡度修改设计。

⑥检查净孔高度及道床厚度是否满足要求。

在困难条件下,限界中可以适当扣除施工误差,道床可做特殊设计,减薄厚度。在采取上述措施仍不能满足净孔要求时,由施工单位采取补救措施,扩大隧道净孔,并根据施工补救方案进行纵断面修改设计。

线路平、纵断面设计示例如图 2-25 所示。

本章小结

本章首先介绍了城市轨道交通基本建设程序、城市轨道交通项目各个不同阶段的划分及其各自的主要工作内容,以及轨道交通项目审批的工作流程;其次介绍了线网规划的目的意义、原则、内容及其编制的基本方法;最后介绍了线路设计的阶段划分、选线原则和线路敷设的基本形式,在此基础上重点介绍了线路平、纵断面设计的技术参数及其技术指标。

思考题

1. 简述城市轨道交通基本建设和审批程序。

2. 试述在城市轨道交通规划中路网的形成对城市发展产生的影响。

3. 简述城市轨道交通线网规划的主要内容。

4. 简述城市轨道交通线网规划的技术路线。

5. 试述如何选择城市轨道交通线路的走向与路由。

6. 试述城市轨道交通线路规划的一般步骤。

7. 试述城市轨道交通线路平、纵断面设计原理及方法。

◁第3章 线路与结构

【本章概要】

本章介绍了城市轨道交通轨道、路基、区间隧道、区间高架的基本构造和施工方法。轨道结构复杂、零配件众多,且极易磨损,养护维修管理工作量大,故将其作为本章最重要的内容予以介绍;区间隧道和区间高架是轨道的基础,且结构形式多,施工方法各异,本章对其进行重点介绍;在城市轨道交通线路中,由于路基所占比例小,结构形式单一,本章仅作简要介绍。

◁3.1 轨道工程

3.1.1 轨道结构组成

轨道是城市轨道交通运营设备的基础,它直接承受列车载荷,并引导列车运行。在列车荷载作用下,轨道的各个组成部分必须具有足够的强度、刚度、稳定性和耐久性以及适当的弹性,保证列车按照规定的速度,安全、平稳、不间断地快速运行,保证乘客舒适。

城市轨道交通均采用电力牵引,要求轨道结构具有良好的绝缘性能以减少杂散电流。根据环境保护对沿线不同地段的减振降噪要求,轨道应采用相应的减振结构。

轨道结构(图3-1)由钢轨、轨枕、联结零件(包括中间扣件和接头联结零件)、道床、道岔、加强设备(轨距杆、防爬器、地锚等)组成。

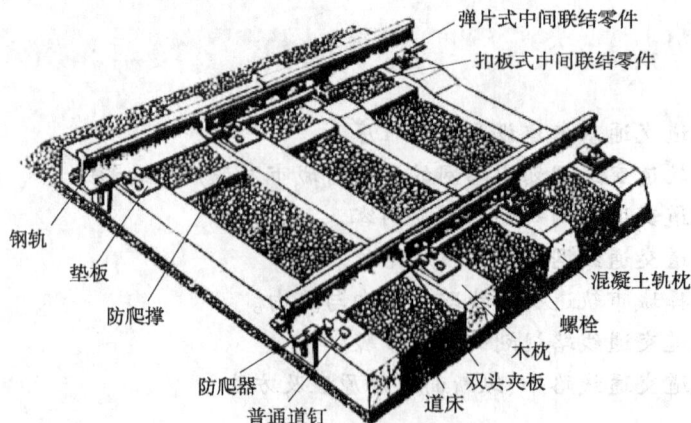

图 3-1 轨道结构组成

按照道床结构形式的不同,轨道可分为有砟轨道和无砟轨道两大类。无砟轨道也称为整体道床轨道。城市轨道交通的地面线大多采用有砟轨道,在高架桥、隧道中一般采用无砟轨道。

1)钢轨

钢轨(图 3-2)是轨道最重要的组成部件,它直接承受列车荷载,依靠钢轨头部内侧面(称为工作边)和机车车辆轮缘(图 3-3)之间的相互作用来引导列车运行,并将荷载传布给轨枕。钢轨分为轨头、轨腰和轨底三部分(图 3-4)。

图 3-2　钢轨

图 3-3　钢轨与车轮的相互关系

(1)钢轨分类

①按每米大致质量,可将钢轨分为 75kg/m、60kg/m、50kg/m、45kg/m、43kg/m、38kg/m 等类型。不同运量的线路采用不同类型的钢轨。我国城市轨道交通轨道钢轨有重型化的趋势,正线采用 60kg/m 钢轨;而在车场线上,因列车均为空车,速度又低,多采用较轻的 50kg/m 或 43kg/m 钢轨。

②按单根钢轨的长度,又可将钢轨分为:标准轨、标准缩短轨和短尺轨等。

标准轨的长度有 12.5m、25m、50m 和 100m 四种。有缝线路选用 12.5m 和 25m 两种,有条件时尽量铺设 25m 标准轨,25m、50m 和 100m 用来铺设无缝线路,有条件时尽量采用 50m 和 100m 标准轨。

标准缩短轨是为了使得曲线上钢轨内外股接头对接,而在工厂内特制的钢轨(图 3-5)。12.5m 标准轨的缩短轨有 12.46m、12.42m 和 12.38m 三种;25m 标准轨的缩短轨有 24.96m、24.92m 和 24.84m 三种。

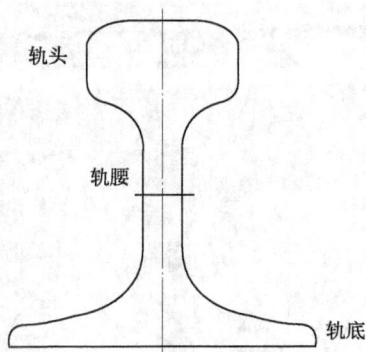

图 3-4　钢轨断面组成

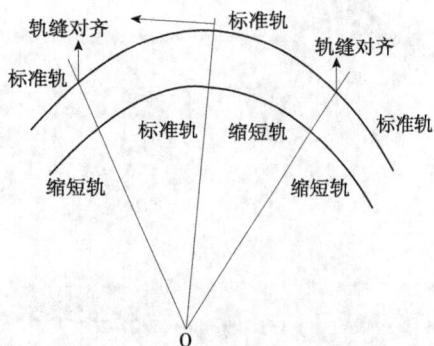

图 3-5　有缝线路缩短轨运用原理

③按化学成分,我国钢轨又分为 U71、U74、U71Cu、U71Mn、PD2、PD3、U75V 等钢轨。其中 U71、U74 为普通碳素钢轨,其余为低合金钢轨。由于低合金钢轨的抗拉强度、韧性、耐磨性都强于普通碳素钢轨,我国城市轨道交通大多采用低合金钢轨,如 U71Mn、PD3、U75V 等。

（2）钢轨伤损

在列车荷载和环境变化引起的温度力作用下,钢轨承受着拉压、扭曲、磨耗等变形,加之钢轨处于露天或地下潮湿环境中容易锈蚀,经常发生裂纹、折断和磨耗等现象,这种现象就称为钢轨伤损。钢轨的伤损原因,既有钢轨在生产过程中出现的缺陷,又有在运输、使用过程中出现的破损。钢轨伤损会使钢轨突然断裂,对安全行车造成很大威胁。

钢轨伤损主要有以下几类:

①钢轨磨耗(图 3-6):由车轮与钢轨之间的摩擦造成钢轨顶面和工作边的磨耗,顶面的磨耗称为垂直磨耗,工作边的磨耗称为侧面磨耗。

②核伤(图 3-7):钢轨材质不良,即内部夹灰钢轨,在列车的不断碾压作用下,会造成杂质部分和钢轨母材剥离。核伤一旦发现,必须立即消除。

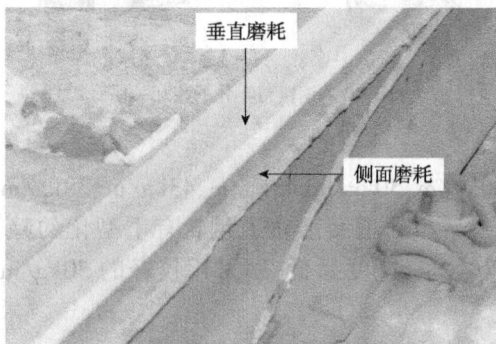

图 3-6　垂直磨耗和侧面磨耗

图 3-7　核伤

③裂纹(图 3-8):是指由于轮对的冲击、摩擦或钢轨本身含由杂质造成的钢轨各部位的开裂。常见于列车冲击较大部位,如钢轨接头、道岔的辙叉心、路基或桥梁不均匀沉降地段、小半径曲线地段等。

④钢轨折断(图 3-9):主要是由于具有严重锈蚀、裂纹、核伤、剥离掉块等疲劳伤损钢轨在列车轮对冲击力和外界温度力等多重因素的影响下造成的钢轨断裂。

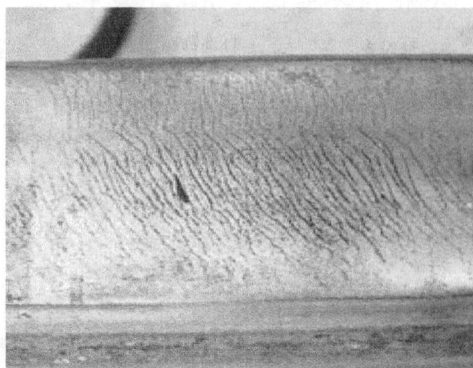

图 3-8　裂纹

图 3-9　钢轨折断

⑤剥离掉块(图 3-10)：钢轨裂纹或核伤，在列车轮对冲击下继续发展，就会形成钢轨轨面的剥离掉块。锈蚀严重地段的钢轨，也会造成剥离掉块。

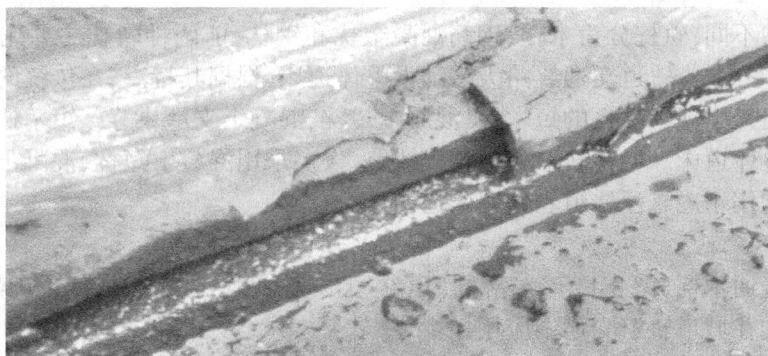

图 3-10　剥离掉块

⑥锈蚀：钢轨受到露天的风霜雨雪或者隧道内的潮湿空气侵蚀所致。

⑦轨面擦伤：主要是由于列车轮对摩擦造成的局部较大磨耗，往往成点状分布。

(3)轨缝

以往普遍采用以标准轨铺设的普通有缝线路，这种线路是将标准轨用联结零件进行连接，为适应钢轨热胀冷缩的需要，钢轨之间需预留一定的缝隙，称为预留轨缝。而有缝线路钢轨之间用夹板和螺栓连接，称为钢轨接头。

①预留轨缝的原则。

a. 当轨温升高到当地最高轨温时，轨缝大于或等于零，轨端不受挤压。

b. 当轨温降低到当地最低轨温时，轨缝小于或等于构造轨缝(轨道构造上能实现的钢轨之间最大缝隙值)，接头螺栓不受剪力。

②轨缝计算。

普通有缝线路预留轨缝按式(3-1)计算：

$$a_0 = aL(t_z - t_0) + \frac{a_g}{2} \tag{3-1}$$

式中：a_0——更换钢轨或调整轨缝时的预留轨缝(mm)；

a——钢轨钢的线膨胀系数为 0.0118[m/(m·℃)]；

L——钢轨长度(m)；

t_z——更换钢轨或调整轨缝地区的中间轨温(℃)；$t_z = \dfrac{T_{max} + T_{min}}{2}$，其中 T_{max}、T_{min} 分别为当地历史最高、最低轨温(℃)；

t_0——换钢轨或调整轨缝时的轨温(℃)；

a_g——构造轨缝(mm)，均采用 18mm。

最高、最低轨温不大于 85℃的地区，在按上式计算以后，可根据具体情况将轨缝值减少 1~2mm。对于 25m 钢轨，只允许铺设在当地历史最高、最低轨温差为 100℃以下地区，否则应个别设计。

2）轨枕

轨枕是轨下基础部件之一。它的功用是支承钢轨，保持轨距和方向，并将钢轨传来的荷载传布给道床。

按照材料的不同，轨枕分为木枕、钢筋混凝土枕和钢枕，前两种轨枕主要用于停车场和地面线的碎石道床。城市轨道交通线路大多铺设整体道床，根据其特点，在传统的木枕和钢筋混凝土枕的基础上又出现了改良的短木枕、混凝土短枕、混凝土支承块等。短木枕主要用于停车库内检查坑式整体道床。城市轨道交通正线线路，大多采用混凝土短枕、混凝土支承块以及混凝土长枕。钢枕用于磁悬浮轨道和铁路的道岔部位。

（1）木枕

木枕分为普通木枕（图3-11）、木岔枕（道岔用木枕，见图3-12）、桥枕（桥梁用木枕）和短木枕。其中桥枕在城市轨道交通中应用极少。

图3-11 普通木枕

图3-12 木岔枕

木枕的主要特点是：弹性好，质量相对比较小，加工、运输及铺设方便，但使用寿命比较短，易受外界影响而失效。

（2）钢筋混凝土枕

钢筋混凝土枕主要分为混凝土长枕（图3-13）、混凝土短枕和混凝土支承块（图3-14）。

图3-13 混凝土长枕

图3-14 混凝土支承块

混凝土长枕在城市轨道交通中使用的多为预应力混凝土枕，在我国又可分为Ⅰ型枕（丝79型PC轨枕）、Ⅱ型枕（丝81型PC轨枕）及Ⅲ型枕。钢筋混凝土枕的主要特点是：稳定性好，使用寿命长，能提供较大的阻力，但质量大，不利于铺设，弹性差。

　　还有一种轨道叫做梯子式轨道,具有减振降噪、改善环境、免维修等特点。其所采用的轨枕称为梯形轨枕,图 3-15 所示为广州轨道交通正在施工中的梯子式轨道。

　　3)联结零件

　　(1)钢轨接头联结零件

　　钢轨接头联结零件主要由接头夹板和接头螺栓将钢轨与钢轨的端部连接起来,使钢轨接头部位共同承受弯矩和横向力,并利用接头夹板与钢轨之间的摩擦力,将轨缝控制在一定限度内。

　　①钢轨接头的分类。钢轨接头分为普通接头、异型接头、导电接头、绝缘接头、胶结接头和冻结接头等。

　　a.普通接头:是指将同类型钢轨仅用接头夹板和接头螺栓连接起来的钢轨接头(图 3-16)。由于城市轨道交通均采用电气化牵引,并且正线多采用长无缝线路,故普通接头在城市轨道交通中很少被采用。

图 3-15　广州轨道交通正在施工中的梯子式轨道

图 3-16　普通接头

　　b.异型接头:是指不同类型钢轨(如 50kg/m 钢轨和 60kg/m 钢轨)之间的连接。它又可分为异型夹板和异型轨两种形式。前者是用异型接头夹板和接头螺栓连接起来的钢轨接头(图 3-17)。后者是在钢轨生产厂特制的两端为不同轨型的钢轨(图 3-18),有焊接和轨端模压成型两种方法生产异型轨。

图 3-17　异型夹板

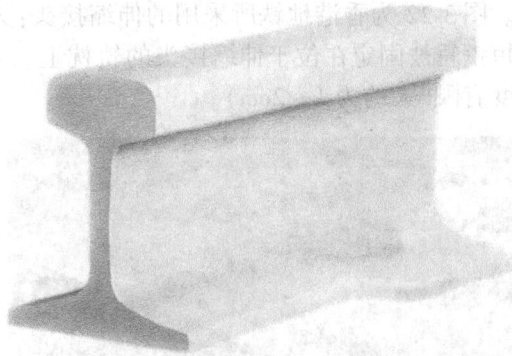

图 3-18　异型轨

　　c.导电接头:即当钢轨兼作城市轨道交通线路的牵引电流回路时,用钢绞线(或钢丝)焊在钢轨接头外侧的套扣中;当钢轨兼作信号轨道电路传输通道时,可将轨道接续线(导接线)

两端塞钉打入靠近轨端处轨腰上的导接线孔中(图3-19)。上述两种为减小钢轨接头处的接触电阻,提高钢轨导电能力的钢轨接头通称为导电接头。城市轨道交通正线都采用钢绞线式,而塞钉式只用于停车场的无接触网线路的轨道电路区段,由于其接触电阻大、又容易断裂,所以正被逐步淘汰,被钢绞线式替代。

d. 普通绝缘接头:是在接头夹板、接头螺栓、钢轨间加垫轨端绝缘、槽型绝缘板及绝缘管、垫,使接头夹板、接头螺栓、钢轨间互相绝缘,用以隔断轨道电路的钢轨接头(图3-20)。绝缘钢轨接头用于分隔信号系统的轨道电路,在城市轨道交通的正线都不设置绝缘节;而正线道岔区段的侧股和停车场轨道电路还常见这种绝缘接头。

图3-19 塞钉式导电接头

图3-20 绝缘接头

e. 胶结绝缘接头:是用特制的黏接材料胶合而成的绝缘接头(图3-21)。胶结绝缘接头不仅能提高绝缘性能,还能明显改善其受力状态。胶结绝缘接头作为绝缘接头的改良,在城市轨道交通新线上较多使用。

f. 冻结接头:是用高强度螺栓,将接头夹板与钢轨夹紧,钢轨螺栓孔中插入月牙形垫片,依靠接头夹板与钢轨间的摩擦力和螺栓的支撑力,强制两根钢轨轨端密贴,使轨缝不再发生变化的钢轨接头。冻结接头在城市轨道交通高架线路上有时被使用。

g. 伸缩接头:由于其是将接头以尖轨的形式连接,又称尖轨接头。又因为它与温度变化有关,故又称为温度调节器。伸缩接头能实现的轨端伸缩量大,广泛用于大桥上无缝线路接头处。图3-22为香港地铁所采用的伸缩接头:为避免轨枕因钢轨伸缩而移动,所以轨道中间有两短钢轨被固定在位于伸缩接头的轨枕上。由于长轨只会在头尾的100m内伸缩,所以伸缩程度有限(大约为1~2cm)。

图3-21 胶结绝缘接头

图3-22 香港地铁所采用的伸缩接头

②钢轨接头联结零件的组成。钢轨接头联结零件主要包括接头夹板、接头螺栓、螺母、垫圈等。对于导电接头还包括导电接续线；对于绝缘钢轨接头、胶结钢轨接头包括绝缘配件或材料。此外，不同的钢轨接头，零件规格也略有差异。下面仅介绍钢轨接头通用联结零件。

a. 接头夹板：又称鱼尾板(图3-23)，是钢轨接头处连接钢轨用的夹板，标准形式为优质钢轧制的六孔双头式，适用于38～75kg/m 钢轨。

图 3-23　鱼尾板

b. 接头螺栓、螺母(图3-24)：接头螺栓使接头夹板同钢轨夹紧，以保持钢轨接头的整体性和强度。接头螺栓颈部的长圆凸台，可卡于接头夹板的长圆螺栓孔中，在拧紧螺母时，能避免螺栓跟着旋转。为使接头螺栓受力均衡和防止列车意外脱轨时将螺栓全部切断，接头螺栓应朝内、外交错安装，使螺帽、螺母分别位于钢轨的两侧。

c. 垫圈：分为弹簧垫圈和高强度平垫圈两种(图3-25)。弹簧垫圈是由弹簧钢制成的具有一定弹性的矩形断面或圆形断面单层开口垫圈。高强度平垫圈是经热处理的高硬度圆孔平垫圈。设置垫圈能改善螺母与接头夹板间的受力状态，并防止螺母松动。

图 3-24　接头螺栓和螺母　　　图 3-25　弹簧垫圈和高强度平垫圈

(2)中间联结零件(也称为中间扣件)

中间扣件又简称扣件，是钢轨与轨枕或其他轨下基础连接的重要联结零件，其作用是固定钢轨，阻止钢轨纵向和横向移动，防止钢轨倾斜，并能提供适当的弹性，将钢轨承受的力传递给轨枕。

目前在国内城市轨道交通中使用的扣件大致可分为传统扣件、DT 系列扣件、WJ 系列扣件、弹簧扣件和减振扣件五种。

①传统扣件：沿用了铁路上的常用扣件，主要分木枕用扣件和混凝土枕用扣件。其中木枕扣件主要有分开式扣件和混合式扣件；混凝土扣件主要有扣板式扣件（图3-26）、弹片式扣件和弹条式扣件。除弹片式扣件外，其余四种扣件常用于城市轨道交通碎石道床线路。

②DT系列扣件（图3-27）：是为城市轨道交通地下线路专门设计的扣件，有DTⅠ、DTⅡ、DTⅢ、DTⅣ、DTⅥ和DTⅦ等型号，其中每个型号还分不同的改进类型，例如DTⅢ-2就是DTⅢ扣件的改进型扣件。DT系列扣件在城市轨道交通地下整体道床中被大量使用。

图3-26 扣板式扣件

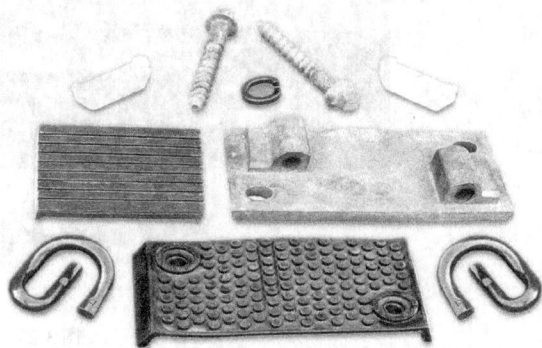

图3-27 DT系列扣件

③WJ系列扣件：是一种无挡肩扣件，主要有WJ-1、WJ-2、WJ-3、WJ-4、WJ-5等类型，主要在城市轨道交通高架线路上被使用，它是一种小阻力的扣件。图3-28为WJ-2扣件。

④弹簧扣件：分单趾弹簧扣件和双趾弹簧扣件两种类型，目前在上海、广州、香港等地的城市轨道交通线路中使用。图3-29所示为单趾弹簧扣件。

图3-28 WJ-2扣件

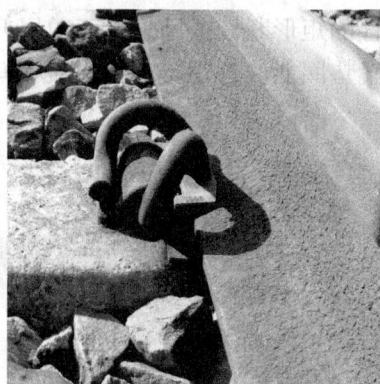

图3-29 单趾弹簧扣件

⑤减振扣件：也是专为城市轨道交通设计的扣件。为了降低城市轨道交通的振动和噪声，减少对附近居民、建筑及地质不良地段的影响而使用减振扣件，主要用于减振需求较高的枕式整体道床地段，图3-30是减振器扣件平面图和立面图。

4）道床

道床是铺设在路基和轨枕之间的结构层，它主要有承受并传递荷载，稳定轨道结构的作用。道床从结构和形式上可分为碎石道床和整体道床两种。

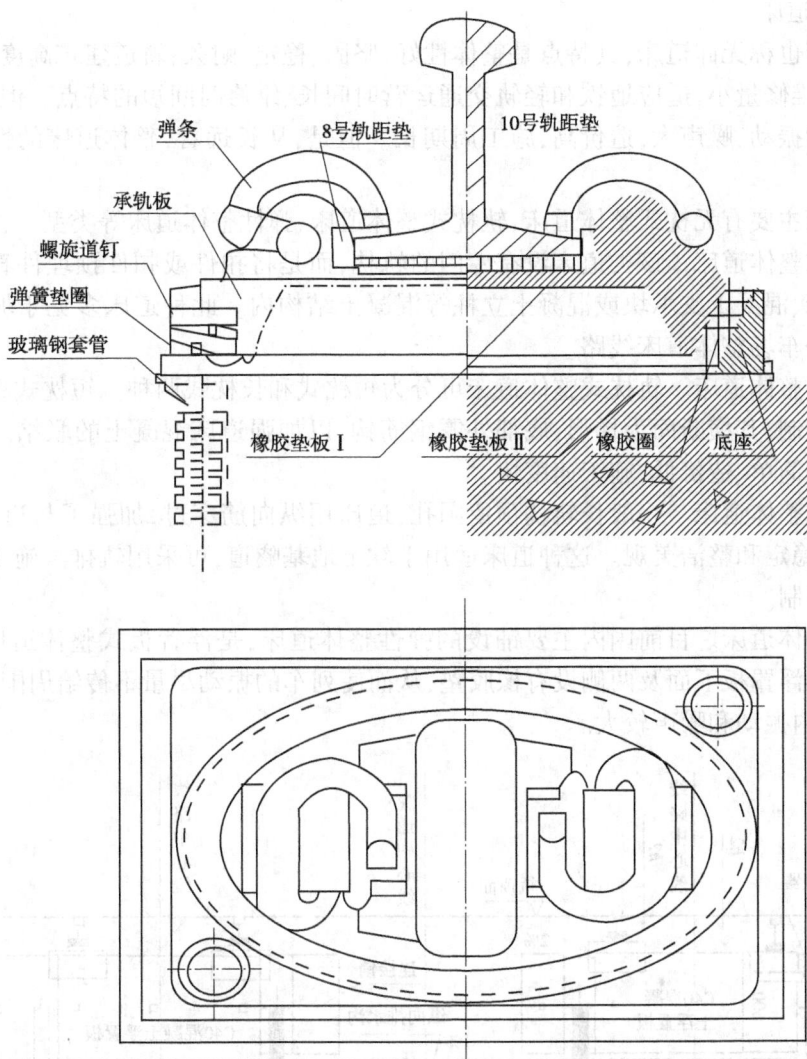

图 3-30　减振器扣件平面图和立面图

（1）碎石道床

碎石道床（图 3-31）结构简单，施工容
易，造价低，减振降噪效果好，但轨道高度高，
因此造成高架结构底板下降，隧道净空加大，
排水设施复杂，养护工作量大。因此城市轨
道交通隧道内不采用碎石道床，而采用整体
道床。高架混凝土桥面上的轻轨线也不采用
碎石道床，而采用新型的道床形式，以减轻桥
面荷载，减少维修工作量。一般在地面线及
停车场道岔区域，采用木枕或钢筋混凝土枕
的碎石道床。

图 3-31　碎石道床轨道

（2）整体道床

整体道床也称无砟道床，其特点是整体性好，坚固、稳定、耐久；轨道建筑高度小，减少了隧道净空，轨道维修量小，适应地铁和轻轨交通运营时间长、维修时间短的特点。但其弹性差，列车运行引起的振动、噪声大，造价高，施工周期长。但是，从长远看，整体道床的性价比远远高于碎石道床。

整体道床主要有无枕式整体道床、轨枕式整体道床、弹性整体道床等类型。

①无枕式整体道床。该类道床没有专门的轨枕，而是将扣件或扣件预埋件直接埋设于钢筋混凝土道床、混凝土支承块或混凝土立柱等混凝土结构内。此种道床多见于城市轨道交通高架线路和停车场整体道床线路。

②轨枕式整体道床。轨枕式整体道床可分为短枕式和长枕式两种。短枕式整体道床的短轨枕在工厂预制，其横断面为梯形，底部外露钢筋钩，以加强道床混凝土的联结。这种道床稳定、耐久，结构简单、造价低，施工速度快。

③长枕式整体道床。一般长轨枕预留圆孔，道床用纵向筋穿过，加强了与道床的联结，使道床更坚固、稳定和整洁美观。这种道床适用于软土地基隧道，可采用轨排法施工，进度快，施工精度容易控制。

④弹性整体道床。目前国内主要铺设的弹性整体道床，是浮置板式整体道床（图3-32）。这种道床是在浮置板下面及两侧设有橡胶垫，从而使列车的振动尽量不传给周围地层，减振效果明显，但车内振动和噪声较大。

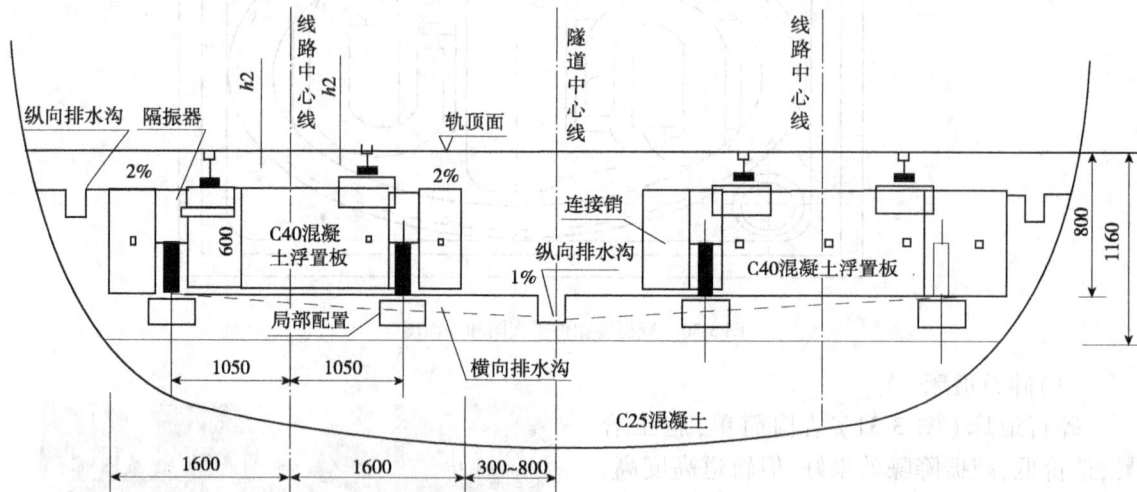

图3-32　某地铁浮置板式整体道床断面（尺寸单位：mm）

（3）弹性过渡段

由于整体道床和碎石道床弹性差异较大，在两者的交界处需设置弹性过渡段。弹性过渡段可以是整体道床，也可以是碎石道床。北京地铁一、二期工程，采用梯形短木枕拼装式整体道床作为过渡段，上海地铁采用厚度渐变的碎石道床作为过渡段。以上两种过渡段形式都能很好地抵消弹性突变，效果良好。由于地铁扣件弹性好，采用道砟厚度渐变的办法比较适宜，铺设也简便。

5）轨道加强部件

还有一些其他部件用于轨道加强，如防爬设备、轨撑、轨距杆等。

（1）防爬设备的组成与作用

防爬设备主要由防爬器和防爬撑组成。防爬器用穿销固定于钢轨底部，挡板顶住轨枕侧面，协助扣件限制钢轨与轨枕间的纵向位移。但因单根轨枕下的道床阻力十分有限，不能承担钢轨通过防爬器传来的纵向力，因此采用防爬撑将 4～5 根轨枕联成一体，以达到共同抵抗钢轨纵向力的目的（图 3-33）。防爬支撑由木料或石料制成，沿线路纵向连续在 3～4 个轨枕间顶紧。防止轨道爬行，尽可能减少轨缝不匀，轨枕歪斜等线路病害。

图 3-33　防爬器与防爬撑

（2）轨距杆和轨撑的组成与作用

轨距杆和轨撑都是限制轨距动态扩大的轨道框架加强设备，是木枕线路上不可缺少的设备，也是小半径混凝土枕线路上有效的加强设备，轨距杆和轨撑往往配合使用。

轨距杆两端固定于轨底，如图 3-34 所示。

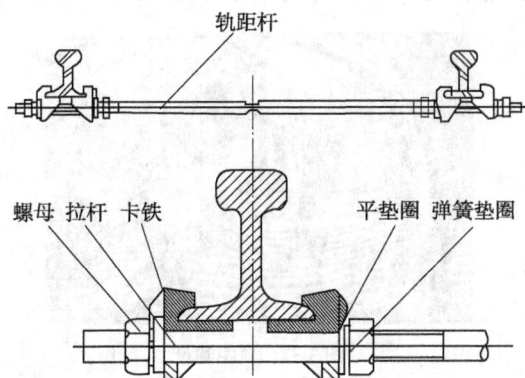

图 3-34　轨距杆

轨撑主要用于曲线地段的轨道加强，安设于两股钢轨道心外侧。轨撑下部扣压钢轨底部，起到扣件的作用；上部顶住轨头下颏，限制钢轨向外倾斜（图 3-35）。

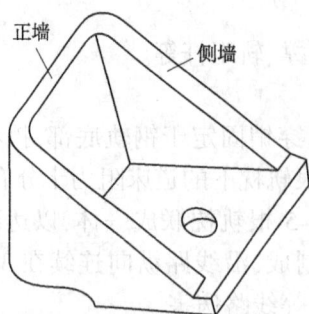

正墙　侧墙

图 3-35　轨撑

3.1.2　轨道几何形位

轨道几何形位是指轨道各部分的几何形状、相对位置和基本尺寸。轨道几何形位正确与否直接影响到城市轨道交通的运营安全、旅客的乘车舒适度以及线路设备的使用寿命和养护维修费用。

1）轨道几何形位基本要素

轨道几何形位的基本要素有轨距、水平、前后高低、轨向、轨底坡等。

（1）轨距

轨距（图 3-36）是指头部内侧顶面 16mm 范围内两股钢轨作用边之间的最小距离。世界各国城市轨道交通采用不同的轨距标准，而采用最多的为 1435mm，称为标准轨距。美洲、欧洲大部分国家以及亚洲、非洲的部分国家都采用标准轨距。大于 1435mm 的称为宽轨距，有 1520mm（也有 1524mm）、1600mm、1676mm 等，前苏联、印度、澳大利亚等国采用宽轨距。轨距小于 1435mm 的称为窄轨距，有 1067mm、1000mm、762mm 等，窄轨距除少数国家采用外，多见于厂矿企业内的铁路。我国城市轨道交通普遍采用和国家铁路一致的标准轨距。轨距可用轨距尺（也叫道尺）进行测量（图 3-37），通常每 6.25m 检查一处。轨距误差，规定宽不得超过 6mm，窄不得超过 2mm，所以在线路直线部分，轨距应不大于 1441mm，不小于 1433mm。

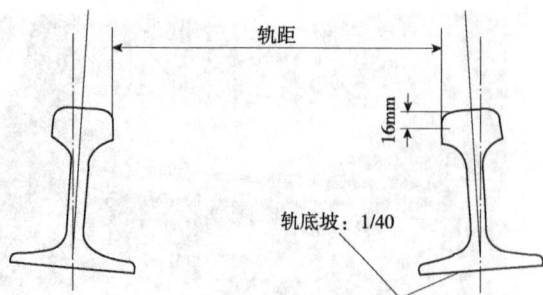

图 3-36　轨距示意图

图 3-37　轨距测量

（2）水平

水平是指线路左右两股钢轨顶面的相对高差。轨道的水平必须满足一定的要求，在直线上保持同一水平，在曲线上满足均匀和平顺超高的要求。水平也用轨距尺与轨距同步进行测量。正线水平误差不得大于 4mm，站场及其他线不得大于 6mm。

（3）高低

高低是指一股钢轨纵向的相对高低。轨道高低必须满足平顺要求，以减少列车对轨道的冲击，确保运营的安全和旅客的舒适。高低用 10m 弦线在钢轨顶面中间测量最大矢度，最大矢度是弦线与钢轨顶面之间的距离最大者。高低差用 10m 弦线测量的误差不得超过 4mm。

（4）轨向

轨向是指一股钢轨工作边的走向，也称方向，轨道方向要求直线段平直，曲线段圆顺。直线段轨向用 10m 弦线在钢轨顶面以下 16mm 工作边处测量矢度，其允许误差：正线不得超过 4mm，站线及专用线不超过 6mm。曲线段轨向用 20m 弦线在钢轨顶面以下 16mm 工作边处测量矢度，称为正矢，其误差按曲线正矢误差规定执行。

（5）轨底坡

轨底坡是指轨底与轨道平面之间形成的横向坡度（图 3-36）。由于车轮踏面与钢轨顶面主要接触部位是 1/20 的斜坡，为了使钢轨轴心受力，钢轨也应有一个向内的倾斜度，此即形成轨底坡。

2）曲线轨道轨距加宽

列车通过小半径曲线时，转向架前轴的外轮缘冲击外轨，迫使转向架转向，而转向架后轴的内轮又靠向内轨，为使车辆平顺地通过曲线，对于小半径曲线的轨距要适当加宽。

《地铁设计规范》（GB 50157—2003）规定，半径等于及小于 200m 曲线地段的轨距应按表 3-1 进行加宽。

曲线地段轨距加宽值 　　　　　　　　表 3-1

曲线半径	加宽值（mm）		轨距（mm）	
	B 型车	A 型车	B 型车	A 型车
200 > R > 150	5	10	1440	1445
150 > R > 100	10	15	1445	1450

由于车辆由曲线外股钢轨导向，为保持曲线外股钢轨圆顺，故规定曲线轨距加宽值应加在里股，即将里股钢轨向曲线内侧横移，使其与线路中心线的距离等于 1435/2 加上轨距加宽值。曲线加宽的轨距与直线轨距间，应使轨距均匀递减。

3）曲线轨道外轨超高

（1）设置外轨超高的原理和计算方法

列车在曲线上运行时，产生向外的离心力，此力使曲线外轨受到很大的挤压力，不仅加速了外轨的磨耗，同时也使旅客不舒适，严重时，会导致列车倾覆或挤翻外轨使车辆颠覆。

为了平衡离心力，应在曲线轨道上设置外轨超高，即把曲线外轨适当抬高，使车辆内倾，借助车辆重力的水平分力来抵消离心力，以达到曲线里外两股钢轨所受的垂直压力大致相等，垂直磨耗均匀和增加旅客舒适度的目的。

超高值 h（mm）按式（3-2）计算：

$$h = 11.8 \frac{v_0^2}{R} \tag{3-2}$$

式中：v_0——实际上通过曲线的各次列车速度算数平均值（km/h）；

　　　R——曲线半径（m）。

计算结果应取为 5mm 的整倍数。最大超高值是根据行车速度、车辆性能、轨道结构稳定性和乘客舒适度确定。《地铁设计规范》(GB 50157—2003)规定:曲线地段超高的最大限度不得超过120mm。

(2)未被平衡的超高度

任何一条曲线轨道,均按一定的平均速度设置超高。超高一经设置,便成为一种固定设施。当行驶速度v和平均速度v_0不一致的列车通过时,实际设置的外轨超高和实际需要的外轨超高不可能完全适应。如果实际需要的外轨超高大于实际设置的外轨超高($v > v_0$),称为"欠超高"。此时,离心力F大于实际设置超高所提供的向心力,外轨承受偏载,离心力未被平衡,使旅客感觉不舒适。反之,如果实际需要的外轨超高小于实际设置的外轨超高($v < v_0$),称为"过超高"。此时,离心力F小于实际设置超高所提供的向心力,内轨承受偏载向心力在平衡离心力后有多余,使乘客不适。

"欠超高"和"过超高"统称为未被平衡的超高度。为保证行车安全和乘客舒适,延长钢轨使用寿命,未被平衡的超高度不能超过一定的容许值。允许最大未被平衡的超高度不完全一致,以北京地铁为例:允许最大未被平衡的超高度为60mm。《地铁设计规范》(GB 50157—2003)规定,允许有不大于61mm的欠超高。

(3)设置方法

对于整体道床,设置超高的方法是将超高值的1/2在里股钢轨处向下落低,而将另一半在外股钢轨处向上抬高。这样设置的超高,可使车辆通过曲线时,其中心高度几乎不变,从而避免了不必要的上下振动。在陡坡地段,线路纵向坡度也不会因设置外轨超高而使线路中线坡度加大。

但是,由于以上设置超高的方法在处理道床方面较复杂,对养护维修作业技术要求也高,因而,对于普通道床轨道结构,我国《地铁设计规范》(GB 50157—2003)规定将超高全值设在外轨上,采用加厚外侧道床的办法来实现。

4)缓和曲线

机车车辆在曲线上运行时,出现了在直线上运行时所没有的力,如转向力、离心力,以及各种惯性力。当车辆由直线运行至曲线时,这些力,尤其是离心力的突然产生,使列车振动、行车不稳、旅客不舒适。为了避免离心力突然产生及消失,使离心力逐渐地增加或减少,就需要一段半径逐渐变化的曲线,把直线和圆曲线连接起来,我们称这段曲线为缓和曲线。

另外,曲线轨道,外轨有超高,而直线轨道无超高,外轨超高需要相当长的一段距离来进行顺坡。由于外轨超高必须与曲线半径相适应,否则会使钢轨磨耗不均、旅客不适,所以,在超高顺坡范围内,亦即直线与圆曲线间设置缓和曲线,以使外轨超高能随缓和曲线曲率半径的减小而增大。此外,小半径曲线的轨距加宽递减,也需要在缓和曲线上得以逐渐而圆顺地完成。

5)缩短轨

在曲线上,外股轨线比内股轨线长,如果曲线内外轨均用同样长度的钢轨铺设,则内股钢轨接头必将超前于外股钢轨接头,不能保证钢轨接头的对接要求。因此,为了保持内外股钢轨接头成对接式(轨缝对齐),必须在内股轨线上铺设必要数量的缩短轨。

由于线路上的曲线半径不同,要使曲线上每个接头均对齐,则钢轨长度种类极为繁杂,使钢轨制造及轨道铺设和维修工作复杂化。因此允许内外两股钢轨接头有少量相错量。一般规定:在正线上,曲线地段接头相错量不超过40mm加所用缩短轨缩短量的1/2;大修时,不超过20mm加所用缩短轨缩短量的1/2。

6）轨道检测

要确保列车的安全、舒适和准点运行，就必须加强轨道的"体检"——轨道检测，以便及时掌握轨道质量状态，正确指导线路养护维修。轨道检测分为动态检测和静态检测。前者是指列车通过过程中的轨道状态的检测，后者是指没有列车通过时轨道状态的检测。静态检测方法有轨道几何形位（轨距、前后高低、水平、轨向、轨底坡等）测量、轨道部件检查、钢轨探伤仪探伤等。动态检测有轨检车检测、钢轨探伤车探伤、便携式添乘仪等。

国外大部分国家和我国使用的轨检车主要是应用惯性基准法检测原理，对轨道交通线路的高低、轨向、轨距、水平、三角坑、垂直加速度、水平加速度等项目进行动态检测，并将检测结果实时显示并储存在计算机上或波形记录纸上。图 3-38 所示为 GJ-4 型轨检车外形。探伤车是指装有检测轨道上钢轨伤损设备的专用车辆或专用列车，如图 3-39 所示。

图 3-38 GJ-4 型轨检车外形

图 3-39 钢轨探伤车

3.1.3 道岔

道岔是指是引导列车由一条线路转入或越过另一条线路所用的设备。道岔构造复杂，也是线路的薄弱环节之一。

1）道岔的种类

道岔按其用途和结构分为单式道岔、复式道岔、交分道岔、渡线等。

①单式道岔。使一条线路通向两条线路的道岔称为单式道岔。单式道岔又可分为普通单开道岔、单式对称道岔（图 3-40）、单式不对称道岔（又称异向道岔）、单式同侧道岔。

普通单开道岔保持主线为直线，侧线在主线的左侧或右侧岔出（面对道岔尖端而言）分别称为左开道岔和右开道岔（图 3-41）。

图 3-40 单式对称道岔

图 3-41 左开道岔和右开道岔

②复式道岔。为了节省用地,缩短线路总长,或由于受地形限制,道岔铺设位置不能按照一前一后逐组错开铺设,必须把一组道岔纳入另一组道岔内,形成复式道岔。复式道岔分复式对称道岔(又称三开道岔)(图3-42)、复式异侧不对称道岔(又称不对称三开道岔)两种。

③交分道岔。两条线路相互交叉,列车不仅能够沿着直线方向运行,而且能够由一直线转入一直线,这种道岔叫交分道岔。

a.单式交分道岔:两条线路相交,中间增添两副转辙器和一副连接曲线,列车可沿某一侧由一条线路转入另一条线路,这种道岔叫做单式交分道岔。

b.复式交分道岔(图3-43):两条线路相交,中间增添四副转辙器和两副连接曲线,列车能沿任何一侧由一条线路转入另一条线路,这种道岔叫做复式交分道岔。这种道岔既能达到线路交叉的目的,又能起到线路连接的作用。一组复式交分道岔能起到四组单式道岔的作用,但与普通道岔比较起来,复式交分道岔不仅能节省用地面积,同时也能节省调车作业时间。

图3-42　三开道岔　　　　　　　　　　　图3-43　复式交分道岔

④渡线。利用道岔或利用固定交叉连接两条相邻线路的设备,称为渡线。渡线又分为单渡线和交叉渡线,分别如图3-44和图3-45所示。

图3-44　单渡线　　　　　　　　　　　图3-45　交叉渡线

2)道岔构造

城市轨道交通中普遍采用普通单开道岔(简称单开道岔),一组普通单开道岔,由转辙器部分、连接部分、辙叉及护轨部分和岔枕组成(见图3-46)。

（1）转辙器

转辙器（图 3-47）是引导车轮进入道岔不同方向的设备，其作用是将尖轨置于不同的位置时，使列车沿着直向或侧向运行。

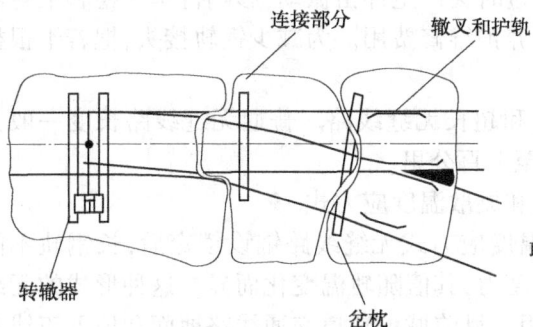

图 3-46 道岔基本组成

图 3-47 转辙器

转辙器主要包括两根基本轨、两根尖轨、联结零件、跟端结构及转辙机等。尖轨是用与基本轨同类型的标准钢轨或特种断面钢轨刨切而成。尖轨的作用是依靠其被刨尖的一端与基本轨紧密贴靠，以正确引导车轮的运行方向，列车靠它引进直股或侧股线路上。转辙机实现尖轨的转向（人力或电动机）。

（2）连接部分

转辙部分和辙叉部分的连接轨道为连接部分。它包括四股钢轨，即两股直线钢轨和两股曲线（道岔曲股连接部分为导曲线）钢轨组合而成。

（3）辙叉部分

辙叉是道岔中两股线路相交处的设备。其作用是使列车能够按确定的行驶方向，跨越线路正常地通过道岔。辙叉主要有三种，即钢轨组合式（图 3-48）、高锰钢整铸式（图 3-49）和可动心轨式辙叉（图 3-50）。城市轨道交通普遍使用高锰整铸式辙叉。

图 3-48 合金钢组合辙叉

图 3-49 高锰钢整铸式辙叉

图 3-50 可动心轨式辙叉

护轨与辙叉的配合有以下两方面的作用：一方面是控制车轮的运行方向，使之正常通过"有害空间"而不错入轮缘槽；另一方面是保护辙叉尖端不被轮缘冲击撞伤。

3.1.4　无缝线路

（1）无缝线路的定义

普通有缝线路由于钢轨接头的存在，列车通过时会产生冲击振动，影响行车平稳和乘客舒适，加速轨道和列车磨损，降低使用寿命，并增加养护维修费用。为减少钢轨接头，把若干根标准轨焊接成为长钢轨线路，就称为无缝线路。

按长度不同，无缝线路可分为普通无缝线路和超长无缝线路。普通无缝线路长度一般为1000～2000m，超长无缝线路长度可达几十公里至上百公里。

按钢轨受力情况，无缝线路分为温度应力式和放散温度应力式。

温度应力式为无缝线路的基本结构形式。温度应力式无缝线路铺设锁定后，长钢轨不能因轨温变化而自由伸缩，因而在钢轨内部产生温度力，其值随轨温变化而异。这种形式的无缝线路结构简单，铺设维修方便，因而得到广泛应用。目前城市轨道交通线路地面和地下正线基本上都采用这种类型。

放散温度应力式无缝线路分自动放散式和定期放散式两种。定期放散式无缝线路在每年春、秋季节适当温度下，调节钢轨温度应力。其结构形式与温度应力式相同。在温差较大的地区和特大桥梁上，为了消除和减少钢轨温度力对钢梁伸缩的影响，采用自动放散温度应力式无缝线路。自动放散温度应力式无缝线路是在焊接长钢轨时，设置桥用钢轨伸缩调节器，用以释放温度力。

（2）桥上无缝线路

桥上无缝线路除了受列车荷载、轨温变化和列车制动力作用外，还受到桥跨结构伸缩变形引起的伸缩附加力和挠曲变形引起的挠曲附加力的作用。与此同时，钢轨也对桥跨施加反作用力，若桥上无缝线路发生断裂，将对桥跨结构施加断轨附加力，造成桥断车毁人亡。

为了消除和减少钢轨温度力对桥梁（特别是钢梁桥）伸缩的影响，城市轨道交通高架桥上通常采用自动放散温度应力式无缝线路。自动放散温度应力式无缝线路是在焊接长钢轨之间，设置桥用钢轨伸缩调节器的无缝线路。

城市轨道交通的线路小半径曲线较密集，反向曲线也较多；纵断面坡度较陡，相邻地段的坡度代数差较大，容易发生竖曲线与缓和曲线重叠等不利因素的组合；当列车通过上述特定地段时，列车运行工况改变（如紧急制动减速、列车速度过高或过低），或车辆转向架等设备发生突发性故障，有可能导致车轮减载（或悬浮），在列车惯性力作用下，将可能使减载（或悬浮）的车轮，发生爬（或跳）轨脱轨的事故，因此上述特定地段有必要设置防脱护轨（图3-51）。另外，由于高架轨道下面是城市人口、房屋密集地区，必须确保列车运行安全，防止车辆发生意外脱轨事故。为此，在城市高架轨道的上述特定地段也有必要设置防脱护轨（图3-52）。

图3-51　小半径曲线地段防脱护轨　　　　图3-52　桥上防脱护轨

3.1.5　轨道施工

1)有砟轨道施工

城市轨道交通有砟轨道是针对城市轨道交通的特点,在借鉴大铁路施工方法的基础上来进行施工的。因城市轨道交通线路特点不尽相同,其施工方法也存在一定差异,施工单位应根据施工现场实际情况进行合理组织。

例如,北京城市轨道交通 13 号线,由左右双线组成,碎石道床地段的正线轨道工程铺轨 47.28km,由于在繁华拥挤的城区内施工,无既有线运输之便,大型机械进场相当困难,为此研究出一种特殊的施工方法。其具体思路是:右线碎石道床部分采用机械铺轨,右线整体道床部分铺设临时轨排,使铺轨机得以通过并继续向前铺轨。铺通右线后,用长轨放送车放送左右线长钢轨,先施工整体道床的左线部分,在碎石道床左线进行人工卸枕和铺设长轨,待左线整体道床达到可行车的强度后,再进行右线整体道床的施工,最后贯通全线。

这是我国首次在城市轨道交通工程中采用一次铺设无缝线路技术(先铺设 25m 无孔过渡轨排再换铺长钢轨),并在铺轨中使用了新研制的适合于城市轨道交通施工的 PG－16 轻型铺轨机铺轨。图 3-53 为 PG－16 轻型铺轨机。

2)整体道床轨道施工

(1)隧道内整体道床施工

隧道内整体道床的种类有多种,目前,在我国城市轨道交通隧道内线路全部采用的是支承块式的整体道床,实践证明效果良好,并取得了施工经验。

图 3-53　PG－16 轻型铺轨机

对于支承块式的整体道床结构一般采用钢轨支撑架施工法或墩架结合施工法两种。

①钢轨支撑架施工法:用钢轨支承架将钢轨架起并固定在设计位置上,然后将支承块按照设计间距用扣件悬挂在钢轨上,经过细致的反复调整,使线路中线、轨距、水平处于正确的位置后,再灌注道床混凝土。支撑架大体上又可分为上承式支撑架和下承式支撑架。图 3-54 为某轻轨线路采用的支撑架结构形式。

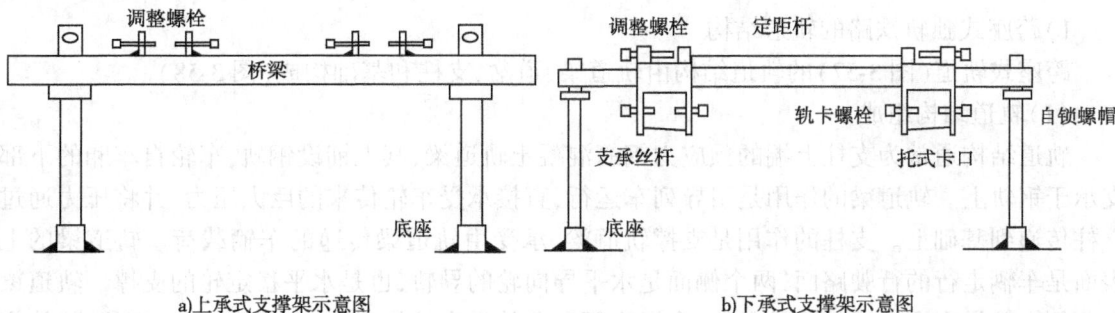

图 3-54　某轻轨线路采用的支撑架结构形式

②墩架结合施工法是在支撑架施工法的基础上发展改进的一种施工方法。其基本做法是：先用钢轨支撑架将施工钢轨架起，悬挂支承块，并调整轨道。然后，按一定的间隔在基底与支承块之间立模，就地灌筑混凝土支撑墩，把相应的支承块固定起来。待支撑墩混凝土具有一定强度后，拆除钢轨支撑架，由支撑墩支承轨节，并进行道床的灌筑。

（2）高架线路整体道床轨道施工

支承块加承轨台式轨道结构是目前在我国城市轨道交通工程高架桥结构上采用比较多的一种形式，该结构形式可使桥梁荷载减小，轨道维修量减少，而且保证了施工精度和施工进度。这种轨道结构的施工可采用前述的钢轨支撑架施工法或墩架结合施工法。

在市区内对噪声和振动控制要求较高的地段，可考虑采用弹性支承块式整体道床。在支承块运抵现场前，就将块下橡胶垫和橡胶套靴与支承块组装好。图3-55为带橡胶套靴的支承块吊装在钢轨上等待灌筑混凝土。

在市区内对噪声和振动控制要求特别高的地段，可考虑采用浮置板式轨道结构。图3-56为钢弹簧浮置板轨道的施工情况。

图3-55 弹性支承块无砟轨道施工照片

图3-56 浮置板轨道的施工照片

3）道岔施工

按照铺设方法，道岔铺设可分为人工铺设和机械铺设两种方法，目前在城市轨道交通工程中一般采用人工铺设。道岔结构复杂，零件较多，技术要求严格，因此道岔的施工是一项细致复杂的工作。限于篇幅，此处不再予以详述。

3.1.6 独轨铁路轨道结构

1）跨座式独轨铁路的轨道结构

跨座式轨道（图3-57）的轨道结构由轨道梁、道岔、支柱和基础构成（图3-58）。

（1）轨道结构组成

轨道结构通常为支柱上端的预应力钢筋混凝土轨道梁，其上铺设钢轨，车轮自车厢的下部支承于钢轨上。轨道梁的作用是引导列车运行，直接承受车轮传来的巨大压力，并将压力通过立柱传递到基础上。支柱的作用是支撑轨道梁，承受由轨道梁传递的车辆载荷。轨道梁的上表面是车辆走行的行驶路面，两个侧面是水平导向轮的导轨，也是水平稳定轮的支撑。轨道梁在两侧中部设有刚性滑触式导电轨，在梁内两顶角处设有信号系统 ARP/TD 感应环线，梁体底部设有供电和通信、信号系统电缆托架，梁下托架在桥墩处设支架绕过支座。跨座式独轨车辆的走行装置跨座在走行轨道上,其车体重心处于走行轨道的上方。车辆以车身包围路轨,因此不容易出轨。

图 3-57　跨座式轨道

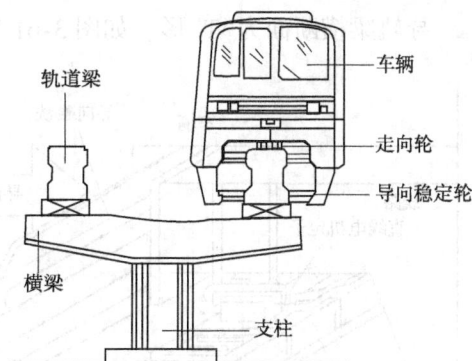

图 3-58　跨座式轨道结构图

（2）跨座式轨道道岔

跨座式轨道道岔由一定长度的道岔梁组成,如图 3-59 所示。道岔梁一端可以移动,整个梁与梁下方的支撑台车固定在一起,由台车上的电动机驱动。其道岔分为两类,一类是柔性铰接型,可使道岔梁连续弯成曲线;另一类为简易铰接型,转辙时道岔梁在转辙点前方保持一定距离的直线。与普通铁路道岔一样,独轨铁路根据连接线路的形式,其道岔可分单开道岔和交叉道岔。

2）悬挂式独轨铁路的轨道结构

悬挂式独轨铁路与跨座式独轨铁路的轨道结构比较相似,有共同的优点,所不同的是车辆控制装置和空调设备等不是装在车地板下面,而是装在车顶部位（图 3-60）。

图 3-59　跨座式轨道道岔

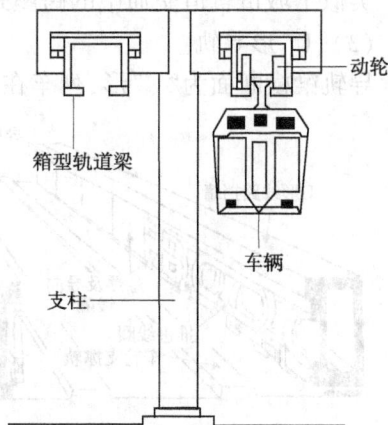

图 3-60　悬挂式轨道结构图

悬挂式独轨铁路的轨道梁,由一定跨距的钢支柱或钢筋混凝土支柱架在空中,车辆悬挂在轨道梁下运行。它的特点是轨道梁为钢制断面,底部有开口,充气轮胎组成的转向架在轨道内走行,车体悬挂在转向架的下面,车辆走行平稳、噪声低。

3.1.7　磁悬浮轨道

磁悬浮轨道也称为导轨,按导轨结构形式划分,有"T"形导轨、"⊥"形导轨、"U"形导轨和

"一"形导轨。

（1）"T"形导轨

导轨梁横断面为"T"形。如图 3-61 所示。

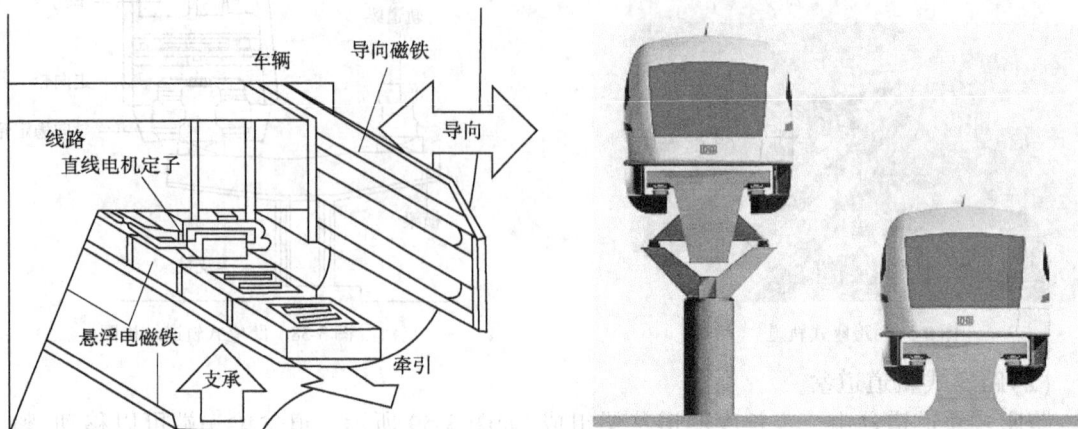

图 3-61 "T"形导轨

电机驱动绕组及悬浮绕组均安装在导轨梁两侧翼的下方,导向绕组安装在两侧翼的外端。导轨梁直接安装在桥墩上。其优点是列车"抱"着导轨运行,安全性好,且线路半径可以设置得比较小。缺点是对轨道梁的加工精度和列车的悬浮及导向的控制要求很高。德国高速磁悬浮捷运和日本中低速 HSST 系统采用了这种导轨。

（2）"⊥"形导轨

类似于城市轨道交通中的跨座式独轨交通。日本在早期试验线曾经采用,但现已淘汰。

（3）"U"形导轨

导轨梁横断面为"U"形,列车在"U"形槽中运行。如图 3-62 所示。

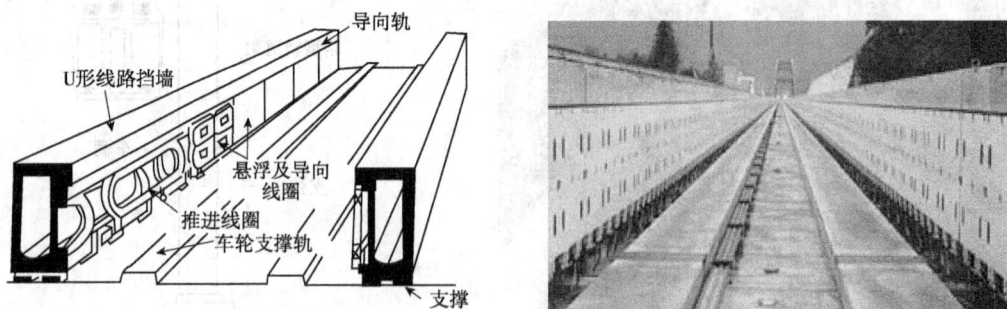

图 3-62 "U"形导轨

地面的驱动、悬浮及导向绕组均安装在"U"形槽的内侧壁。导轨梁可用高架结构架设在桥墩上,也可用无砟轨道形式铺设在路基上。与"T"形导轨相比,"U"形轨道梁的加工精度及对列车的悬浮控制、导向控制的要求较低,但最小曲线半径较大。

（4）"一"形导轨

车辆绕组均安装在车辆的正下方,列车在导轨梁上方运行。导轨梁一般架设在桥墩上,采用高架结构。"一"形导轨结构简单,但导向功能稍差,主要适于中低速磁悬浮。

3.2 路基工程

3.2.1 路基特点

城市轨道交通地面线路(图3-63)路基是城市轨道交通工程的重要组成部分,它与桥梁、隧道连接,组成一个线路整体。主要用于地面段线路,包括地面正线、车辆段、停车场等。城市轨道交通地面线路路基一般采用独立路基的方式,以减少与地面道路交通的互相干扰。采用路基的优点有造价低、施工简便、运营成本低,线路调整与维护较易;缺点有运营速度难以提高(有部分平交道口),占地较多,影响城市道路交通,容易受气候影响,乘车环境难以改善,有一定负效应(如噪声,影响景观等)。

图3-63 城市轨道交通地面线路

作为一种土工结构物,路基工程具有以下不同于桥梁、隧道等工程结构物的特点。
①路基建筑在岩土地基上,并以岩土为建筑材料。
②路基完全暴露在大自然之中。
③路基同时受静荷载和动荷载的作用。
以上这些特点决定了路基工程的复杂性和重要性。因此,我们必须对路基进行精心的设计和施工,保证路基具有足够的强度、稳定性和耐久性,并应满足防洪、防涝的要求。
路基工程包括路基本体、排水、防护及支挡四个组成部分。其中,路基本体是直接铺设轨道结构并承受列车荷载的部分,是路基工程的主体建筑物,其他工程为路基工程的附属建筑物。由这些工程组成完整的体系,保证路基正常、良好工作。

3.2.2 路基横断面形式和组成

1)路基横断面形式
根据线路设计确定的路肩标高与地面标高的关系,路基可分为六种形式。
①路堤:路基面高于地面需以填筑方式构成的路基,如图3-64a)所示。
②路堑:路基面低于地面需以开挖方式构成的路基,如图3-64b)所示。
③半路堤:当地面横向倾斜,路堤的路基面一侧边缘与地面相交,路堤在地面和路基面相交线以下部分无填筑工作量,这种路堤称为半路堤,如图3-64c)所示。
④半路堑:当地面横向倾斜,路堑路基面的一侧无开挖工作量时,这种路基称为半路堑,如图3-64d)所示。
⑤半路堤半路堑:路基面和横向倾斜的地面在路基面内相交的路基,其路基面一部分以填筑方式构成半路堤;另一部分以开挖方式构成半路堑,称为半路堤半路堑,图3-64e)所示。

⑥不填不挖路基:路基面与地面齐平、无需填挖的路基,如图 3-64f) 所示。由于路基施工首先要清除原地面的杂填土,因此事实上绝对无需填挖是不可能的。

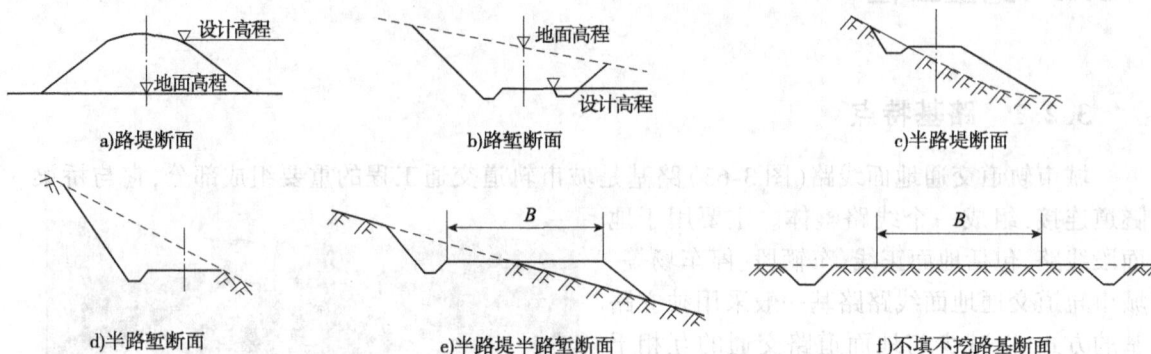

a)路堤断面   b)路堑断面   c)半路堤断面

d)半路堑断面   e)半路堤半路堑断面   f)不填不挖路基断面

图 3-64   路基横断面形式

2)路基横断面基本构造

路基由路基本体及路基附属建筑物两部分组成。

(1)路基本体

路基本体是直接铺设轨道结构并承受列车荷载的部分,是路基工程的主体建筑物。图 3-65为标准的路基本体工程各组成部分示意图,其中图 3-65a) 为路堤,图 3-65b) 为路堑。

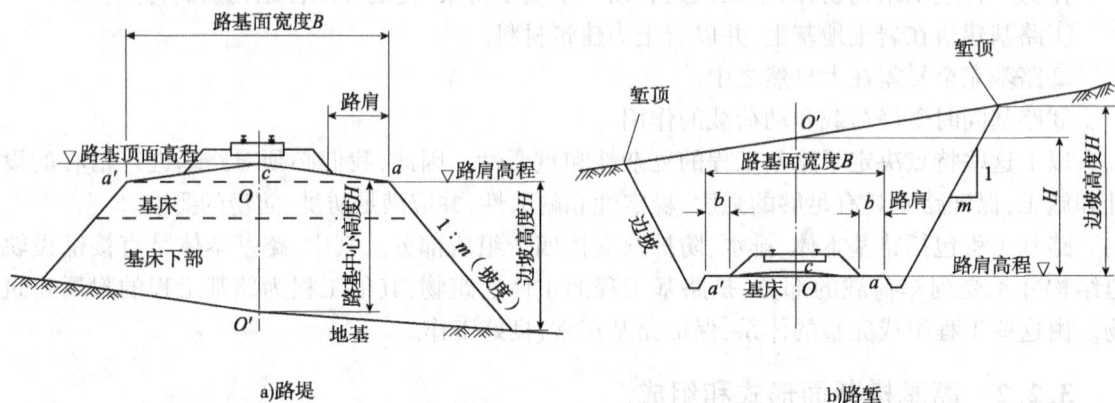

a)路堤   b)路堑

图 3-65   路基本体组成部分示意图

在路基横断面中,路基本体由路基面、路肩、基床、基床下部、边坡、地基等几部分组成。

①路基面。路基面是为使轨道能按线路设计要求铺设和在线路运营中能保持良好状态而构筑的工作面。图中 $a'ca$、aa' 之间的直线距离称为路基面宽度。

②路肩。在路基面上,未被道床覆盖的那部分称为路肩。路肩的作用是加强路基的稳定性,保障道床的稳固及方便养护维修作业等。

③基床。路基面以下受列车动荷载振动作用和水文气候影响较大的部分称为基床。其状态直接影响到列车运行的平稳和速度的提高。基床以下部分称为基床下部。

④边坡。路基横断面两侧的边线称为路基边坡。在路堤中,边坡与路肩的交点称为路基顶肩或称路肩边缘点,与地面的交点称为坡脚,路肩与坡脚标高之差称为边坡高度;路堑中的

边坡与原地面的交点称为路堑堑顶边缘,其标高与路肩标高的差为路堑边坡高度或路堑深度;如果左右两侧的边坡高度不等,则规定以大者代表该横断面的边坡高度。

⑤地基。地基是路堤填土的天然地面以下受填土自重及轨道、列车动荷载影响的土体部分。地基的稳固性,对整个路基本体乃至轨道的稳定性都是极为关键的,特别是在软弱土的地基上修建路堤,必须对地基作妥善处理,以免危及行车安全及正常运营。

左右两侧顶肩的连线与横断面中线的交点标高为路基标高。因为路基标高基本与路肩标高(路基顶肩的标高)相同,所以常用路肩高程代替路基标高。

(2)路基附属建筑物

路基附属建筑物是路基的组成部分,是为确保路基体的稳固性而采用的必要的经济合理的工程措施。它包括排水工程、防护工程和加固工程。

路基排水分地面排水和地下排水。地面排水设备用以拦截地面径流,汇集路基范围内的雨水并使其畅通地流向天然排水沟谷,防止地面水对路基的浸湿、冲刷。地下排水设备用以拦截、疏导地下水和降低地下水位,改善地基土和路基边坡的工作条件,防止或避免地下水对地基和路基体的有害影响。

路基防护工程用以防止雨雪、气温变化及流水冲刷等各种自然因素对路基体造成的影响。常用的防护工程是坡面防护和冲刷防护。为了防止路基边坡和坡脚受坡面雨水的冲刷,防止坡面土的干湿循环和气温变化引起土的冻融变化等因素影响边坡的稳固,常采用坡面防护。为了防止河水对边坡、坡脚或坡脚处地基不断的冲刷和淘刷,应设冲刷防护。

路基加固工程是用以加固路基本体或地基的工程措施,有挡土墙(图 3-66)、抗滑桩及其他地基加固措施。

图 3-66　台湾地铁(捷运)挡土墙

3)路基施工

路基是保证轨道平顺性和稳定性的基础,地基的承载力、路基填土的密实度和均匀性又是保证路基质量的前提。因此,做好地基处理、路基填筑和过渡段的施工,严格控制工后沉降,是保证路基工程质量关键问题。

路基施工可参照大铁路路基的施工方法进行施工。即分为"三阶段、四区段、八流程"的施工方法。三阶段即:准备阶段→施工阶段→竣工阶段。四区段即:填筑区→平整区→碾压区→检验区。八流程即:施工准备→基底处理→分层填筑→摊铺整平→洒水或晾晒→机械碾压→检验签证→面层整修。

3.3　区间隧道结构

城市轨道交通的区间隧道是连接地下车站并为轨道及相关设施、设备铺设提供必要空间的地下建筑物。当轨道铺设于隧道内部时,隧道既是轨道设施的下部建筑,又是轨道设施的围护建筑,使城市轨道交通线路完全处于封闭的状态。

3.3.1 区间隧道分类

按照结构形式的不同,城市轨道交通的区间隧道可分为矩形、拱形、圆形、多圆形、椭圆形等,其中最主要的是圆形隧道和矩形隧道两种,如图3-67所示。通常,车站前后为矩形隧道,区间为圆形隧道。结构形式与施工方法有关,而这两者应根据沿线不同地段的工程地质和水文地质、埋深、城市规划、工程投资、地面与地下既有建筑及施工技术水平等具体情况来选择确定。

图3-67 正在修建中的圆形隧道和矩形隧道

3.3.2 区间隧道结构组成

城市轨道交通区间隧道主要由洞身、衬砌、洞门和附属建筑物等组成。

(1)洞身

洞身是隧道结构的主体部分,是列车通行的通道,其净空应符合隧道建筑限界的要求。其长度由两端洞门的位置来决定。

(2)衬砌

衬砌是承受地层压力,维持岩(土)体稳定,阻止坑道周围地层变形的永久性支撑物。

(3)洞门

洞门位于隧道出入口处,用来保护洞口土体和边坡稳定,排除仰坡流下的水。它由端墙、翼墙及端墙背部的排水系统所组成。

(4)附属建筑物

附属建筑物包括以下几种。

①连接上下行线路,安置抽水泵房的联络通道;

②为防止和排除隧道漏水或结冰而设置的排水沟和盲沟;

③为机车排出有害气体的通风设备;

④接触网、电缆槽、消防管道等。

为解决区间隧道最低处的排水问题,通常办法是设计联络通道,并在上下行隧道间设置排水泵房,以排除区间隧道的积水。

对于长大区间的隧道,由于车站的风井还不能完全满足排风的需要,因此,在隧道的中部,在联络通道结构内增设风井,既可以排水,又可以排风。

3.3.3　区间隧道施工方法

城市轨道交通土建施工往往受到地面建筑物、道路交通、城市规划、水文地质、环境保护、施工机具以及资金条件等众多因素的影响,因此不同城市、不同线路、不同车站、不同隧道区段所采用的施工方法也不完全相同。

城市轨道交通的区间隧道按照施工方法可分为明挖法、盖挖法和暗挖法,暗挖法又可分为新奥法、盾构法、浅埋暗挖法、顶管法、沉管法等。

1)明挖法

明挖法是指地下车站、隧道施工时,由地面向下开挖土石方至设计标高,然后自基底向上进行隧道主体结构施工,最后回填基坑并恢复地面的施工方法。如图 3-68 所示。

图 3-68　明挖施工

明挖法具有施工作业面多、进度快、工期短、工程造价低的特点。而且,由于技术成熟,明挖法施工可以很好地保证工程质量。但是,明挖法对城市的道路交通影响较大,有时候为了进行明挖法施工,需要进行建筑物的拆迁。

因此,在基坑开挖范围内无重要的市政管线或市政管线可以改移,而且施工期间对城市道路交通和周边的商业活动影响较小时,应尽可能地采用明挖法施工。

当明挖基坑难以保证其稳定施工,难以保证施工质量和安全时,可辅助采用地下连续墙法。它是在地面上用特殊的挖槽设备,沿着深开挖工程的周边(比如地下结构物的边墙),在泥浆护壁的条件下,开挖一条狭长的深槽,在槽内放置钢筋笼并浇筑水下混凝土,筑成一段钢筋混凝土墙段。然后将若干墙段连接成整体,形成一条地下连续墙体。地下连续墙可供截水防渗或挡土承重用。地下连续墙之所以能得到广泛的应用是因为它具有两大突出优点:一是对邻近建筑物和地下管线的影响较小,二是施工振动小、噪声低(属低公害施工方法)。地铁四周邻街,或与现有建筑物紧密相连;地基比较松软,打桩会影响邻近建筑物安全并产生噪声;水文地质和工程地质条件复杂很难设置井点排水等场合采用地下连续墙支护具有明显优势。

2)盖挖法

在城市交通繁忙地段修建城市轨道交通地下车站时,如果采用明挖法施工,往往占用道路,影响交通。为保证施工地段的道路畅通,地下车站的施工可选用盖挖法。盖挖法是由地面向下开挖至一定深度后,将顶部封闭,恢复地面,而整个下部工程施工在封闭的空间内进行的施工方法。盖挖法将城市轨道交通土建施工对周边交通、环境的影响限制在一定的时间和空间范围内,相对明挖法具有一定优越性。

(1)盖挖顺筑法

盖挖顺筑法如图 3-69 所示。该方法是在现有道路上,按照所需宽度,由地表完成挡土结构后,以定型预制标准覆盖结构(包括纵和横梁及路面板)置于挡土结构上维持交通,往下反复开挖和加设横撑,直至设计标高。依次序由下而上建筑主体结构和防水措施,回填土并恢复管线路或埋设新的管线路。最后,视需要拆除挡土的外路部分及恢复路面交通。

（2）盖挖逆筑法

盖挖逆筑法如图 3-70 所示。如果开挖面较大、覆土较浅、周围沿线建筑物过于靠近，为尽量防止因开挖基坑而引起临近建筑物的沉陷，或需及早恢复路面交通，但又缺乏定型覆盖结构，可采用盖挖逆筑法施工。其施工步骤：首先在地表面向下做基坑的围护结构和中间桩柱，和盖挖顺筑法一样，基坑围护结构多采用地下连续墙，或钻孔灌注桩，或人工挖孔桩。中间桩柱则多利用主体结构本身的中间立柱，以降低工程造价。随后即可开挖表层土至主体结构顶板底面标高，利用未开挖的土体作为土模浇筑顶板，它还可以作为一道强有力的横撑，以防止围护结构向基坑内变形，待回填土后将道路复原，恢复交通，以后的工作都是在顶板覆盖下进行，即自上而下逐层开挖并建造主体结构直至底板。

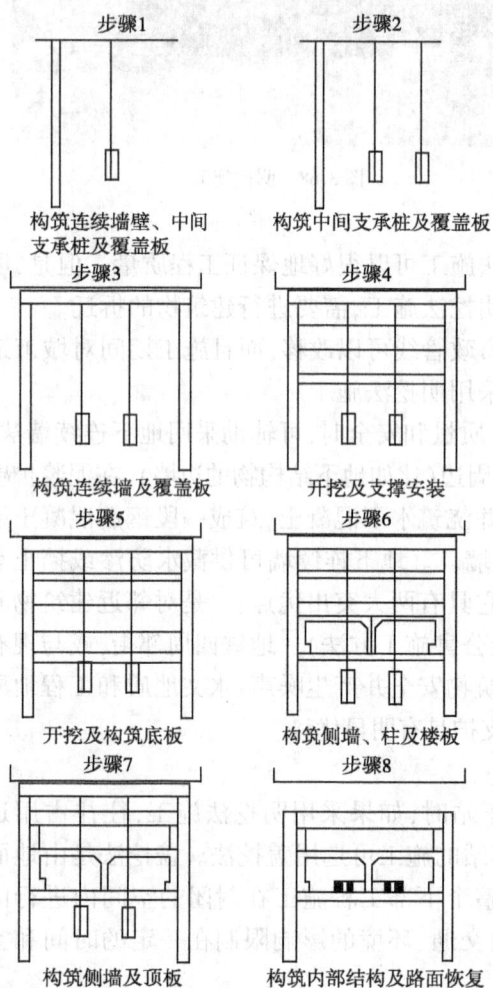

步骤1	步骤2
构筑连续墙壁、中间支承桩及覆盖板	构筑中间支承桩及覆盖板
步骤3	步骤4
构筑连续墙及覆盖板	开挖及支撑安装
步骤5	步骤6
开挖及构筑底板	构筑侧墙、柱及楼板
步骤7	步骤8
构筑侧墙及顶板	构筑内部结构及路面恢复

图 3-69　盖挖顺筑法

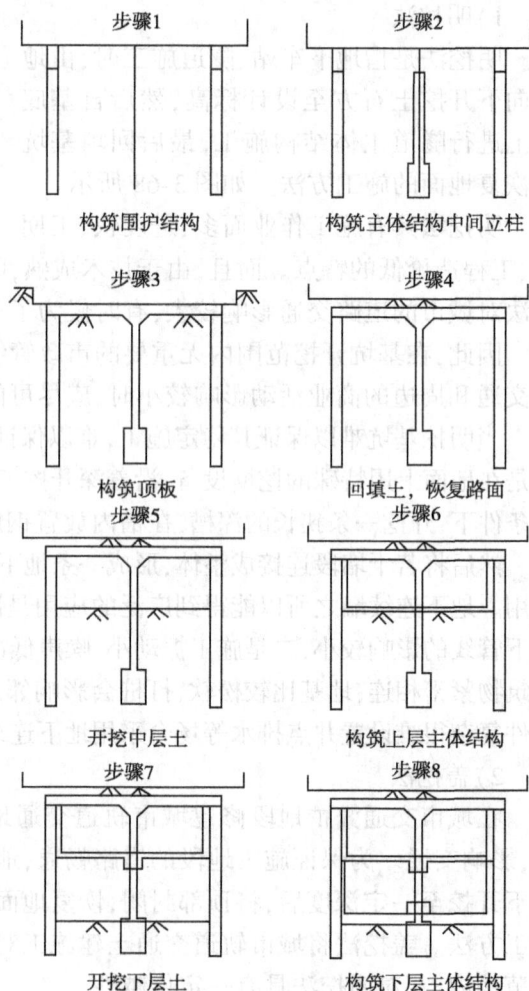

步骤1	步骤2
构筑围护结构	构筑主体结构中间立柱
步骤3	步骤4
构筑顶板	回填土，恢复路面
步骤5	步骤6
开挖中层土	构筑上层主体结构
步骤7	步骤8
开挖下层土	构筑下层主体结构

图 3-70　盖挖逆筑法

（3）盖挖半逆筑法

类似逆筑法，其区别仅在于顶板完成及恢复路面后，向下挖土至设计标高后先修筑底板，再依次序向上逐层建筑侧墙、楼板。

3）暗挖法

暗挖法是在特定条件下,不挖开地面,在地下进行所有开挖和修筑衬砌结构的隧道施工方法。目前城市轨道交通隧道施工普遍采用暗挖法。暗挖法将城市轨道交通建设对城市交通、环境的影响降到了极限,但其造价昂贵。暗挖法施工适用的基本条件为:不允许带水作业、开挖面土体应具有相当的自立性和稳定性。当土体难以达到所需的稳定条件时,必须通过地层预加固和预处理等辅助措施,以提高开挖面土体的自立性和稳定性。

(1)钻爆法(新奥法)

钻爆法就是采用钻探、爆破的方法进行隧道开挖,然后进行喷锚支护、灌注衬砌等一系列后续施工的方法。钻爆法常在坚硬岩石地层(例如重庆、广州、青岛部分区段)中修建隧道时被采用。图 3-71、图 3-72 为钻爆法施工场景。

图 3-71 多臂电脑台车钻眼施工

图 3-72 隧道断面成型

(2)盾构法

盾构法是在盾构机钢壳体的保护下,依靠其前部的刀盘或挖掘机开挖地层,并在盾构机壳体内完成出砟、管片拼装、推进等作业。图 3-73 为盾构机的外形。

盾构是一个既可以支承地层压力又可以在地层中推进的活动钢筒结构。钢筒的前端设置有掘进挖土和支撑的装置,钢筒中段安装的千斤顶为盾构向前掘进提供动力;钢筒的尾部设有可以拼装预制或现浇隧道衬砌环的装置。在盾构施工前应先修建一竖井(竖井的位置通常为某一车站的位置),在竖井内安装盾构。盾构安装完成后开始掘进(图 3-74),挖出的土体由竖井通道送出地面。盾构每推进一定距离,就在盾构尾部拼装或现浇一环衬砌,并向衬砌环外围的空隙中压注水泥砂浆,以防止隧道及地面下沉。图 3-75 为盾构贯通的情形。

图 3-73 盾构机外形

图 3-74 盾构机开始掘进

盾构法的主要优点:除竖井施工外,施工作业均在地下进行,既不影响地面交通,又降低了噪声和振动,减少了对周围环境的影响;盾构推进、出土、拼装衬砌等主要工序循环进行,便于施工管理,效率高;施工受气候条件影响小;对于地质条件差、地下水位高、埋深较深的隧道施工,盾构法有较高的技术经济优越性。

盾构法施工易于管理,施工人员少,工作环境好,同时还具有衬砌精度高、衬砌质量可靠、防水性能好、地表沉降小、不影响城市交通等优点。但也存在施工设备复杂、断面形式变化不灵活、盾构选型与地层条件密切相关等缺点。

盾构隧道拼装的管片一般是由钢筋混凝土或钢材制成,将其分割为数个管片组装成圆形、复圆形等环形结构形成衬砌。因此,采用盾构法修建的隧道一般为单圆或者多圆隧道。盾构隧道的衬砌可以分为一次衬砌和二次衬砌。一般来说,一次衬砌是将管片(图3-76)组装成环形结构,也有代替管片而直接浇注混凝土形成一次衬砌的方法(压注混凝土施工法)。二次衬砌是在一次衬砌内侧修筑,一般采用现浇混凝土施工。

图3-75　盾构贯通

图3-76　盾构隧道管片

(3)浅埋暗挖法

浅埋暗挖法又称矿山法,是利用土层在开挖过程中短时间的自稳能力,采取适当的支护措施,使围岩或土层表面形成密贴型薄壁支护结构的施工方法。它适用于黏性土层、砂层、砂卵层等地质条件下,隧道埋深小于或等于隧道直径情况下的施工。

在不适合使用明挖法、盾构法的情况下,浅埋暗挖法显示了巨大的优越性。浅埋暗挖法的施工步骤如下所示。

①钢管打入地层,然后注入水泥或化学浆液,使地层加固。开挖面土体稳定是采用浅埋暗挖法的基本条件。

②地层加固后,进行短进尺开挖。一般每循环在0.5~1.0m左右,随后即作初期支护。

③施作防水层。开挖面的稳定性时刻受到水的威胁,严重时可导致塌方。处理好地下水是非常关键的环节。

④完成二次支护。一般情况下,可注入混凝土,特殊情况下要进行钢筋设计。

(4)顶管法

顶管法是在地面开挖的基坑井中安放管节,然后通过主顶千斤顶或中继间的顶推机械将管节从工作井预留口穿出,穿越土层到达接收井,并从接收井的预留口穿出,形成区间隧道的施工方法。图3-77为广州地铁进行顶管法施工。

（5）沉管法

沉管法是将隧道管段分段预制，分段两端设临时止水头部，然后浮运至隧道轴线处，沉放在预先挖好的地槽内，完成管段间的水下连接，移去临时止水头部，回填基槽保护沉管，铺设隧道内部设施，从而形成一个完整的水下通道。

按照管身材料，沉管隧道可分为两类：钢壳沉管隧道（又可分为单层钢壳隧道和双层钢壳隧道）和钢筋混凝土沉管隧道。钢壳沉管隧道在北美采用的较多，而钢筋混凝土沉管隧道则在欧亚采用较多。

图 3-77　广州地铁顶管法施工

图 3-78 为矩形管段用浮箱吊沉法的浮运和沉放过程示意图。图 3-79 为管段在浮运中。

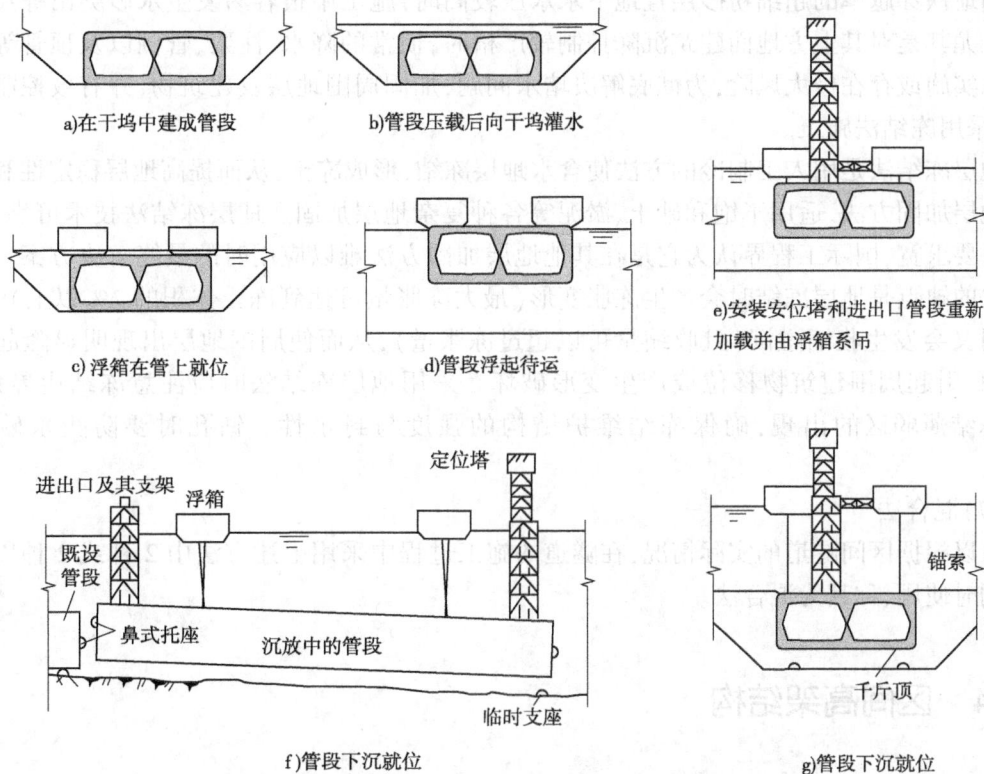

a)在干坞中建成管段

b)管段压载后向干坞灌水

c) 浮箱在管上就位

d)管段浮起待运

e)安装安位塔和进出口管段重新加载并由浮箱系吊

f)管段下沉就位

g)管段下沉就位

图 3-78　矩形管段用浮箱吊沉法的浮运和沉放过程示意图

沉管隧道对地基要求较低，特别适用于软土地基、河床或海岸较浅地段，易于水上疏浚设施进行基槽开挖。由于其埋深小，包括连接段在内的隧道线路总长较采用暗挖法和盾构法修建的隧道明显缩短。沉管断面形状可圆可方，选择灵活。基槽开挖、管段预制、浮运沉放和内部铺装等各工序可平行作业，彼此干扰相对较少，并且管段预制质量容易控制。基于上述优点，在大江、大河等宽阔水域下构筑隧道，沉管法成为最经济的水下穿越方案。

图 3-79　管段浮运

（6）冻结法

当地铁穿越厚的超细粉砂层且地下水水压较高时，施工中很容易发生水砂突出等灾难性事故。尤其是对其上方地面建筑沉降控制较严格时，惯常的降水、注浆、管棚以及顶管等工法都难以实施或存在极大风险，为彻底解决堵水问题，加固周围地层及建筑物，并有效控制其变形，可采用冻结法施工。

地层冻结法是用人工制冷的方法使含水地层冻结，形成冻土，从而提高地层稳定性和止水性的地层加固方法，适用于饱和砂土、淤泥等各种复杂地层加固。地层冻结法技术可靠、对施工条件要求宽，国际工程界认为它是在其他地层加固方法难以应用时的最终解决方案。地层冻结法的缺点是地层冻结时会产生冻胀变形（最大冻胀量可达到冻土体积的 7% 以上），冻土解冻时又会发生收缩融沉（且收缩量可以超过冻胀量），从而使周围地层出现明显隆起和沉降现象，引起周围建筑物移位或产生变形破坏。采用地层冻结法时应注意冻结边界条件，防止冻结薄弱区的出现，确保冻结维护结构的强度与封水性。钻孔时要防止水砂突出事故。

（7）混合法

可以根据区间隧道的实际情况，在隧道的施工过程中采用上述方法中 2 种或 2 种以上的方法同时使用，称其为混合法。

3.4　区间高架结构

3.4.1　桥梁结构组成

桥梁是跨越城市道路、既有轨道交通线、河流、湖泊、河谷、峡谷或其他障碍物的建筑。桥梁主要由上部结构、下部结构和墩台基础组成（图 3-80）。

上部结构：又称桥跨结构或桥孔结构，是路线遇到障碍而中断时，跨越障碍并直接承受列车和其他荷载，并将力传给下部结构的结构物，其最主要的部件是梁。

下部结构:通常包括桥墩、桥台和支座,亦称主体工程。桥墩和桥台是支承桥跨结构并将恒载和列车荷载等传至基础的结构物,基础是承受桥墩(台)全部荷载并传至地基的底部结构部分。

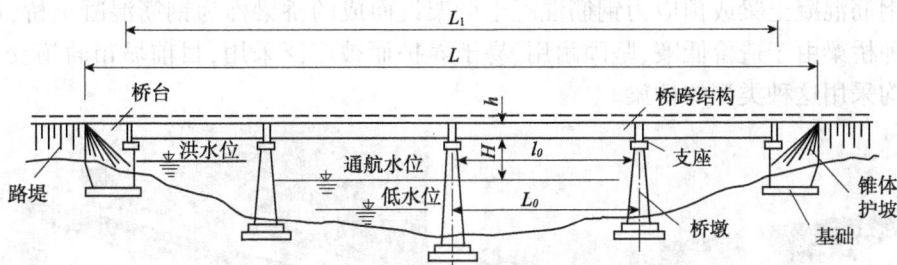

图 3-80　桥梁结构组成

支座:为了保证桥跨结构能够将荷载传递到墩台,某些桥梁需在桥跨结构与桥墩或桥台支撑处设置传力装置,即支座。

附属结构:在桥梁主体结构之外,根据需要修建的其他结构物,包括锥形护坡、护岸、导流结构物、防撞设施等附属工程。

为了节省工程投资,提高桥梁的经济社会效益,可将轨道交通高架桥梁与城市道路桥梁合并设置,即中部为轨道交通列车走行结构,上部为高架道路汽车走行结构,我们称之为一体化高架结构。

重庆菜园坝长江大桥(图 3-81)是目前国内最大的一体化高架结构,其主跨达 420m,是"公路 + 轻轨"两用桥,共分"两层",上层公路为 6 个车道,下层为双线城市轨道交通,为中国第二大跨度拱桥,钢结构总重 18000t。该桥结构形式采用中承式无推力钢管混凝土系杆拱桥,是集钢管拱、钢箱梁、钢桁梁各种新型桥梁结构形式和科技成果于一身的现代化桥梁,由"Y"形混凝土钢构与提篮式钢箱系杆拱和钢桁梁组成,主跨 420m,"公路 + 轻轨"两用桥跨度居世界同类桥梁之首。

3.4.2　桥梁的分类

城市轨道交通高架桥梁的分类方法很多,主要有以下几种。

1)按桥梁的长度分类

按桥梁的长度不同对桥梁进行分类,可直观地了解桥梁的大小、规模。这种方法将桥梁分为下面几种类型。

①小桥:长度在 20m 及以下的桥梁。

②中桥:长度在 20～100m 之间的桥梁。

③大桥:长度在 100～500m 之间的桥梁。

④特大桥:长度在 500m 以上的桥梁。

2)按桥梁所用的建筑材料分类

随着建筑材料种类的不断丰富,建造桥梁所采用的材料也多种多样。按采用的建筑材料的不同,桥梁可分为钢桥、钢筋混凝土桥、石桥等。

(1)钢桥

桥跨结构的主体采用钢梁,钢梁由型钢拼接而成,这样的桥梁称为钢桥,如图 3-81 所示。常见的钢梁有钢桁梁及钢板梁两种。

(2)钢筋混凝土桥

采用钢筋混凝土梁或预应力钢筋混凝土梁架设而成的桥梁称为钢筋混凝土桥,如图 3-82 所示。这种桥梁由于造价低廉、坚固耐用、易于养护而被广泛采用,目前城市轨道交通中除大跨度桥外均采用这种类型的桥梁。

图 3-81　重庆菜园坝长江大桥　　　　　图 3-82　钢筋混凝土桥

3)按桥梁结构的类型分类

(1)梁式桥

梁式桥主体部分是梁,梁由支座支承在桥墩和桥台上。梁式桥根据结构形式可分为简支梁桥、连续梁桥和悬臂梁桥(图 3-83)。其中,绝大多数为简支梁桥和连续梁桥。图 3-84 和图 3-85 分别为简支梁桥、连续梁桥实物图。

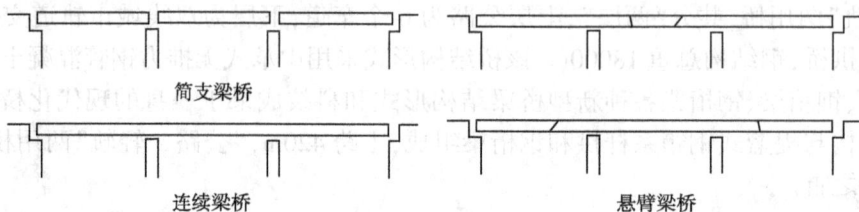

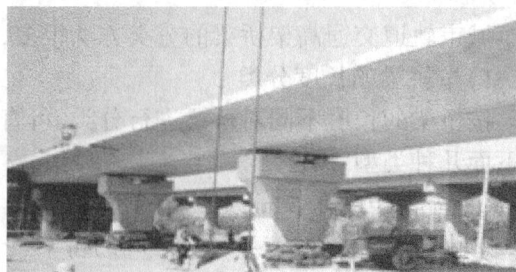

简支梁桥

连续梁桥　　　　　　　　　悬臂梁桥

图 3-83　梁式桥示意图

图 3-84　简支梁桥实物图　　　　图 3-85　连续梁桥实物图(天津轻轨)

根据国内城市高架结构及国外高架轨道交通线路的设计经验,可供高架区间桥梁结构选用的标准桥梁结构体系主要有简支梁体系和连续梁体系。简支梁是一种最常用的桥梁结构体系。简支梁静定结构的特点决定其结构简单,同时支座不均匀沉降、收缩徐变等因素都不会引起内力的变化,也不会产生因预应力引起的次内力。特别是在软土地区,不均匀沉降相对较大,采用简支梁是较经济合理的方案。标准跨径的简支结构易于实现标准化、规模化的设计与施工,当局部墩位需调整时影响范围小,施工组织灵活。

（2）拱桥

拱桥（图 3-81、图 3-86）桥跨结构的主体是拱。拱桥根据拱上结构可分为实腹拱桥和空腹拱桥。拱桥的基本构成如图 3-87 所示。

图 3-86　拱桥（下层中间为轨道交通）

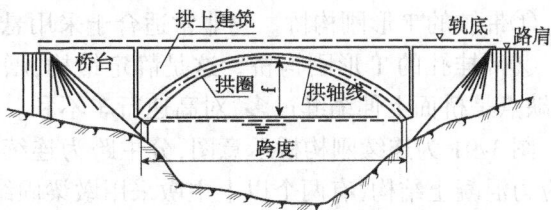

图 3-87　拱桥基本构成

（3）刚构桥

刚构桥也称为刚架桥。刚构桥的梁部结构与桥墩（台）连成一个整体,根据墩台与桥跨的不同形式可分为门形刚构桥、箱形桥（也称为框架桥或框构桥）、斜腿刚构桥、T 形刚构桥和连续刚构桥。图 3-88 为门形刚构桥、箱形桥、斜腿刚构桥示意图,其中门形刚构桥因主跨像"门"字而得名,箱形桥因桥为整体箱形而得名（不一定封闭为箱形）,斜腿刚构桥因地形或障碍物等原因限制需将桥墩倾斜而得名。图 3-89 为斜腿刚构桥实物图。

a)门形刚构桥

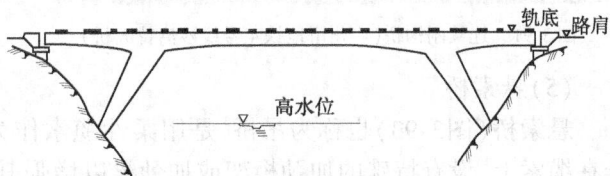

c)斜腿刚构桥

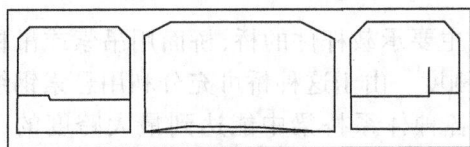

b)箱形桥

图 3-88　门形刚构桥、箱形桥、斜腿刚构桥示意图

图 3-89　斜腿刚构桥

图 3-90 为 T 形刚构桥示意图。T 形刚构桥有以下两种类型。

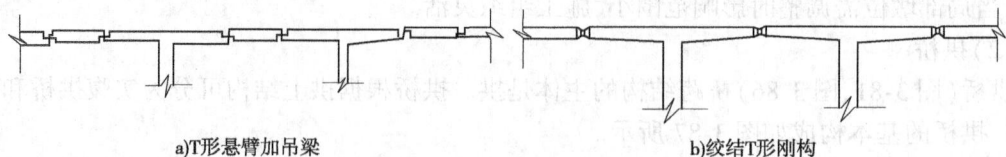

a)T形悬臂加吊梁　　　　　　　　　　　　b)绞结T形刚构

图 3-90　两种不同体系的 T 形刚构桥

①带铰的 T 形刚构桥。它非常适合于采用悬臂施工工艺,但是其行车条件不是很好。

②带挂孔的 T 形刚构桥。这是静定结构,增加了牛腿的构造,但免去了剪力铰的复杂结构,缺点是桥面上伸缩缝过多,对高速行车不利。因此,这种桥型数量很少。

图 3-91 为连续刚构桥示意图,分主跨为连续梁的多跨刚构桥和多跨连续刚构桥,均采用预应力混凝土结构,有两个以上主墩采用墩梁固结。

(4)斜拉桥

斜拉桥由梁、斜缆索和高出桥面的桥塔组成,斜拉桥适用于较大跨度的连续梁桥。图 3-92 为重庆轻轨嘉陵江大桥,跨度达到 160m,曲线半径 311m,堪称轻轨桥梁中的"世界第一跨"。

图 3-91　连续刚构桥(广州市地铁 4 号线沙湾特大桥)

图 3-92　重庆轻轨嘉陵江大桥

(5)悬索桥

悬索桥(图3-93)也称为吊桥,是用柔性缆索作为主要承载杆件的桥,桥面用吊索或吊杆挂在缆索上,设有特殊的加劲桁架或加劲梁以增强其刚度。由于这种桥可充分利用悬索钢缆的高抗拉强度,具有用料省、自重轻的特点,是现在各种体系桥梁中能达到最大跨度的一种桥型。

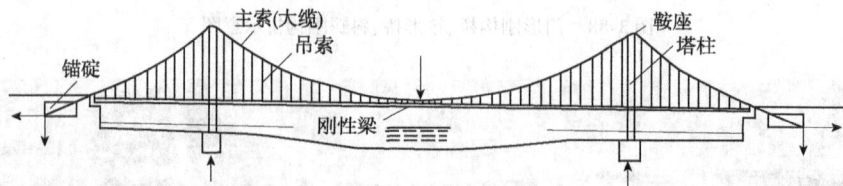

图 3-93　悬索桥示意图

4)按桥面所在的位置分类

这种分类方法主要是针对拱桥来分的。

(1)上承式桥

桥面位于主要承重结构上部的桥称为上承式桥(图 3-94)。

(2)下承式桥

桥面位于主要承重结构下部的桥称为下承式桥(图 3-95)。

图 3-94 上承式拱桥

图 3-95 下承式拱桥(汉口黄浦路轻轨)

(3)中承式桥

在桥跨全长中,部分桥面位于主要承重结构的上部,另一部分桥面位于主要承重结构下部,这种类型的桥称为中承式桥(图 3-96)。

5)按桥梁所跨越的障碍物分类

(1)跨河桥

用来跨越河流、湖泊的桥梁称为跨河桥。

(2)跨线桥

用来跨越公路、铁路、城市轨道交通线路的桥梁称为跨线桥。

图 3-96 中承式拱桥

(3)高架桥

用来跨越深谷、低地或沿既有道路连续架设,并代替路堤的桥梁称为高架桥。城市轨道交通中的高架线路正是使用高架桥作为轨道铺设载体的,这种桥梁既降低了城市轨道交通的造价,同时也较大限度地节约了有限的城市用地。

由于城市轨道交通高架桥近似为无限连续桥梁,加上荷载又不同于普通城市高架道路桥梁,其受力情况相对普通桥梁更为复杂,所以高架桥是城市轨道交通桥梁养护的重点。

3.4.3 桥梁构造

1)梁部结构形式

理论上可采用,以及国外已采用的梁部结构形式有:槽形梁、下承式脊梁、T 梁、板梁和箱梁等,如图 3-97 所示。

(1)槽形梁。槽形梁也称为 U 形梁。槽形梁桥建筑高度低,便于城市道路间立体交叉。它压低线路标高,节约总投资。它的两侧主梁可起到防噪屏作用,景观程度较好。它需布置多向预应力钢筋,施工复杂且周期长,梁片单价较高,设计和施工经验少。上海轨道交通 4 号线采用了这种结构。图 3-98 为槽形梁实物图。

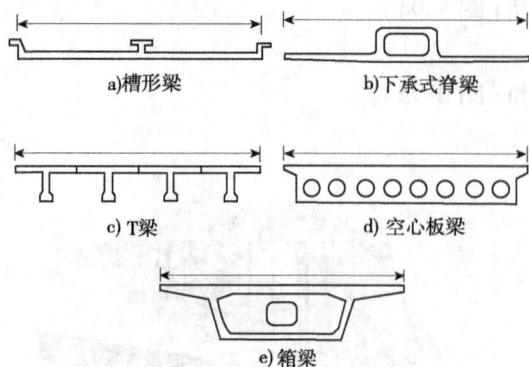

图 3-97 梁部结构主要形式

a)槽形梁 b)下承式脊梁 c)T梁 d)空心板梁 e)箱梁

图 3-98 槽形梁实物图

（2）下承式脊梁。下承式脊梁的桥梁建筑高度以挑臂板的厚度计，因而其建筑高度低。挑臂板的厚度不受跨度改变的影响，线路的线形易于布置，建筑高度低便于压低线路标高，节约总投资。脊梁、边梁可降噪，脊梁顶可用做检修通道，其造型独特，具现代感。下承式脊梁可采用预制杆件现场拼装，但在我国尚无实践。

（3）T梁。T梁建筑高度是目前高架桥梁部结构形式中最高的一种，但不便用于城市道路立体交叉。它适宜预制吊装法施工。

（4）板梁。板梁桥建筑高度较低，便于压低线路标高，但梁高较低，相应刚度较小，梁部后期收缩徐变较大，不利于城市轨道交通线路轨道调高要求。

（5）箱形梁。箱形梁简称箱梁，是目前比较先进且被广泛采用的梁截面形式。箱梁桥梁建筑高度适中，由于其抗扭性能好，适用于斜桥和曲线梁桥。它既可作为标准区段，也可用于变宽、出岔区段。箱梁桥外观线形流畅、美观，设计、施工经验成熟，通常采用现浇法施工。

2）桥墩结构形式

城市轨道交通高架桥的桥墩除必须承受上部结构的荷载外，还应考虑选择受力合理、体积较小，并与上部建筑风格相协调的形式。特别是高架桥多为跨线桥，常受地形、地貌、交通等限制，又与城市建筑及环境密切相关，其造型格外重要，必须使高架桥与城市环境和谐、协调，使行人有一种愉快的感觉。所以，桥梁下部结构形式及桥墩位置选择应该遵循安全耐久、满足交通要求、造价低、养护维修工作量小、预制施工方便、工期短、多留空间、少占地、城市环境和谐等原则。对于全线高架的线路，宜减少桥墩的类型。适用于城市高架桥的桥墩基本形式有 T形墩、双柱墩、V形墩和 Y形墩等。

（1）T形墩

T形墩既能减轻墩身质量、节约工程材料、减少占地，又较美观，特别适用于高架桥与地面道路斜交的情况。墩身截面一般为圆形、矩形、六角形等。图 3-99 所示为 T形墩实物图。

（2）双柱墩

双柱墩（图 3-100）质量轻、工程材料省，承载能力和稳定性强，其盖梁的工作条件比 T形墩的盖梁有利，无须施加预应力，但双柱墩的美观性较差，透气性不好，占地范围大。

图 3-99　T 形墩

图 3-100　双柱墩

（3）Y 形墩

如图 3-101 所示的 Y 形桥墩，兼有 T 形桥墩和双柱式桥墩的优点，质量轻，占地面积少，外表美观简洁，造型轻巧，视野良好，并有利于桥下交通；Y 形桥墩上部呈双柱式，对盖梁工作条件有利，但结构的施工比较复杂。

（4）V 形墩

V 形墩（图 3-102）美观，可增大梁跨，但是构造复杂、施工难度大。

图 3-101　Y 形墩实物图（深圳地铁）

图 3-102　V 形墩

各种墩还有各自的变体，与不同的梁部结构协调配合，可达到很好的城市景观效果。图 3-103 为箱梁与几种墩型的配合情况。图 3-104 为箱梁变形单柱墩效果图。图 3-105 为武汉轨道交通 1 号线箱梁 T 形墩实物图。

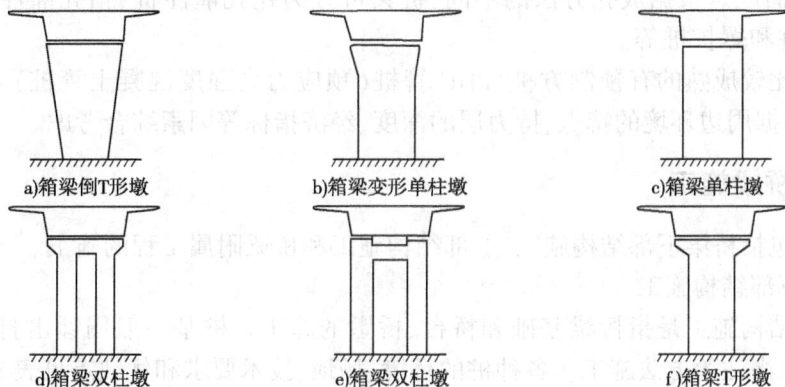

a)箱梁倒T形墩　　　b)箱梁变形单柱墩　　　c)箱梁单柱墩

d)箱梁双柱墩　　　e)箱梁双柱墩　　　f)箱梁T形墩

图 3-103　箱梁与几种墩形的配合情况

图 3-104　箱梁变形单柱墩效果图

图 3-105　武汉轨道交通 1 号线箱 T 形墩

3）基础结构形式

桥梁基础按其构造和施工方法分为：明挖基础、桩基础、管柱基础、沉井基础及沉箱基础。限于施工场地限制等原因，基础一般采用桩基础。桩基础由基桩和连接于桩顶的承台共同组成（图 3-106）。

桩基础分类方法很多，可从以下三个方面进行划分。

①按桩身材料分类，桩主要有混凝土桩及钢桩，另有木桩和组合材料桩，但应用不广泛。

②按承载性状的不同，桩可分为摩擦型桩和端承型桩，前者又分为摩擦桩、端承摩擦桩；后者又分为端承桩、摩擦端承桩。摩擦桩在极限承载力状态下，桩顶荷载由桩侧阻力承受；端承摩擦桩桩顶荷载则主要由桩侧阻力承受。端承桩在极限承载力状态下，桩顶荷载由桩端阻力承受；摩擦端承桩桩顶荷载则主要由桩端阻力承受。

③按桩的施工方法不同，桩可分为预制桩和灌注桩两类。预制桩是在工厂或施工现场制成的各种形式的桩，用沉桩设备将桩打入、压入或振入土中，或有的用高压水冲沉入土中。灌注桩是在施工现场的桩位上用机械或人工成孔，然后在孔

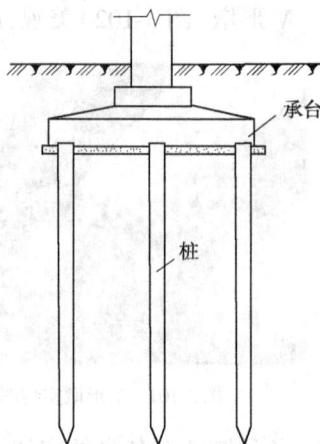

图 3-106　桩基础

内灌注混凝土而成。根据成孔方法的不同，桩又可分为挖孔灌注桩、钻孔灌注桩、冲孔灌注桩、沉管灌注桩和爆扩桩等。

现在技术比较成熟的有预制方桩、PHC 管桩（预应力高强度混凝土管桩）及钻孔灌注桩等，选择时应根据周边环境的特点、持力层的深度、经济指标等因素综合考虑。

3.4.4　桥梁施工

桥梁施工包括桥梁下部结构施工、上部结构施工和桥梁附属工程的施工。

（1）桥梁下部结构施工

桥梁下部结构施工是指桥梁基础和桥台、桥墩的施工。桩基一般用锤击打入，或振动下沉，或钻（挖）孔灌注等方法施工。各种桩的环境、场地、技术要求和优缺点见表 3-2。

各种桩的环境、场地、技术要求及优缺点　　　　表 3-2

施工方法	环境、场地、技术要求	优　点	缺　点
打入桩	市郊远离居民,软黏土、粉砂、砂砾,承载基岩较深	施工速度快,质量有保证,承载力较高	振动、挤土影响大,噪声大,桩截面有限
挤压桩	市区,房屋建筑相对远离,软黏土、粉质黏土,承载基岩较深	施工速度较快,可以直接得到桩的承载力,单桩的承载力较高	挤土明显,单桩承载力有限制
挖孔灌注桩、钻孔灌注桩	市区黏土、软岩、砂土、砾石各类地层,挖孔灌注桩相对较浅,如广州、南京;钻孔灌注桩可以较深,如上海	振动、挤土干扰小,各种土层中施工,桩径可大可小,单桩的承载力可很大,挖孔桩施工灵活	泥浆污染,施工质量有时难以保证
管桩基础	地质条件复杂,深水,岩面不平,管桩体连接法兰盘和桩靴,普通混凝土管桩适于入土深 25m,预制混凝土管桩入土深可超过 25m	适于复杂地质条件,预制分节下沉接高,便于机械化施工,效率高	机械化程度高,工艺较复杂,需要有船队配合,施工质量较难控制

水泥水化热释放比较集中,桥墩、桥台体积较大,内部温升比较快。混凝土内外温差较大时,会使混凝土产生温度裂缝,影响结构安全和正常使用。所以必须从根本上分析温度裂缝的成因及其控制措施,以保证施工的质量。

(2)桥梁上部结构施工

桥梁上部结构施工指桥梁上部结构的制造和安装架设,包括钢桥制造和钢桥架设桥位制梁、混凝土梁制造和架设等。钢桥在工厂内制成杆件或梁段、运至工地拼装架设。混凝土桥可在工厂内预制构件或节段,也可在桥位上灌筑。钢桥架设和混凝土桥架设的施工方法,按桥梁结构在架设施工中受力状态的不同可归纳为以下三种。

图 3-107　支架法现浇箱梁(武汉轻轨)

①支架施工法(图 3-107)。由支架承重,结构在施工中处于不受力状态。

②悬臂施工法(图 3-108)。由结构本身承重,其受力状态为悬臂体系。

③整体架设法。结构受力状态视架设时采用的支承条件而定。图 3-109 为重庆市轻轨 3 号线架桥机架梁作业。

图 3-108　悬臂施工

图 3-109　架梁作业

（3）桥梁附属工程的施工

桥梁附属工程施工指桥头引道及导流建筑物的施工。桥头引道的河滩路堤部分应使用透水性强的填料填筑，并采用砌石护坡以防冲刷。导流建筑物多在枯水季节，按照设计用柴排、石笼、砌石或混凝土等就地建造。

本章小结

本章介绍了城市轨道交通线路的基本知识，主要包括轨道结构的组成及施工方法，道岔的构造，轨道几何形位基本知识，无缝线路的基本概念，区间隧道组成、分类及常用施工方法，桥梁结构的组成、分类及桥梁施工基本知识，独轨铁路轨道结构，磁悬浮轨道，路基横断面形式和组成等内容。

思考题

1. 简述轨道结构的组成，各组成部分起什么作用？
2. 钢轨有哪些分类方法？其伤损类型有哪些？
3. 什么是轨道几何形位？其基本要素有哪些？
4. 简述普通单开道岔的构造，并画图表示。
5. 什么是无缝线路？如何对其进行分类？
6. 按导轨结构形式的不同，磁悬浮轨道有哪些形式？各有什么特点？
7. 画图表示城市轨道交通路基横断面的形式。
8. 简述城市轨道交通区间隧道的组成。各组成部分的作用是什么？
9. 简述城市轨道交通区间隧道的施工方法。
10. 简述城市轨道交通区间高架桥梁的组成、分类方法和梁部结构形式。

第4章 车 站

【本章概要】

车站是城市轨道交通系统最重要的设施,其主要功能为停靠列车、旅客乘降、客流集散,车站的选址、布置、规模等对城市轨道交通的运营效果有着重要意义。本章介绍了车站分类与设置,车站的平面布置与结构组成;车站客流分析与组织,车站客运服务及管理;换乘方式及换乘站形式。

4.1 车站分类与设置

4.1.1 车站分类

城市轨道交通车站按其所处位置、埋深、运营性质、结构横断面形式、站台形式和换乘方式的不同,可进行不同分类。

(1)按车站与地面的相对位置可以分为地下车站、地面车站和高架车站,如图4-1所示。

①地下车站:车站结构位于地面以下。

②地面车站:车站结构位于地面上。

③高架车站:车站结构高架于地面之上。

(2)按车站埋深可分为浅埋车站和深埋车站两种,如图4-2所示。

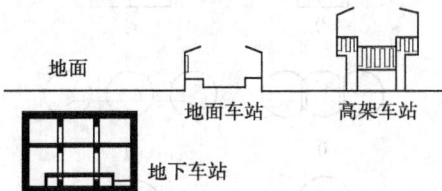

图4-1　车站类型示意图(按与地面相对位置)

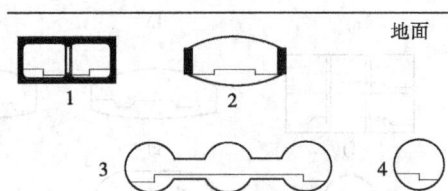

图4-2　车站类型示意图(按车站埋深)

①浅埋车站:采用明挖法或盖挖法施工,轨顶至地表距离在20m以内,如图4-2中1、2所示。

②深埋车站:采用暗挖法施工,轨顶至地表距离在20m以上,如图4-2中3、4所示。

(3)按车站的运营性质,可分为以下六种,如图4-3所示。

①中间站(即一般站):仅供乘客上、下车之用,功能单一,是城市轨道交通路网中数量最多的车站。

②区域站(即折返站):设在两种不同行车密度交界处的车站,设有折返线和设备。区域站兼有中间站的功能。

③换乘站:位于两条及两条以上线路交叉点上的车站。换乘站除了具有中间站的功能外,乘客还可以从一条线上的车站通过换乘设施转换到另一条线路上的车站。

④枢纽站:指由该站分出另一条线路的车站,可接、送两条线路上的乘客。

⑤联运站:指车站内设有两种不同性质的列车线路进行联运及客流换乘,其具有中间站及换乘站的双重功能。

⑥终点站:设在线路两端的车站,就列车上、下行而言,终点站也是起点站(或称始发站),终点站设有可供列车折返的折返线和设备,也可供列车临时停留检修。

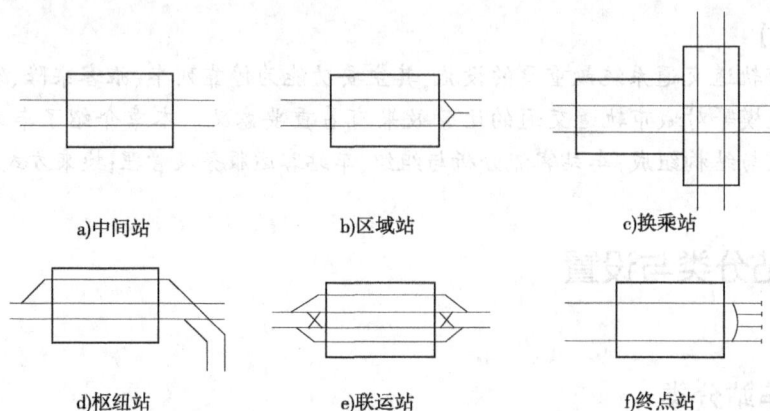

a)中间站　　　b)区域站　　　c)换乘站

d)枢纽站　　　e)联运站　　　f)终点站

图4-3　车站类型示意图(按运营性质)

(4)按车站结构横断面形式分类。

高架车站的结构基本上是以框架结构为主。地下车站结构横断面形式主要根据车站埋深、工程水文地质条件、施工方法、建筑艺术效果等因素确定。地下车站结构横断面形式,主要有以下三种,如图4-4所示。

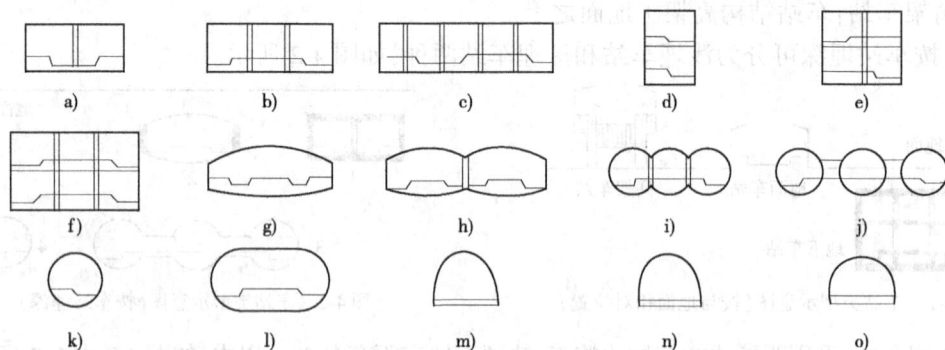

a)　　b)　　c)　　d)　　e)

f)　　g)　　h)　　i)　　j)

k)　　l)　　m)　　n)　　o)

图4-4　车站结构横断面形式

①矩形断面:矩形断面是车站中常选用的形式,一般用于浅埋车站。车站可设计成单层、双层或多层,跨度可选用单跨、双跨、三跨及多跨的形式。如图4-4中 a)~f)所示。

②拱形断面:拱形断面多用于深埋车站,有单拱和多跨连拱等形式。单拱断面由于中部起拱,高度较高,两侧拱脚处相对较低,中间无柱,建筑空间显得高大宽阔,如建筑处理得当,常会得到理想的建筑艺术效果。如图4-4中 g)、h)所示。

③圆形断面:圆形断面用于深埋盾构法施工的车站。如图4-4中i)~o)所示。

(5)按车站站台形式,可将车站分为岛式车站、侧式车站和岛、侧混合式车站,如图4-5所示。

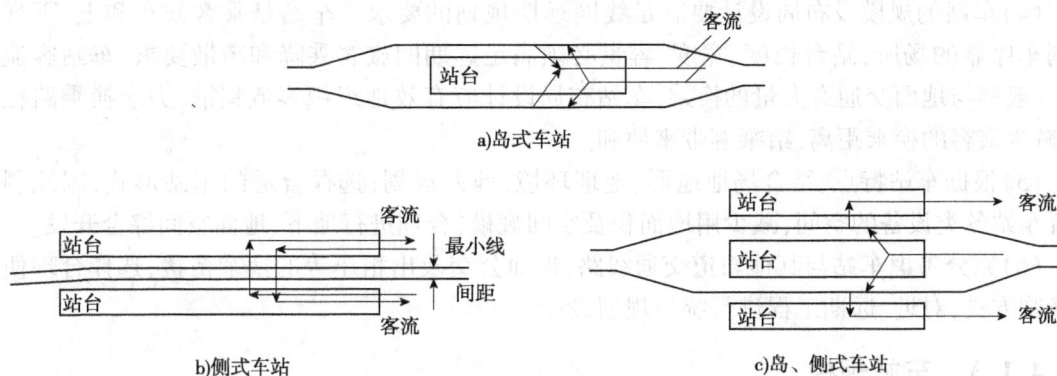

a)岛式车站

b)侧式车站

c)岛、侧式车站

图4-5 车站类型示意图(站台形式)

①岛式车站(Island Platform):指站台位于上、下行行车线路之间的站台布置形式,具有岛式站台的车站称为岛式站台车站(简称岛式车站)。岛式车站是常用的一种车站形式,具有站台面积利用率高、能调剂客流、乘客途中改变乘车方向方便、车站管理集中、站台空间宽阔等优点,一般常用于客流量较大的车站。

②侧式车站(Side Platform):指站台位于上、下行行车线路的两侧的站台布置形式,具有侧式站台的车站称为侧式站台车站(简称侧式车站)。侧式车站站台上、下行乘客可避免相互干扰,正线和站线间不设喇叭口,造价低,改建容易,但站台面积利用率低,不可调剂客流,中途改变方向须经过地道或天桥,车站管理分散,站台空间不及岛式宽阔,多用于两个方向客流量较均匀(或流量不大)的车站及高架车站。

③岛、侧混合式车站:将岛式站台及侧式站台同设在一个车站内,具有这种站台形式的车站称为岛、侧混合式站台车站(简称岛、侧混合式车站)。岛、侧混合式车站主要用于两侧站台换乘或列车折返,站台可布置成一岛一侧式或一岛两侧式。

(6)按乘客换乘方式,可分为站台直接换乘,站厅换乘和通道换乘。

①站台直接换乘:乘客在站台通过楼梯、自动扶梯等换乘到另一车站的站台。这种换乘方式线路短,换乘高度小,换乘时间短,换乘方便。

②站厅换乘:乘客由某层车站站台经楼梯、自动扶梯到达另一车站站厅付费区,再经楼梯、自动扶梯到达站台。这种换乘方式线路较长,换乘高度大,换乘时间长。

③通道换乘:两个车站不直接相交,相互之间可采用单独设置的换乘通道进行换乘。这种换乘方式换乘线路较长,换乘时间也长,老弱妇婴使用不便,且既增加通道,又增加投资。

4.1.2 车站设置原则

(1)车站站位要满足城市规划、城市交通规划及城市轨道交通线网规划的要求,并综合考虑该地区的工程地质、水文地质条件,尽量减少地下管线、地面建筑物的拆迁及改造,尽可能避免施工对地面交通的干扰。

（2）车站总体设计要注意与周围环境的协调，如与城市景观、地面建筑规划相协调，这对美化城市环境、提升城市整体形象很有意义。

（3）根据客流来源及方向考虑车站站位和出入口通道的设置。

（4）车站的规模及布局设计要满足线网远期规划的要求。车站是乘客候车和上、下列车及列车停靠的场所，站台长度、宽度、容量必须满足远期的旅客乘降和疏散要求；车站客流集中，一般都与地面交通有大量的换乘，车站布局设计应有效地组织客流集散，力求换乘路径便捷，减少乘客的换乘距离，给乘客带来便利。

（5）根据车站特点，结合场地地形、地理环境、地面规划，选择合适的车站形式，因地制宜布置车站各类设备的空间，减少用地面积及空间规模，合理进行地下、地面空间综合开发。

（6）充分考虑车站与其他轨道交通线路、地面公交及出租车等的换乘衔接，选择合理便捷的换乘方式，对近、远期工程进行统一规划设计。

4.1.3　车站规模

车站规模主要指车站站台外轮廓尺寸、层数及用房面积的大小等。车站规模主要根据本站远期预测高峰客流量确定，并综合考虑车站所处位置的重要性、站内设备和管理用房面积及该地区远期发展规划等因素。

车站规模按远期预测客流及所处位置，一般分为三个等级，其适用范围见表4-1。

车站规模等级适用范围
表4-1

车 站 规 模	适 用 范 围
大型站	适用于客流量大，地处大型客流集散点及地理位置重要的车站
中型站	适用于客流量较大，地处市中心或较大的居住区的车站
小型站	适用于客流量不大，地处郊区的车站

车站规模的大小直接影响到工程造价的高低。确定车站规模时，应慎重进行技术经济比较，规模过大，投资太高；规模不足，满足运营需要的时期短，影响运营功能，且日后改建困难。

4.1.4　车站风格

车站是空间、光和结构三者协调的一门艺术。同其他建筑物一样，车站是由物质实体（如墙、门窗、柱、梁板和屋顶等）及其所包围的空间组成。现代建筑理论认为空间是建筑的目的，实体是建筑的手段。采用不同实体方案所导致的空间处理结果使用户的感受有很大的差异。车站一般按不同实体形式可以分为以下几种风格。

（1）古典风格

古典风格一般使用木材、石料、砖等传统建筑材料，其特点是内外墙面、柱及屋顶等各部分都有复杂的装饰、彩画、雕刻。古典风格可以创造一种富丽堂皇的宫廷建筑形式，适合使用在具有历史保护价值的古建筑群内或附近建设的车站，显示车站建筑对历史的尊重。

（2）现代风格

现代风格与古典风格对应，一般采用钢、混凝土、玻璃、有机材料等建筑材料，其特点是墙面、柱、顶等部分的装饰简洁明快。现代风格忽视传统，追求技术运用的效果，如玻璃的透彻、混凝土的可塑性、钢的清秀，强调材料的质感、色彩、纹理，时代感强，适合现代快节奏社会中人们的审美情趣,且可采用现代技术施工,速度快,经济性好,是多数车站采用的风格。

（3）民族风格

每个民族都有不同的文化特点和审美情趣,建筑领域内民族风格特色往往体现在形象方面。如中国民族的建筑色彩较为热烈,西洋建筑则较注重本色;中国民族建筑以木质居多,形象轻盈剔透,西洋建筑以石料为多,显得比较厚重;中国建筑多来自神话与传说,西洋建筑更多体现宗教等。车站建筑要尊重使用者的民族审美特点,尽量做到既能为乘客乘车提供良好的文化环境,又能为车站建筑本身增添特色。

（4）地方风格

地方风格主要考虑地理因素的变化。如我国寒冷地区的建筑要厚重、封闭些;热带地区的建筑要轻巧、通透些;西北干旱地区多采用平顶建筑;而多雨地区则一般采用陡急的坡屋顶。一般来说,地方风格是人们多年来适应当地自然条件的结果,在建筑方面的聚积成为建筑文化的一部分,即地方风格的建筑。

（5）个人风格

在建筑设计活动中,设计师（或称建筑师）发挥着重要作用。实际上,建筑师本人就具有特定民族、地域、时代和文化背景,其作品不仅反映这些民族、时代的特点,还要反映由其本人的特定经历所决定的个性,这种个性就是建筑师的个人风格。

一条城市轨道交通线路上的车站,其风格可以一致,也可以有差异,整个线路的车站建筑群可以像一首乐曲一样,不同车站是其不同的乐章,有序曲、高潮、尾声,也像一部史书,记载着城市的过去、现在和未来。设计者在构思整个城市轨道交通系统车站建筑形式的时候所要确定的正是这种总体风格。

4.2　车站平面布置与结构

4.2.1　车站平面布置

1）车站的组成

城市轨道交通车站一般包括车站主体、出入口及通道、通风道及风亭（地下）和其他附属建筑物。

车站主体包括站台、站厅、设备用房、管理用房等,是列车在线路上的停车点,其作用是供乘客集散、换乘,同时它又是城市轨道交通运营设备设置的中心和办理运营业务的地方。

出入口及通道是供乘客进、出车站的建筑设施。

地下车站需要考虑通风道及地面通风亭,其作用是保证城市轨道交通车站具有一个舒适的地下环境。

车站主体是列车的停车点,也是设置运营设备和办理运营业务的地方。车站主体根据功能的不同,可分为以下两大部分。

（1）乘客使用空间

乘客使用空间又可分为非付费区和付费区。非付费区是乘客购票并正式进入车站前的活动区域。一般应有较宽敞的空间,设置售、检票设施,根据需要还可设银行、公用电话、小卖部等设施。非付费区的最小面积一般可以参照能容纳高峰小时5min内可能聚集的客流量的水平来推算。付费区包括站台、楼梯和自动扶梯、导向牌等,是为乘客候车提供服务的设施。

乘客使用空间是车站设计布置的重点,要注意客流流线的合理性,以保证乘客方便、快捷地出入车站。

(2)车站用房

车站用房包括运营管理用房、设备用房和辅助用房三部分。

运营管理用房是为保证车站具有正常运营条件和营业秩序而设置的办公用房,由车站运营管理人员使用,主要包括站长室、行车值班室、业务室、广播室、会议室、公安保卫、清扫员室等。

设备用房是为保证列车正常运行、保证车站内良好环境条件及事故灾害情况下及时排除灾情所需要的设备用房,主要包括环控机室、变电所、控制室、通信机械室、信号机械室、泵房、票务室、工区用房、配电室等。

辅助用房是为保证车站内部工作人员正常工作生活所设置的用房,主要包括卫生间、更衣室、休息室、茶水间、储藏室等。

车站用房应根据运营管理需要设置,应根据不同车站具体情况只配置必要房间,尽可能减少用房面积,以降低车站投资。

车站的组成如图4-6所示。

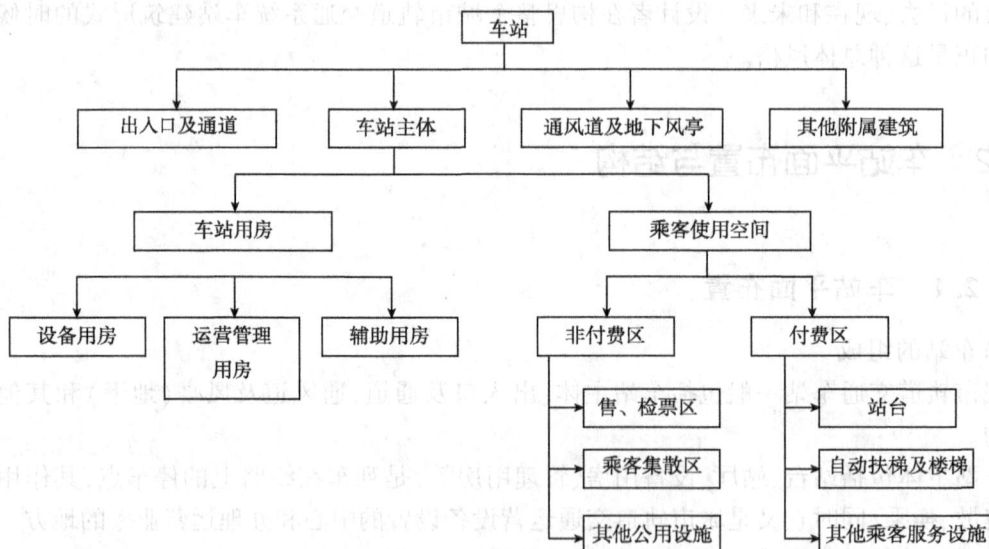

图4-6 车站组成示意图

2)车站平面布置原则

车站建筑总平面布局主要是根据车站所在地周围的环境条件、城市轨道交通运营要求、城市有关部门对车站布局的要求、车站类型等因素,来确定车站中心位置及车站外轮廓范围,合理布设车站出入口通道、通风道等设施,同时处理好车站、出入口及通道、通风道及地面通风亭与城市建筑物、道路交通、地下过街道或天桥、绿地等的关系,相互协调。

（1）影响总平面布局因素

①周围环境。主要包括：现有道路及交通条件，公交及其他交通方式站点设置，周围建筑物功能性质；车站周围现状建筑物和地下管线的布置情况，拆迁改移条件以及规划建筑物、管线方案和可能的实施时间等。

②客流来源及方向。车站要能最大限度地吸引客流，要根据主要客流的来源和方向考虑站位和出入口通道的设置。

③车站功能要求。对于换乘站，应考虑乘客的换乘条件，尽可能减少换乘距离，并应有足够的换乘能力；对于接驳大型客流集散点的车站，要考虑突发性客流特点，留有足够的乘客集散空间，并创造快捷的进出站条件；对于有列车折返运行需要的车站，考虑车站配线的设置以及由此带来的车站站位及平面布局的变化等。

④施工方法。结合工程地质、水文地质条件和周围状况，提出可实施的施工方法，结合总平面方案一同考虑。

（2）车站出入口和地面风亭的布置

车站的出入口和地面风亭位置的确定，对总平面布局有很大影响。车站出入口的主要作用在于吸引和疏散客流，位置最好选择在沿线主要街道的交叉路口或广场附近，尽量扩大服务半径，方便乘客。

车站出入口数量可根据进出站客流的数量以及方向确定，首先要满足进出站客流的通过能力，其次，尽可能照顾各个方向的客流，方便乘客进出站。地面风亭的位置、数量与采取的通风和空调方式有关，一般按周围地区环境及环控要求确定。

车站出入口和地面风亭位置的选择，还需考虑下列几点原则。

①车站出入口布置应与车站主要客流量的方向一致，一般选在城市道路两侧、交叉口及有大量客流的广场附近，出入口宜分散均匀布置，以便最大限度地吸引乘客。建筑形式应考虑当地气候条件和具体位置，可做成独建式（敞口、带顶盖、全封闭及下沉式）或合建式（与地面建筑物并建），且车站出入口位置，应设置有特征的地铁统一标志，以引导乘客。如图 4-7 所示为部分城市的地铁标志。

a)北京地铁　　b)上海地铁　　c)广州地铁　　d)香港地铁

图 4-7　地铁标志

②车站出入口应尽可能与城市过街地道、地下街、天桥、下沉式广场等公共建筑相结合，以方便乘客，减少用地和拆迁，节约投资。

③单独修建的地面出入口和地面通风亭，其位置应符合当地城市规划部门的规划要求，一般设在建筑红线以内。如有困难不能设在建筑红线以内时，应经过当地城市规划部门的同意，再选定其位置。地面出入口的位置不应妨碍行人通行。

④车站出入口和地面通风亭不应设在易燃、易爆、有污染源并挥发有害物质的建筑物附近，与上述建筑物之间的防火安全距离应符合有关规范的规定。

车站出入口布置示意图如图 4-8 所示。

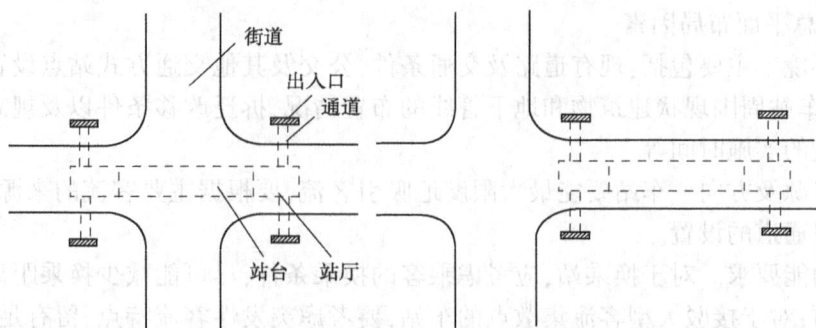

图 4-8　车站出入口布置示意图

（3）车站平面布置原则

车站平面布置应根据车站规模、类型及总平面布置,合理组织客流路线,划分功能分区。

①进、出站客流线路和换乘客流分开,尽量避免交叉和相互干扰。

②乘客购票、问讯及使用公用设施时,均不应妨碍客流通行。

③当城市轨道交通与城市建筑物合建时,城市轨道交通客流应自成体系。

④车站公用区应划分为付费区与非付费区,由进、出站检票口进行分隔,换乘一般设在付费区内。

⑤车站的站厅、站台、出入口楼梯和通道,升降设备、售票口、检票口等部位的通过能力应相互适应,通过能力按远期高峰客流量确定。

⑥有噪声源的房间应远离有隔声要求的房间及乘客使用区;对有高音质要求的房间,均采取隔、吸声措施。

⑦车站应考虑防灾设计和无障碍设计。

3）车站站厅

站厅的作用是将从车站出入口进入的乘客迅速、安全、方便地引导到站台乘车,或将下车的乘客同样引导至车站出入口,离开车站。对乘客来说,站厅是上、下车的过渡空间,乘客一般要在站厅内办理上、下车手续,因此,站厅内需要设置售票、检票、问讯等为乘客服务的各种设施。同时站厅层内设有地铁运营设备、管理用房和升降设备,起到组织和分配客流的作用。

站厅的位置与车站埋深、客流集散情况、所处环境条件等因素有关,站厅的布置与车站类型、站台形式及布置关系密切,布置是否合理直接影响到车站使用效果及站内的管理和秩序。站厅的布置有以下四种(图4-9)。

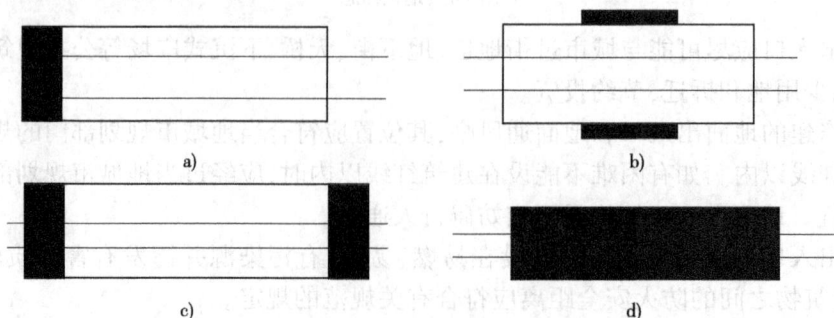

a)

b)

c)

d)

图 4-9　车站站厅布置示意图

①站厅位于车站一端。这种布置方式常用于终点站,且车站一端靠近城市主要道路的地面车站,如图4-9中的a)图。

②站厅位于车站两侧。这种布置方式常用于侧式车站,一般用于客流量不大的车站,如图4-9中的b)图。

③站厅位于车站两端的上层或下层。这种布置方式常用于地下岛式车站及侧式车站站台的上层,高架车站站台的下层。客流量较大者多采用这种布置方式,如图4-9中的c)图。

④站厅位于车站上层。这种布置方式常用于地下岛式车站及侧式车站,其适用于客流量很大的车站,如图4-9中的d)图。

站厅布置时,按照车站运营和合理组织客流的需要,一般将站厅划分为付费区和非付费区两大区域。其中付费区是指乘客需经购票、检票后方可进入的区域;非付费区也称免费区或公用区,乘客可以在本区内自由通行。

付费区内设有通往站台层的楼梯、自动扶梯、补票处,在换乘车站,还设有通向另一车站的换乘通道。非付费区内设有售票、问讯、公用电话等,必要时可增设金融、邮电、服务业等机构,其中,售票口和自动售票机设置的位置与站内客流路线组织、出入口位置、楼梯及自动扶梯的布置关系密切,一般应沿客流进站方向纵向设置,布设在便于购票、比较宽敞的地方,尽量减少与客流路线的交叉和干扰。

进、出站检票口(机)应分设在付费区与非付费区之间的分界线上,且应垂直于客流方向。为分散进、出站客流,避免相互干扰拥挤,通常进站检票口(机)布置在通往站台下行客流方向的一侧;出站检票口(机)布置在站台层上行客流方向的一侧,靠近出入口。检票口(机)处宜设监票亭,便于对乘客进行监督和检查。需补票的乘客可到设在付费区内的补票处办理补票手续。如站厅位于整个车站上层时,应沿站厅一侧留一条通道,使站厅两端非付费区之间便于联系。

站厅面积一般除考虑正常所需购票、检票及通行面积外,还需考虑乘客作短暂停留及特殊情况下紧急疏散等,并留有适当余地。

站厅内车站用房宜集中设置,便于联系与管理,与乘客有联系的房间如售票、问讯、站长室、公安室等应面向或临近非付费区。

4)车站站台

站台是供乘客上、下车及候车的场所。站台层一般布设有楼梯、自动扶梯及站内用房。目前国内外地铁车站所采用的站台形式绝大多数为岛式站台与侧式站台两种断面形式,如图4-10所示。

站台主要尺寸一般按下列方法确定。

(1)站台长度

站台长度分为站台总长度及站台计算长度两种。站台总长度是根据站台层房间布置的位置以及需要由站台进入房门的位置而定,是指每侧站台的总长度。站台计算长度是指远期列车编组总长度加上列车停站时允许的停车不准确距离,该停车不准确距离一般为1~2m。站台计算长度用公式表达为:

$$L = l \cdot n + l'$$ (4-1)

式中:l——城市轨道交通列车长度(钩中心至钩中心距离)(m);

n——车辆联挂节数;

l'——列车停站不准确距离,通常取1~2m。

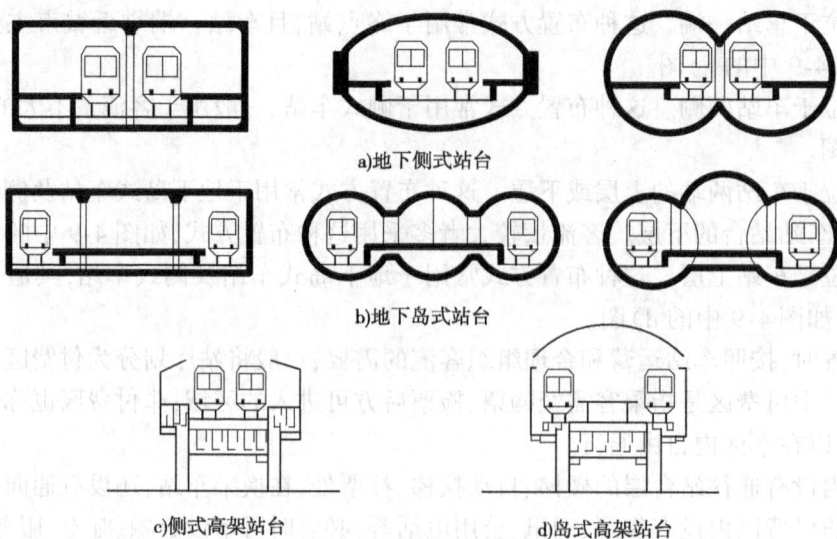

a)地下侧式站台

b)地下岛式站台

c)侧式高架站台　　　　d)岛式高架站台

图4-10　站台形式示意图

（2）站台宽度

站台宽度主要根据车站远期预测高峰小时客流量大小、列车对数、结构横断面形式、站台形式、站房布置、楼梯及自动扶梯位置等因素综合考虑确定。

岛式站台，楼梯及自动扶梯沿站台中间纵向布置，两侧布设侧站台。站台是乘客上、下车及候车的场所，在站台计算长度范围内，其面积应不小于远期预测上行及下行高峰小时客流人数所需的面积。

侧式站台，楼梯及自动扶梯、车站用房均可布置在站台计算长度范围以外，在此情况下，站台宽度应满足乘客上、下车，候车及进、出站通路所需面积要求。

单拱结构车站，由于站内不设立柱，站台宽度不考虑柱宽度。矩形断面车站，站台设有立柱，侧站台宽度应考虑立柱宽度尺寸。

我国目前现行的规范和标准对站台宽度尚无统一的计算方法，现介绍设计中常用的几种计算方法。

①方法1（经验法）。

a. 侧式站台宽度：

$$B_1 = \frac{M \cdot W}{L} + 0.48 \tag{4-2}$$

式中：B_1——侧站台宽度（m）；

M——超高峰小时每列车上车人数；

W——客流密度，按0.4（m^2/人）计算；

L——站台有效长度（m）；

0.48——站台安全防护宽度（m）。

b. 岛式站台宽度：

$$B_2 = 2B_1 + C + D \tag{4-3}$$

式中：B_2——岛式站台宽度（m）；

B_1——侧站台宽度（m）；

C——柱宽(m);

D——楼梯、自动扶梯宽(m)。

②方法 2(按客流量计算)。

a.站台总面积:

$$A = N \cdot W \cdot \alpha \cdot P_车 \cdot (P_上 + P_下) \times \frac{1}{100} \tag{4-4}$$

式中:　　A——站台总面积(m^2);

N——列车车厢数;

W——客流密度,按 0.75(m^2/人)计算;

α——超高峰系数,一般取 1.2 ~ 1.4;

$P_车$——每车厢人数;

$P_上 + P_下$——上、下乘客百分数,一般取 20% ~ 50%。

b.侧式站台宽度:

$$B_1 = \frac{A}{L} + 0.48 + B' \tag{4-5}$$

c.岛式站台宽度:

$$B_2 = 2B_1 + C + D \tag{4-6}$$

式中:B_1——侧式站台宽度(m);

A——站台总面积(m^2);

C——柱宽(m);

D——楼梯、自动扶梯宽(m);

B'——乘客沿站台纵向流动宽度,一般取 2 ~ 3m;

L——站台计算长度(m)。

③方法 3(经验法):

a.侧式站台宽度:

$$b = \frac{A + S}{l} + b_1 + b_2 + b_3 \tag{4-7}$$

式中:S——每侧楼梯和自动扶梯及其他建筑物所占面积(m^2);

l——列车全长中扣除车头到第一扇门及车尾到最后一扇门之间的距离(m);

b_1——侧式站台旅客纵向流动宽度,一般可取 1.0 ~ 1.5m;

b_2——站台边缘安全防护宽度,一般可取 0.45m;

b_3——柱宽(m)。

b.岛式站台的宽度:

$$b = \frac{2A + S}{l} + b_1 + 2b_2 + b_3 + b_4 \tag{4-8}$$

式中:b_4——岛式站台旅客纵向流动宽度(m),一般可取 2.0 ~ 2.5m。

为了保证车站安全运营和安全疏散的基本需要,上述三种计算方法的结果,均不得小于我国相关规范中规定的车站站台的最小宽度尺寸,如表 4-2 所示。

车站站台和其他部位的最小宽度尺寸　　　　表 4-2

车站站台形式		站台最小宽度(m)
岛式站台		8.0
多跨岛式车站的侧站台		2.0
无柱侧式车站的侧站台		3.5
有柱侧式车站的侧站台	柱外站台	2.0
	柱内站台	3.0
通道或天桥		2.5
出入口		2.5
楼梯		2.0

（3）站台高度

站台高度是指线路走行轨顶面至站台地面的高度。站台高度的确定主要根据车厢地板面距轨顶面的高度而定。

站台按高度可分为低站台和高站台,其选择需要与车型匹配。站台与车厢地板高度相同称为高站台,一般适用于客流量较大、车站停车时间较短的车站,考虑到车辆满载时弹簧的挠度,高站台的设计高度一般低于车厢地板面 50～100mm。站台比车厢地板低时称为低站台,适用于客流量不大的车站。

城市轨道交通车站站台应考虑排水要求,横断面设 1% 的坡度。

（4）轨道中心与站台边缘距离

根据车辆类型确定的建筑限界给定了从轨道中心到站台边缘的距离,实际设计时还要考虑 10mm 左右的施工误差。若站台设在曲线上时,需考虑线路加宽、超高、车辆偏移、倾斜的影响,轨道中心至站台边缘距离 L 可按下式确定:

$$L = L_1 + E + 0.8C \tag{4-9}$$

式中:L_1——轨道中心到建筑限界边的距离加 10mm 的施工误差;

　　　E——曲线总加宽;

　　　C——线路超高值。

5）车站主要用房面积和位置

车站内运营管理、技术设备用房的组成和面积受组织管理体制、技术水平、设备设施及车站规模等级影响,由各专业的技术标准和设备选型情况,结合车站功能需要进行确定。表 4-3 是根据我国目前地铁的建设实践,归纳总结提出的车站各类用房的面积和位置,可供规划阶段参考。

车站行车、管理、技术用房面积参考表　　　　表 4-3

房 间 名 称	参 考 面 积(m²)	位 置
站长室	10～15	站厅层,靠近控制室
车站控制室	25～35	站厅层客流大的一端
站务室	10～15	站厅层
会计室*	20～30	站厅层

房 间 名 称	参 考 面 积(m²)	位 置
会议室*	15~30	站长室附近
行车主值班室	15~20	不设车站控制室时设在站厅层
行车副值班室	8~10	站台层
安全保卫室	10~20	站厅层客流量大的一端
工作人员休息室	2×15	无要求
更衣室	2×15	无要求
清扫员室	8	站厅层
清扫工具间	2×6	站厅、站台各一处
盥洗室及开水间	10~15	站台层
厕所	2×8	站台层
售票处	2×6	站厅层
问讯	2×3	靠近售票处
补票处	2×3	站厅层付费区内
乘务员休息室	10~15	无要求
工区	10~15	按需要设置
牵引变电所	320~460	设在站台层
降压变电所	130~210	一般在站台层
环控及通风机室	1300~2000	站厅层两端或站台层
通信机械室	30~35	靠近车站控制室
信号机械室	30~35	靠近车站控制室
防灾控制室	15~20	靠近车站控制室或与它合并
消防泵房	50	设在方便消防人员使用处
污水泵房	20	厕所附近
废水泵房	20	站台端部

注:*可以不设

6)出入口通道设计

车站出入口通道是乘客进出车站的咽喉,其位置的选择、规模大小,应满足城市规划和交通的要求,并应便利于乘客进出站。

(1)出入口平面形式

地铁车站出入口平面一般有"一"字形、"L"形、"T"形三种基本形式和由基本形式变化的其他形式,如图4-11所示。

①"一"字形出入口。指出入口、通道"一"字形布置。这种出入口占地面积少,人员进出方便。由于口

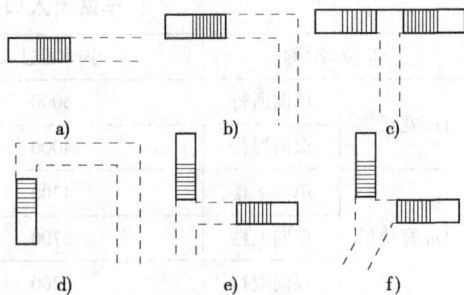

图4-11 出入口及通道分布图

部宽度要求,不宜修建在路面狭窄地区,如图 4-11 中图 a)所示。

②"L"形出入口:指出入口与通道呈一次转折布置。由于口部较宽,不宜修建在路面狭窄地区,如图 4-11 中图 b)所示。

③"T"形出入口:指出入口与通道呈"T"形布置。这种形式人员进出方便,由于口部比较窄,适用于路面狭窄地区,如图 4-11 中图 c)所示。

④其他形式:一般由出入口位置要求、地面交通换乘要求具体确定,常用的有"n"形和"Y"形出入口。"n"形出入口指出入口与通道呈两次转折布置,由于环境条件所限,出入口长度按一般情况设置有困难时,可采用这种布置形式的出入口,这种形式的出入口使人员要走回头路,如图 4-11 中图 d)所示。"Y"形出入口布置常用于一个主出入口通道有两个及两个以上出入口的情况,这种形式布置比较灵活,适应性强,如图 4-11 中图 e)、图 f)所示。

(2)出入口及通道的数量和宽度

①出入口数量

车站出入口数量应根据车站规模、埋深、车站平面布置、地形地貌、城市规划、道路、环境条件并按照车站远期预测高峰小时客流量计算,综合考虑确定。《地铁设计规范》(GB 50157—2003)规定:车站出入口的数量,应根据客运需要与疏散要求设置,浅埋车站不宜少于 4 个出入口。当分期修建时,初期不得少于 2 个。小站的出入口数量可酌减,但不得少于 2 个。

②通道与楼梯宽度

车站内的楼梯、自动扶梯、自动人行道和步行通道用于连接地面大厅和地下或地上车站及车站内各个独立的站台,是车站的重要组成部分之一。

在城市轨道交通车站中,楼梯是最常用的一种竖向升降设备。在客流量不大的车站,当升降高差在 8m 以内时,一般采用楼梯;大于 8m 时,考虑乘客因高差较大,行走费力,上升宜增设自动扶梯。《地铁设计规范》(GB 50157—2003)中规定:车站出入口的提升高度超过 8m 时,宜设上行自动扶梯;超过 12m 时,除设上行自动扶梯外,并宜设下行自动扶梯。站厅与站台层的高差在 5m 以内时,宜设上行自动扶梯,高差超过 5m 时,除设上行自动扶梯外,并宜设下行自动扶梯。站厅层供乘客至站台层使用的自动扶梯应设在付费区内。

为了保证车站出入口通道能迅速、安全地疏散客流,通道和楼梯的宽度及数量应根据通过能力确定,车站的通过能力按远期超高峰客流量确定,取高峰小时客流量的 1.2 ~ 1.4 倍。《地铁设计规范》(GB 50157—2003)中规定了车站出入口及通道的最大通过能力(表 4-4),车站出入口及通道的宽度不得小于此限值。

车站出入口通道及其他部位最大通过能力　　　　　　　　表 4-4

部 位 名 称		每小时通过人数	部 位 名 称		每小时通过人数
1m 宽通道	单向通行	5000	1m 宽自动人行步道		9600
	双向混行	4000	人工检票口	月票	3600
1m 宽楼梯	单向下楼	4200		车票	2600
	单向上楼	3700	自动检票机		1800
	双向混行	3200	半自动售票机		900
1m 宽自动扶梯		8100	人工售票口		1200

7）风亭、风道及其他建筑物

城市轨道交通车站由于四周封闭，客流量大，机电设备多，站内湿度较大，空气较污浊，为了及时排除车站内的污浊空气，给乘客创造一个舒适的环境，需在城市轨道交通车站内设置环控系统，即通风与空调系统。

早期国内外修建的地铁工程，大多采用自然通风方式，即利用地面风、列车活塞风、站内外温差等与地面空气进行交换，但这种通风方式效率比较有限，通风效果不好。随着社会的发展和科学技术的进步，在近期国内外修建的城市轨道交通车站中，逐步采用了以机械通风为主的通风方式，普遍采用了环控设备，车站内温度、湿度得到了控制，地下环境得到了很大的改善。但环控设备的增加，势必会导致增大车站规模。为了控制车站规模，缩短城市轨道交通车站的总长度，节约投资，部分环控设备可设在通风道内。

车站通风道的数量取决于当地条件、车站规模、温湿度标准等因素，按环控要求计算确定。城市轨道交通车站一般设 2 个通风道，若城市轨道交通车站附设有地下商场等公用设施，应根据具体情况增设通风道。

车站通风道的平面形式及断面尺寸应根据环控要求、车站所在地的环境条件、道路及建筑物设置情况等因素综合考虑决定。站内通风管道位置一般设在车站吊顶内或站台层站台板下的空间内。车站附属用房设局部通风。

地面风亭是通风道在地面出入口部的建筑物，作用是新鲜空气采集及排风。地面通风亭一般均设有顶盖及围护墙体，墙上设一道门，供运送设备使用。通风亭上部设通风口，风口外面设金属百叶窗。通风口下缘距地面的高度一般不小于 2m，特殊情况下通风口可酌情降低，但不宜小于 0.5m。位于低洼及临近水面的通风亭应考虑防水淹设施。

地面通风亭的大小主要根据通风量及风口数量决定。地面通风亭位置应选在空气良好、无污染的地方，可设计成独建式或合建式，并尽量与周围环境相协调。城市道路旁边的地面通风亭，一般应设在建筑红线以内。地面通风亭与周围建筑物的距离应符合防火间距的规定，其间距不应小于 6m。进风口和排风口之间应保持一定距离，如果进风口和排风口之间水平距离小于 5m，其高差不应小于 3m，如果进风口和排风口之间的水平距离大于 5m，高差可不作规定。

8）高架车站平面设计

城市轨道交通高架车站一般由站台、站房、站前小广场、升降设施及跨线设施等组成，其中站台是最基本的部分，不论车站的类型、性质有何不同，都必须设置。其余三部分，一般情况都需设置，但在某些特定的情况下，在满足功能要求的前提下，其中的某些部分可能被简略。城市轨道交通高架车站客流的流线及车站服务设施都比较简单，在换乘站中客流流线比较复杂，如图 4-12 所示。

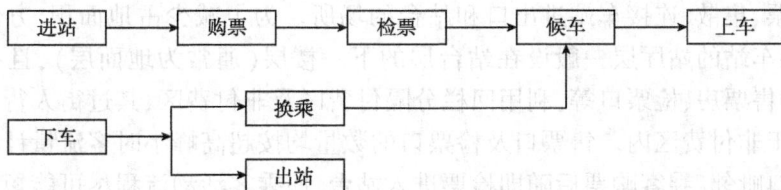

图 4-12　高架车站客流流线示意图

城市轨道交通高架车站的站台层在最上层，客流向上经站厅层检票后到达站台层候车。车站总体布局时应按照乘客进出站的活动顺序，合理布置进出站的流线，减少干扰，要求流线简捷、通畅，为乘客创造便捷、舒适的乘降环境。

站房是根据运营管理工作的需要而设置的各种用房。

站前小广场是指车站进出口附近的站前空间，是车站与城市空间相联系的纽带，也是乘客进出车站的缓冲之地。

升降设施和跨线设施是为适应现代城市立体交通的不同空间层次的车站疏导客流而设置的必要设施。对站台、站房、站前小广场及升降设施和跨线设施要进行统筹考虑，使车站建筑设施布局合理、紧凑，节约城市用地，建筑与环境和谐统一的整体，既满足城市轨道交通运营功能，又起到美化城市景观的作用。

（1）站台

城市轨道交通高架车站的站台形式同样可分为岛式站台、侧式站台和岛侧混合站台等三种形式，高架车站较多地采用侧式站台形式，尽可能减少车站宽度，降低造价。侧式站台可分为横列和纵列两种，见图4-13。在高架站中，侧式站台应采用横列布置，对结构处理有利，施工方便，便于两侧车站的眺望和管理，且使车站建筑整体处理艺术效果好，利于城市景观的相互渗透。

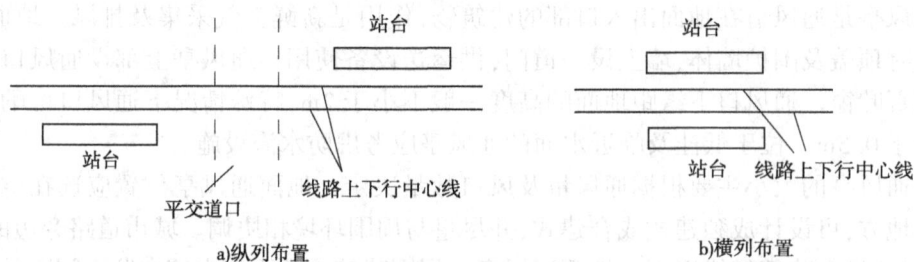

图4-13 侧式站台布置方式示意图

高架车站顶部设有雨棚，需考虑站台上部净空高度，站台雨棚上部净空高度宜比车厢顶略高，不得侵入建筑限界。同时高架车站侧式站台非乘降侧应设防护围栏，使乘客候车有安全感，并方便车站管理。此外，高架车站设计中也应考虑减噪措施，尤其在车站紧邻居民住宅、医院或办公楼时更应考虑有效的减噪措施；侧式站台非乘降侧的护栏、岛式站台线路外侧的护栏可采用吸音材料或其他做法，以达到降低或控制噪声的目的。

（2）站房

高架车站站房的组成应根据运营管理的要求来决定，主要包括站厅、管理设备用房和通道等。

站厅是售票、集散、连接车站进出口和站台的场所。为了减少占地面积、方便乘客乘降和便于管理，高架车站的站厅层一般设在站台层的下一楼层（通常为地面层），且在站厅层设置客流出入大厅、售票房、检票口等，利用回栏分隔付费区及非付费区，其过街人行天桥及地道的出入口必须设于非付费区内。售票口及检票口的数量均按超高峰小时客流量计算。售票室的位置应与进站口毗邻，乘客购票后随即检票进入站台，使乘客活动流程尽可能短。

车站管理及设备用房的布置应不影响乘客进出站的流线，与乘客候车区隔开，尽量设置于车站一端。车站工作人员与站台的联系及调度室与线路的联系均应不受乘客干扰。由于高架车站建于地面以上,具有开敞空间的条件,不需设置庞大的空调机房而大大缩小了设备用房的面积,高架车站的管理设备用房应尽可能布置在地面以降低工程造价。

通道包括出入口通道、楼梯、自动扶梯、消防楼梯、人行天桥等。出入口是乘客进出车站的大门,它的位置应根据站前小广场及站内、站外客流交通组织关系来确定,以最大限度地吸引客流为原则,力求采取与地面公交换乘最方便的方案,有条件的出入口应尽量与附近的商场、公共场所、人行天桥等有机结合。开向城市主干道的出入口,要留有一定面积的集散场地,以减少对地面交通造成过大的压力。出入口通道的宽度和数量应根据车站的规模和客流量来确定,要求在紧急情况下在 6min 内把聚集在站上和车上的人员全部疏散出站。

(3)跨线设施及升降设施

①跨线设施。由于城市轨道交通行车速度快,密度高,要求整个线路封闭程度较高。高架车站侧式站台有上下行越线问题,岛式站台乘客进站也有越线问题,而且行人过街也同样有越线问题。所以,高架车站需设置升降设施和跨线设施。车站的升降设施与乘客越线、行人过街应综合考虑,跨线设施一般不宜采用在高架桥上再设天桥,应尽量利用高架桥面以下的结构空间解决跨线功能。也可在解决高架站的升降设施时,同时解决跨线问题,但要注意避开道路的交汇路口,以满足道路上空的限高要求。

②升降设施。高架车站与地面的联系必然要通过升降设施来疏导乘客,天桥或地道跨线设施也需设置升降设施,设计时要求位置适宜,路线简捷、宽度合理通畅。

高架车站的升降设施布置,通常为两种方式:一种为街道两侧布置升降设施,经天桥进入高架站台,即天桥进出方式;另一种是利用桥下空间,一跑楼梯通向休息平台,再分为两跑楼梯通向两侧高架站台,或直接通向岛式站台,即为桥下进出方式。两种方式各有优缺点,应根据高架站所处的地形条件、道路条件及景观要求综合考虑后,加以选择。前者不占桥下道路面积,对机动车道干扰小,但造价较高,且侧式站台乘客中途折返不便,上下行乘客越线需另行解决。后者可利用桥下空间垂直交通同时解决乘客越线问题,乘客上下行选择方便,建造过程无须另考虑拆迁问题,但在桥身下占一定的宽度,对机动车道有一定影响,需城市交通规划部门拓宽车站附近道路。

在市中心道路紧张的地方,可设在街道两侧的建筑物内(例如百货大楼,文化娱乐中心等),通过天桥进高架站台。这样既解决道路紧张的矛盾,又为商业及文化娱乐中心带来经济效益。

升降设施及通道宽度应根据高峰小时客流量计算而定,采用宽度一般不小于 2m,最小不得小于 1.5m。垂直交通楼梯踏步宽度应为 300～320mm,高度应为 150～165mm,最大不得超过 170mm。阶梯每升高 3m,应设步宽为 1.2～1.8m 的休息平台,阶梯上部净空高度最低 2.5m。楼梯两侧应设扶手,宽度大的楼梯中间也应设扶手。

9)地面车站

当城市轨道交通线路在市区边缘或郊区时,由于地面交通量不大,为降低成本,可以考虑将城市轨道交通车站设置在地面,尤其是轻轨系统。

地面形式的城市轨道交通主要是基于既有的街道,线路设计相对简单,重点是处理与道路交通的关系和先行权的问题。地面车站设计的重点是要考虑乘客及行人穿越道路时的干扰以及安全问题。

地面车站一般分为单层、双层或结合周围环境进行开发的多层车站。其形式主要是根据功能要求和环境特点确定。

地面车站主要是解决好乘客进出车站的流线,在此基础上,应尽可能简洁,缩小站房面积,降低车站造价。

4.2.2　车站结构

1)地下车站结构

根据不同的施工方法,可以对地下车站的结构形式进行如下分类。

(1)明挖法(盖挖法)施工的车站结构

明挖车站一般采用矩形框架结构,根据功能要求,可以设计成单层、双层、单跨、双跨或多层、多跨等形式,其典型结构断面形式如图4-14所示。

明挖法施工的车站,施工方法简单、技术成熟、工期短、造价低、便于使用,但施工时对周围环境影响较大,适用于环境要求不太高的地段。

盖挖法施工的车站结构,从结构形式上看,并无大的不同,通过打桩或连续墙支护侧壁,加顶盖恢复交通后在顶盖下开挖,灌注混凝土进行施工。与明挖法比较,其特点是:在地面交通繁忙地区可以很快地恢复路面,尽可能小地影响交通,但其施工难度要大于明挖法。

(2)矿山法施工的车站结构

矿山法施工的地铁车站,视地层条件、施工方法及其使用要求的不同,可采用单拱式车站、双拱式车站或三拱式车站,根据需要可设计为单层或双层。其典型的结构断面形式如图4-15所示。

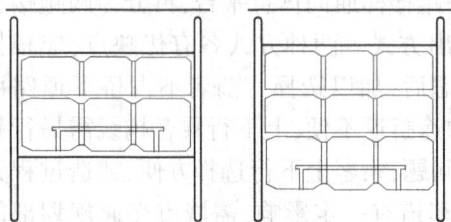

图4-14　明挖法结构断面形式　　　　图4-15　矿山法结构断面形式

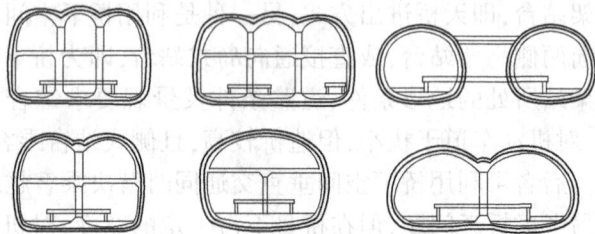

采用这种施工方法的车站一般位于岩石地层,在松软地层中,施工难度和土建造价要高于明挖法车站。

(3)盾构法施工的车站结构

盾构车站的结构形式与所采用的盾构类型、施工方法和站台形式等密切相关。传统的盾构车站是采用单圆盾构或单圆盾构与半盾构结合或单圆盾构与矿山法结合修建的。近年来开发的"多圆盾构"等新型盾构,进一步丰富了盾构车站的形式。盾构车站的结构形式可大致分为以下几种。

①两圆形隧道组成的车站。这是一种最简单的盾构车站,一般每个隧道都设有1条轨道和1个站台,两隧道的相对位置主要取决于场地条件和车站的使用要求,多设于同一水平。在车站两端或车站中部,两隧道之间设斜隧道以供乘客进出站台,其结构断面形式如图4-16所示。

这种形式的盾构车站与其他形式盾构车站相比,施工简单,工期短,造价低,适用于道路较窄和客流量较小的车站。

②三拱塔柱式车站。车站由并列的 3 个圆形隧道组成,两侧为行车隧道并在其内设置站台,中间为集散厅,用横向通道将 3 个隧道连成一体。与两圆形隧道组成的车站一样,一般在车站两端或车站中部,两隧道之间设斜隧道以供乘客进出站台,典型的三拱塔柱式车站结构断面形式如图 4-17 所示。

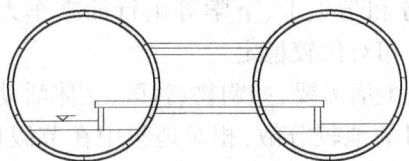

图 4-16　盾构法结构断面形式　　　　　　图 4-17　三拱塔柱式车站结构断面形式

这种形式的车站施工也较为简单,在工程地质和水文地质条件较差的地段也可采用,但总宽度较大,需在较宽的路段内方可采用。

③立柱式车站。传统立柱式车站为三跨结构,先用单圆盾构开挖两旁隧道,然后施工站厅部分,将它们联成一体,乘客从车站两端的斜隧道进入站台。立柱式车站结构断面形式如图 4-18 所示。

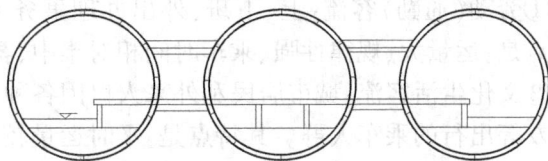

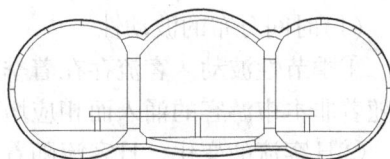

图 4-18　三跨立柱式车站结构断面形式

传统型的立柱车站施工工序多,工程难度大,造价也高,但和三拱塔柱式车站相比,其具有总宽度较窄、能满足大客流量的优点。

2)高架车站结构

高架车站主要根据所在位置和设置的站房来确定车站形式,与采用的线路铺设方式有较大关系。高架车站的结构主要采用以下三种形式。

①钢筋混凝土框架结构:适用于用地范围大,车站体积大的地段,可做成双层甚至三层,以利于开发利用。

②梁式结构:适用于用地范围小、客流量小、车站体积小的地段。

③框架与梁式混合结构。框架与梁式混合结构行车部分的梁和区间梁相同,并与站台部分的梁板脱开,以防止列车行驶时的振动对车站主体结构产生影响,适用于用地范围大的地段。

4.3　车站客运组织

4.3.1　客流分析

客流指单位时间内,乘客在城市轨道交通线路上流动的人数总和。客流既是衡量城市轨道交通效率的标准,也是城市轨道交通规划设计的重要依据。客流易受列车运能、线路走向、出行目的和方向、乘坐方便度、不同时间段等因素的影响。

城市轨道交通客流是城市公交客流的组成部分之一。在世界各大城市中,城市轨道交通的大运量和便捷等特点,已使城市轨道交通客流逐渐成为城市公交客流的重要组成部分。

1)客流分类

城市轨道交通客流按乘客的出行目的分为劳动(通勤)客流和文化生活客流。

①劳动(通勤)客流:上、下班,外出办理事务或业务和学生上、下学等出行的乘车人群。其特点是:运量大、规律性强、乘车时间相对集中、客流量相对比较稳定。

②文化生活客流:城市居民和外来人口因各种文化、生活需要,如购物、就医、文体活动、探亲访友等出行的乘车人群。其特点是:平时运量较小、目的地较分散,相对地集中在节假日出行、使局部运量较大,易受气候、环境影响,故客流呈不稳定状况。

2)客流特征

城市轨道交通客流是动态流,容易受天、地、时的影响而发生变化。因此,客流在时间和空间分布上具明显的波动性。

(1)时间分布的波动性

①季节性波动。客流存在着季节性的变化,如五月、十月是旅游旺季,城市轨道交通客流也随着非本市游客的涌入而相应增加。

②日客流的变化。日客流随着工作日的更替而变化,工作日客流具有明显的早、晚高峰,与上、下班时间相吻合,双休日和节假日基本就不会出现上、下班客流高峰;休息日的高峰明显地与城市商店营业时间高度吻合。此外,受到休息日市民计划出游因素的影响,周一与节日后首日的早高峰小时客流量、周末与节日前一天的晚高峰小时客流量往往比一般工作日的早、晚高峰小时客流量要大些。

③小时客流波动。一天中不同时间段的小时客流是随人们的生活节奏和出行特点而变化的。一般清晨与夜间的乘客最少,上班和上学时段,客流达到最高峰,高峰过后渐渐趋于平稳,傍晚下班和放学时段,客流再次进入次高峰,逐渐趋于平稳并过渡到接近"零"的午夜客流。

(2)空间分布的不均衡

客流除了时间上波动外,在空间分布上也呈现出分布的不均衡特征。主要表现为:

①线路客流的不均衡。由于城市轨道交通各条线路走向的不同、城市布局的不同、市民出行目的的不同,各运营线路客流,包括现有客流和客流增长均存在均衡性不同的特性,并形成了整个城市轨道交通线网客流分布的不均衡。

②各向客流的不均衡。在同一条城市轨道交通线路上,上行和下行方向的客流流向通常也不相等,在放射状的城市轨道交通网络内,早、晚高峰时段各向客流的不均衡尤为明显。

③断面客流的不均衡。在城市轨道交通线路上,由于各个车站乘降人数不同,造成线路单向各个断面的客流的不均衡现象。

④车站客流的不均衡。城市轨道交通线路上,全线各站乘降量并不相同,总有少数几个车站的客流大于其他车站。其中居民区和工作区的分布、线路的走向是主要诱发因素。此外,新建居民住宅区形成规模和新建城市轨道交通线路的投运,也能使车站乘降量发生变化或形成新的不均衡。

4.3.2　车站客流组织

客流组织是为实现乘客运送任务,组织乘客按预先设定的路线有序流动所采取的措施,城市轨道交通主要通过合理的客流组织来完成大容量的客运任务。客流组织是通过合理布置客运有关设备及对客流采取有效的分流或引导措施来组织客运的过程。

影响客流组织的因素较多,不同类型的车站,其客流组织的内容有着较大的区别。车站客流组织的主要内容包括:车站售、检票设备位置的设置,售、检票设备数量的配置,车站导向的设置,车站自动扶梯的设置,隔离栏杆等设施的设置等。

1)客流组织原则

城市轨道交通客运工作的特点决定了客流组织必须保证客流运送的安全、保持客流运送过程的畅通,尽量减少乘客路途耗时,防止过分拥挤,便于发生大客流时的及时疏散。为保持客流运送过程的顺畅,避免拥挤,在进行客流组织时应遵循以下原则。

①合理安排售、检票位置,出入口和楼梯,使行人流动线路简单、明确,尽量减少客流交叉、对流。

②乘客与其他交通工具之间换乘连接顺利,客流与车流的行驶路线严格分开,以保证行人的安全和车辆行驶不受干扰。

③完善诱导系统,快速分流,减少客流集聚和过分拥挤。

④满足换乘客流的方便性、安全性、舒适性等一些基本要求。

2)客流组织措施

乘客在车站的移动应当是按照预先设计的线路进行的,车站的设施、设备也应按照预设的乘客流动路线进行布置,必须充分考虑客流大小、车站空间、设备性能等因素,进行车站设备的合理布置,正确引导客流。

车站设备布置主要包括:车站售、检票设备的设置位置及配备数量、车站导向的设置、车站自动扶梯的设置等。

(1)车站售、检票设备

车站售、检票设备直接起着引导组织客流的作用,布置时要符合运营时最大客流量,保持客流畅通,布置时按以下要求:

①售、检票设备的位置与出入口、楼梯保持一定距离。目的是保证出入口和楼梯的畅通。

②保持售、检票设备的位置前通道宽敞。售、检票设备位置应选择站厅内宽敞位置设置,方便售、检票设备前客流的疏导,避免排队拥挤。

③售、检票设备位置根据出入口数量相对集中布置。为减少乘客进入车站后的走行距离,一般应根据出入口的位置设置多处售、检票设备,但同时应考虑设备使用效率和管理的方便,根据客流大小相对集中布置。

④避免客流对流。根据乘客在车站的流动方向,车站客流可分为进站客流和出站客流,如果在行走路线上发生交叉,就会造成乘客群的冲撞,引起车站秩序的混乱,甚至可能造成乘客人身伤害,在车站客流较大时尤甚。应将进、出站检票设备分开设置,避免进、出站客流对流。

车站自动检票闸机如图 4-19 所示。

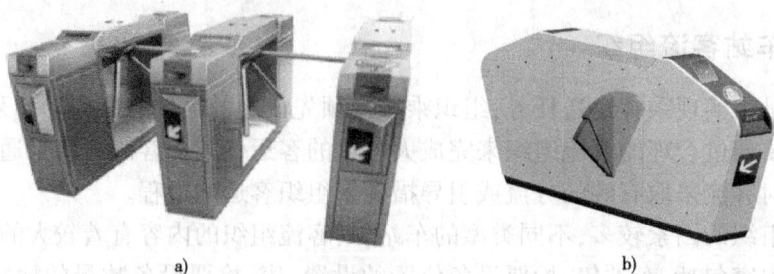

图 4-19　自动检票闸机

（2）车站导向标志系统

导向标志系统是车站进行客流组织,引导乘客合理流动的重要手段之一。它由一系列布置在指定位置的固定指示牌,可变内容的信息牌和可移动的临时指示、告示牌组成。

指示牌是乘客接受信息的重要来源,一般由符号、数字、箭头、中英文字等元素组成,用于向乘客明确指示移动方向。导向标志牌的设计、制作应尽可能符合国家有关标准,导向标志牌的布置位置,将直接关系到信息告知的效果,应在恰当的位置,以最佳的方式,提供乘客需要的公共信息。

车站导向标志应贯彻"标准、简洁、明确、醒目"的设计原则;导向标志牌的布置位置,一般应考虑以下布置原则。

①连续设置原则:为防止乘客产生疑惑,相同内容的信息应连续布置。

②岔道必置原则:在行进路线不是唯一的岔路口处,必须设置。

③信息组合原则:相关信息可以进行醒目、清晰的合理组合。

④杜绝错误原则:错误信息必须立即改正,防止误导。

⑤数量合理原则:信息牌布置要避免"多多益善",应与周边环境保持协调。

⑥信息完整原则:告知信息的缺失,容易引起乘客流动时无序和混乱。

⑦有疑必置原则:会引起大多数人产生相同疑问的场所,必须设置标志信息牌。

导向标志牌按信息内容和作用又可分为:综合导向标志和单一导向标志。

城市轨道交通车站导向系统一般包括:引导乘客按预定路线进行移动的指示标志,以及乘客在完成乘车过程中,必须使用设备的位置指示标志。前者称为引导标志,一般是综合导向标志形式,如:向前、下楼等指引乘客行动方向的标志牌等。后者称为定位标志,一般是单一导向标志形式,如:悬挂在购票、检票进站、验票出站等设备上方,用于指示设备位置的标志牌等。地铁导向标志如图 4-20 所示。

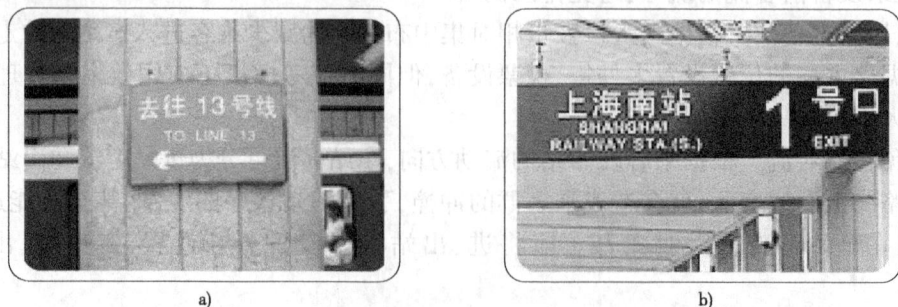

图 4-20　地铁导向标志

此外,如:禁行标志、提示标志、消防、安全等标志,一般都归为"禁令"标志。这类标志的符号、规格、形状、文字、外文、悬挂要求等一般都有明确、严格的规定,不能随意变更,如图4-21所示。

判别导向标志系统设置优劣的标准是:适时、适量、适度。

①适时:当乘客需要释疑时,在目力所及范围内,能清晰地看到相关指示内容。

②适量:组成标志系统的指示牌的数量适当,不造成乘客的视觉污染。

③适度:各类标志与周围环境协调,组合标志的编排有序。

图4-21　地铁禁令标志

（3）车站自动扶梯

城市轨道交通的车站一般设有站台区和站厅区,由于使用功能不同,同时也为提高车站利用率和节约建设成本,这两个区域一般不在同一平面,分别位于有落差的不同层次,因此又称为站台层和站厅层。为方便乘客出行,也为便于车站的客流组织,城市轨道交通车站在两层之间应设置车站自动扶梯。

车站自动扶梯的运行方向可以由人工进行切换,可以任意选择往上或往下运行。运行方向的选择应优先服从客流组织要求,同时也应考虑为乘客提供方便。

车站行车控制室内布置有整个车站所有的自动扶梯运行状态的模拟显示屏,可以随时掌握车站自动扶梯的运行或故障情况。

4.3.3　车站客运服务与管理

1）客运服务

城市轨道交通系统的运行目的是不间断地运送乘客安全、准时地到达目的地,客运服务流程根据乘客"购票、检票、候车、乘车、验票、离站或换乘"车站活动,可以分解为以下具体流程,如图4-22所示。

图4-22　客运服务流程

（1）进站

乘客搭乘城市轨道交通,需先弄清附近城市轨道交通车站的位置,然后通过出入口进入。为此需要明确乘客需求,以确定设施设置原则和具体位置。

①乘客需求:

a.车站位置合理,方便到达。

b.到车站的走行距离短。

c.出入口容易找到。

d.城市轨道交通引导系统指示明确。

②设施设置及服务要求：

a.出入口以最大限度吸引客流为准则。

b.出入口与公交车站换乘方便。

c.城市轨道交通标志醒目,指示牌设置合理。

（2）问讯处

搭乘城市轨道交通的乘客可分为一般购票乘客,老人、学生等特殊乘客及残障人士。其中购票乘客可分为熟悉城市轨道交通系统的乘客,如购 IC 卡的本地乘客;不熟悉城市轨道交通系统的乘客,如购单程票的外地乘客、旅客、搭乘地铁次数不多的本地乘客。一般情况下,询问的乘客多为不熟悉城市轨道交通的乘客。

①乘客需求：

a.位置合理、醒目。

b.引导指示明确,标志醒目。

c.规模结合乘客特点。

d.询问客流不干扰其他客流。

②设施设置及服务要求：

a.问讯处服务窗口的多少、等候面积需根据不同车站的乘客特点,设计不同问讯处的形式。

b.服务人员要服饰整洁、热情周到、礼貌待客、服务规范。

（3）购票

进入车站付费区的乘客均需持有城市轨道交通车票,持单程票的乘客每次进入车站均需购票。持储值卡的乘客,需根据实际情况进行充值。

①乘客要求：

a.非付费区设有售票机、票务亭。

b.位置合理,处于进站的流线上。

c.引导指示明确,标志醒目。

d.最好设有零钞兑换机。

e.售票机、人工售票工作台数量合理,购票等候时间不长。

②设施设置及服务要求：

a.售票机、票务室设置的数量。

b.根据不同车站的乘客组成特点及乘客舒适的购票时限而设计所需的空间,设计前需分析乘客组成特点。

（4）检票

乘客购票后,将所持车票送入闸机检票口;经检票无误后,闸机开放,让乘客通过闸机进入付费区。

①乘客需求：

a.迅速找到闸机。

b.能快速通过闸机。

②对设施的要求：

a. 位置醒目,指示明确。

b. 闸机的通过能力与客流量相匹配。

c. 闸机数目、进出的配置需根据不同车站的乘客组成特点。

（5）候车

乘客过闸后,进入付费区,到站台等候列车到达。

①乘客需求:

a. 方便到达站台,舒适候车。

b. 清楚明了现在所处的位置及需搭乘列车的方向和车次。

②设施设置及服务要求:

a. 站台应设有明显的候车安全线。广播提示乘客在列车未进站停稳、车门未完全打前,不要越过安全线,以防发生意外事件。

b. 采用广播系统预报。车站通过广播为乘客预报下次进站列车的方向。现已经有两种设备投入运用,一种为自动广播系统,当后续列车驶入接近区段时,广播系统自动工作,另一种为在站台设置同位显示器,向乘客预告列车运行情况。

c. 安装屏蔽门。屏蔽门可为乘客提供一个舒适的候车环境,又能保障乘客在站台的候车安全。

d. 舒适的候车环境。空间宽阔、压抑感少,灯光照明配置合理,减少噪声干扰,空调气流组织舒适;引导指示系统醒目清楚;广告位置合理,不干扰引导指示系统。

（6）列车旅行

①乘客需求:

a. 列车运行平稳。

b. 车内整洁舒适。

c. 能随时了解列车的运行情况。

②客车要求:

a. 客车外部运行方向标示明显。

b. 客车内要有列车运行路线图展示,并标示站名。

c. 客车内要有与该线路相交的城市轨道交通线网图及相交路线的运行时刻。

d. 客车上的管制标语(如禁止吸烟等)也应该清楚标示。

e. 客车符合运行标准,车内灯光配置合理,座位舒适。

f. 客车广播信息及时、准确。

（7）验票及补票

乘客乘坐城市轨道交通到站后,下车持票到闸机,验票出闸。

①乘客需求:

a. 出站闸机的设置应与乘客行走路线一致。

b. 验票过程手续简单。

②设施设置及服务要求:

a. 在付费区内设置,引导指示明确,容易找到。

b. 车票损坏或补车资等情况,需到票务室等候时间短。

（8）出站

乘客验票出站后，通过出入口离开车站。

①乘客需求：

a. 方便出入。

b. 方便到达目的地。

②设施设置及服务要求：

a. 车站在不同街区有出入口，出入口兼作过街隧道或天桥。

b. 出入口靠近公交车站。

c. 出入口设在客流主要活动区。

（9）换乘

换乘的乘客从一个车站到另一个车站，通过通道或楼梯、扶梯或站厅换乘。

①乘客需求：

a. 换乘距离短、快捷。

b. 换乘方向明确。

c. 通道照明适度、环境舒适。

d. 地下通道通风良好。

②设置要求：

a. 换乘通道短、直接。

b. 引导指示清晰、明了。

2）客运管理

（1）站务管理

车站是乘客出入、集散和乘降的场所。车站服务工作的好坏直接影响到乘客的旅行感受。优质、高效、满意的服务可以吸引越来越多的乘客，提高城市轨道交通在市场中的竞争力。

站务管理的原则是认真执行行车及客运管理有关规章制度，保证行车和旅客人身安全，协调全线的运输生产。

根据生产岗位的需要，车站一般设立下列工作岗位：站长，副站长，监控员，售票员，检票员，站台服务员，安全保卫人员，勤杂人员和机动人员等，各岗位的人员配备数视各车站的规模大小分别确定。

为给乘客创造一个舒适、良好的旅行环境，各车站应在进出口、通道、楼梯、站台等处设立固定导向标志或可控表示牌，用文字、图形或符号等标明站台、出入口、售票口、检票处，电梯（楼梯）上下处以及列车的类别、去向等。

各车站还应有附近地区道路和公交换乘示意图。

车站客运工作人员必须使客运设备保持良好状态，防止损坏，并做好对旅客的宣传、服务工作，引导旅客及时集疏和换乘，避免旅客在车站滞留，造成车站堵塞。

（2）票务管理

①票务工作的重要性。

a. 票务工作是城市轨道交通客运组织中一项重要的经济和数据统计分析工作，是企业管理工作的组成部分之一。

b.票务管理工作涉及面广,既有服务方面的,又有管理方面的,是运营生产活动中的重要管理环节之一。

c.企业的社会效应来自于服务质量,经济效益来自于票款收入,票务工作是企业经济效益的重要结算内容。

②票价、票制。

票制,是票价制式的简称,有两种形式:单一票价制和计程票价制(分级票价制)。采用单一票价制时,全程只发售一种车票,优点是售票简单,效率高,进站检票,出站不检票,可减少车站管理人员;其缺点是乘客支付的车费不够合理,无论路途远近,都支付同样的车费,且给票价的制订带来了困难,既要为乘客的切身利益着想,又要保证地铁或轻轨的运营效益。计程票价制可以克服上述缺点,但车票的种类多,进、出站均需检票,售检票手续繁琐,需要的检票人员多,必要时需配置自动或半自动的售、检票设备。

一般在运营里程较短或乘客平均运距较长的线路上采用单一票价制,而在运营里程较长,而乘客平均运距偏短的线路上采用计程票价制。另外,在流动人口较多的旅游开放城市,还可采取平、高峰期间两票制,以提高经济效益和人为调节客流的时间分布。

城市轨道交通作为城市公共交通的一个组成部分,带有公益性质,不能单纯追求盈利,其票价不仅取决于本身运营成本,还受其他交通方式的票价水平、城市发展水平、市民生活水平、物价政策、企业交通补贴费用以及乘客承受力等多种因素的制约。城市轨道交通的票价要经政府有关部门综合研究后才能确定。

(3)服务质量监控

城市轨道交通是一个技术密集型的大联动机,整个系统工作状态的好坏,直接表现在是否能安全、舒适、快捷的运送乘客,客运服务工作是反映城市轨道交通运营管理企业管理水平的重要标志,因此,服务质量的监控对于提高城市轨道交通运营管理企业的服务及管理水平有着重要的意义。

①服务质量控制。

首先,要对客运服务制定目标和各种规章制度及各岗位的工作标准,其次要对客运服务进行现场管理。这是客运服务质量管理的实施、落实的有效手段。

服务质量的现场管理,是以满足乘客的出行需求和精神需求为目的,对人、设备、环境等因素进行控制。具体有安全管理、操作管理、设备管理和卫生管理四个方面。

②服务质量监督。

a.内部监督。建立明确的服务质量监督检查制度,加强内部检查、监督。

b.外部监督。接受社会各界监督,改进服务质量。针对不同时期服务特点、问题,定期或不定期采用调查问卷方式征求乘客意见;设立乘客投诉处理机构,接受乘客监督,设立并对外公布监督电话号码。

c.服务质量评价。评价指标主要有乘客投诉率、乘客投诉回复率、乘客满意度指数,定期对服务质量评价指标进行评测和分析,结合工作实际进行改进。

评价城市轨道交通服务质量的因素见表4-5。

评价城市轨道交通服务质量的因素集合 表 4-5

序 号	影 响 因 素	属 性
1	乘客无伤亡事故	可靠性
2	站台治安情况好	旅行服务的可靠性和准确性
3	列车运行正点	
4	列车兑现率高	
5	乘客舒适度	
6	乘客换乘方便、快捷	及时性
7	到站信息提示及时	主动帮助乘客并提供快速服务
8	乘客查询信息方便	
9	购票候车时间短	
10	列车、排队秩序井然	保持性
11	服务人员业务水平高	员工的知识和礼仪,以及他们传递服务信息的能力
12	服务人员服务态度好	
13	服务人员服务用语规范	
14	了解乘客的需求	移情性
15	及时处理突发状况的能力	关心乘客,提供给乘客周到和个性化服务
16	与人沟通的能力	
17	各项服务设施设备齐全	有形性
18	服务设施设备完好	实际设施、设备、人员和文字材料给人的感官认识
19	服务人员仪表整洁	

◀ 4.4 换乘站

4.4.1 换乘站设计原则及发展趋势

城市轨道交通换乘站设计原则主要有以下几方面。

①换乘设施的通过能力应满足最大换乘客流量的需要,适当留有发展余地。

②尽量缩短换乘距离,换乘路线要明确、简捷,设置明显换乘导向标志。

③换乘原则上考虑在两个(多个)车站付费区之间进行,避免换乘客流与进、出站客流相互交叉干扰。

④尽量减少换乘高差,降低换乘难度。

⑤周密考虑换乘方式和换乘形式,合理设置换乘通道及预留口位置。

城市轨道交通换乘站的建设,其总体趋势呈现在以下几个方面的特征。

①最短的换乘距离(包括换乘站的形态与空间组织、垂直与水平自动步行道的设置等)。

②简洁的平面组织与一目了然的诱导标志。

③舒适的换乘条件与充分的空间容量。

④安全与必要的服务。

⑤多种交通工具的联运(包括票价、运行时刻表等)。

⑥智能化趋势。

4.4.2 换乘方式

城市轨道交通换乘方式的选择首先决定于两条线路的走向和相互交织方式。换乘方式可分为站台换乘、结点换乘、站厅换乘、通道换乘等形式。

1)站台换乘

该换乘方式乘客在同一站台即可实现转线换乘,乘客只要通过站台或连接站台的天桥或地道就可以换乘另一条线路的列车,因此站台换乘对两线换乘的乘客来说是最佳的选择方案,尤其是换乘客流量很大的情况。但这种换乘方式要求两条线路具有足够长的重合段,近期需要把车站预留线及区间交叉预留处理好,工程量、工程造价及施工难度均较大,比较适合于建设期相近或同步建设的两条线的换乘站上。根据两线站台的设置方式,站台换乘可分为站台同平面换乘(即并列式)和站台上下平行换乘(即行列式)两种形式。如图4-23所示。

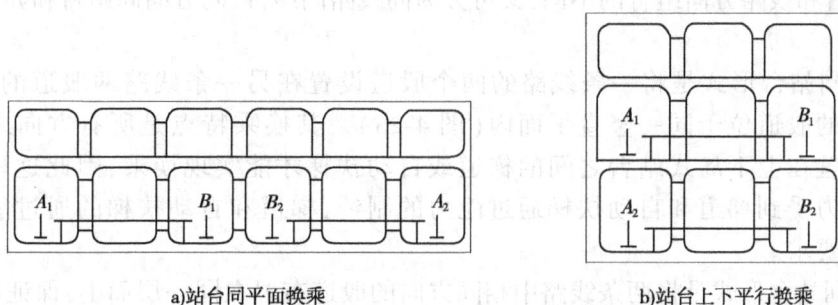

a)站台同平面换乘　　　　　　　　　b)站台上下平行换乘

图4-23　站台换乘车站布置形式

(1)站台同平面换乘

站台同平面换乘(并列式)是将供两条线路使用的车站站台相互并列,且平行地布置在同一平面上,形成并列式的站位,如图4-23a)所示。站台同平面换乘站位根据站台和线路布置形式的不同,又可分为双线双岛式站台(图4-24)和双线岛侧式站台(图4-25)。

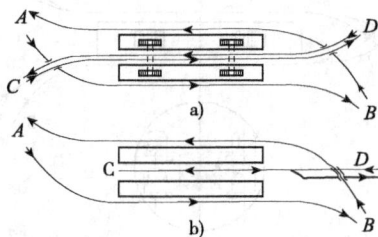

图4-24　双线双岛式换乘站示意图

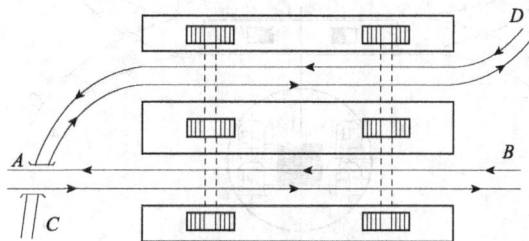

图4-25　双线岛侧式换乘站示意图

双线双岛式站台设计时将某一条线路设在两个岛式站台之间,而将另一条线路布置在两个岛式站台的外侧,如图4-24a)所示。双线双岛式换乘特点是同一方向的列车换乘或A、B线中客流量较大的两个方向的列车换乘在同一站台上完成;其他方向之间的乘客只要横穿站台至另一侧,便可换乘另一线路的列车,从而实现了门到门的换乘,适用于同方向换乘客流较大而折角换乘客流较小的情况。

当衔接的两条线路中的一条为前折返的终点站时,则可开两侧车门供乘客上下车,同时换乘另一线路的两个方向,如图4-24b)所示。

双线岛侧式站台是将一个岛式站台设在两条线路的中间,而在两线的另一侧再分别设置一个侧式站台,从而提供两线换乘客流量较大方向的换乘(图4-25)。其换乘特点是B、D方向之间的客流可以在同一站台平面换乘,其他方向之间的客流需由线下通道或至站厅层换乘,适用于某一折角换乘客流较大而其他所有方向换乘客流较小的情况。

站台同平面换乘方式适用于某一方向换乘客流量大的枢纽。其缺点是占地较多,工程投资大;如果线路较多,则乘客换乘步行距离就很长,增加了换乘时间。

(2)站台上下平行换乘

站台上下平行换乘(行列式)是将供两条线路使用的车站站台采用上下平行的立体布局形式,即将站台同平面换乘方式中的两个跨岛式车站上下叠置,一个岛式站台在另一个岛式站台的正上方,两条线路中相同方向的线路布置在同一层面上,如图4-23b)所示。

根据站台和线路方向组合的不同,又可分为同线路同站台、同方向同站台和异方向同站台三种形式。

同线路同站台形式是将一条线路的两个股道设置在另一条线路两股道的上方,而两个相同方向的股道位于同一竖直平面内(图4-26)。其换乘特点是所有方向之间的客流均需通过设置在上下岛式站台之间的梯道或自动扶梯才能实现换乘,因此这种形式换乘站的换乘能力受到梯道和自动扶梯通过能力的制约,梯道和自动扶梯的通过能力要满足换乘客流的要求。

同方向同站台形式是将两条线路中相同方向的股道布置在同一层面上,保证同方向的客流在同一个站台平面内实现换乘,其他方向的客流需通过设置在上下岛式站台之间的梯道或自动扶梯才能实现换乘(图4-27)。其换乘特点是1、3方向之间和2、4方向之间的客流分别在上下岛式站台内平面换乘,而1、4方向之间和2、3方向之间的客流需通道两站台之间的梯道或自动扶梯至另一站台上换乘,适用于同方向换乘客流较大而折角换乘客流较小的情况。

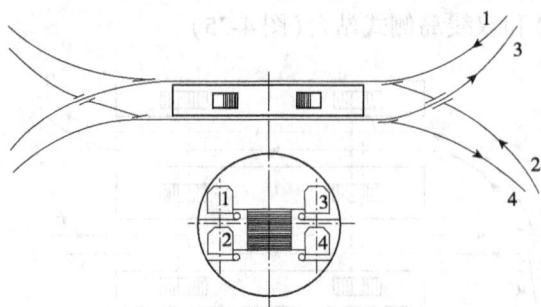

图 4-26 同线路同站台换乘站示意图   图 4-27 同方向同站台换乘站示意图

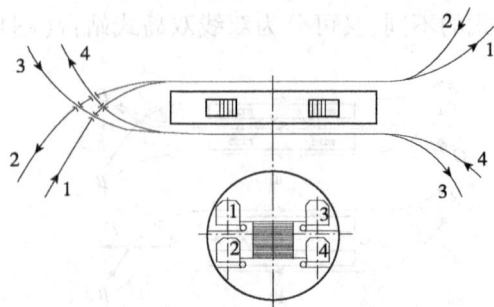

异方向同站台形式是将两条线路中不同方向的股道布置在同一层面上,保证不同方向的客流在同一个站台平面内实现换乘,而相同方向的客流需通过设置在上下岛式站台之间的梯道或自动扶梯才能实现换乘(图4-28)。其换乘特点是1、4方向之间和2、3方向之间的客流分别在上下岛式站台内平面换乘,而1、3方向之间和2、4方向之间的客流需通过两站台之间的梯道或自动扶梯至另一站台上换乘,适用于折角换乘客流较大而同方向换乘客流较小的情况。

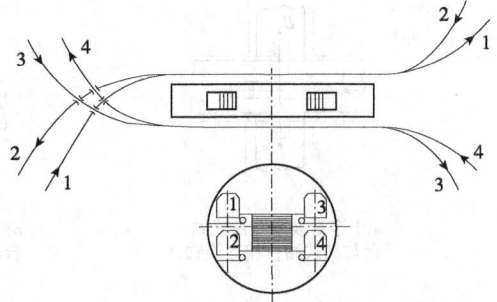

图4-28 异方向同站台换乘站示意图

由于同方向同站台和异方向同站台两种换乘形式要将一线路的两股道分别引入高低不同的两个水平面,以及在车站线路交叉的一端上立体布置4条离站的股道,因此规划设计和施工都相当困难。但是如果相邻两车站分别采用这两种换乘形式,那么可以形成所有方向之间的客流都可以在同一站台平面内实现换乘的全方位组合。这种形式比较有代表性的是香港太子和旺角换乘站,该换乘站是由地铁荃湾线和观塘线之间的两个连续车站形成的,两个车站分别按两层结构进行设计和建造,在此基础上通过观塘线两股道在站间的交叉换位,从而形成同方向同站台和异方向同站台两种换乘方式的组合,保证所有方向的换乘均在同站台平面内实现。如图4-29所示。

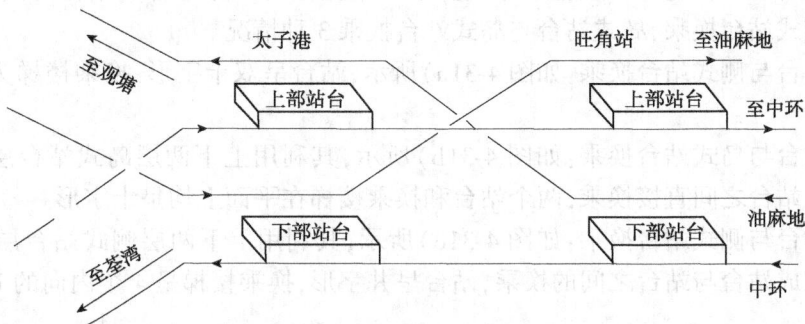

图4-29 香港太子和旺角换乘站布置

站台上下平行换乘是一种比较理想的换乘方式,适合地形不受限制的地方,缺点是占地多,工程造价高。在修建浅埋换乘枢纽时,当街道的宽度不能容纳其他形式的枢纽时采用站台上下平行换乘站是比较合理的;但当其为深埋枢纽时,因连接上下两层站台的自动扶梯难以布置,则不易采用此种布置形式。同时,由于同站台换乘方式要求两条线路具有足够的重合段,近期需要把车站预留线及区间交叉预留处理好,工程量大,线路交叉复杂,施工难度大,因此应尽量选用在建设期相近或同步建设的两条线的换乘枢纽上。

2)结点换乘

在两条轨道线路交叉处,将两线隧道重叠部分的结构做成整体的结点,并采用楼梯或自动扶梯将两座车站的上下站台连通,从而形成结点换乘。乘客通过该楼梯进行换乘,换乘高度差一般为5~6m,各个方向的换乘均可通过一次上楼梯或下楼梯完成,因此换乘也很方便。结点换乘方式依两线车站交叉位置不同,有十字形、T形和L形3种布置形式,如图4-30所示。

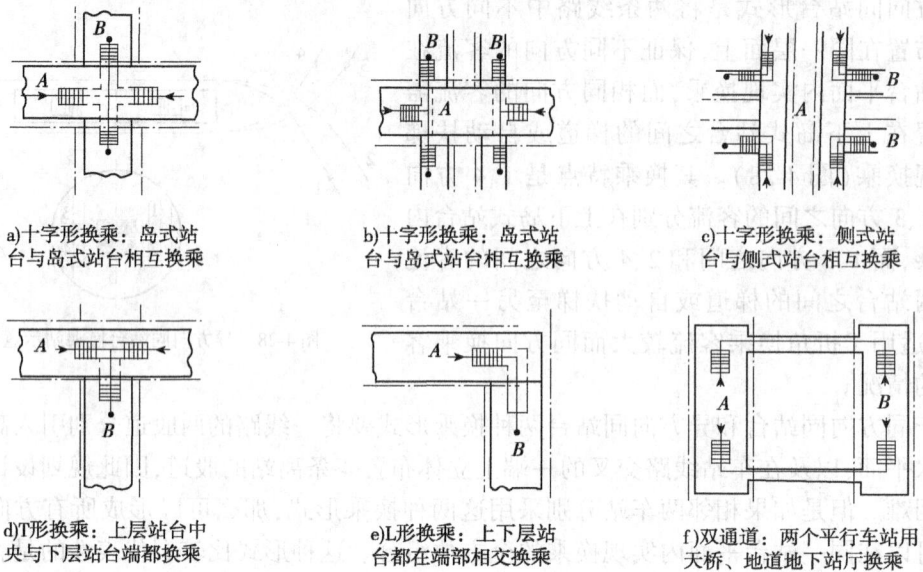

a)十字形换乘：岛式站
台与岛式站台相互换乘

b)十字形换乘：岛式站
台与岛式站台相互换乘

c)十字形换乘：侧式站
台与侧式站台相互换乘

d)T形换乘：上层站台中
央与下层站台端都换乘

e)L形换乘：上下层站
台都在端部相交换乘

f)双通道：两个平行车站用
天桥、地道地下站厅换乘

图 4-30　结点换乘形式示意图

(1)十字形相交站台的换乘

两条线路的车站呈十字形，一个车站直接布置在另一个车站的上部，换乘通过配置在交叉处的短楼梯或自动扶梯进行。该换乘方式按站台布置形式可分为岛式站台与侧式站台换乘、侧式站台与侧式站台换乘、岛式站台与岛式站台换乘 3 种情况。

①岛式站台与侧式站台换乘：如图 4-31a)所示，站台呈双十字形，换乘楼梯为两个根部相对的 T 形。

②岛式站台与岛式站台换乘：如图 4-31b)所示，其利用上下两层岛式站台层的十字交叉点进行站台与站台之间直接换乘，两个站台和换乘楼梯在平面上均呈十字形。

③侧式站台与侧式站台换乘：如图 4-31c)所示，其利用上下两层侧式站台层的 4 个"十"字交叉点来完成站台与站台之间的换乘，站台呈井字形，换乘楼梯呈 4 个内向的 L 形。

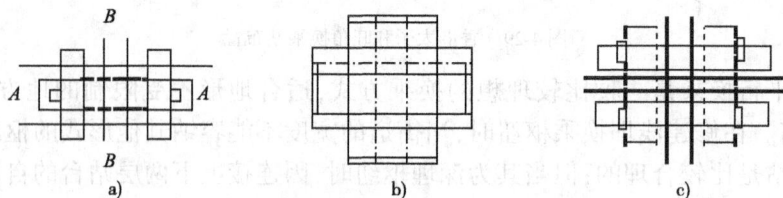

a)　　　　　b)　　　　　c)

图 4-31　十字形结点换乘三种形式示意图

这 3 种布置形式各有特点，但它们各个方向的换乘均可通过一次上楼梯或下楼梯完成，其中以侧式站台与岛式站台换乘方式较为理想，能满足较大的换乘量；岛式站台与岛式站台由于是一点相交，楼梯宽度往往受岛式站台宽度的限制，如果布置不当会造成乘客拥挤堵塞现象，但布置得当也能满足一定数量的换乘量。

十字形换乘是上下两站台通过楼梯直接换乘，为了方便乘客上下和缩短楼梯长度以利于站台的布置，必须将上下两站台之间的高差尽可能缩至最小。

十字形换乘虽然在理论上对乘客上下楼十分方便,但实际上楼梯宽度受站台宽度所限,客流量将受到限制,特别是上下楼梯相交处的小平台,对于换乘客流将会有很大的干扰。另外,此类换乘方式至少上下两站台相交处必须一次建成,初期投资大,因此较少采用。

(2)T形和L形换乘

T形和L形换乘都与其车站主体相脱离,前者是一座车站中间的侧面与另一车站的端部通过换乘设施相衔接,如图4-32a)所示;后者是两站的端部通过换乘设施相衔接,如图4-32b)所示。

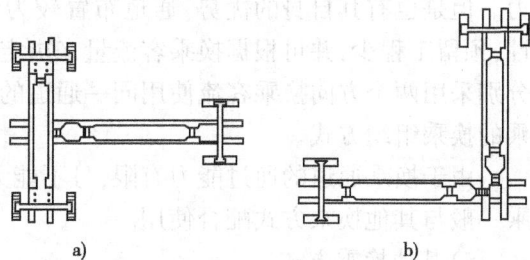

图4-32　T形和L形结点换乘布置示意图

3)站厅换乘

站厅换乘是指乘客由一个车站的站台通过楼梯或自动扶梯到达另一个车站的站厅或两站共用的站厅、再由这一站厅通到另一个车站的站台的换乘方式。在站厅换乘方式下,乘客下车后,无论是出站还是换乘,都必须经过站厅,再根据导向标志出站或进入另一个站台继续乘车。由于下车客流只朝一个方向流动,减少站台上客流交织,乘客行进速度快,在站台上的滞留时间减少,可避免站台拥挤、同时又可减少楼梯等升降设备的总数量,增加站台有效使用面积,有利于控制站台宽度规模。

站厅换乘一般用于相交车站的换乘,它的换乘距离比站台直接换乘要长,在很多情况下,乘客在垂直方向上要往返行走,带来一定的高度损失。

站厅换乘与同站台换乘、结点换乘相比,乘客换乘线路需先上(或下)再下(或上),换乘总高度大,换乘距离长。若站台和站厅之间采用自动扶梯连接,可以改善换乘条件。

4)通道换乘

如果两轨道线路的车站靠得很近,但又无法建造成同一车站,那么可以采用通道换乘的形式。这种换乘方式是通过专用的通道以及楼梯或自动扶梯将两座结构完全分开的车站连接起来,供乘客换乘。通道可以连接两个车站的站台或站厅的付费区,也可以连接两个车站站厅的非付费区。通道长度不宜超过100m,应有一定的坡度,并朝向换乘客流较多的方向。

通道换乘根据车站站位的不同,又有T形、L形和H形3种布置形式。

T形和L形站位与结点换乘中的T形和L形换乘相似,只是在两车站的联结部位,考虑到建筑结构设置的困难,可以不设置换乘设施,乘客的换乘通过设置在其他部位的专用换乘通道进行,如图4-33a)、b)所示。

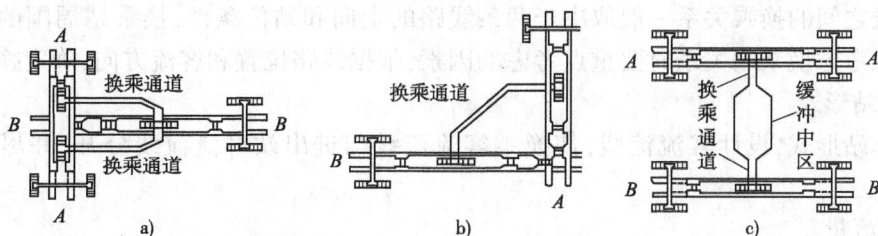

图4-33　通道换乘3种站位布置示意图

如果两线车站的站位平行或接近平行,且靠得很紧,但又无法采用同站台换乘.那么可以采用 H 形站位的通道换乘方式,如图 4-33c)所示。

通道换乘对乘客来说不是一种理想的换乘方式,换乘条件取决于通道的长度及其通过能力。但是也有其自身的优势:通道布置较为灵活,对两线的交角和车站的位置有较大的适应性,预留工程少,并可根据换乘客流量来决定通道的宽度,也可根据不同方向换乘客流的大小分别采用两个方向换乘客流使用同一通道的单通道换乘和两个方向换乘客流分离的双通道换乘的换乘组织方式。

由于换乘通道的通过能力有限,且不能无限制地拓宽通道宽度和增加通道的数量,通道换乘一般与其他换乘方式配合使用。

5)其他换乘方式

(1)站外换乘方式

这种换乘方式是乘客在车站付费区以外进行换乘,实际上是没有专用换乘设施的换乘方式。它主要用于下列情况。

①高架线与地下线之间的换乘,因条件所迫,不能采用付费区内换乘的方式。

②两线交叉处无车站或两车站相距较远。

③规划不周,已建线未作换乘预留,增建换乘设施十分困难。

采用站外换乘方式,往往是事先没有做好城市轨道交通线网规划而造成的后遗症。由于乘客增加一次进出站手续,再加上在站外与其他客流交织以及步行距离长,显得很不方便。对城市轨道交通自身而言,是一种系统性缺陷的反映。因此,站外换乘方式在线网规划中应注意尽量避免。

(2)组合式换乘

在换乘方式的实际应用中,往往采用两种或几种换乘方式组合,以达到完善换乘条件,方便乘客使用,降低工程造价的目的。例如:同站台换乘方式辅以站厅或通道换乘方式,可使所有的换乘方向都能换乘;结点换乘方式在岛式站台中,必须辅以站厅或通道换乘方式,才能满足换乘要求;站厅换乘方式辅以通道换乘方式,可以减少预留工程量等。这些组合的目的是力求换乘功能更强,既要有足够的换乘通过能力,又为工程实施及乘客换乘提供方便。

4.4.3 换乘站形式

1)换乘站设计考虑因素

换乘站设计时在普通车站设计的基础上,重点考虑以下因素:

(1)线路位置和客流方向

两条线之间的换乘关系一般取决于两条线路的走向和站位条件,换乘站周围的客流来源和方向是在考虑换乘站关系时要重点考虑的因素,依据线路位置和客流方向,确定换乘关系。

(2)车站形式

根据车站形式,设计客流流线,使换乘客流流线与进出站客流流线分开,并尽可能便捷顺畅。

(3)客流量

换乘客流一般属于集中的间断型客流,随着两条线列车的到发而形成,一段时间内,其换乘客流量除取决于预测的小时客流量,还与两条线列车的运营间隔有关,在计算换乘楼梯(通道)宽度时,应重点考虑这一因素,为换乘客流提供足够的条件。

2)换乘站形式

根据换乘车站的平面位置,可将换乘车站形式分为以下几种。

(1)"一"字形换乘站

两个车站上下重叠设置构成"一"字形组合的换乘车站,一般采取站台直接换乘或站厅换乘。简要示意图如图4-34所示。

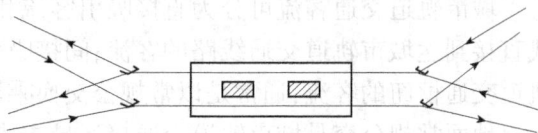

图4-34　"一"字形换乘站示意图

(2)"L"形换乘站

两个车站平面位置在端部相连构成"L"形,高差要满足线路立交的需要。这种车站一般在相交处设站厅进行换乘,也可根据客流情况,设通道进行换乘,其简要示意如图4-35所示。

(3)"T"形换乘站

两个车站上下相交,其中一个车站的端部与另一个车站的中部相连,在平面上构成"T"形,一般可采用站台或站厅换乘,如图4-36所示。

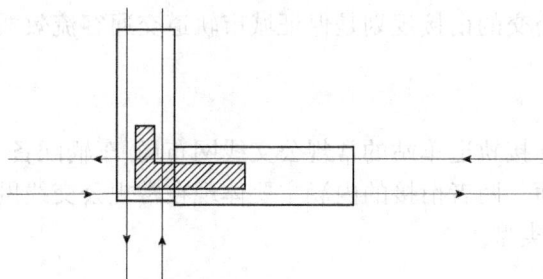

图4-35　"L"形换乘站示意图

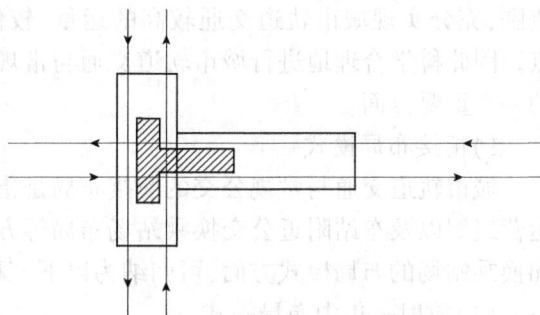

图4-36　"T"形换乘站示意图

(4)"十"字形换乘站

两个车站在中部相立交,在平面上构成"十"字形,这种车站一般采用站台直接换乘或站厅加通道换乘,其简要示意图如图4-37所示。

(5)"工"字形换乘站

两个车站在同一水平面设置,以换乘通道和车站构成"工"字形,这种车站一般采用站厅换乘或站台到站台的通道换乘。其简要示意图如图4-38所示。

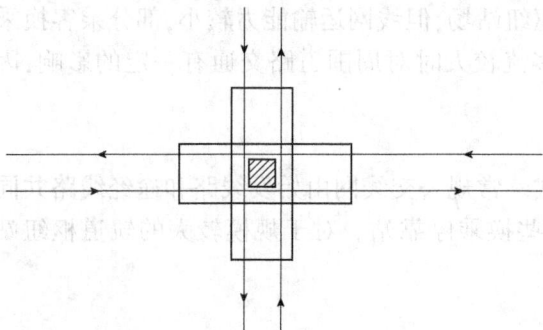

图4-37　"十"字形换乘站示意图

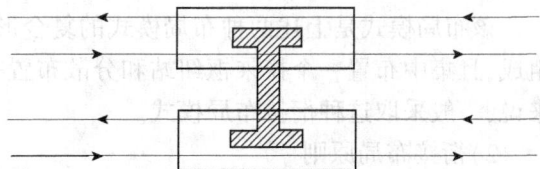

图4-38　"工"字形换乘站示意图

4.4.4　城市轨道交通与常规公交换乘衔接

城市轨道交通的建设投资大,工程复杂,施工期较长,形成一个完善的城市轨道交通网络系统需要很长的建设时间,因此与其他交通方式的衔接协调对扩大客流吸引范围有很大作用。

城市轨道交通客流可分为直接吸引客流和间接吸引客流。直接吸引客流是指通过步行方式直接到达城市轨道交通线路的客流;间接吸引客流是指通过其他非快速交通方式到达城市轨道交通枢纽的客流,通常是以常规公交换乘城市轨道交通系统为主。

地面常规公交是城市轨道交通接运最主要的交通方式。常规公交在城市轨道交通不发达的时候是城市公共交通的主要组成部分。随着快速大容量轨道的发展,公共汽车、电车所承担的客运量会逐渐下降,所起的作用也将由主导变为补充和辅助,成为城市轨道交通的"馈入口"和"分配口"。有些原来沿主要客流方向的地面常规公交线路,因城市轨道交通的建设需要改线,并在适当地点与城市轨道交通相衔接,向城市轨道交通线网覆盖不到的方向延伸。常规公交与城市轨道交通的合理衔接是交通整体化的关键环节,只有两者衔接密切、换乘方便,达到时间与空间上的融合,才能借助常规公交的辐射功能,提高城市轨道交通枢纽的辐射吸引范围,充分实现城市轨道交通较高的运量、较低的占地和能耗以及相对较少的环境污染等优点。因此科学合理地进行城市轨道交通与常规公交的衔接规划是保证城市轨道交通客流效益的一个重要方面。

1)衔接布局模式

城市轨道交通与常规公交的衔接布局是指连接轨道车站的常规公交线网布局、车辆配备、运营组织以及车站附近公交换乘站场布局等方面。两者衔接的内涵主要体现在常规公交线网和换乘站场的布局模式方面,可归纳为以下三种类型。

(1)放射—集中布局模式

常规公交线网主要以城市轨道交通车站为中心成树枝状向外辐射,两者线路重叠区间一般不超过轨道交通站路段,并于车站邻接地区集中开发一块用地用作换乘枢纽站场,作为各条线路终到、始发和客流集散的场所。由于始发线路多,常规公交线网运输能力大,乘客换乘方便且步行距离较短,行人线路组织相对简单,对周围道路交通的影响也较小,但换乘枢纽站场用地较大,因此该布局模式适合于换乘客流大或辐射吸引范围广的城市轨道交通枢纽。

(2)途经—分散布局模式

常规公交线网由途经线路组成,公交停靠站分散设置在城市轨道交通车站周边的道路上。

该布局模式不需设置用地规模较大的换乘枢纽站场,但线网运输能力较小,部分乘客换乘步行距离较长,行人线路组织相对复杂,且换乘客流较大时对周围道路交通有一定的影响,因此适合于换乘客流较小的轨道车站。

(3)综合布局模式

该布局模式是上述两种布局模式的复合形式。常规公交线网由始发线路和途经线路共同组成,且集中布置一个换乘枢纽站和分散布置一些换乘停靠站。对于规模较大的轨道枢纽站来说,一般采取这种衔接布局模式。

2)衔接布局原则

城市轨道交通枢纽与常规公交的衔接布局应遵循以下原则。

①当常规公交车辆从主要干道进出换乘枢纽时,应尽可能地提供公交优先通行的专用道、专用标志或专用信号相位,以减少其进出换乘站的时间。

②常规公交停靠站和站台的数量应由接驳的线路条数、车辆配备数量、换乘候车所需时间、车辆停靠所需空间决定,并应为将来线路发展留有余地。

③换乘线路应尽可能短,换乘枢纽应布置紧凑以减少换乘步行时间。

④应尽可能采用地下通道或人行天桥连接轨道车站集散大厅和常规公交站台,使客流、车流在不同层面上流动,互不干扰。地道和天桥的布置应有利于换乘客流沿站台均匀分布并符合换乘客流强度要求。

⑤应有清晰的换乘线路信息、明确的流向组织、畅通的换乘通道以及必要数量的遮挡设施,且布置紧凑,尽量缩短换乘线路长度,以减少换乘步行时间。

⑥枢纽出入口布置应有利于各方向乘客换乘,应尽可能减少横穿街道的次数。

3)换乘形式

(1)常规公交路边停靠换乘

常规公交直接在路边停靠,利用地下通道与轨道交通枢纽站厅或站台直接联系,如图4-39所示。

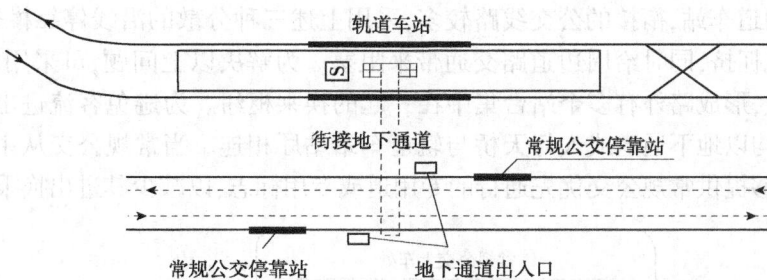

图 4-39 常规公交路边停靠换乘

(2)合用站台换乘

常规公交与城市轨道交通处于同一平面,常规公交停靠站与轨道交通的站台合用,并用地下通道联系两个侧式站台,该形式确保有一个方向换乘条件很好,而且步行距离短(如图4-40所示,其中 Ank 表示到达站,Abf 表示出发站)。

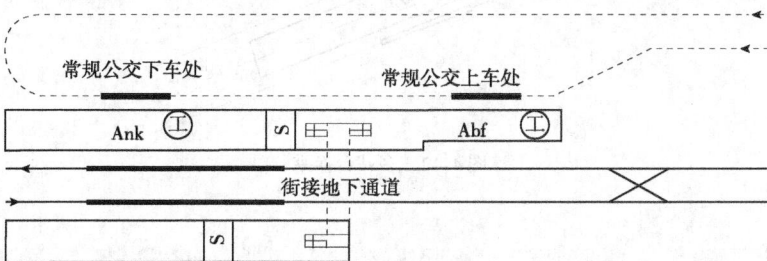

图 4-40 合用站台换乘

(3)不同平面换乘

常规公交与城市轨道交通车站处于不同的平面层,通过长方形路径使常规公交到达站和城市轨道交通的出发站同处一侧站台,而常规公交的出发站与轨道交通的到达站处于另一侧站台,就近解决换乘并保证两股乘客流不相互干扰(图4-41)。在常规公交不太多的地方,可采用这种长方形路径,保持常规公交的单向车流。

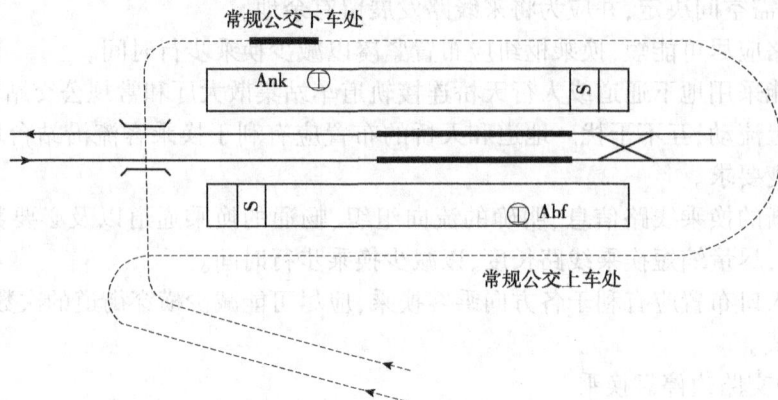

图4-41 在两个平面内换乘

(4)多站台换乘

在繁忙的轨道车站,衔接的公交线路较多,采用上述三种分散的沿线停靠模式,会因停靠站空间不足而造成拥挤,同时给周边道路交通带来阻塞。为解决以上问题,可采用如图4-42所示的集中布局模式,形成路外有多个站台集中在一起的换乘枢纽。为避免客流进出站对车流造成干扰,每个站台均以地下通道或人行天桥与轨道车站站厅相连。当常规公交从主要干道进入换乘站时,最好能够提供常规公交优先通行的专用道或专用标志,以减少其进出换乘站的时间。

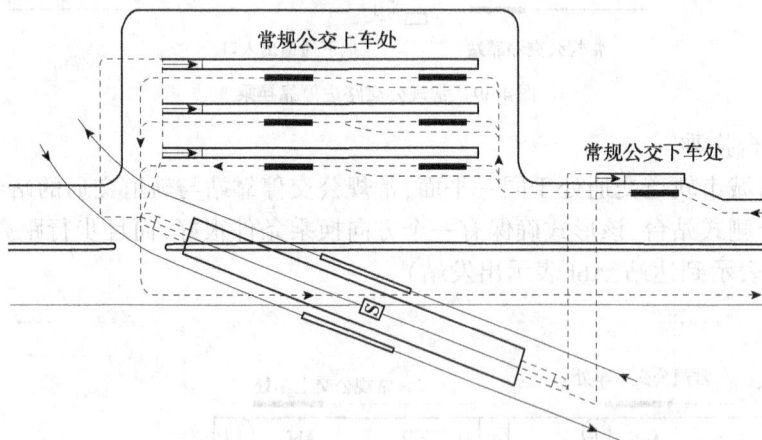

图4-42 多站台换乘

本章小结

本章首先介绍了城市轨道交通车站按不同分类方法的分类及各种类型车站的基本特点,详细介绍了车站平面组成部分、布置原则及车站结构形式;同时,本章还对城市轨道交通车站的客流分析、客流组织措施及客运服务要求等进行了阐述,并对换乘站形式、换乘方式等进行了介绍。

思考题

1. 城市轨道交通车站有哪些类型?
2. 简述城市轨道交通车站平面布置的原则。
3. 城市轨道交通地下车站有哪些结构形式?
4. 简述城市轨道交通客流的特征及客流组织原则。
5. 城市轨道交通有哪几种换乘形式?
6. 简述城市轨道交通换乘站形式。

第 5 章 车　辆

【本章概要】

本章介绍了城市轨道交通车辆的相关设备,主要包括城市轨道交通车辆的特点及分类、结构组成、技术参数和基本标志等。

5.1 概述

城市轨道交通车辆(简称城轨车辆)为城市轨道交通系统中的载运工具,其作用在于承载旅客在固定的城市轨道线路上运行。由于轨道线路往往是在城市人群集散区,人口密度较大,乘客流动性强,因此不仅要求城轨车辆具备安全、准时、快捷,能够给乘客提供良好乘坐环境和服务条件,还应该满足大容量、高性能、低噪声、低能耗等技术层面上的进一步要求。

5.1.1 城轨车辆的主要特点

城轨车辆主要具有以下特点。

(1)载客能力较强

为了适应城市居民市内出行的需要,车辆载客量大而集中,车内布置座位少,车门多且开度大,内部设备简单。乘客上下车频繁,高峰时段可以超载,有时车辆可被灵活编组以适应客流需求。

(2)动力性能良好

城市轨道交通线路曲线半径小、坡度起伏大、运行站距短、停站频次高,车辆需要频繁地启动和制动,因而其加、减速性能较好,运行平稳。

(3)安全可靠性高

城轨车辆稳定性强,故障率低,对防火和乘客紧急疏散方面有很高的要求和较为成熟的应对措施。

(4)技术条件优越

车辆总体设计要求轻量化、节能化、低噪声,客室的门数量多,电气和机械部件的箱、柜或模块化结构大部分悬挂在车体的底架上。

(5)系统化程度高

车辆涉及机械、电气、计算机、制冷、声学及光学等技术领域,并与供电、接触网、信号、通信、综合监控、屏蔽门、土建、线路及轨道等专业有密切的技术接口。

5.1.2　城轨车辆的分类

（1）按照城轨车辆制式分

随着城轨车辆设计制造技术的发展，出现了多种制式车辆，以满足不同线路条件和环境的要求。按走行部分与行驶轨道之间的匹配关系来分，车辆的制式主要有钢轮钢轨制式车辆、胶轮制式车辆、独轨制式车辆、直线电机车辆、导轨制式车辆、磁浮车辆等，而这些车辆被应用于相应的交通系统之中。

通常情况下所讲的城轨车辆，多指的是钢轮钢轨制式的车辆，主要应用于地下铁道或轻轨系统之中。

（2）按照牵引动力配置分

按牵引动力配置分，城轨车辆可分为动车和拖车。

动车（以 M 表示）本身带有动力装置，即装有牵引电机，因此其具有牵引和载客的双重功能，动车又可分为带受电弓的动车和不带受电弓的动车。

拖车（以 T 表示）本身没有动力牵引装置，需要通过动车的牵引拖带来实现运行，因此仅有载客功能，可设置司机室，也可带受电弓。

城轨车辆在运营时一般采用动拖结合、固定编组，从而形成电动列车组。

（3）按照车辆规格分

原建设部在 2008 年 3 月颁布的《城市轨道交通工程项目建设标准》（建标 104—2008）中对我国城轨车辆的类型做了规定，主要根据车体宽度的不同，将城轨车辆分为 A 型车、B 型车和 C 型车三种。

在进行城轨车辆选型的时候，主要是根据线路远期高峰小时的运量要求来进行的：

高运量——单向运能 4.5 万 ~7 万人次/h，选择 A 型车；

大运量——单向运能 2.5 万 ~5 万人次/h，选择 B 型（或 L_b 型）车；

中运量——单向运能 1 万 ~3 万人次/h，其中单向运能 1 万 ~2 万人次/h，选择 C 型或 D 型车；单向运能 1.5 万 ~3 万人次/h，选择 B 型、C 型、L_b 型车或单轨。

我国的一些大城市在开始投入运营时，只有上海、广州、深圳、南京四个城市的地铁使用 A 型车，当前新建地铁的城市大多采用 B 型车，如苏州、杭州、沈阳、长春等。而早期采用 B 型车的北京地铁则根据运量的实际变化进行了相应的调整。由于首都客流量的持续增加，既有的 B 型车已经不能满足运送乘客的要求，因此北京地铁一方面对个别繁忙线路进行了车型更换，比如地铁 1 号线由 B 型车改为 A 型车，提高了 75% 的运力；另一方面对其他未建的线路按 A 型车进行重新设计，以适应能力的需求。

5.2　车辆的基本构造

城市轨道车辆主要由车体、转向架、连接装置、制动装置、受流装置、电气系统、内部设施七部分组成。

5.2.1 车体

车体分为司机室车体和无司机室车体两种,是供乘客乘坐和司机驾驶(有司机室的车辆)的部分,其主要功能是运载乘客,承受和传递载荷,安装传动机构、电气设备和内部设施等。

车体按结构功能分为车体(壳体)、车门、车窗、贯通道和内装饰等。

1)壳体

壳体是由底架、车顶、侧墙、端墙等部件组成的整体承载结构,呈封闭筒形,如图5-1所示。

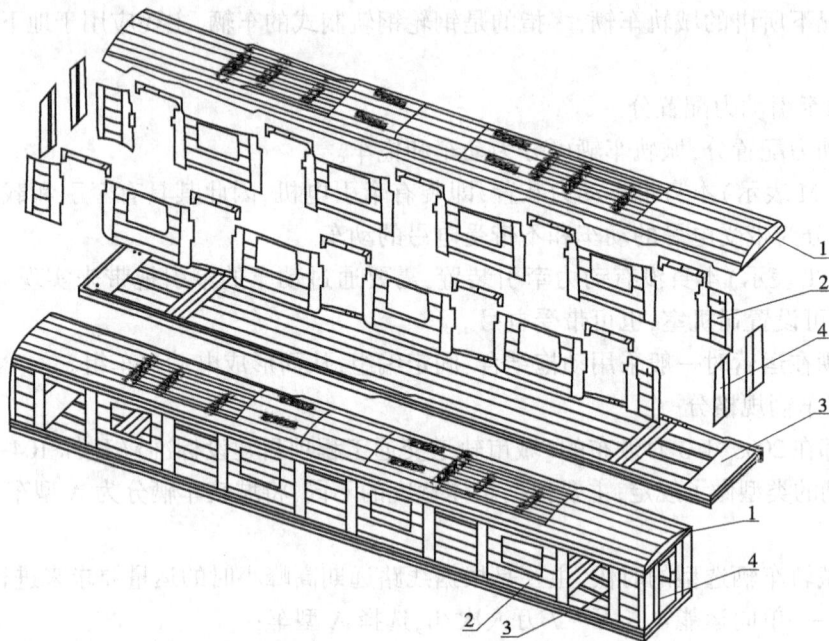

图5-1 壳体组成示意图
1-车顶;2-侧墙;3-底架;4-端墙

底架主要是承受车体上部载荷并传递给整个车体,承受因各种原因而引起的横向力和走行部传来的各种振动和冲击,在车辆间传递牵引力和制动力,由地板梁、牵引梁、枕梁、横梁、侧梁组成。

车顶由两侧小圆弧部分和中部大圆弧部分组成,长度与车顶相同。车顶上可设受电弓和空调机组。

左右侧墙各有相同数目的宽型车门(通常4~5对)和车窗,侧墙被车门和车窗分割成带窗框、窗下间壁及左右窗间壁或门间壁等部件,在组装时分别各自与底架、车顶拼接。

两端端墙是由弯梁、贯通道立柱和墙板组成。

2)车门

按功能来分,车门分为客室侧门、司机室侧门、司机室通道门和紧急疏散门几种。

(1)客室侧门

客室侧门位于车体的两侧,用于乘客上下车。由于城市轨道交通具有大客流、短停留的特点,为方便乘客的上下,车门应有足够的有效宽度和数目,且分布均匀。目前城市轨道交通多采用双翼对开门,车门的宽度通常在1300mm以上,车门对数则根据车型的不同有所差别,A

型车每侧5对,B型车每侧4对,C型车中四轴车和六轴车为每侧4对,八轴车为每侧5对。图5-2为苏州地铁1号线(B型车)的车门布局情况。

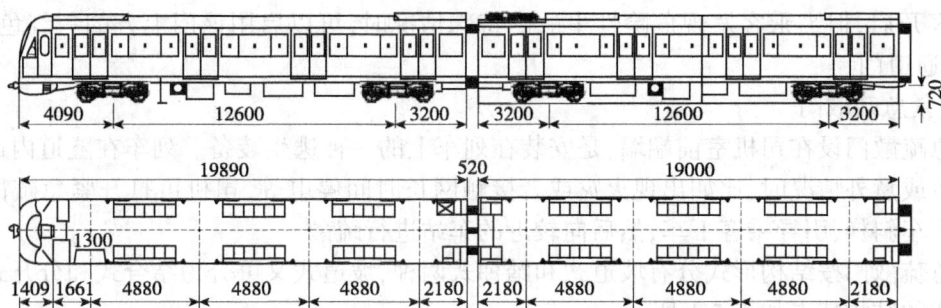

图 5-2　苏州地铁 1 号线车门布局情况示意图

按照驱动系统的动力来源来分,客室侧门可分为电动式车门和气动式车门。电动门的动力来源是电机组件,而气动门的动力来源是驱动气缸。早期常用的主要是气动门,目前电动门作为一种新型的自动门系统,已逐渐被推广应用。

按照车门的运动轨迹以及与车体的配装方式来分,客室侧门又可分为内藏嵌入式侧移门、外挂式移门、塞拉门和外摆式车门四种形式,四种形式在隔声、隔热、隔空气动压差、开门速度、稳定性等方面的表现各有千秋,从总体表现来看,塞拉门和外挂门性能更佳,但出于一些其他方面的考虑,比如城市气候特征,车门文化差异,地铁发展时期的不同,是否便于与既有轨道系统的统一管理等,各城市往往采用不同形式的车门。

上海地铁1、2号线采用气动内藏门、沈阳地铁1号线采用电动内藏门,北京地铁4号线采用电动外挂密闭门,广州地铁3、4、5号线,上海地铁明珠线等均采用电动塞拉门。图5-3为沈阳地铁1号线所采用的电控电动内藏式拉门机构图。

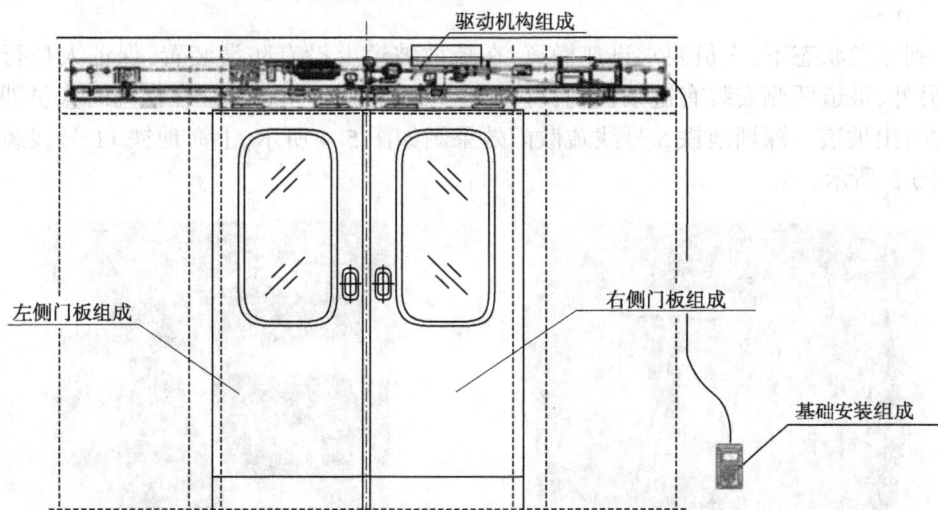

图 5-3　沈阳地铁 1 号线电控电动内藏式拉门机构图

(2)司机室侧门

司机室侧门位于司机室的两侧墙上,通常是单扇的滑动移门,其结构与客室车门类似,但没有驱动装置,用人工开关,以供司机上下车。

（3）司机室通道门

在司机室背墙中间有一通向客室的通道门，在客室一侧没有设置开门把手，正常情况下不允许乘客开启，但当乘客发现危险性事故的特殊情况时，可以启用该门上方的一红色紧急拉手，开启通道门。

（4）紧急疏散门

紧急疏散门设在司机室前端墙，是安装在列车上的一种逃生装备。列车在隧道内运行，当发生紧急或意外情况时，比如出现火灾或者接触网长时间停电等，司机可打开紧急疏散门，放下疏散下车斜梯，引导乘客下车，然后向较近的车站进行疏散。

紧急疏散门按结构形式分有坡道式和踏梯式两种，坡道式又可分为结合式和分开式两种，各种形式的结构特点如表 5-1 所示。

各种形式的地铁车辆紧急疏散门对比　　　　表 5-1

形式类别		优　点	缺　点	应用举例
坡道式	结合式	操作步骤少，操作时间短，疏散能力强	不带玻璃窗，司机室视野较差；结构较复杂，质量较大，成本高	上海 11 号线等
	分开式	带玻璃窗，司机室视野好，操作步骤少，操作时间短，疏散能力强	采用空气弹簧动力，要求空气弹簧质量较好；结构较复杂，质量较大，成本高	深圳 5 号线等
踏梯式		带玻璃窗，司机室视野较好，结构简单，质量小，价格便宜	采用空气弹簧动力，要求空气弹簧质量较好；操作步骤较多，操作时间较长，疏散能力较差	深圳 1 号线等

比如深圳地铁 5 号线采用可折叠的坡道分开式疏散门，主要包括紧急疏散门和紧急疏散坡道两部分。门宽 900mm，净通过高度 1900mm，疏散坡道净通过宽度 560mm，坡道斜度 22°，寿命大于 30 年。

考虑到紧急状态下，人员要求迅速撤离，在疏散坡道上设有防滑装置，保证人员行走时不会滑倒；另外，坡道两侧安装有链条机构，可以充当扶手使用，同时保证在撤离时人员即使拥挤也不会被挤出坡道。深圳地铁 5 号线疏散效果图如图 5-4 所示，上海地铁 11 号线疏散门实景图如图 5-5 所示。

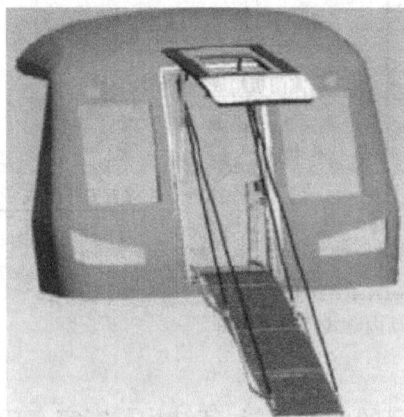

图 5-4　深圳地铁 5 号线疏散门效果图　　　　图 5-5　上海地铁 11 号线疏散门实景图

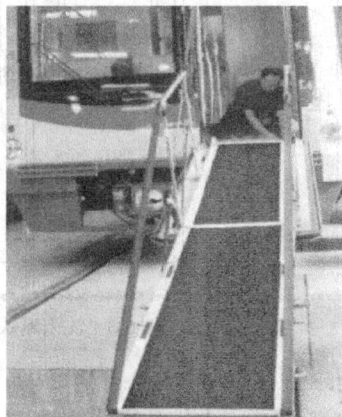

5.2.2　转向架

转向架置于车体和轨道之间,用来牵引和引导车辆沿轨道行驶,承受和传递来自车体及线路的各种载荷,并缓和其作用力,是保证列车运行品质和安全的关键部件。

城轨车辆的转向架种类繁多,单按轴数来分就有单轴、两轴和多轴转向架几种。由于城轨车辆多采用两轴转向架,因此重点介绍两轴转向架的相关内容。

1)转向架的构成与特点

转向架分为动车转向架和拖车转向架,两者基本结构相同,都是由构架、轮对轴箱装置、弹簧悬挂装置、基础制动装置和中央牵引装置所组成。两者的主要区别在于动车转向架还配备有驱动系统,用于提供动力。驱动系统主要由牵引电机和传动装置组成。

构架——转向架的骨架,安装各种零部件的载体,承受和传递垂向力和水平力。

轮对轴箱装置——轮对直接向钢轨传递车辆重量和动作用力,实现车辆在钢轨上的运行,动力轮还通过轮轨间的黏着产生牵引力和动力制动;轴箱是联系构架和轮对的活动关节,除了保证轮对能自由回转外,还能通过其定位装置使轮对适应线路条件,相对于构架前后、左右活动。

弹簧悬挂装置——分为一系悬挂和二系悬挂,用来确保一定的轴重分配,缓和轮轨冲击,是保证车辆运行平稳的重要装置,一般由弹簧、阻尼器及其连接部件组成。

基础制动装置——由制动缸传来的力,经杠杆系统进行放大之后,传给闸片或闸瓦,通过制动盘或车轮踏面,对列车实施制动。

中央牵引装置——是车体与转向架的连接部分,架承车体并传递载荷,并使车体与转向架之间能绕固定的旋转中心相对转动,从而能够顺利通过曲线。

驱动系统——为动力转向架所特有,是将牵引电动机的功率,通过齿轮减速装置传给轮对,主要由牵引电机、传动装置(包括联轴器、齿轮箱、齿轮箱悬挂装置等)和动力轮对组成。

经过多年的发展,无论是国外引进的转向架,还是已经国产化的转向架,在结构设计上,大多呈现出以下特点。

(1)无摇枕设计

目前绝大部分车辆采用无摇枕转向架,即没有上下心盘和上下旁承,车体直接支承在中央弹簧上。

(2)轻量化设计

轻量化设计包括结构轻量化和材料轻量化。比如采用焊接构架,可比铸钢结构减重50%左右;采用空心车轴和小直径车轮,实现了轮对的减重;轴箱、齿轮箱等设备采用铝合金制作,可实现减重60%左右。

(3)可靠性设计

采用H形焊接构架,提高了转向架的整体性;车轮、车轴采用整体压装而成,提高了加工工艺性能,降低了组装误差。

(4)耐久性设计

采用磨耗型车轮踏面,增加了走行距离;使用高磨耗制动闸片,轮盘和闸片之间的磨耗间隙可自动进行补偿;大量采用橡胶弹性结构,使得维护工作量小,检修周期长。

（5）高性能设计

高性能设计使转向架在运行时更加平稳和稳定，具有更加优越的过弯性能。采用空气弹簧，轴箱定位装置，抗侧滚扭杆结构等，使得车辆整体运行更加平稳；牵引电机的安装方式采用架悬或体悬方式，可有效降低簧下质量，减小对线路的冲击；普遍采用抗蛇行减震器，转臂式定位方式，不但减小了对线路的横向冲击，而且提高了过曲线的能力；安装电子防滑器，可以实现黏着性能的充分利用，并使车辆运行顺畅。

2）典型转向架举例

早期我国的城轨车辆所使用的转向架多为国外进口，其基本结构基本相似，均为无摇枕轴箱外置式两系弹簧悬挂二轴转向架，构架由低合金钢板焊接成 H 形，转向架中部设有中央牵引装置，实现低位牵引以提高黏着利用等。

而国内的轨道交通设备制造企业，如株厂、长客等，在引进的基础上，亦进行了一些国产化研发，并自主生产了一系列的 B 型车辆转向架。

（1）Bombardier 公司生产的 A 型车转向架

此种转向架运用在广州地铁 2 号线、深圳地铁 1 号线和上海地铁 1 号线北延伸线等 A 型地铁车辆上，上海地铁 7、9 号线以及深圳地铁 1 号线加车、深圳地铁 2 号线也均采用该转向架的派生产品。图 5-6 所示为广州地铁 2 号线 A 型车转向架结构示意图。

该转向架为无摇枕结构，构架为 H 形钢板焊接结构，动车转向架构架和拖车转向架构架可以互换；一系悬挂为锥形金属橡胶弹簧定位，锥形弹簧与轴箱之间采用螺纹紧固，轴箱上安装提升止挡，该设计可使转向架安全通过不规则轨道，同时可以安全提升整个转向架；二系悬挂采用空气弹簧，每个转向架设 2 个垂向减振器、1 个横向减振器和 1 套抗侧滚扭杆装置，抗侧滚扭杆置于构架侧梁外部，该设计可以有效的抑制车辆侧滚运动，提

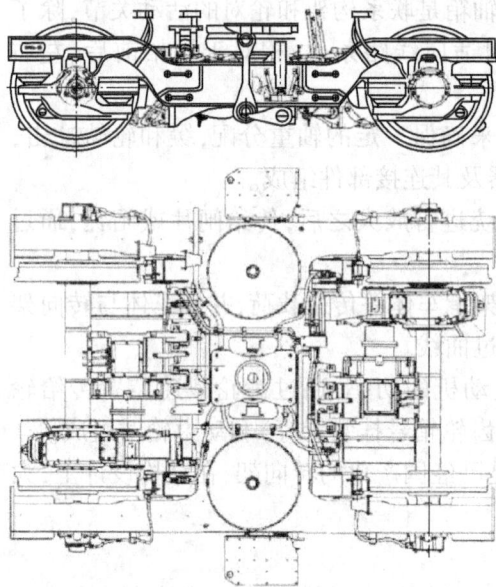

图 5-6 广州地铁 2 号线 A 型车转向架结构示意图

高乘坐舒适度；牵引装置为中心销和单个牵引拉杆机构；每个动车转向架设 2 个交流牵引电机，齿轮箱为一级减速，齿轮箱箱体为卧式水平分型面，便于检修；每个转向架设置 4 套踏面制动单元，其中 2 个制动单元带有停放制动装置。

（2）自主生产的 B 型车转向架

北京地铁 1 号线采用 CM－3 型转向架，13 号线采用 CM－4 型转向架，均为我国在引进国外技术的基础上进行自主设计开发生产的新型转向架。武汉轻轨、天津地铁 1 号线、北京地铁 2 号线、5 号线以及房山线上采用的转向架结构与上述转向架相似。图 5-7 所示为北京地铁房山线动车转向架结构示意图。

房山线动车和拖车的转向架构架主体结构基本相同，为 H 形钢板焊接结构；轮对由车轴和车轮压装而成，车轮采用全加工直辐板整体辗钢车轮，其上安装有制动盘。轴箱采用迷宫式

防尘结构,整体铸造;动车轴箱装有防滑装置,拖车轴箱装有测速装置和防滑装置,轴承的形式为双列圆柱、自密封结构;空气弹簧采用欧式大胶囊结构,有效地衰减来自车体的垂向和横向振动,改善了乘坐舒适性和通过曲线的性能;中央牵引装置采用自主开发研制的 Z 形牵引拉杆形式,减少了纵向冲动;基础制动装置采用轮装盘式单元制动,单元制动缸内设闸片间隙自动调整器,可使制动盘面与闸片的距离保证在 1.5mm,闸片与闸片托之间采用燕尾槽并有专门的锁定机构,便于闸片的安装和更换;每个动车转向架设 2 个交流牵引电机,齿轮箱为一级减速,联轴节为挠性板结构;此外,车辆头车还装有排障器和 ATP 天线,动车转向架装有受流器装置。

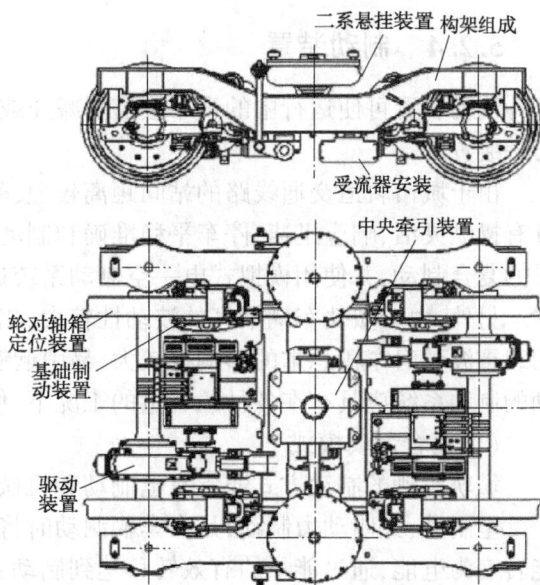

图 5-7　北京地铁房山线动车转向架结构示意图

5.2.3　连接装置

车辆连接装置主要包括车钩缓冲装置和贯通道装置。另外,还包括风管连接装置、电气连接装置、车钩对中装置、安装吊挂系统等辅助设施。

(1)车钩缓冲装置

车钩是连接车辆编组成列,并实现相邻车辆之间纵向力传递的装置。通常情况下,车钩后部装设缓冲装置,以缓和车辆之间的纵向冲击。同时,通过车钩缓冲装置还可以实现车辆之间的电路和空气管路的连接。

车钩按其结构可分为全自动车钩、半自动车钩和半永久牵引杆三种。

全自动车钩可以实现机械、气路和电路的完全自动连挂和解钩,亦可以人工解钩。通常位于列车的端部。

半自动车钩可以实现机械和气路的自动连挂和解钩,亦可以人工解钩,但电路必须依靠人工连挂和解钩,以便于检修作业。常用于两编组单元之间的车辆连接。

半永久牵引杆的机械、气路和电路的连接和解钩都需要人工操作,但一般只在架修以上的作业中才进行分解。常用于同一单元内车辆之间的编组,使之编组成单元。

(2)贯通道装置

贯通道装置也称为风挡装置,位于两节车厢的连接处,从而实现两车辆的通道连接。贯通道具有良好的防雨、防风、隔音、隔热等功能,并且能够使得乘客安全穿行于车厢之间,以实现车厢内客流密度的调节功能。

贯通道分为整体式和分体式两种,目前普遍使用分体式。

贯通道装置主要由波纹折棚、紧固框架、连接框架、滑动支架、内侧板、内顶板以及渡板组成。

5.2.4 制动装置

制动装置可使运行中的列车按需要减速或在规定的距离内停车,是保证列车运行安全的必备装置。

由于城市轨道交通线路的站间距离较短,列车的调速和制动比较频繁,这就要求城轨车辆具有操纵灵活、响应迅速、停车平稳准确和制动力大等特点。因此城轨车辆普遍采用动力和盘形的复合制动,并使用模拟式电—空制动系统进行控制。

另外,由于城轨车辆乘客的波动性较大,相对于轻量化的地铁车辆来说,乘客上下所引起的载重波动对车辆总重的影响也较大,易引起制动率的波动,这是对制动不利的。因此城轨车辆的制动系统应具有在各种载客量的工况下,使车辆制动率基本恒定的性能。

(1)复合制动模式

城轨车辆的制动方式通常有电制动和机械制动两种。

电制动,又叫动力制动,是在车辆制动时将牵引电机转变成发电机工作,从而将列车的动能转变为电能,通过能量的有效转移达到制动目的的一种制动方式。电制动又分为电阻制动和再生制动两种,两者的主要区别就在于前者是将产生的电能加于电阻器中,转为电阻器的热能散于大气之中,而后者是将产生的电能反馈回电网以供其他列车使用。

机械制动,又叫摩擦制动,是动能通过摩擦副的摩擦转变为热能,然后消散于大气中。机械制动主要有踏面制动和盘形制动两种,目前城轨车辆普遍采用盘形制动方式。

相对于机械制动而言,电制动没有机械磨耗,亦无环境污染,并且能够进行能源回收,因此成为制动方式的首选。但随着列车速度的下降,其电制动力也将减弱,当速度降低到一定数值时,电制动力已无法满足制动要求,则需要空气制动的配合和最后承担。因此在实施车辆制动时,通常采取程序制动措施。

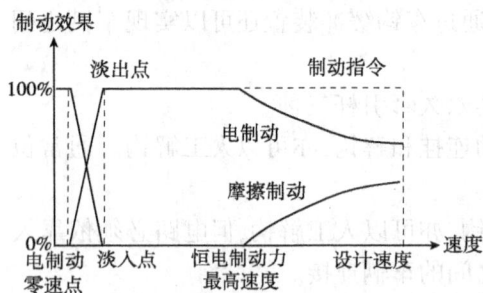

图 5-8 南京地铁 1 号线的程序制动策略

所谓程序制动,是指充分利用电制动,尽量减少空气制动,但在电制动不能满足要求时,则需要空气制动来配合实施甚至独立完成。程序制动为绝大多数城轨车辆所采用,图 5-8 所示为南京地铁 1 号线的程序制动策略。

列车在运行过程中,当速度在电制动零速点($v = 3km/h$)与淡出点之间时,通过编码器输出"电制动力达到多大值"信号,使得电制动和空气摩擦制动混合施加。当列车运行在恒电制动力最高速度和电制动淡出点之间时,仅使用电制动,当列车运行速度超过恒电制动力最高速度时,电制动和空气摩擦制动又混合施加。

(2)制动控制系统

城轨车辆的制动控制方式有气控制气、电控制气、电—空控制等多种。气控制气是指利用列车管内压缩空气的变化通过一些阀的动作来控制执行元件的动作。电控制气是指利用列车线来控制操纵执行元件的电磁阀,从而达到控制执行元件的动作。电—空控制(E - P control)是指利用电信号来控制气信号,再用气信号控制执行元件的动作。目前普遍采用微机控制的模拟式电—空制动系统,即应用计算机对各种数据进行处理后发出电信号进行控制,而电信号是利用脉冲宽度(PWM 方式)调制,能进行无级控制。

微机控制的制动控制系统由电气部分和气路部分组成。电气部分又包括制动控制器、微机控制系统和安全联锁装置。气路部分则由供气设备、制动控制单元(BCU)、基础制动装置、微机控制单元(EBCU)和防滑装置组成。图 5-9 所示为南京地铁 1 号线的一个牵引单元组制动控制原理图。每个微机制动控制装置控制同一节车的两个转向架,由司机控制台上司机控制器实现控制操作。

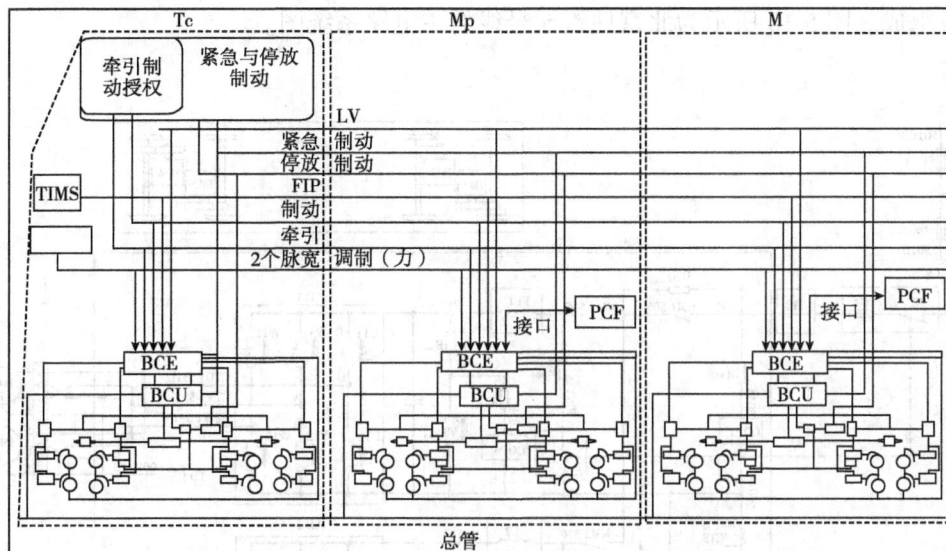

图 5-9　南京地铁 1 号线一个牵引单元组制动控制原理图

5.2.5　受流装置

从接触导线(接触网)或导电轨(第三轨)将电流引入动车的装置称为受流装置。受流装置按其受流方式可分为以下五种形式。

(1)杆形受流器:外形为两根平行杆,上部有两个受电轨(导线),广泛用于城市无轨电车。

(2)弓形受流器:上部受流,弓可升可降,其接触有一根导线,下面与导轨构成电路回路,一般用于城市有轨电车。

(3)侧面受流器:在车顶的侧面受流,又称为"旁弓",多用于矿山的电力机车上。

(4)轨道式受流器:从底部导电轨受流,又称第三轨受流,空间可得到充分利用,多用于速度较高的隧道列车。北京地铁及目前欧美大部分地铁均采用这种受流方式。

(5)受电弓受流器:上部受流,弓可升可降,适用于列车速度较高的干线电力机车上。上海、广州等地铁亦采用这种方式。

在受电制式上,目前世界上地铁发展较早的城市大都采用直流 750V,个别有采用 600V 的。北京地铁为直流 750V,上海、广州、深圳地铁均采用直流 1500V。和 750V 相比,1500V 具有以下优点:可提高牵引电网供电质量,降低迷流数值,增加牵引供电距离,从而可减少牵引变电所的数量,便于城市轨道交通线路实现地下、地面和高架的连接。

5.2.6 电气系统

车辆电气系统包括车辆上的各种电气设备及其控制电路。目前大部分的城轨车辆采用交流调压变频的传动控制系统,主要由主电路系统、辅助电路系统和控制电路系统三部分组成。

其中主电路系统主要是由受流器(CS、SF)、主隔离开关熔断器箱(MS、MF)、高速断路器箱(HB)、滤波电抗器箱(FL1、FL2)、牵引逆变器箱(VVVF)、牵引电机(IM1~IM4)以及接地装置等设备组成。图5-10所示为北京地铁5号线的主电路系统图。

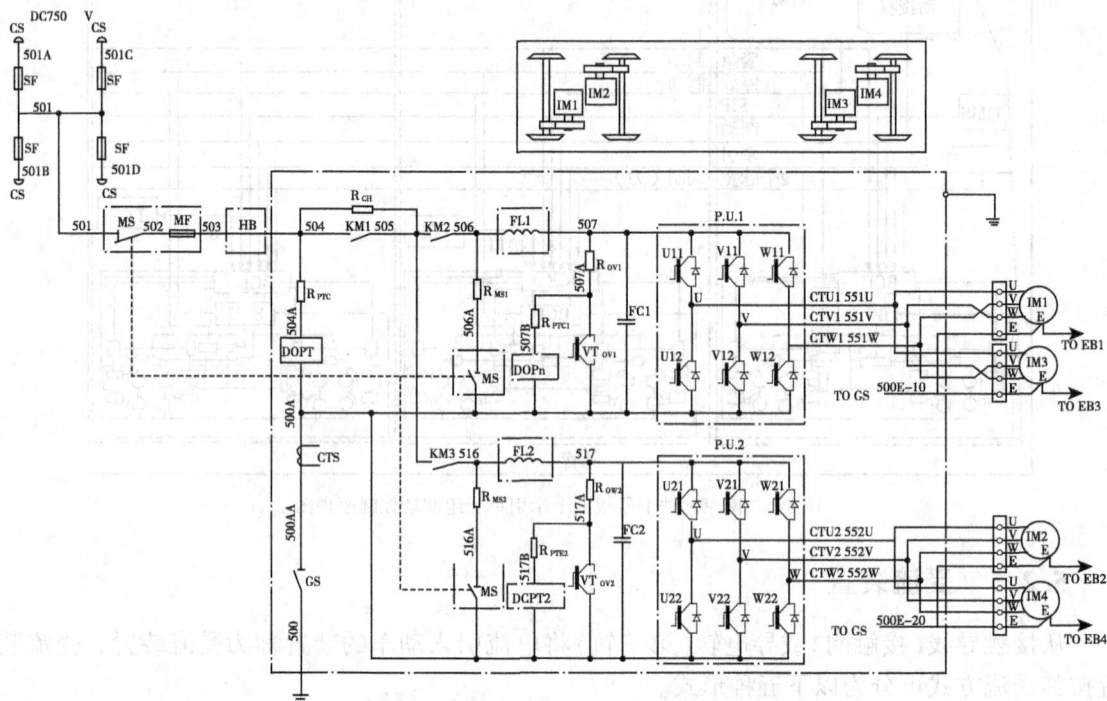

图5-10 北京地铁5号线的主电路系统图

5.2.7 内部设施

1)司机室

司机室主要包括司机台、司机座椅、司机室侧门、后端门和紧急疏散门等。

司机台是比较复杂的部件,在该台上设有牵引和制动手柄、相关仪器、指示灯、各种按钮和显示屏等。图5-11为北京地铁13号线司机台实景图。

2)客室

客室设有车门、车窗、座椅和挡风板、扶手栏杆以及消防设施,如灭火器和安全锤等。客室座椅一般采用靠侧墙纵向布置在两侧车门之间,这是为了更好地适应城轨短旅途、大运量的特点。图5-12为南京地铁1号线客室内部视图。

图 5-11　北京地铁 13 号线司机台实景图

图 5-12　南京地铁 1 号线客室内部视图

3）车辆灯光

由于城市轨道交通线路多处于隧道之中，因此对于灯光的配备必不可少。从用途上来分，又可分为指示灯和照明灯两种。

（1）指示灯

主要包括车辆运行状态指示灯和车门开闭状态指示灯。

通常在车体外侧墙上设置一竖排车辆运行状态指示灯，不同颜色灯光的点亮有如下相应表征：

红灯亮——该车至少有一转向架已经施加了空气制动；

蓝灯亮——该车已施加停车制动；

绿灯亮——该车所有的制动已缓解；

橙灯亮——该车至少有一车门没有关好；

白灯亮——车载 ATP/ATO 系统对列车的控制监控解除。

车门开闭状态指示灯通常安装在车门上部的侧顶板里，有"门打开"和"门关闭"两种形式。

（2）照明灯

从功能上来说，主要包括用于列车运行的照明和用于客室的照明。图 5-13 所示为列车在隧道中运行时的照明效果图，图 5-14 所示为客室内照明效果图。

图 5-13　列车在隧道中运行时的照明效果图

图 5-14　客室内照明效果图

4）乘客信息系统

城轨车辆乘客信息系统是一个集成了乘客广播、视频播放、动态地图显示及视频监控的综合平台，为乘客在乘车时提供语音通信与语音广播，提供高质量的视音频和必要的站台及旅行换乘信息;在列车发生故障或事故时,向乘客提供回避危险的指挥、指导信息;为司机及运营控制中心提供列车司机室及客室的实时监控视频信息。其主要分为列车广播系统、列车视频监视系统及乘客信息显示系统等。

(1)列车广播系统

列车广播系统为乘客提供语音通信和语音广播功能。图 5-15 所示为广州地铁 2、8 号线延长线广播系统的结构框图。

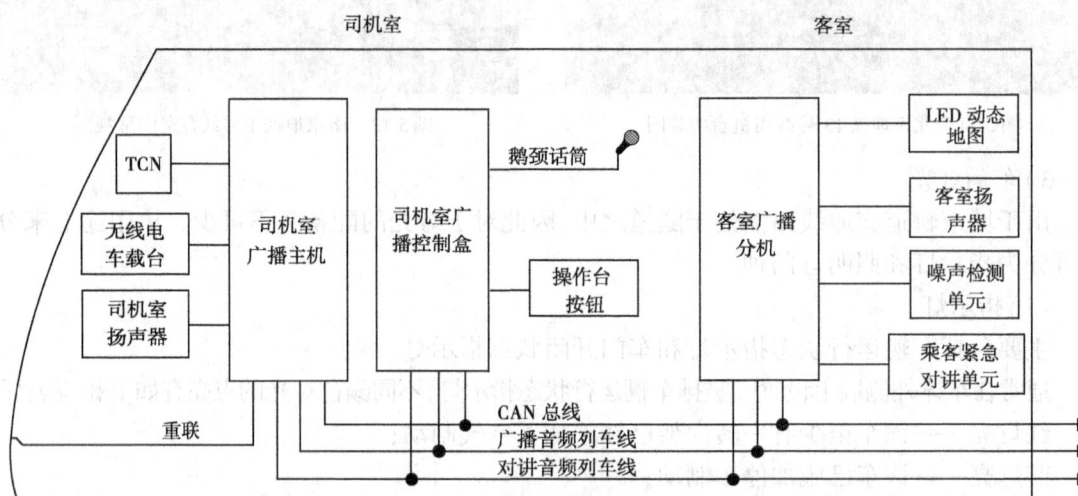

图 5-15　广州地铁 2、8 号线延长线广播系统的结构框图

系统设备通过 CAN 总线、广播音频列车线及对讲音频列车线连接。CAN 总线传送系统内部控制信号,广播音频列车线传送列车广播音频信号,对讲音频列车线传送司机室对讲和紧急报警音频信号。

司机室扬声器(CLS)安装在司机室内(图 5-16),一个用于接听司机与乘客的对讲、司机与司机的对讲,另一个用于监听对客室的广播。客室扬声器(ILS)用于播放客室广播、到站信息以及紧急情况下的提示信息等(图 5-17)。

车辆还配备有紧急报警装置,如图 5-18 所示。紧急报警在乘客发现紧急情况时打开,按下红色按钮向司机报警,可与司机建立通话。

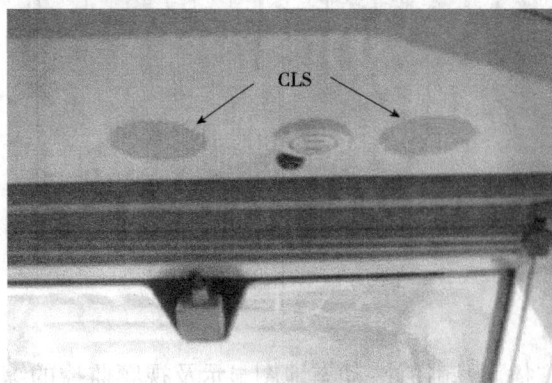

图 5-16　司机室监听扬声器

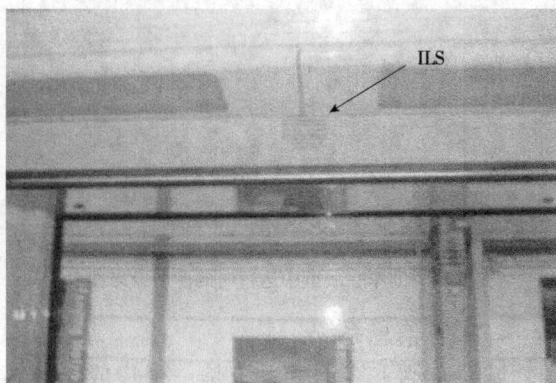

图 5-17　客室扬声器

（2）列车视频监视系统

列车视频监控系统为司机及运营控制中心提供司机室及客室的实时状况，以便及时了解情况，有效控制不良事件的发生等。

图 5-19 所示为广州地铁 2 、8 号线延长线列车视频监控系统及乘客信息显示系统结构框图，图5-20为司机室操作台及客室监控显示屏。

（3）乘客信息显示系统

乘客信息显示系统主要包括运行线路动态电子显示图、LCD 液晶显示器、LED 信息显示器等，从而给乘客提供高质量的视频信息和必要的旅行换乘信息。

图 5-21 ~ 图 5-24 所示为乘客信息显示系统的相关设备。

图 5-19　列车视频监控系统及乘客信息显示系统结构框图

图 5-18　紧急报警装置

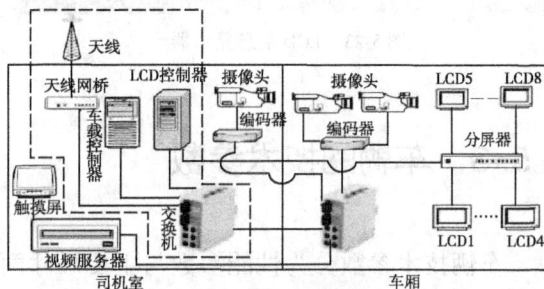

图 5-20　司机室操作台及客室监控显示屏

图 5-21　线路动态电子显示图

图 5-22　LCD 液晶显示器

图 5-23　LCD 信息显示器

图 5-24　LED 信息显示器

5.3　车辆的技术参数

车辆技术参数分为性能参数与主要尺寸两部分,主要用来概括车辆技术规格的相关指标,从而从总体上对车辆性能及结构进行表征。

5.3.1　主要技术参数

(1)车辆性能参数

①自重、载重:自重指车辆在整备状态下本身结构及设备组成的全部质量;载重指正常情况下车辆允许的最大装载质量,以吨(t)为单位。

②最高运行速度:指车辆设计时按照安全及结构强度等条件所决定的车辆最高行驶速度,并要求连续以该速度运行时车辆具有足够良好的运行性能。

③轴列式:用数字或字母表示车辆走行部结构特点的方式。

④轴重:列车质量和轴数的比值。

⑤制动形式:指车辆获得制动力的方式。

⑥列车平稳性指标:反映车辆振动对人体感受造成影响的主要指标,通常用斯佩林公式进行计算,其值越大,说明车辆的稳定性越差,一般要求城轨车辆的平稳性指标值应小于 2.7。

⑦起动平均加速度:指在平直线路上,额定定员的载荷条件下,列车在起动过程中单位时间内速度的增加量(m/s^2)。

⑧制动平均减速度:指在平直线路上,额定定员的载荷条件下,列车在制动过程中单位时间内速度的减少量(m/s^2)。

⑨冲击率:由于工况改变引起的列车中各车辆所受到的纵向冲击,以加速度变化率来衡量(m/s^3)。要求城轨车辆的纵向冲击率不得超过 $1m/s^3$。

⑩转向架安全性指标:反映转向架运行平稳、稳定和良好过弯性能的指标,通常包括脱轨系数、倾覆系数、轮重减载率等。

（2）车辆主要尺寸

①车辆长度：车辆处于自由状态，车钩呈锁闭状态时，两端钩舌内侧之间的距离。

②车辆最大宽度：车体横断面上最宽部分的尺寸。

③车辆最大高度：车辆顶部最高点与钢轨顶面之间的距离。通常情况下还需说明与最高点相关的结构，如有无空调，受电弓的状态等。

④车辆定距：同一车辆的两转向架回转中心之间的距离。

⑤固定轴距：同一转向架的两车轴中心线之间的距离。

⑥车钩高：指车钩连接面中点至轨面的高度。取新造或修竣后空车的数值。列车中各车辆的车钩高基本一致，从而能够保证车辆正确连挂和列车运行平稳。各城市车钩高不尽相同，广州、上海地铁车辆为720mm，北京地铁车辆为660mm。

⑦地板面高度：车辆地板面与钢轨顶面之间的距离。取新造或修竣后空车的数值。其受两方面的制约，一是车辆本身某些结构高度的限制，如车钩高及转向架下心盘面的高度；另一方面又与站台高度的标准有关，应与站台高度相协调，比如上海地铁车辆地板面高为1130mm，北京地铁车辆为1053mm。

三种车型的主要技术规格如表5-2所示。

各类车型主要技术标准
表 5-2

序号	项目名称		A型车	B型车	C型车		
			四轴车	四轴车	四轴车	六轴车	八轴车
1	车辆基本长度（m）		22	19	18.9	22.3	29.5
2	车辆基本宽度（m）		3	2.8	2.6		
3	车辆高度（m）	受流器车（m）（空调/无空调）	3.8/3.6	3.8/3.6	3.7/3.25		
		受电弓车（m）（落弓高度）	3.8	3.8	3.7		
		受电弓工作高度（m）	3.9~5.6				
4	车内净高（m）		2.10~2.15				
5	地板面高（m）		1.1		0.95		
6	车辆定距（m）		15.7	12.6	11	7.2	
7	固定轴距（m）		2.2~2.5	2.1~2.2	1.8~1.9		
8	车轮直径（mm）		Φ840		Φ760		
9	车门数（每侧）（个）		5	4	4	4	5
10	车门宽度（m）		≥1.3				
11	车门高度（m）		≥1.8				
12	定员人数（人）	单司机室车	295	230	200	240	315
		无司机室车	310	245	210	250	325
13	车辆轴重（t）		≤16	≤14	≤11		
14	站立人员标准（人/m²）	定员	6				
		超员	9				
15	最高运行速度（km/h）		≥80		≥70		
16	启动平均加速度（m/s²）		≥0.9		≥0.85		
17	常用制动减速度（m/s²）		1.0		1.1		
18	紧急制动减速度（m/s²）		1.2		1.3		

续上表

序号	项目名称		A 型车	B 型车	C 型车		
			四轴车	四轴车	四轴车	六轴车	八轴车
19	噪声[dB(A)]	司机室内	≤80		≤70		
		客室内	≤83		≤75		
		车外	80～85(站台)		≤82		

注:①车辆详细技术条件,可参照《地铁车辆通用技术条件》(GB 7928—2003)和《轻轨交通车辆通用技术条件》(CJ/T 5021—1995);

②C 型车未包括低地板车。

5.3.2 城轨车辆技术参数举例

以苏州地铁 2 号线车辆为例,苏铁 2 号线采用 B 型车,列车以 3M2T 五节编组,其主要技术参数如下。

(1)车辆主要性能参数(表 5-3)

车辆主要性能参数表　　　　　　　　　　　　　　　　表 5-3

性能参数		参数值
设计结构速度		90km/h
最高运行速度		80km/h
最大启动加速度(0～35km/h)		0.95m/s²
平均加速度(0～60km/h)		≥0.5m/s²
常用制动平均减速度		1.0m/s²
紧急制动减速度		1.2m/s²
最大冲击率		0.75m/s³
轴重		≤14t
平稳性		$W \leqslant 2.5$
转向架的安全性指标	脱轨系数	$Q/P \leqslant 0.8$
	轮重减载率	$\Delta P/P_{\text{st}} \leqslant 0.6$
	倾覆系数	$D = P_{\text{d}}/P_{\text{st}} \leqslant 0.8$

注:平稳性指标参照《铁道车辆动力学性能评定和试验鉴定规定》(GB/T 5599—1985)。

(2)车辆主要结构尺寸(表 5-4)

车辆主要结构尺寸表　　　　　　　　　　　　　　　表 5-4

性能参数	参数值	性能参数	参数值
车体长度	19000mm	地板面高度	1100mm
车辆长度(Tc 车/Mp 车)	20450mm/19520mm	车钩高度	720mm
车体宽度(地板面处)	2800mm	转向架中心距	12600mm
车体高度(落弓时)	≤3810mm	转向架轴距	2300mm
车门/车窗数量	门 4 对/窗 3～5 对	车轮轮径(新轮)	Φ840mm
车门开门尺寸	宽≥1300mm,高≥1800mm	(半磨耗)	Φ805mm
开关门时间	5s	(磨耗)	Φ770mm
车内净高	≥2100mm		

（3）载客量及重量表（表5-5）

列车在各种载客状态下的载客及重量表

载客状态（AW）	拖车（Tc）		动车（M 或 Mp）		列车（3M2T）		备 注
	（人）	（t）	（人）	（t）	（人）	（t）	
AW$_0$	0	31	0	33	0	161	每位乘客质量按 60kg 计算
AW$_1$	37	33.22	42	35.52	200	173	
AW$_2$	230	44.8	250	48	1210	233.6	
AW$_3$	324	50.44	348	53.88	1692	262.52	

AW 是表征列车载客量的参数，包括 AW$_0$、AW$_1$、AW$_2$、AW$_3$ 四种情况。AW$_0$ 表示空载时的情况；AW$_1$ 表示满座时的情况；AW$_2$ 表示满载时的情况（按 6 人/m^2），即定员载荷；AW$_3$ 为超载时的情况（按 9 人/m^2）。

5.4 车辆的基本标志

标志是指对城轨车辆及其设备进行标记或编号，它是为了在车辆运用和检修等情况下管理和识别的方便。其主要包括车辆编号、设备编号和车辆方位标志等。

目前各城市运行的城轨车辆就标志规定上虽然不尽相同，但其标志方法大体类似。

5.4.1 列车编组

列车编组主要包括列车中动车与拖车的分布形式，以及车辆之间的连接方式。

由于城市、线路以及时期的不同而导致客流量存在差异，列车编组并不完全一致。较为常见的有六辆编组和四辆编组两种形式，其中六辆编组主要有"三动三拖"和"四动二拖"，四辆编组的主要是"二动二拖"。

在编组方式中，M 表示动车，T 表示拖车，c 表示带有司机室，p 表示带有受电弓；"+"代表全自动车钩，"-"代表半永久牵引杆，"="代表半自动车钩。

比如北京地铁 4 号线的列车编组为 +Tc-Mp-M-T-Mp-Tc+，由三个单元车组成；杭州地铁 1 号线，深圳地铁 3 号线等列车编组为 +Tc-Mp-M=M-Mp-Tc+，是由两个单元车组成，每一单元车为二动一拖；北京地铁八通线原来的四辆编组为 +Mc-Tp=T-Mc+，共两个动力单元，每一单元车为一动一拖等。

当然，列车并非一定是偶数编组，主要还是取决于城市及其线路的近远期客流量的大小。比如苏州地铁 1、2 号线，无锡地铁 1 号线近远期均采用五辆编组，编组方式为 +Tc-Mp-M-Mp-Tc+。

随着城市的发展，在既有线路不能满足客运能力的需要时，亦存在扩编问题。比如北京地铁八通线的"4 改 6"，上海地铁 1 号线的"6 改 8"等等。上海地铁 1 号线六辆编组方式为 +A-B-C=C-B-A+，而扩编的八辆编组方式为 +A=B-C=B1-C1=C-B=

A+,是在原来的基础上增加一个 B - C 单元,并将各单元之间以半自动车钩进行连接。

上述编组中的 A、B、C 是指 A 车、B 车、C 车,这是上海、广州等城市地铁编组常用的标称方式。通常情况下,A 车为拖车,一端设有驾驶室;B 车为动车,车顶上装有受电弓;C 车也为动车,车下装有一套空气压缩机。与前面所说的 A 型车、B 型车、C 型车并非一个概念,需要特别注意。

5.4.2 车辆编号

通常车辆都有属于自己的固定编号,虽然各城市线路所使用的编号方式不尽相同,但大体方法类似。不妨以广州地铁为例,其车辆编号包含以下信息:车辆所属线路(通常以数字表示)、车辆的编组类型(A 车、B 车或 C 车)、生产顺序号(同类型单元车的连续编号),图 5-25 所示为运行在广州地铁2 号线上的某车编号状况,编号的旁边为广州地铁的代表符号。

图 5-25 广州地铁 2 号线车辆编号

车辆编号 02A005:

02——车辆所属线路为二号线;

A——A 车;

005——单元车的连续编号(001,002,……)

各编号车辆在该列车中的编组情况可表示为:

+ 02A005 - 02B005 - 02C005 = 02C006 - 02B006 - 02A006 +

5.4.3 方位标志

主要包括车端、车侧的定义,以便于对车辆中某些同类设备进行编号,从而加以区分,现以广州地铁 2 号线车辆标志为例进行说明。

(1)车辆 1 位端、2 位端的定义

每辆车 1 位端定义如下:

①A 车 1 位端为带有全自动车钩的一端。

②B 车 1 位端是与 A 车连接的一端。

③C 车 1 位端是连接半永久牵引杆的一端。

定义了 1 位端后,另一端即为 2 位端。

(2)车辆左、右侧的定义

人站立于车辆的 2 位端,而面向 1 位端时,人的右侧即为该车辆的右侧,人的左侧即为该车辆的左侧。

(3)列车左、右侧的定义

列车的左、右侧是按列车向前牵引的方向定义的。列车的左侧是指观察者朝向列车的牵引方向时,观察者左边所对应的那一侧,而另一边则为列车的右侧。

5.4.4　设备编号

设备编号主要包括转向架和轴的编号、车门和门页的标号、座椅编号等。

（1）转向架和轴的编号

每辆车的转向架都分为转向架1和转向架2。转向架1在车辆的1位端,转向架2在车辆的2位端。每辆车的4根轴从1位端开始至2位端,依次连续编号轴1至轴4,如图5-26所示。

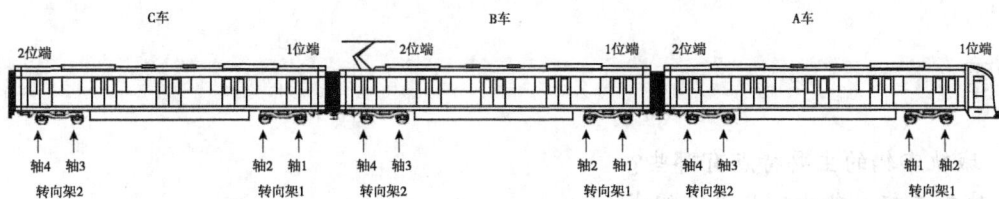

图 5-26　转向架和轴的编号方法

（2）车门和门页的编号

门页的编号由1位端至2位端,每辆车的左侧车门的门页采用由小到大的连续奇数,右侧车门的门页采用由小到大的连续偶数,如图5-27所示。

车门编号则由该车门两门页的号码合并:自1位端到2位端,左侧车门编号为1/3、5/7、9/11……右侧车门编号为2/4、6/8、10/12……

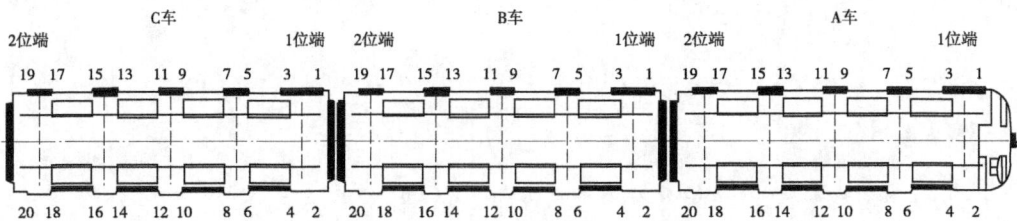

图 5-27　门页编号方法

（3）座椅编号

每辆车有8个座椅纵向排列在车辆内部的两侧。自1位端到2位端,座椅的编号从1到8,左侧为奇数,右侧为偶数。如图5-28所示。

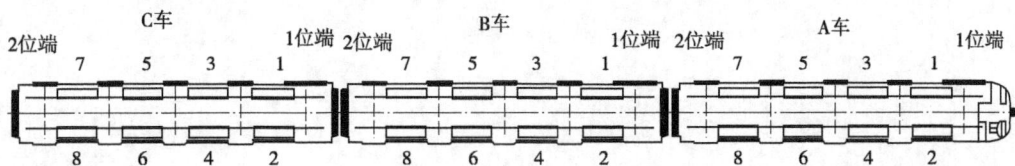

图 5-28　座椅编号方法

此外,车窗、扶手、立柱、吊环、照明灯、指示灯、扬声器等设备也采用同样的编号方法,而车辆质量、顶车位置、应急设备位置等必须用相关符号或文字在规定位置做出明确的标记。

本章小结

　　城市轨道交通车辆作为城市轨道交通系统中的载运工具,具有载客能力强、动力性能好、安全可靠性高、技术条件优越等特点。本章首先对城轨车辆各组成部分包括车体、转向架、连接装置、制动装置、受流装置、电气系统、内部设施等进行了具体介绍;其次以苏州地铁2号线的车辆为例,对车辆的主要技术参数包括性能参数和主要尺寸进行了介绍;最后介绍了车辆及其设备标志,包括车辆编号、设备编号和方位标志等内容。

思考题

　　1. 城轨车辆的主要特点有哪些?

　　2. 城轨车辆一般由哪几部分组成?

　　3. 城轨车辆转向架呈现的技术特点有哪些?

　　4. 车辆性能参数主要有哪些?

　　5. 城轨车辆是如何编组的?

　　6. 车辆标志主要有哪些,各自如何标定的?

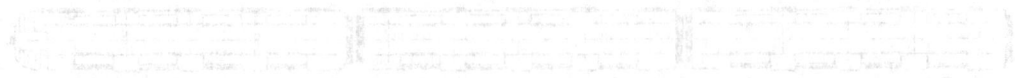

◁ 第6章 车 辆 段

【本章概要】

本章介绍了城市轨道交通车辆的维修基地及其检修标准,主要包括车辆段的基本形式、主要功能、主要组成和总体布局;车辆检修的分类、修程以及作业内容等;最后介绍了车辆段的规模建设问题,对建设集约型车辆段进行了阐释。

车辆段又被称为车辆基地,是城市轨道交通系统中对车辆进行运用管理、停放及维修保养的专门场所。它不仅包括车辆段本身,还包括综合维修中心、物资总库、培训中心及必要的办公、生活等相关的生产配套设施。有些线路还将行车调度指挥中心、城市轨道交通公安分局或运营公司部分职能处室整合在车辆基地内。图6-1所示为深圳地铁罗宝线竹子林车辆段内的行车调度指挥中心大楼。

图6-1　车辆段内的行车调度指挥中心

◁ 6.1　车辆段的功能与基本形式

6.1.1　车辆段的功能

作为城市轨道交通车辆的运用与维修基地,车辆段应具备以下基本功能。

(1)车辆停放及日常保养功能

车辆停放及日常保养功能主要包括车辆的停放和管理,司乘人员每日出、退勤前的技术交接,对运用车辆的日常维修保养及一般性临时故障的处理,车辆内部的清扫、外部洗刷及定期消毒等。

(2)车辆的检修功能

根据车辆的检修周期要求,定期对车辆进行相应的计划性维修。

(3)列车救援功能

列车运行发生事故(如出现脱轨、颠覆等现象)或电网中断供电时,能迅速出动救援设备起复车辆,或将列车迅速牵引至临近车站或基地,并排除线路故障,恢复行车秩序。

（4）设备维护功能

对城市轨道交通其他系统设备，包括房屋、轨道、桥梁、车站等建筑物和供电、环控、通信、信号、防灾报警、自动售检票、屏蔽门、给排水、自动电扶梯等机电设备进行维护、保养和维修等。

（5）材料供应功能

负责城市轨道交通系统在运营过程中，所需各种材料、设备器材、备品备件、劳保用品以及其他非生产性固定资产的采购、储存、保管和供应工作。

（6）技术培训功能

对城市轨道交通系统的技术干部和生产人员进行技术培训。

6.1.2　车辆段的基本形式

车辆段根据功能来分主要有运用停车场（简称停车场）和检修车辆段（简称车辆段）两种形式。而检修车辆段根据其作业范围又有架（厂）修段和定修段两种。通常情况下一条线路设一个车辆段，当线路长度超过20km时，可以考虑设一个车辆段、一个停车场。如图6-2所示为北京地铁4号线车辆段的分布状况，线路一端为马家堡车辆段，另一端为龙背村停车场。

图6-2　北京地铁4号线车辆段设置位置示意图

（1）停车场的业务范围

停车场仅用于停车和日常检查维修作业，管理上一般附属于主要车辆段，规模较小，其业务主要包括：

①列车的停放、调车编组、日常检查、一般事故处理和清扫。

②车辆的月修与临修。

③附设工区管理乘务人员出乘、备乘换班。

（2）车辆段的业务范围

车辆段的业务范围主要包括以下几个方面。

①列车的运用及在段内的停放、解体编组、日常检查、一般故障处理和清扫洗刷、定期消毒。

②车辆的技术检查、月修、定修、架修和临修。

③车辆的技术改造或厂修。

④乘务人员组织管理、出乘计划的编制、备乘换班的业务工作。

⑤线路上的事故救援等工作。

⑥段内通用设施及车辆维修设备的维护管理。

⑦段内及车辆乘务人员的行政管理、技术管理及材料供应等工作。

6.2 车辆段的布置与组成

6.2.1 车辆段布置图

1）车辆段布置原则

车辆段的总体布置应遵循以下基本原则。

（1）保持作业通畅

车辆段是列车运营的起始和终止场所,应保证列车出入的流畅,满足能力要求;车辆段又是列车的维修场所,应保证作业流程顺畅、安全、便利,减少各工序流程间的冗余时间等。

（2）避免线路交叉

段内线路尽量避免与生产线路的交叉。需要交叉时,交叉角度应在45°~90°之间,交叉道口不应有明显影响车辆司机瞭望视线的障碍物,必要时可以设置人工监护或自动道口栏杆及报警装置,以保证列车与人身安全。

（3）分区集中合理

车辆段应根据设施的不同功能来分区布局,各功能区域宜尽可能集中设置,便于设备的统一使用,减少生产运输路程。

（4）用地科学紧凑

城市轨道交通系统通常位于市区,土地资源稀缺,且价格昂贵。因此,车辆段宜设计紧凑,在满足功能的前提下,尽量减少用地面积,提高土地使用率,同时还要为长远发展留有余地。

（5）建筑顺乎自然

建筑物的纵轴尽可能与主导风向一致或形成较小的夹角,主要建筑物尽量不要处于南方西晒、北方寒风袭击的不利朝向。

（6）具备人文情怀

车辆段的布置与建设宜与城市的生态环境、人文环境、建筑特色等相协调,应具备一定的艺术气息。

2）站段线路关系

车辆段的出入段线路与运营线路一般在车站接轨，因此站段线路关系主要是指运营线路与车辆段的关系。它不仅关系到车辆进、出段时能否保证正线安全，同时还关系到车辆段内部的整体布局。

站段线路关系常见的有以下几种形式。

（1）站、段纵列布置（图6-3）

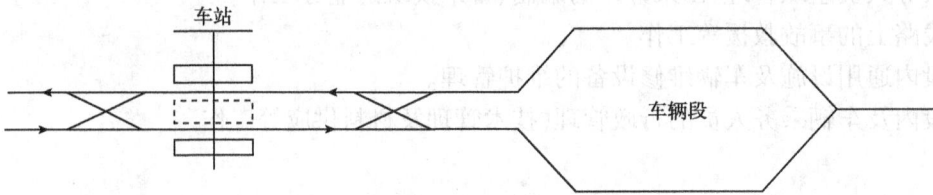

图6-3 纵列布置站段关系示意图一

这种布置列车出、入段走行距离最短，行车干扰最少，作业流程顺畅。这种站段关系首先要求车辆段布置在城市轨道交通线路的两端，属于站段线路关系中最为理想的布置，天津地铁1号线刘园停车场，北京地铁4号线马家堡车辆段均为这种布置形式。

（2）站、段纵列布置，正线外侧设车辆段（图6-4）

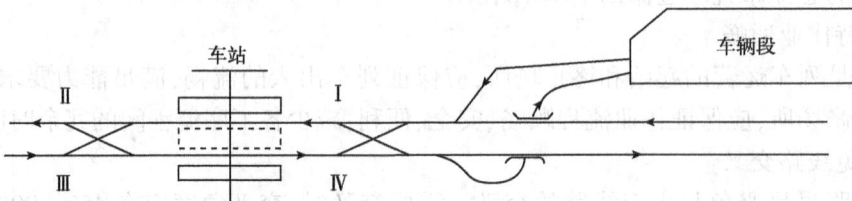

图6-4 纵列布置站段关系示意图二

这种布置列车走行距离较长，出、入段线与正线平面交叉，出、入段的列车与出、入车站的列车相互交叉干扰，但是如果将Ⅰ、Ⅲ象限内车辆段与综合基地的入段线（如在Ⅱ、Ⅳ象限则为出段线）与正线立交跨接，那么交叉干扰就会大大减少，列车进出车辆段作业就顺畅了，这种布置方式不影响车站及车辆段的发展。设计时可根据具体情况将平面交叉和采用立体交叉两种形式经技术经济比较分析后，合理地采用这种布置方式。比如广州地铁2号线赤沙车辆段即采用立体交叉的连接方式。

（3）车辆段设在两个车站之间，大体上与正线平行布置（图6-5、图6-6）

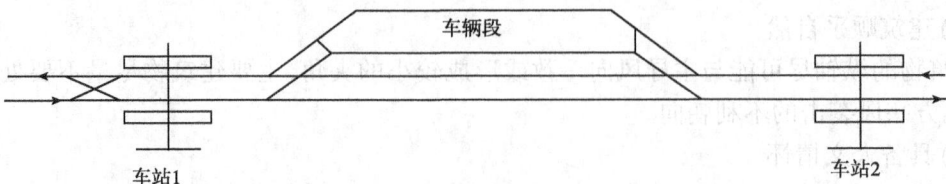

图6-5 平行布置站段关系示意图一

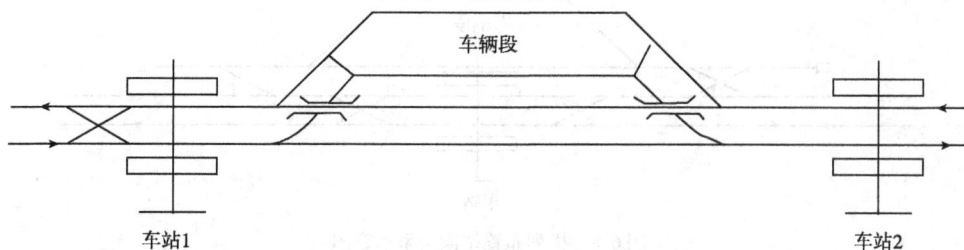

图 6-6　平行布置站段关系示意图二

这种布置大多适用于根据列车开行方案需要,需从车辆段邻近两个车站分别向两个方向发车的情况。

若采用图 6-5 方案,出、入段线与正线平面交叉,虽连接简单,工程造价低,但存在平面有敌对进路、车辆段向正线收发列车的能力低等缺点,在实际工程应用时,要验算列车通过能力。如果采用出、入段线与正线立体交叉方案,出、入段列车与正线运营列车干扰小,无敌对进路,收发列车的能力将大大提高,但工程造价会较高,如广州地铁 1 号线芳村车辆段即采用这种方式。

(4)车辆段设在两个车站之间,大体上与正线垂直布置(图 6-7)

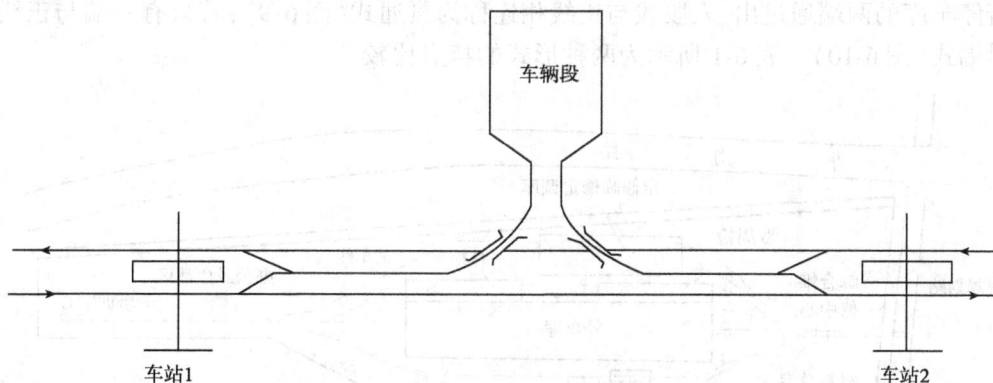

图 6-7　垂直布置站段关系示意图

这种布置适用于根据列车开行方案需要,从车辆段邻近两个车站分别向两个方向发车的情况。车辆段出入段线从两个车站分别引出,多适用于尽端式车辆段,如广州地铁 5 号线鱼珠车辆段即采用这种方式。

采用这种站段关系,出、入段线与正线形成三角线(或称"八"字线),能够完成列车调头任务,从而可取消车辆段内的回转线,可大大改善车辆段内的布置条件。

(5)站、段横列布置(图 6-8)

这种布置列车进、出段均有折角,作业流程不顺畅。又因为出、入段线与正线平面交叉,进、出段的列车与出、入客站的列车相互交叉干扰严重,设计时一般不采用这种布置方式。

站段线路关系,或者说出入段线的布置是否合理,对段内的线路布置、车辆段占地规模以及车辆运用的方便程度,均有重要影响。因此,在规划设计时,一般应遵循以下原则。

①出、入段线应有利于车辆段内部线路的布置以及地形的合理使用。

②出、入段线的接轨方式应保证车辆段的进、出段方便快捷,尽可能减少对正线行车的干

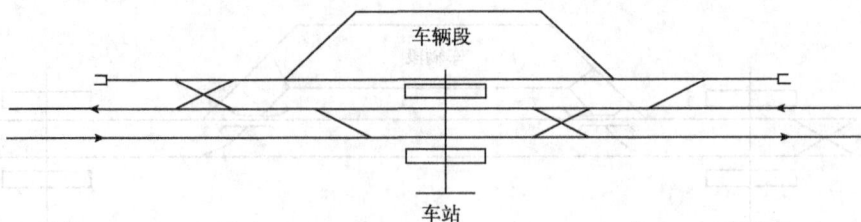

图 6-8　横列布置站段关系示意图

扰,同时尽可能缩短进出段走行距离。

③出、入段线应有一定的长度,以满足列车进、出段时信号模式转换要求。

3) 车辆段布置形式

车辆段的布置形式有以下几种分法:

按平面布置来分,可分为贯通式和尽端式两种;

按立体布置来分,可分为平面式和立体式两种;

按段内功能布局来分,可分为横列式、纵列式和错列式三种。

(1) 贯通式和尽端式

若停车库的两端通过出、入段线与正线相连称为贯通式(图 6-9);若只有一端与正线相连则为尽端式(图 6-10)。表 6-1 所示为两种形式的特点比较。

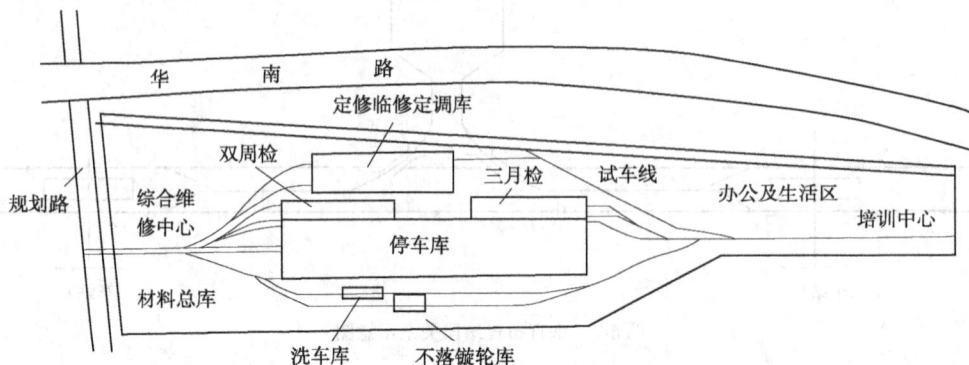

图 6-9　贯通式车辆段平面布置图

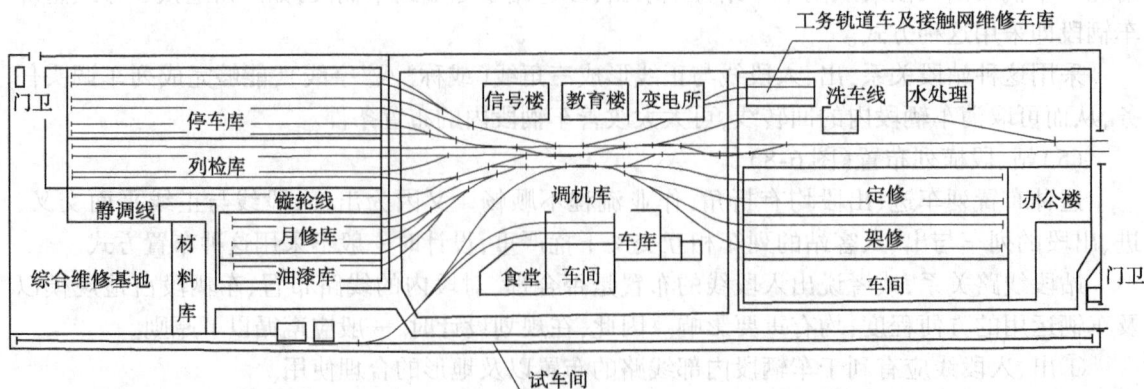

图 6-10　尽头式车辆段平面布置图

贯通式车辆段和尽端式车辆段站场布置形式的特点比较   表 6-1

布置形式	优 点	缺 点
贯通式	1. 可向两个方向同时发车 2. 两端列车出、入段灵活、方便、迅速 3. 段内作业顺畅,咽喉区交叉作业少	1. 对车辆段的工艺要求相对复杂 2. 车辆两端都布置咽喉区、占地较大,线路较长,铺轨工程量较大 3. 段址离城区较近,会对城区产生一定的环境污染
尽端式	1. 对车辆段的工艺要求相对简单;一般位于城市的边缘,对城市的环境污染较小 2. 车场只有一个咽喉区,在相同的停车条件下,占地面积小,线路短,铺轨工程量较小	1. 只能一个方向发车 2. 列车出、入段灵活性差 3. 咽喉区交叉作业多

由于地形等条件所限,目前已经建成和正在建设的城市轨道交通车辆段以尽端式布置居多,如广州地铁的鱼珠车辆段、嘉禾车辆段、大洲停车场,以及在建的浔峰岗车辆段等都是尽端式。图 6-11 所示为 Google 地图拍摄的鱼珠车辆段俯瞰图。

图 6-11   广州地铁 5 号线鱼珠车辆段俯瞰图

(2)平面式和立体式

国外还有一种立体布置形式,如东京都营地铁 12 号线光丘车辆段就是一个典型的三层结构,地下一层主要是车辆的检修线,地下二层主要是停车线,而地面层主要设有转向架作业场所、事务所以及办公楼。

这种结构形式可以显著节省城市土地资源,但同时却恶化了车辆维修职工的工作环境,目前我国更倾向于平面式布置。

(3)横列式、纵列式和错列式

根据车辆段内库线群,主要指停车库线群与检修库线群的布置关系,可将车辆段分为横列式、纵列式和错列式三种。

横列式布置适合短宽地形建段,运用线群和检修线群呈并列平行布置(图 6-12),两线群之间应留有一定的距离,以设置工业管线及道路。这样布置的优点是整体布局较为紧凑,便于组织生产和管理,减少列车在段内的走行距离,功能区可根据管理需要进行划分。但规模较大的车辆段由于列检停留线与检修线等的股道数量大,导致段形过宽,而且由于股道数量大,股道咽喉区也会较长。其一般适用于尽端式布置的车辆段。

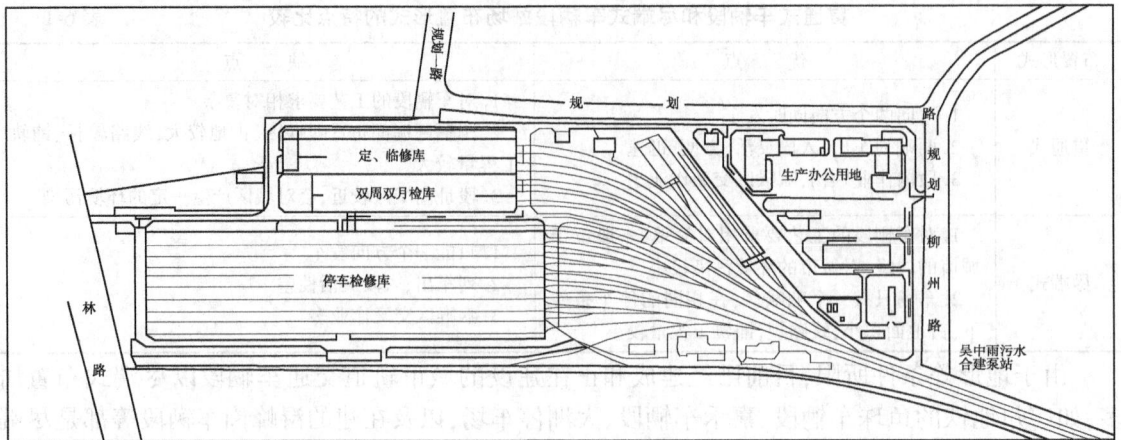

图 6-12　车辆段横列式布置示意图

纵列式布置适合狭长地形建段,车辆段运用线群和检修线群呈纵向排列,段形较长,列车在段内走行距离长,生产、生活及办公房屋一般布置在线路一侧,比较分散,组织生产联系工作相对不便。但纵列式布局可自然将功能区划分明确,便于分区集中管理。

错列式布置适合于比较狭长的地形建段,运用线群后部(或前部)和检修线群前部(或后部)部分并列平行布置。

错列式是在纵列式与横列式布局基础上的引申和发展。这种布置方式吸收了前两种布局的优点,将纵列式与横列式有机结合起来,在实际应用中采用较多。

6.2.2　车辆段的线路配备

车辆段中配备的线路主要有出、入段线,停车线,维修线,洗车线,牵出线,试车线等。

(1)出、入段线

位于车辆段或停车场与正线的结合部,是供车辆出、入车辆段或停车场的线路,除特殊条件限制外宜设置为双线,并保证必要的段(场)线路与运营正线的转换长度。

(2)停车线

用于满足线路所有运用车辆的停放需求,通常应为平直线路并设置成库。一般情况下,尽端式每线可停放 2 列车,贯通式可停放 3~4 列车。停车线同时具备检车功能,通常设置检查坑。

(3)维修线

用于车辆各种不同修程的专用线路,包括架大修线、定修线、临修线、静调线等。这些线路通常设有 1.4~1.6m 深的检修坑道,中间设维修平台,根据需求配有驾车机、悬挂式起重机、转向架、转向盘等设备。

(4)洗车线

供列车停运时洗刷车辆使用,洗车线中部设有洗车库。洗车线一般安装自动洗车机,用于车辆自动清洗。

(5)牵出线

牵出线是为了适应段内调车的需要,牵出线的长度和数量根据列车的编组长度和调车作业方式来确定。

（6）试车线

用于定修、架修、大修后列车在验收前的动态调试。试车线的长度应满足远期列车最高运行速度、性能试验、列车编组、行车安全距离的要求。

除此以外，段内还必须按需要设置临时存车线、检修前对列车清洗的吹扫线、材料装卸专用线、内燃调机和特种车辆（如轨道车、触网架线试验车、磨轨车、轨道冲洗车等）停车线、联络线和与铁路联通的地铁专用线等。

6.2.3 车辆段的主要组成

1）车辆段

车辆段的主要设施包括运用库和联合检修库两大部分，其他生产、生活辅助设施布置在其附近。

（1）运用库

运用库主要包括停车列检库、不落轮镟库、洗车库及辅助用房。

停车库兼有停车、整备、清扫、日常检查、司机出乘等多种功能，为实现这些功能，停车库除设有停车线外，还设有运用车间、运转值班室、司机待班室等司机出乘用房，还设有列车以及车载信号检修用房。停车线兼做车辆列检线，应有检查地坑或立柱式检查坑。

不落轮镟库承担车辆轮对的不落轮镟修工作。因在运行中有时会发生踏面的擦伤、剥离和轮缘磨耗达不到运行技术要求的问题，需要及时镟削。不落轮镟床需要在温度、湿度达到控制的环境下使用，为减少投资，在库内为镟床单独设置隔离的环境空间。

洗车库建在洗刷线的中部，库内设有自动洗刷机，可对列车端部和侧面进行化学洗涤和清水洗刷。在洗刷过程中，列车的行进可利用自身动力，也可用专设的小车带动。

除了由自动洗刷机洗刷外，对于列车自动洗刷不到的部件进行人工辅助洗刷，还要对列车室进行每日的清扫、洗刷和定期消毒。这些工作在清扫库进行。

清扫库一般毗邻停车库，库内应设置上下水及洗刷平台。

（2）联合检修库

联合检修库主要包括周月检库、定临修库、架大修库、静调库、辅助车间以及车间辅助用房等。

周月检库对列车的走行部、车体及车顶设备进行检修，为便于作业和保证安全，线路采用架空形式，除线路中间设置地沟外，在检修线两侧设置有三层立体检，底层地坪低于库内地坪（若以轨面标高±0.00m，其地坪标高约为−1.0m），可以对走行部以及车体下布置的电气箱、制动单元、蓄电池进行检查，中间为标高+1.1m左右平台，可对车体、车门进行检查作业，车顶平台标高+3.5m，主要对车辆车顶部的受电弓、空调设备进行检修，车顶平台设有安全栏杆。如图6-13所示。

图6-13 新龙华车辆基地月检库平台

定临修库和周、月检一样，线路采用架空形式，线路中间设置检修地沟，线路两侧设置三层检修场地。库内设架车机组和起重机，从而可以架起单元车辆和吊装车辆大部件。

架大修库的布置应该根据车辆检修工艺流程确定。库内主要设备有地下式架车机、移车台、假转向架、桥式起重机、公铁两用牵引车、必要的运输工具、工作平台等。

城市轨道交通车辆是一种涉及多种专业、极其复杂的设备,在对车辆进行架大修时,都要架车、分解,对部件进行检修。这些检修工作都在辅助检修车间进行。这些辅助检修车间根据列车架大修的工艺流程,大部分都布置在检修主库的周围。

2) 停车场

停车场通常承担本线一部分车辆的技术检查、清扫洗刷、停放和运用管理的任务。既是车辆集中停放的场所,又是车辆编组、清扫、整备、维修和日常管理的场所。图 6-14 所示为天津地铁 1 号线刘园停车场的平面布置图。

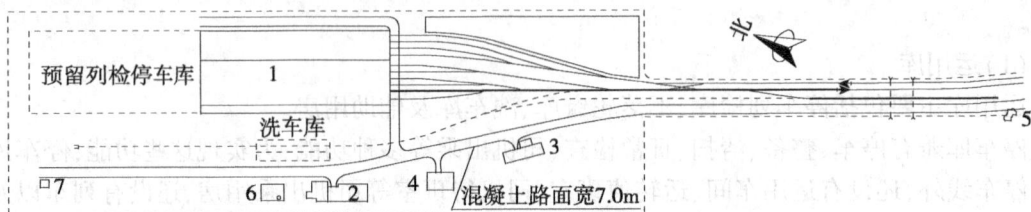

图 6-14 刘园停车场平面布置图
1-列检停留库;2-办公楼;3-信号楼;4-降压变电所;5-门卫;6-锅炉房;7-水泵房

停车场是一种简易的车辆段,其与车辆段的差别是线路数目较少,检修设备也较少,因为其不能进行定修、架修和月修等技术作业。

停车场不仅要有足够的停车位,同时还要设置管理人员、乘务员工作和活动休息的场所。

3) 综合维修中心

综合维修中心是城市轨道交通系统的重要组成部分,是负责工务、建筑、供电、机电、通信、信号、自动化、空调通风系统、安全门等系统的运用维修基地和管理机构。

综合维修中心主要由工建车间、机电车间、供电车间、通号车间和自动化车间等组成。

其设备主要包括:接触网作业车(检修车、架线车、放线车)、接触网检测车、钢轨打磨车、钢轨监测车、轨道平板(吊)车、钢轨机械、道床机械、工务仪器及探伤设备等。

4) 物资总库

承担本线范围内运营和检修所需要的各类材料、备品备件、设备和机具及劳保用品等的采购、存放、发放和管理工作。

物资总库的规模应根据运营线路中的设备和材料种类、数量确定。

物资总库主要设施有各种库房、料棚和材料装卸线站、起重运输设备以及露天堆放场地等。库房主要有机电设备库、金属材料库、配件库、辅助材料库、危险品库、油库等。

5) 培训中心

培训中心负责组织和管理职工的技术教育和培训工作。

培训中心设置有模拟驾驶系统、自动售检票培训系统等演示实习设备,设置有教室、实验室、图书室、阅览室和办公用房等。

图 6-15 为北京地铁 4 号线马家堡车辆段平面布置图,图 6-16 和图 6-17 分别为沈阳地铁 1 号线车辆段的平面布置图和立体效果图。

北

草桥东路

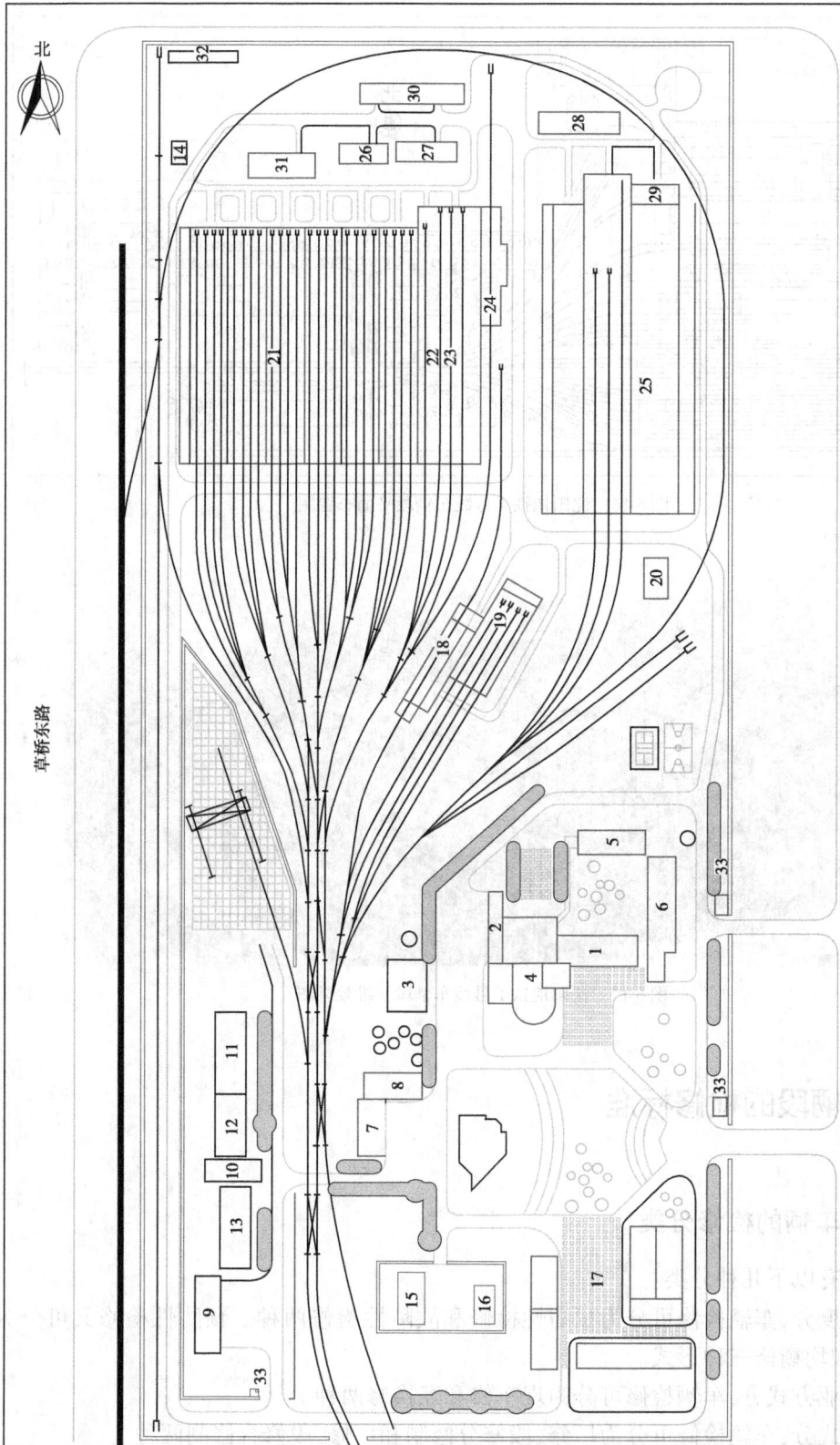

图6-15 马家堡车辆段平面布置图

1-车辆段办公楼; 2-汽车总库; 3-锅炉房; 4-食堂; 5-单身宿舍; 6-教育培训中心; 7-车辆段信号楼; 8-混合变电所; 9-车库; 10-材料总库办公楼; 11-材料总库材料库; 12-材料总库机电库; 13-材料总库立体库; 14-车辆段试车线用房; 15-污水处理站; 16-给水所; 17-综合维修中心; 18-车辆段洗车库; 19-内燃机车及特种车库; 20-蓄电池间; 21-列检停车库; 22-吹扫库; 23-月修、静调库; 24-镟轮库; 25-架修临修库; 26-空压机间; 27-降压变电所; 28-设备车间; 29-存备车间; 30-车辆段材料库; 31-司乘公寓; 32-易燃品库; 33-门卫

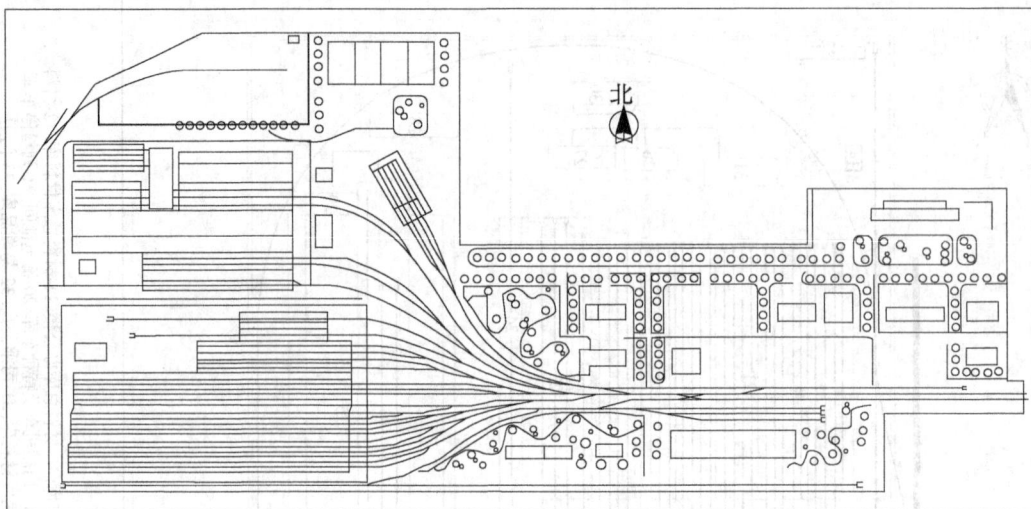

图 6-16 沈阳地铁 1 号线车辆段平面布置图

图 6-17 沈阳地铁 1 号线车辆段三维效果图

◀6.3 车辆段的检修标准

6.3.1 车辆的检修分类

车辆检修有以下几种分类：

按检修制度分，车辆检修可分为预防性检修和故障性检修两种。预防性检修又可分为计划修、状态修和均衡修三种形式。

按检修作业方式分，车辆检修可分为现车修和互换修两种。

按检修制式分，车辆检修可分为厂修、段修分修制和厂修、段修合修制两种。

1）车辆检修制度

（1）预防性检修

预防性检修是在车辆故障率没有超过事先确定的指标之前，为了限制故障的产生而对设备采取的维修措施。其判定标准主要为车辆的使用时间和走行公里数。预防性检修有以下三种。

①计划修。计划修是根据事先确定的计划，当达到预计时间周期或者车辆运行公里数时，对相关设备进行相应的检查和处理。

各城市的计划修的标准往往大同小异。比如北京城市轨道交通车辆检修分为厂修、架修、定修、月修；上海城市轨道交通分为厂修、架修、定修、双月修、双周修和列检等。

②状态修。状态修是根据设备的实际技术状况来确定维修时机。它不对设备规定固定的拆卸分解范围和维修期限，而是在车辆状态监测和技术诊断基础上，实时掌握设备情况，在高度预知情况下，适时安排预防性修理。

其优点在于可以有效减少维修次数和车辆检修停时，降低维修工作量和人工成本，减少人为拆卸造成的设备损坏，达到优化计划维修的目的。

③均衡修。均衡修通常用于运用维修，即在列车非运营时间和非高峰时间利用列车运行停运窗口，将车辆检修内容分散在几个时段和几个不同场合，通过驻站维修和轮值维修进行较小修程的计划性维修，使检修工作分散而均匀，从而确保城市轨道交通车辆的技术状态良好和正常运营。

其优点在于可以避免不必要的预防性检修作业，降低维护成本；可以均匀分配维修工作量，将车辆检修停留时间控制在自然天窗或停运时段，从而缩短车辆停修时间，提高出车率，减小检修设施规模，充分发挥设备能力，降低运营成本。

（2）故障性维修

故障性维修是在车辆零部件出现故障后所采取的维修方式。

故障性维修的工作负荷一般是无法预计和评价的，是由运营者发现故障之后报告，维修就此展开。故障维修可以是彻底维修，也可以是临时性的维修，设备在临时维修之后仍然可以投入运营，并等待彻底维修。

2）车辆检修作业方式

（1）现车修

现车修是将待修车上的零部件经过修理消除其缺陷后，仍安装在原车上。这种作业方式，除报废零件需要更换外，其他零部件均可修理后装回原车。

其优点是可减少备用零部件的数量，缺点是常因等待零件而延长停修时间。

（2）互换修

互换修是指将待修车上分解下来的零部件，经修理后装到其他车上的修理方法。车辆的检修以直接更换零部件修理为主；车辆零部件不在各车辆段进行修理，而是集中修理，再通过物流的方式运送到各车辆段。

这样，在车辆段检修库内仅做一些检测和更换零部件的作业，可大大缩短检修的库停时间，提高检修效率，同时可以减小车辆段用地。

检修作业方式会对检修周期产生一定的影响，目前大多车辆段的车辆检修采用大部件互换修为主、部分零部件现车修为辅的车辆检修作业方式，以达到资源共享、节约土地、提高效率的目的。

3）车辆检修制式

（1）厂修、段修分修制

分修制是指在城市轨道交通网络中修建专门的车辆大修厂（不限于一个），承担全线网各线车辆的大修任务。车辆的架修、定修及其以下的修理工作，由各线的车辆段承担。

分修制的优点在于实行专业化生产，形成规模效益，有利于提高修车质量。其缺点在于工程建设起始阶段须同时修建车辆大修厂和车辆段，由于形成有一定规模的城市轨道交通线网需经过几十年时间，因此大修厂在建成后相当时间内，因系统规模小，大修车任务量不足，投资效益难以发挥。

（2）厂修、段修合修制

合修制是指不设专门的车辆大修厂，车辆的大修在车辆段内进行。

采用合修制，可以避免厂修、段修分修制带来的问题。另外因车辆做大修和架修所用的机械设备基本相同，将厂修与段修合并可减小设备的重复投资，提高利用率。

分修制往往用于城市轨道交通线网规模较大的城市，具有一定的经济性，对于线网规模不大的城市，采用合修制较经济。从国内外情况来看，只有莫斯科和北京采用分修方案，其中北京的车辆厂修任务由宋家庄车辆厂、平西府车辆厂承担。而其他城市多采用合修制。

6.3.2 车辆的检修修程

我国城市轨道交通车辆的检修制度基本上参照了国铁的维修体系和检修制度，采用按运行公里或运行时间定期维修的预防性计划修理制度。表 6-2 和 6-3 分别为上海地铁 1 号线和广州地铁 3 号线的车辆检修修程。

上海地铁 1 号线车辆检修修程 　　　　　　　　　　　　表 6-2

修　程	检修周期		停修时间（d）
	按里程（万公里）	按时间	
大修	100	10 年	40~54
架修	50	5 年	25/19
定修	10	1 年	10/5
双月检	2	2 月	2/2
双周检	0.4	2 周	0.5/0.5

广州地铁 3 号线车辆检修修程 　　　　　　　　　　　　表 6-3

修　程	检修周期		停修时间（d）
	按里程（万公里）	按时间	
大修	125~150	12 年	90
架修	62~75	6 年	44
定修	12.5~15	1 年	10
季检	2.5~3.5	3 月	3
双周检	0.35~0.5	2 周	0.5

而随着交流车的大量应用，车辆段的修程也有了一定的变化，这一部分将在 6.4 节关于集约型车辆段的建设部分做相应阐述。

6.3.3 车辆检修作业内容

综合国内主要城市的城市轨道交通车辆的修程,大致可分为列检、月修、定修、架修和厂修。各修程检修作业内容如下。

（1）列检

对容易出现危及行车安全的主要部件,比如受电弓、控制装置、各种电气装置、转向架、空气制动装置、车钩缓冲装置、铰接装置、车门、车体、车灯、蓄电池箱等进行外观检查,对危及行车安全的故障进行重点修理。

（2）月修

对受电弓、牵引电机、控制装置、各种电气装置、转向架、空气制动装置、车钩缓冲装置、铰接装置、车门、车体、车灯、蓄电池箱等主要部件的技术状态和功能进行检查和必要试验,对危及行车安全的故障进行全面修理。

（3）定修

主要是预防性维修,需要架车。

卸下受电弓、牵引电机、控制装置、转向架、制动装置、蓄电池等部件,对其技术状态和功能进行检查和修理,并进行必要的试验;对计量仪器、仪表进行校验;对其余主要部件进行技术状态和功能检查及修理;修竣车的静调和试车。

（4）架修

主要检修大型部件,并对各部件进行解体和全面检修。

卸下受电弓、牵引电机、控制装置、各种电气装置、转向架、传动装置、轮对、轴承、空气制动装置、车钩缓冲装置、车门、蓄电池等部件,对其进行分解、检查和修理,并进行必要的试验;对计量仪器仪表进行校验;对车体及其余部件进行技术状态和功能检查及修理,车体油漆标记,对修竣车辆进行静调和试车。

（5）厂修

全面恢复性修理,厂修后的车辆基本达到新车出厂水平。

架车,车辆解体,对转向架构架和车体进行整形,对所有部件全部进行分解、检查和修理,完全恢复其性能;重新油漆标记,对修竣车辆进行静调和试车。

图6-18～图6-20为车辆段中各级运用维修流程图。

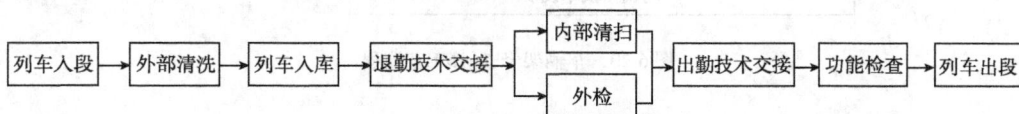

图6-18 列车运用和整备作业流程图

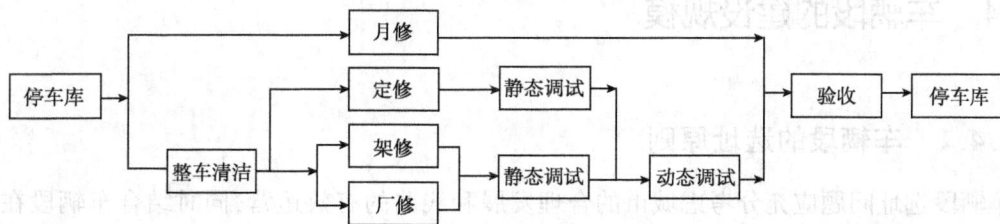

图6-19 车辆检修作业流程图

```
┌─────────────────────────────────────────────────────────────┐
│   架车准备：预清扫、拆除受电弓（集电靴）等（吹扫线）            │
└─────────────────────────────────────────────────────────────┘
                            │
                            ▼
┌─────────────────────────────────────────────────────────────┐
│   架车：车体、转向架分离、拆除部分车下设备（驾车线）            │
└─────────────────────────────────────────────────────────────┘
                │                                    │
                ▼                                    ▼
┌──────────────────────────┐        ┌──────────────────────────┐
│  从车体上拆除其他车下机电设备 │        │      转向架分解            │
│     （车体检修区）          │        │    （转向架检修区）         │
└──────────────────────────┘        └──────────────────────────┘
            │                          │                    │
            ▼                          ▼                    ▼
┌──────────────────────────┐  ┌──────────────────┐  ┌──────────────────┐
│      机电设备检修         │  │   构架、轮对分离    │  │ 电机除尘、清洁、检修 │
│ （电气、空调、制动等检修区） │  │  （转向架检修区）   │  │   （电机检修区）     │
└──────────────────────────┘  └──────────────────┘  └──────────────────┘
            │                    │              │              │
            │                    ▼              ▼              │
            │          ┌──────────────┐  ┌──────────────┐      │
            │          │    构架检修    │  │    轮对检修    │      │
            │          │  （构架检修区） │  │  （构轴检修区） │      │
            │          └──────────────┘  └──────────────┘      │
            ▼                    │              │              │
┌──────────────────────────┐  ┌──────────────────────────────────┐
│     机电设备装上车体        │  │     转向架组装（转向架检修区）       │
│     （车体检修区）          │  └──────────────────────────────────┘
└──────────────────────────┘              │
            │                             │
            ▼                             ▼
┌─────────────────────────────────────────────────────────────┐
│          落车：车体、转向架组装（架车线）                       │
└─────────────────────────────────────────────────────────────┘
                            │
                            ▼
┌─────────────────────────────────────────────────────────────┐
│                  静调（静调线）                                │
└─────────────────────────────────────────────────────────────┘
                            │
                            ▼
┌─────────────────────────────────────────────────────────────┐
│                  动调（试车线）                                │
└─────────────────────────────────────────────────────────────┘
```

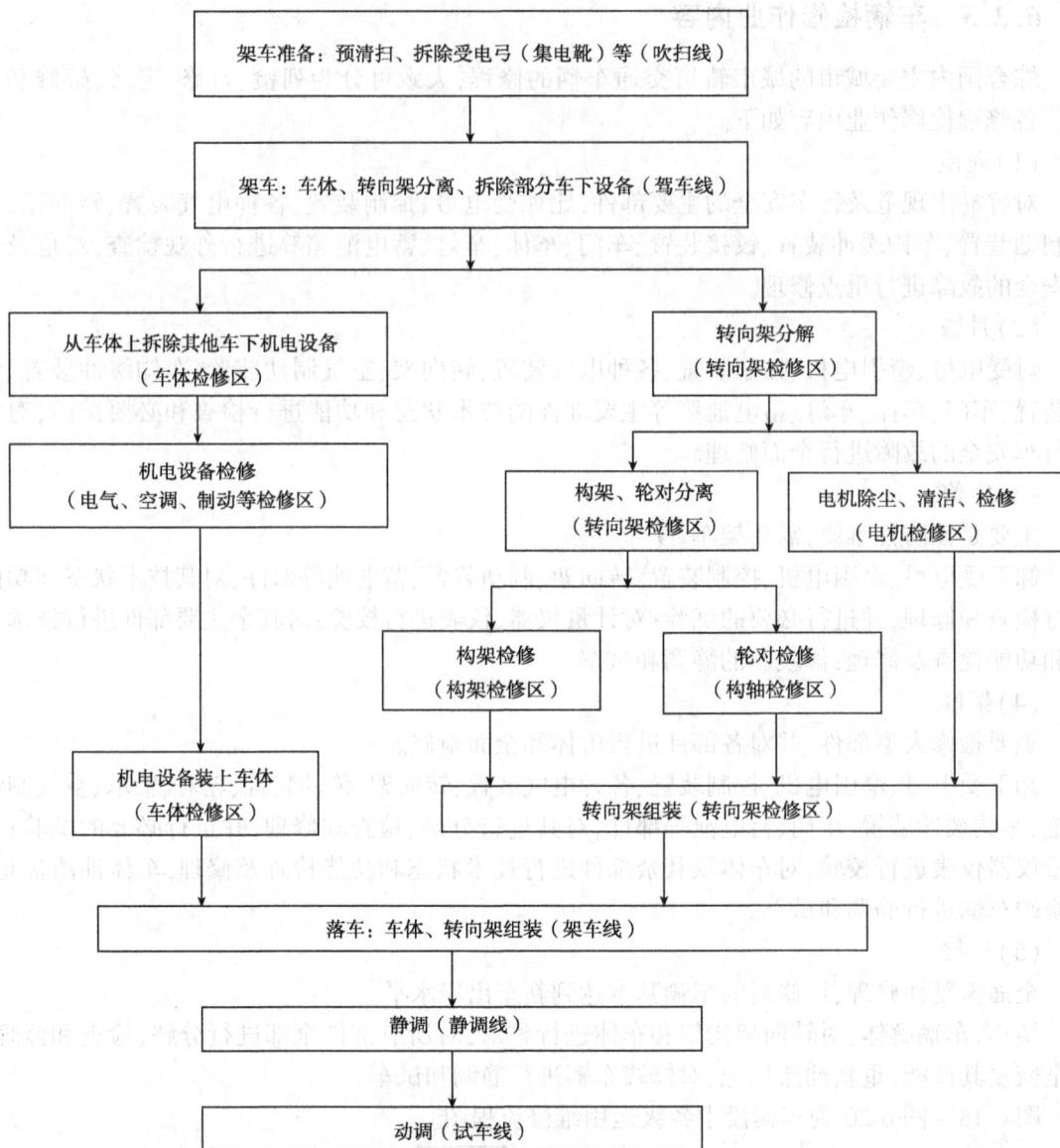

图 6-20 车辆架修、厂修工艺流程

6.4 车辆段的建设规模

6.4.1 车辆段的选址原则

车辆段选址问题应充分考虑城市的合理发展和线路的有效运营,同时结合车辆段在选址方面自身存在的技术特点进行综合考虑。

（1）车辆段选址的总体原则

从总体上来看，车辆段的选址应遵循以下基本原则。

①符合城市总体规划的要求，减少拆迁工程，有利于环境保护。

②选址尽量靠近正线，便于车辆段与正线连接，保证列车进出正线安全、可靠、方便、迅速，降低工程投资和运营成本。

③各车辆段线路应尽可能与地面铁路专用线相连接，以便车辆及物资运输，部分车辆段不具备上述条件时，也可以通过相邻线路过渡。

④有利于城市电力线路、给排水等市政管道的引入和城市道路的连接。

⑤避开工程地质及水文地质不良地段。

⑥有足够的有效用地面积和远期发展余地。

（2）车辆段选址的技术特点

合理地选址可以更好地提高运营效率，因此还要充分考虑其自身存在的技术特点。

①从运营效率来看，车辆段设在线路中部较好。但城市轨道交通线路一般都穿越市区，线路中部多为市中心地区，征用大规模用地是很困难的。因此，往往在郊外征用土地，把车辆段设置在线路端部。这种方式也与线路起终点在郊外，线路中部穿过市中心的情况相一致，早上车辆由车辆段向市中心方向发车，晚上往郊外方向驶入车辆段，列车空载的损失时间少。

②车辆段、停车场及折返线三方面总的停车能力应大于本线远期配属车辆总数。

③由于车辆段拥有多种线库建筑，为减少车辆段用地，应尽量将车辆段集中设置在一处。在技术经济合理，城市用地规划许可时，可以两条线路公用一个车辆段。当一条线的长度超过20km时，为减少列车空走距离，及时对车辆进行检查，可以在线路的另一端设一个停车场。

④车辆段和停车场应靠近正线，且位于容易铺设出、入段线路的位置，以利于缩短出、入线长度，降低工程造价，改善使用条件。

⑤车辆段及停车场的选址要考虑防火灾、防水害的要求，场地应具有良好的排水条件。

⑥整个线网车辆的大修任务应集中统一安排，并设一处职工培训中心。

6.4.2　车辆段的建设规模

1）车辆段规模估算

车辆段规模主要取决于配属列车数和列车的检修模式，同时考虑其他检修设备的检修规模。

（1）配属车数量估算

配属车包括运用车、在修车和备用车三种。

关于运用车的计算，可以从系统能力、客流量和最低服务水平三个方面分别进行计算。按系统能力计算得到的运用车数，可以作为远景车辆段用地最大规模控制的基本依据；而按客流需求和按最低服务水平计算得到的运用车数，取其大者作为确定远期车辆段实施规模的基本依据。

在修车数量主要取决于列车的检修模式以及各种模式下的定检公里数等。

备用车数量与每日列车发生故障率、临修出入段的时间以及列车故障后调整运行图的能力等因素有关。通常情况下，在线路长度小于20km时，备用车数取两列；大于20km时，每增加20km线路，备用车增加一列。

（2）车辆段规模估算

车辆段的用地规模与其所承担线路的长短、配属车辆数、布置形式以及是否与其他设施综合布置等有关。车辆段的用地规模一般在20～45公顷之间，约0.20～0.45km²；停车场的用地规模一般在5～20公顷之间，约0.05～0.20km²。

例如，上海地铁3号线宝钢车辆段，设计停车规模204辆，占地42公顷，即0.42km²；广州地铁2号线车辆段的停车库设计停车规模144辆，车辆段占地26公顷，即0.26km²。

在规划阶段可按照2000～2200m²/辆×停车辆数粗略估算，在此基础上进行用地控制。要较精确地计算车辆段或停车场面积，则应根据具体的平面设计方案，逐项进行估算。

2）车辆段规模比较

目前我国已经建成车辆段或停车场几十座，但存在的普遍问题在于车辆段的占地面积普遍偏大，并且其往往会设置在经济发达、寸土寸金的地方，进一步凸显了土地资源的浪费。表6-4所示为国内部分车辆段的规模数据汇总。

国内部分车辆段规模数据汇总 表6-4

类别	车辆段名称	承担运营线路条数	收容能力（辆）	总占地面积（m²）	平均占地面积（m²/辆）
车辆基地	京四惠车辆基地	3	258	272511	1056
	南京小行车辆基地	2	264	248172	940
	重庆赖家桥车辆基地	2	276	251973	913
	杭州七宝车辆基地	2	546	367515	673
	香港九龙湾车辆厂	4	232	140000	603
车辆段	北京北太平庄车辆段	1	258	239580	929
	北京马家楼车辆段	1	240	224778	937
	南京马群车辆段	1	264	283752	1075
	深圳四号线车辆段	1	252	172593	685
停车场	北京宋家庄停车场	3	402	318027	791
	南京汪家村停车场	1	156	73647	472
	杭州湘湖停车场	1	180	100028	556

日本是一个人多地少的国家，在车辆段建设用地上十分节俭。表6-5所示为日本部分车辆段的规模数据汇总。

日本部分车辆段规模数据汇总   表 6-5

类别	车辆段名称	承担运营线路条数	停车线长度（列位）	列检线数量（条）	收容能力（辆）	总占地面积（m²）	平均占地面积（m²/辆）
车辆段	东京绫濑	3	10×1	5	410	111810	273
	东京深川	1	10×1	2	287	82260	287
	东京志村	1	8×2	7	400	137665	344
	大阪森之宫	4	6×2	5	250	115922	464
	大阪藤个丘	1	6×2	6	330	89200	270
	名古屋日进	3	8×2	6	320	141000	440
	横滨上永谷	2	6×2	4	174	48000	276
	神户名古	2	6×1	3	208	55000	264
	札幌南车辆段	1	8×1	3	240	52900	220
停车场	东京中野	2	6×1	3	190	55675	293
	东京西马路	1	8×2	5	320	59592	186
	札幌西车辆段	1	9×2	2	170	33936	199

通过对比发现，国内城市轨道交通车辆段无论是总占地规模，还是平均每辆车的占地面积，都比日本城市轨道交通大几倍。因此，需要进一步考虑采取一定措施，在不影响运营效率的基础上，使得车辆段的占地面积能够得到有效的减小。

3）集约型车辆段的建设

基于上述考虑，目前我国提出一种建设集约型车辆段的新理念，即借鉴国内外的经验，采取一系列的措施，减少车辆段用地，同时还能保障车辆段设施的高效应用。

（1）延长车辆检修周期

车辆检修周期是车辆段检修设备设计的基础，是确定每年各修程应检修的车辆数，并进而确定车库规模的依据。

以前的检修周期是在直流车的基础上制定的，但随着交流车的应用，车辆的检修内容和检修方式亦发生了重大变化。比如北京地铁 4 号线和大兴线不但延长了厂修周期，还简化了修程，取消了定修级，见表 6-6。

京港地铁车辆检修周期标准   表 6-6

类　　别	检修种类	检修周期(万公里)	检修时间(d)
定期检修	厂修	160	45
	架修	40	14
日常检修	45 日检（B 列检）	1.5	1
	双周检（A 列检）	0.5	0.5

北京地铁其他线路也将车辆的厂修由 120 万公里延长为 150 万公里,架修由 60 万公里改为 75 万公里,定修由 15 万公里改为 37.5 万公里。这种改革可以减少车辆段的修车数量及检修台位的规模,有利于减少车辆的维修成本。

(2)减少停车列检库的规模

主要可以通过减少停车列检库的检查坑数量来实现。因为 VVVF 交流车设有自诊断设备,在司机台上通过目视就可以完成车辆的日常检查任务,不需要做车下检查。比如北京地铁 4 号线的停车线都未设置检查坑,有效减少了车库的建筑面积和工程投资。

此外,还可以通过一些其他措施,比如缩小停车列检库的线间距,减少备用车和检修车的数量,缩短试车线的长度,简化试车线的轨道结构,缩小停车列检库的净空高度等来实现线库规模的减小。

(3)压缩车辆段的建筑面积

与国外尤其是日本车辆段相比,我国的车辆段普遍存在面积过大(建筑面积通常在 9 万 ~ 10 万平方米,个别段达到 11 万平方米),有的检修房间过于宽松;有的房间标注为休息室、办公室、会议室等,与其使用性质不符;甚至在停放 12 个列车的停车列检库两侧都设有双层辅助车间,总面积达 4000 多平方米,远超其生产需要。

借鉴国外的一些先进经验,可以考虑对车辆段在检修工艺、设施配备、厂房布局等方面进行适当地调整,从而合理减小车辆段的占地面积。

①优化车辆检修工艺,调整生产检修用房。现在 VVVF 交流车辆的可靠性提高,检修量减少,像车体结构和交流电动机基本不需要维修。

②核减乘务员公寓的面积。现在车辆段乘务员公寓的面积在 1500 ~ 2000m² ,已大大超过了实际需要。

③合并单体建筑,建设综合楼。现在车辆段的生产和生活建筑多而分散,亦进行适当合并,从而减少占地面积。如广州地铁 4 号线的车辆段,将停车库和检修库以外的其他建筑合并为一栋综合楼,压缩了车辆段的占地面积,又实现了水、电、气、线缆等资源共享。

(4)共用车辆段

即几条线合用一个车辆段,从而达到节约用地、提高效率的目的。如宋家庄停车场为北京地铁 5 号线、亦庄线和 10 号延长线的共用停车场,北翟路车辆段为上海地铁 2 号线和 13 号线共用车辆段等。

(5)开发车库上部空间

为了提高车辆段的土地利用率,可考虑对车库上部的空间进行高强度开发。其开发的模式是在车库上部做一个人工平台,在平台上开发高层住宅和公共建筑,同时在车库旁边设置城市轨道交通车站,为开发提供交通支持。

香港地铁在九龙湾、柴湾和荃湾等车辆段车库的上部开发了 30 多层的住宅,以及配套的商业网点和公共汽车站,见图 6-21。北京地铁四惠车辆段在车场咽喉区及车库上部,开发了公共建筑 10 万平方米,住宅 50 万平方米。北京地铁 2 号线太平湖车辆段,在出入段线上部开发了两栋高层住宅楼,见图 6-22。上海地铁 11 号线城北路停车场在车库上部开发了商业及写字楼 6.6 万平方米,还利用车库的桩基础在停车库下面开发了汽车停车场和仓储用房。

图 6-21　柴湾车辆段车库开发

图 6-22　太平湖车辆段出入线上的高层住宅

本章小结

　　车辆段是城市轨道交通系统中对车辆进行运用管理、停放及维修保养的专门场所,主要有运用停车场和检修车辆段两种形式。本章主要介绍了车辆段的不同分类方法、车辆段的主要设施、车辆段中配备的线路、城市轨道交通车辆的修程,以及车辆段的选址原则等内容。

思考题

　　1.车辆段的基本功能有哪些?

　　2.车辆段的基本形式有哪些,各有什么业务?

　　3.常见的站段线路关系有哪些,各有什么特点?

　　4.车辆的检修是如何分类的,具体内容有哪些?

　　5.车辆的检修作业内容有哪些?

　　6.建设集约型车辆段的常见措施有哪些?

◁ 第 7 章　供配电系统

【本章概要】

本章介绍了城市轨道交通的牵引供电系统,包括供电系统构成、主要电气设备、变电所、供电方式、用电负荷分类、牵引变电所和牵引网、降压变电所和动力照明配电系统、电力监控系统及杂散电流的防护等。

◀7.1　电力牵引供电系统概述

供电系统负责城市轨道交通系统电能的供应和传输,是城市轨道交通系统安全、可靠运行的重要保证。供电系统的服务对象除运送旅客的电动车辆外,还有为旅客在旅行中提供良好卫生环境和秩序的通风空调设施、自动扶梯、自动售检票、排水泵、排污泵、通信、信号、消防设施和各种照明等。这些负荷构成了城市轨道交通系统用户的庞大用电群体。供电系统使各种用电设施发挥各自的功能和作用,保证城市轨道交通系统安全而迅速地运送旅客。

7.1.1　供电系统的构成

城市轨道交通系统供电系统包括外电源、主变电所(或电源开闭所)、牵引供电系统、动力照明供电系统、电力监控系统、杂散电流防护系统。

(1)外电源

城市轨道交通外电源即为主变电所(或电源开闭所)供电的外部城市电网电源。城市轨道交通外电源引入方式根据城市电网构成的不同特点,可采用集中式供电、分散式供电、混合式供电三种形式。

(2)主变电所(或电源开闭所)

主变电所(或电源开闭所)的功能是接受城市电网的高压或中压电源,经降压后为牵引变电所和降压变供电所提供中压电源。其中主变电所接受的是城市电网中的高压电源,适用于集中式供电;电源开闭所接受的是城市电网中的中压电源,它一般与车站的牵引变电所或降压变电所合建,适用于分散式供电。

(3)牵引供电系统

牵引供电系统由牵引变电所和牵引网构成。牵引变电所将高压交流电源降压、整流为750V或1500V的直流电源,然后经直流断路器向牵引网供电;牵引网系统是供电系统中一个极其重要的组成部分,它由接触网和回流网组成,接触网为正极,回流网为负极,并分别通过上网电缆和回流电缆与牵引变电所连接。

（4）动力照明供电系统

动力照明供电系统为除城市轨道交通电动车辆以外的所有动力照明负荷及通信、信号等设备提供电源。在城市轨道交通供电系统中，动力照明供电系统是保证城市轨道交通正常运行的重要组成部分，尤其在地下，绝大多数动力照明设施是必不可少的。动力照明供电系统包括降压变电所和动力照明配电系统。

（5）电力监控系统

电力监控系统对城市轨道交通的各变电所、接触网等设备进行远程数据采集和检测，在城市轨道交通控制中心对整个供电系统进行调度和管理。

（6）杂散电流防护系统

杂散电流防护设计的目标是尽量减少杂散电流，使杂散电流对车站内部及附近金属结构的腐蚀在设计年限内不造成影响。

7.1.2 供电系统主要电气设备

（1）变压器

变压器是将交流电源的电压进行变化的设备，为变电所最主要的设备之一，按其用途可将其分为升压变压器和降压变压器两类。

（2）断路器

又称为高压开关，它可以切断与闭合高压电路的空载电流和负载电流，当系统发生故障时，它可以与自动保护装置配合快速切断故障电流，防止事故范围扩大。

（3）隔离开关

隔离开关是没有灭弧装置的开关电器，不能切断负荷电流和短路电流，所以常与断路器配合使用，操作中需注意：合闸时先合隔离开关，后合断路器；分闸时先分断路器，后分隔离开关。

（4）熔断器

熔断器是一种保护装置，它可以在通过电流超过规定值时熔断，从而切断电路起到保护的作用。

（5）负荷开关

负荷开关是在高压隔离开关基础上加上简单的灭弧装置而成的设备，它可以切断和闭合负荷电流，但不能切断短路电流，因此必须与高压熔断器配合使用。

（6）直流开关

又称直流快速自动开关，能对直流额定电压 600～1500V 电路中的直流电机、整流机组和直流馈线等进行分闸、合闸操作，并在断路、过载、逆流时跳闸起保护作用。

（7）互感器

互感器为电压、电流变换设备，它可将高电压、大电流变成低电压、小电流，以供继电保护和电气测量使用。包括电压互感器和电流互感器两种。

（8）避雷装置

避雷装置的作用是防止电气设备的雷电过电压。

（9）继电保护装置

继电保护装置可在电力系统出现故障或非正常状态时使断路器跳闸或发出报警信号。

7.1.3 供电方式

城市轨道交通外电源引入方式根据城市电网构成的不同特点，可采用不同形式的供电方式。城市轨道交通的外电源引入方式分为集中式供电、分散式供电、混合式供电三种形式。

（1）集中式供电

集中式供电指的是有专门设置的主变电所（或电源开闭所）集中为牵引变电所及降压变电所供电的外部供电方式。

（2）分散式供电

分散式供电指由分散引入的城市中压电源直接为牵引变电所及降压变电所供电的外部供电方式。分散式供电不需要设置主变电站，是将城市中压电网电源直接送给城市轨道交通各牵引或降压变电所。其进线电源路数多，可靠性较高。与集中式供电相比，投资少，运行管理费用低。

（3）混合式供电

混合式供电是以主变电所（或电源开闭所）为主，以在线路适当位置引入的城市中压电源为辅，为牵引变电所及降压变电所供电的外部供电方式。混合式供电方式是集中式和分散式相结合的供电方式，城市轨道交通中压网络电压等级选择一般具有上述两者的优点，其可靠性较高。

7.1.4 供电系统用电负荷分类

根据各类设备的用途和重要性，城市轨道交通用电设备负荷分为三级，牵引用电负荷为一级负荷；动力照明灯用电负荷可分为一级负荷、二级负荷、三级负荷。

（1）一级负荷

一级负荷包括应急照明、变电所操作电源、火灾自动报警系统、消防系统设备、消防电梯、地下站厅站台照明、地下区间照明、排烟系统用风机及电动阀门、通信系统设备、信号系统设备、电力监控系统设备、环境与设备监控系统设备、自动售检票系统设备、兼作疏散用的自动扶梯、屏蔽门、防护门、防淹门、排雨泵、车站排水泵。其中应急照明、变电所操作电源、火灾自动报警系统设备、通信系统设备、信号系统设备为特别重要负荷。

这类负荷一旦停电，将导致中断运营，所以一级负荷必须有两路以上线路电源，平时由两路互为备用的独立电源供电，一用一备，末端切换，以实现不间断供电，切换时间应满足各设备停电允许的时间要求。特别是一级负荷中部分重要负荷，除双路供电以外，还应有应急电源。应急电源包括独立于正常电源的发电机组，供电网络中独立于正常电源的专用馈电线路和蓄电池。

（2）二级负荷

二级负荷包括地上站厅站台照明、附属房间照明、普通风机、排污泵、电梯、自动扶梯。

这类负荷一旦停电，也会对列车的运行造成很大的影响。二级负荷平时由两路互为备用的独立电源供电，宜由双回线路供电。对电梯及其他距变电所不超过半个站台有效长度的负荷,可采用双电源单回路专线供电。

(3)三级负荷

三级负荷包括空调制冷及水系统设备、锅炉设备、广告照明、清洁设备、电热设备。

这类负荷一旦停电,不会对运行造成大的影响。平时可为单电源单回线路供电,当该电源故障时可中断供电,当只有一路电源时应将其从电网中切除。

供电系统中的各种变电所均应有两个电源,每个进线电源的容量应满足变电所全部一、二级负荷的要求。这两个电源可以来自不同的变电所,也可以来自同一个变电所的不同母线。主变电所进线电源应至少有一个为专线电源。

◀7.2　牵引供电和动力照明系统

7.2.1　牵引供电系统

牵引供电系统由牵引变电所和牵引网构成。牵引变电所将高压交流电源降压、整流为750V 或1500V 的直流电源,然后经直流断路器向牵引网供电。牵引网系统是供电系统中一个极其重要的组成部分,它由接触网和回流网组成,接触网为正极,回流网为负极,并分别通过上网电缆和回流电缆与牵引变电所连接。

1)牵引变电所

牵引变电所是电力机车或动车正常运行的重要保障,根据牵引制式的不同,可分为交流牵引变电所和直流牵引变电所。牵引变电所在线路上设置的位置、数量和容量,需根据车站位置、线路情况、远期运行高峰小时的车流密度、车辆编组及车辆形式进行牵引供电负荷计算,经多方案的比选后确定。牵引变电所在条件许可时与所在车站的降压变电所合建为牵引降压混合变电所。牵引变电所设置的一般要求如下:

①变电所设备的供电能力应满足远期运输能力的要求。系统中任意牵引变电所故障解列时,靠其相邻牵引变电所的过负荷能力,仍应能保证列车的正常运行,不影响运送能力。

②牵引网电压波动范围应符合《地铁设计规范》(GB 50157—2003)的要求,比如额定电压为750V 时,不应超过 500~900V 的范围。

③主接线应力求简单、可靠,供电网络接线设计应充分考虑继电保护配置的可实施性。

④变电所应设有大型设备的专用进出口及运输通道,满足使用要求。

⑤变电所的平面布置合理,应考虑人员操作、试验、运营管理、检修维修和设备运输通道。

⑥变电所的房屋结构应满足有关防火规程、规范的要求。

⑦变电所的设计应满足防灾、电磁兼容等使用要求。

⑧电源开闭锁内线路用电与外部电源应有明显的电气断开点。

2)牵引网

(1)牵引电压制式

牵引电压制式分为直流和交流两种。直流馈电具有易于控制,车辆启、制动平稳,牵引接触网简单,投资省和电压质量高等优点,但也存在电网谐波、电腐蚀和电磁干扰等难以解决的危害。目前世界上的城市轨道交通大多采用直流牵引供电。

牵引电压有多种,如 3000V、1500V、1200V、1100V、1000V、900V、825V、750V、700V、630V、600V。我国标准规定为 750V 和 1500V 两种,国际上近期修建的城市轨道交通,为便于和国际电工委员会(International Electrotechnical Commission,IEC)的标准相一致,三轨方式大多采用 DC750V,架空方式大多采用 DC1500V。

(2)牵引网的馈电方式

牵引网的馈电方式有接触轨和架空接触网两种。接触轨具有结构较简单合理,不存在断线、刮弓等事故隐患,可靠性高,作业面较低,安装简便,施工及维修工作量少,耐磨损、使用寿命长,地下线占用空间小,敷设在高架线上也不影响市容等优点。采用刚接触轨还具有造价低的优势,但接触轨也存在一定的缺陷,如对人身的安全感差,列车运行速度低,地面线路需要完全隔离封闭等。接触网又分为柔性架空接触网和刚性架空接触网。柔性架空接触网可以应用在地面、高架及隧道内各种线路情况下。刚性架空接触网一般应用在隧道内,对于地面线,由于受到安装方式的局限,很少采用。接触网的优点是安全性好,列车运行速度高,当列车速度高于 80km/h 时,普遍地采用接触网,尤其当城市轨道交通线路发展的趋势越来越长,速度越来越高时,多采用接触网。

(3)牵引网的回流方式

目前世界上较通用的回流方式有两种,一种是利用走行轨回流,另一种是设置专用的回流轨即第四轨回流。第一种方式结构简单、投资省;第二种方式由于采用专用回流轨,增加了投资,但有效解决了杂散电流、电磁干扰等危害,目前国内外多采用走形轨回流的方式。

(4)牵引网的供电方式

牵引供电系统正常运行方式为双边供电,双边供电由相邻两牵引变电所向同一接触轨送电;当牵引变电所因故障或检修退出运行时,可采用大双边供电。大双边供电是利用接触轨电分段处的纵向隔离开关实现的;当牵引网发生故障或检修时可采用单边供电。双边供电时,允许变电所单机组运行,大双边供电时或单边供电时要求变电所双机组同时运行。

(5)牵引网设计原则

①牵引网系统能在相应环境条件、线路条件和行车条件下安全可靠地向列车供电。

②牵引网系统安全、可靠,满足列车最高行车速度的要求,保证受电弓良好地取流。

③牵引网设备和器材应耐腐蚀、寿命长、少维修。

④绝缘距离符合国家规范的相关要求。

⑤正线牵引网导线的总截面满足高峰小时负荷时机车取流的要求。

7.2.2 动力照明供电系统

动力照明供电系统由降压变电所和动力照明配电系统组成。

1)降压变电所

降压变电所从主变电所获得电能并降压变成低压交流电,向区间和车站的动力和照明系统供电。每个车站均设有降压变电所,其配电变压器容量的选择应满足车站用电负荷的运行要求,即当一台配电变压器故障或检修退出运行时,另一台配电变压器容量应能满足全部的一、二级负荷用电。另外,除了考虑一般照明和动力负荷的用电之外,还需适当预留广告照明

及物业开发用电,为方便运营管理,可以对广告照明及物业开发用电部分设置专用回路单独计量。降压变电所的一般要求如下:

①降压变电所位置应靠近负荷中心,其容量应根据负荷计算确定。

②降压变电所根据各站建筑结构尽可能与牵引变电所合建,即可建成牵引降压混合变电所。

③降压变电所运行方式。正常运行时,两台变压器同时使用,分列运行,当一路电源电压失压时,高压母线分段断路器自动投入,由另一路电源带两台变压器运行,或由联络电源供电,保持两台变压器分列运行。当一台变压器退出运行时,低压母联自动投入,并自动切除三级负荷,由另一台变压器承担全部一、二级负荷。

④车站区间的动力照明设备由车站降压变电所供电。车站降压变电所负责整个(或半个)车站和相邻两端半个区间的动力照明等设备供电。

2)动力照明配电系统

(1)系统配电方式及电压等级

动力照明设备配电采用放射式配电和树干式配电相结合的方式,大容量设备或负荷性质重要的用电设备宜采用放射式配电,中小容量设备,宜采用树干式配电,连接的配电箱不应超过 3 个。低压配电系统采用交流 220/380V 三相四线制;应急照明系统可采用交流 220/380V 或直流 220V;安全特低压照明可采用交流 36V。

(2)配电及控制原则

在满足计量及各功能需求的情况下应将动力及照明负荷分开配电。动力设备控制方式一般采用就地控制和车站控制室控制两级控制方式,其中站台层和站厅层的照明、应急照明、区间照明、站台板下安全照明灯(变电所站台板下安全照明除外)为车站控制室进行集中控制,房间、管理工作区的各种照明为就地控制。对火灾自动报警系统和环控系统都需要控制的设备以火灾自动报警系统的控制作为优先,并对环控系统的操作进行闭锁,即环控系统无法再对相关的设备实施控制。

7.3　电力监控系统及杂散电流的防护

7.3.1　电力监控系统

电力监控(Supervisory Control and Data Acquisition,简称 SCADA)系统采用先进的计算机控制技术,通过系统集成形成开放式结构和分布处理的控制系统,对电源开闭所、牵引变电所、牵引降压混合变电所、降压变电所、牵引网络等供电系统中的设备进行实时监视、控制和测量,从而实现城市轨道交通供电系统中变电所的无人值守,提高系统的工作效率、可靠性和现代化管理水平,减少运营费用。

1)电力监控系统的组成

电力监控系统实施对全线供电系统主要设备的监控,完成调度部门对全线供电系统的运行及管理。电力监控系统由以下三部分组成:电力监控中心(位于车辆基地),变电所综合自动化系统(位于各牵引降压混合变电所、降压变电所内),通信通道(与通信合用光缆综合传输网络)。各变电所综合自动化系统采集处理数据,并经过通信通道将信息传输到电力监控中心,从而实现监控中心对电力监控系统的遥控、遥信、遥测功能。

电力监控系统的结构宜采用 1 对 N 的集中监控方式,即 1 个主站监控 N 个子站的方式。主站硬件包括计算机设备(主机)与计算机网络、人机接口设备、打印记录设备和屏幕拷贝设备、通信处理设备、模拟盘或其他显示设备、不停电电源设备(UPS)、调试终端设备及打印设备。子站设备(远动终端)应具备远动控制输出、现场数据采集(包括数字量、模拟量、脉冲量等)、远动数据传输、可脱离主机独立运行等功能。远动数据通道宜采用通信系统的数据通道。

2)电力监控系统的功能

(1)控制功能

控制功能包括单控和群控两部分。单控是调度员通过对站名、开关名及动作状态进行选择后,进行单个开关的操作;群控是通过对单控的组合,实现全线供电系统的倒闸作业。

控制等级分为中心控制、车站控制和设备就地控制,由此系统中就会出现多个位置均能对某个受控对象进行控制操作的现象,需要对控制权限使用移交、查询、强制解除的管理方式。

(2)遥控、遥测、遥信功能

遥控功能是远方对保护装置进行保护定值的调整,即在电力调度中心对接入系统的任何一个可遥控的对象进行合、分遥控,遥控的方式分为单控、程控以及多个设备运行方式组合。遥控对象的基本内容包括主变电所、开闭所、中心降压变电所、牵引变电所、降压变电所内 10kV 及以上电压等级的断路器、负荷开关及系统用电动隔离开关;牵引变电所的直流快速断路器、直流电源总隔离开关;降压变电所的低压进线断路器、低压母联断路器、三级负荷低压总开关;接触网电源隔离开关;有载调压变压器的调压开关。

遥测功能即对各种电气量的采集,数据格式转换,数据的计算、统计,超量程报警灯。遥测对象的基本内容包括主变电所进线电压、电流、功率、电能;变电所中压母线电压、电流、功率、电能;牵引变电所直流母线电压;牵引整流机组电流与电能、牵引馈线电流、负极柜回流电流;变电所交直流操作电源的母线电压。

遥信功能即控制中心从变电所综合自动化系统采集各种遥信信息,分为位置遥信和保护遥信,主要是采集和显示各个牵引、降压变电所内各种开关位置信号、报警信号、所有断路器位置信号、各种保护信号、各种预告信号。

(3)数据处理功能

数据处理功能主要是对供电系统中的各种操作、各种运行数据、事故和报警信息进行分别记录,供有关人员查询、分析,并可按实际需要完成各种统计报表。

(4)图像处理功能

图像处理功能是以图像的方式显示供电系统网络、各个牵引变电所、降压变电所的主结线和电分段等图像。

(5)故障信号处理功能

故障信号处理功能能够保证当供电系统在事故状态时,电力监控系统应自动产生报警,并应有灯光信号和记录。包含声音报警(音量可调)、文字报警、打印报警、推画面报警、灯光报警等几种方式,可单独使用,也可组合使用。

（6）自检、容错能力

所内任何单元发生故障,均应报警。单个间隔单元的故障,不影响整个网络的运行。

（7）屏蔽功能

电力调度员可以对任何一个或多个供电系统受控设备进行屏蔽,使其不能被遥控操作,屏蔽解除后才能恢复遥控功能。

（8）SOE 事件记录

SOE（事件顺序）记录用于分辨事件发生的先后顺序（如故障跳闸的顺序）。

（9）可维护功能

通过便携式维护设备可以对变电所综合自动化系统进行现场调试、维护、扩展等。

（10）紧急切断功能

车站发生火灾、或发生人身伤亡事件或车辆着火时,电力监控系统应采取事故运行方式,紧急切断牵引供电系统。

（11）控制闭锁功能

当现场设备出现故障时,引起相关的开关跳闸,则此开关控制命令的操作将被自动锁闭,即不能再对此开关进行控制。

（12）通信功能

系统可以通过通信通道实现变电所综合自动化系统与电力调度中心之间的数据交换。

（13）通信通道切换功能

变电所综合自动化系统与电力调度中心的接口为双通信通道,双通道之间可以自动或手动进行切换。

3）电力监控系统的主要技术指标

遥控命令传送时间:不大于 3s。

遥信变位传送时间:不大于 3s。

遥信分辨率（子站）:不大于 10ms。

遥测综合误差:不大于 1.5%。

双机自动切换时间:不大于 30s。

画面调用响应时间:不大于 3s。

子站系统可利用率:不小于 99.8%。

远动数据传输速率:不低于 9600bps。

平均无故障工作时间:不低于 10000h。

7.3.2　杂散电流及其防护

（1）杂散电流的危害

杂散电流指在非指定回路上流动的电流。例如运行列车以直流电力作为牵引动力的轻轨线,通过接触轨受电,利用走行轨回流,列车牵引电流沿走行轨流向牵引变电所时在走行轨上产生电压降,使走行轨与结构间产生电位差而引起泄漏电流,即杂散电流。

杂散电流从金属流出来时遇到正、负离子,均会产生电腐蚀,日积月累,会使金属管线、钢筋穿孔、外表层整块脱落、体积膨胀,其腐蚀速率远远高于化学腐蚀,因而危害工程结构和各种金属管线的强度和寿命,同时杂散电流的存在还将影响沿线周围大地电磁场的分布。如果防护不善,它不仅会对城市轨道交通线路结构本身进行腐蚀,还可能泄漏到结构外部,危害城市轨道交通线路附近地下金属结构和管网设施,甚至可能造成严重事故。为使城市轨道交通线路更好地发挥社会经济效益,杂散电流防护设计应采取各种有效措施,使杂散电流对车站内部及附近金属结构的腐蚀在设计年限内不造成影响。

(2)杂散电流防护措施

①确保畅通的牵引回流系统。

②所有直流开关柜、整流柜、负极柜等设备及牵引回流系统采用绝缘法安装,尽可能减少杂散电流。

③为限制杂散电流对钢筋及金属管线的腐蚀及向线路外扩散,利用整体道床内结构钢筋的可靠电气连接,形成主要的杂散电流收集网。

④牵引变电所设排流装置,以便将来轨道绝缘降低,杂散电流增大时,使收集网(主收集网、辅助收集网)中杂散电流有畅通的电气回路,限制杂散电流对金属构件的腐蚀和向道床外、线路外的扩散。

⑤在条件允许情况下,尽可能在轨道与混凝土轨枕之间、在禁锢螺栓、道钉与混凝土轨枕之间及扣件与混凝土轨枕之间采取绝缘措施,加强轨道对地绝缘,以减少杂散电流。

⑥车辆段引入线与正线间,停车库内钢轨与库外钢轨间设单向导通设备,以限制杂散电流的扩散。

⑦各类管线设备应从材质或其他方面采取绝缘措施,减少杂散电流对其腐蚀及通过其向轨线外部泄漏。

⑧设立完备的杂散电流监测系统,对整体道床结构钢筋以及隧道和高架结构钢筋的极化电位进行实时监测,对测量的数据进行分析处理,并能够打印出分析结果,指导运营维护。

⑨降低回流线阻抗,例如增加轨道间的均流线,以减少回流轨等效电阻。

⑩在车站和隧道内应设有畅通的排水沟,不允许有积水现象。

⑪加强安全接地,凡由外界引入线路内部或由线路内部引至线路外的金属管线均应进行绝缘处理后才能引入或引出。

⑫盾构区间采用隔离法对盾构管片结构钢筋进行保护。

⑬高架段桥墩与桥梁电气实施隔离。

(3)杂散电流防护设计原则

杂散电流腐蚀防护是一项综合工程,涉及轨道、结构、线路、通信信号、给排水等许多专业,各专业都应根据杂散电流对各相关专业的要求执行。

①杂散电流防护采取"以防为主,采取多项措施提高轨道绝缘电阻和减少回流电阻,同时做到以排为辅、防排结合、加强监测"的综合防护措施。

②杂散电流防护设计应与牵引供电系统设计相结合,牵引变电所分布及牵引系统运行方式在满足供电要求的前提下,应兼顾减少杂散电流防护要求。

③杂散电流防护专业应与轨道、建筑、区间结构、给排水、信号等相关专业配合,在相关专业技术和工程实施可行的基础上,设计可靠的杂散电流防护方案。

④杂散电流监测系统应根据杂散电流分布的实际特点,合理设置监测点,监测系统应可靠且便于维护管理。

⑤杂散电流设计与安全接地的设计应协调一致。当杂散电流设计和接地安全设计发生矛盾时,优先考虑接地安全。

⑥在保证杂散电流防护和接地系统成功实施的基础上,尽量减少投资。

本章小结

本章主要介绍了城市轨道交通牵引供电系统的构成、主要电气设备,变电所的种类、供电方式,用电负荷的分类;详细介绍了牵引变电所以及牵引网的电压制式、馈电方式、回流方式、供电方式和设计原则,降压变电所和动力照明系统的配电方式、电压等级、配电及控制原则,电力监控系统的组成、功能、主要技术指标以及杂散电流的危害及防护原则等内容。

思考题

1.简述供电系统中变电所的种类及各自的功能。
2.简述用电负荷的分类。
3.简述牵引网的电压制式、馈电方式、回流方式及供电方式。
4.简述电力监控系统的组成及功能。
5.什么是杂散电流?它有什么危害?如何对其进行防护?

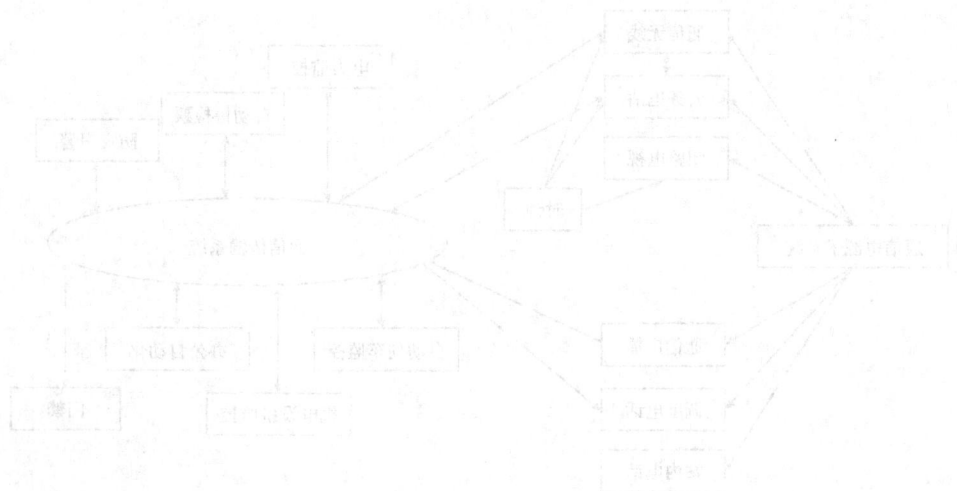

第8章 通信信号系统与行车自动控制系统

【本章概要】

本章介绍了城市轨道交通通信与信号系统设备的组成及其功能,主要包括通信系统、信号系统的各基本结构、基本设备及其功能和特点。

◀8.1 城市轨道交通通信系统

为了保证列车运行的安全和实现快速、高效、准时的优质服务,实现运输的集中统一指挥,行车调度自动化和列车运行自动化,城市轨道交通系统必须建立功能完善的、可靠的、易扩充的、独立的内部专用通信系统。城市轨道交通通信系统是直接为城市轨道交通运营管理服务,保证列车及乘客安全、快速、高效运行的一种不可缺少的智能自动化综合业务数字通信系统,是指挥列车运行、组织运输生产及进行公务联络的重要手段。

城市轨道交通的通信系统包括光纤数字传输系统、调度指挥通信系统、闭路电视监控系统、无线通信系统及车站广播系统等部分。具体来说,它们共同为城市轨道交通系统的列车运行调度指挥、无线通信、公务通信、旅客信息广播、系统运行状况监视等提供支持。图8-1所示为一个典型城市轨道交通通信系统。

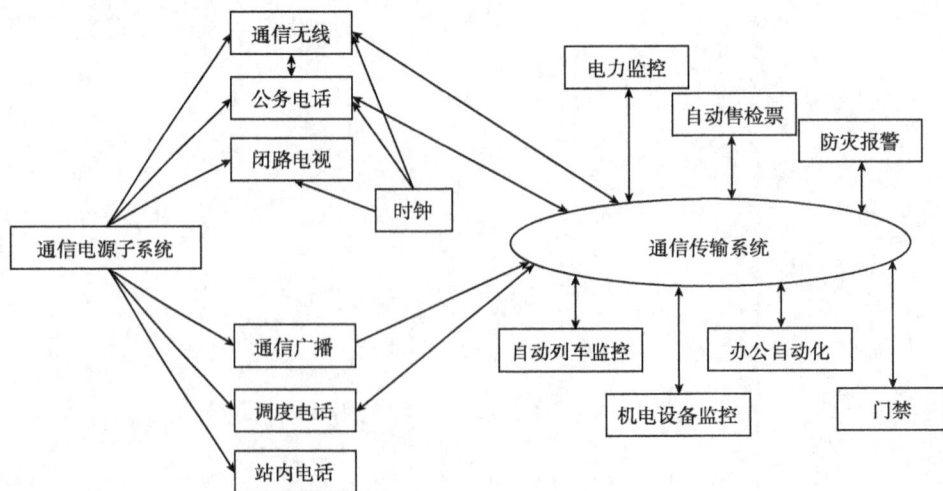

图 8-1　典型城市轨道交通信息系统

8.1.1 调度指挥通信系统

调度指挥通信系统包括有线调度电话、站间行车电话和区间电话。

(1)有线调度电话

根据城市轨道交通列车运行组织和业务管理的要求,一般设置三种有线调度电话系统,即列车调度电话、电力调度电话和防灾环控调度电话。该系统由中心设备、车站设备和传输通道三部分构成。中心设备设于调度中心,由不同功能的调度台组成;车站设备设于各车站、变电所、环控(防灾)值班室、车场值班员处,分别设有相应的调度分机;传输通道是介于中心设备和车站设备之间的传输媒介,由光缆数字复用传输系统提供。

对有线调度电话系统的基本要求是,各调度台通过程控交换网与分机连接,要能迅速地单呼或全呼下属分机,下达调度命令;各调度分机只要摘机,就可以呼叫各自的调度台,各调度台按下呼叫键,即可呼出或应答相应的调度分机,而各调度系统的分机之间及其他系统的分机之间不允许通话。调度台通常采用带有液晶显示屏的数字式多功能电话机。

(2)站间行车电话

站间行车电话又称闭塞电话,是相邻车站值班员间行车业务用的直通电话,是利用程控交换网在站间建立的双向热线行车电话。该系统由专用电话总机、分机及传输通道三部分组成。专用电话总机设于车站值班员处;分机设于站长室、公安值班室、变电所值班室、环控(防灾)值班室、站台两侧的室外电话箱内等处;站间传输通道由光缆数字复用传输系统提供,或采用电缆实回线(站内传输通道采用电缆实回线)。为提高通话效率,防止差错,在其回路上禁止接入其他业务性质的电话。

(3)区间电话

区间电话是供列车司机和维修人员在轨道沿线随时与相邻行车值班员及相关部门紧急联系或通话使用的专用通信设备。系统由电话机箱、便携式电话机和传输线路组成。在信号机、道岔、接触轨(网)开关柜、通风机房、隔断门等附近应设置电话机箱。沿线每隔150~200m左右,设置一台轨旁电话,1~3台电话机并联使用一个号码,通过专用电缆,连向最近的车站交换设备,程控交换网可为所有的沿线电话机,提供与其他分机及各调度台联系的功能。

8.1.2 无线通信系统

为了使移动状态下的工作人员(司机、检修人员以及公安人员等),及时与有关指挥部门取得联系,还需设置无线通信系统。无线通信系统主要用于城市轨道交通的列车运行指挥、治安、防灾应急通信和设备及线路的维修施工通信。

城市轨道交通无线通信系统由基地台、天线及射频电线、隧道内的泄漏同轴电缆、列车无线电台设备、控制台、电源及便携式无线电台等组成。

城市轨道交通无线通信系统按其工作区域不同,可分为运行线路上的调度无线通信系统和车辆段内的无线通信系统。

(1)运行线路上的调度无线通信系统

系统由位于调度中心的控制设备(包括控制台、PC计算机、录音设备等)和基地台,以及列车上设置的列车台、维修人员使用的携带台,加上有线传输网络和自动电话或专用电话组成。如有隧道,还需设置隧道基地台或隧道中继器,以及沿隧道敷设的泄漏同轴电缆。

（2）车辆段无线通信系统

为满足值班员(车辆段)、司机(列车台)、流动人员(携带台)三者之间的通话,设有车辆段无线通信系统。该系统由位于车辆段值班室的控制设备和基地台,列车上设置的列车台以及流动人员使用的携带台三部分组成。

8.1.3 公务通信系统

列车运营组织中,公务通信系统是城市轨道交通运营控制的重要通信工具,主要用于城市轨道交通系统内部工作人员间和对外部的公务联络用。

8.1.4 广播系统

车站广播系统是实现集中管理的重要组成部分。广播系统是大众化的运营管理工具,其用途和服务范围包括向旅客预报列车信息;对上下车旅客进行安全提示和向导;对车站工作人员播发通知或召开广播会议;发生故障、灾害等紧急情况时,发出警报、指挥救援和疏导乘客。广播信息可以由中心广播控制台发出,也可由车站值班室发出。相应地,广播系统由中心广播控制设备、车站广播设备以及传输通道三部分组成。

（1）车站广播

车站广播系统是实现集中管理的重要组成部分。列车到站及离站的实时预告信息,非常情况下的疏导信息等,通过该系统及时向旅客通报,同时,为组织好行车,应及时将运行信息告知行车相关人员。在固定区域可以根据列车运行实现自动广播。车站播音台对本站的播音具有优先权。

（2）控制中心播音

在控制中心设有列车调度、电力调度和防灾调度三个播音台,三个播音台之间互锁,也即只允许一个播音台播音。三个播音台,分别配有广播区域选择键盘和送话器。选择控制信号经控制与接口单元,通过 PCM(Pulse Code Modulation Decoding,脉冲编码调制)信道将其送至车站的控制单元,并显示在相应的播音台上。播音信号经放大,通过专用的屏蔽广播线,传送至所选车站。但各车站的播音具有优先级,从控制中心可对所有车站的所有区域播音,也可有选择性地对某一车站的某个区域播音。

8.1.5 视频监视系统

视频监视系统作为一种图像通信,具有直观、实时的动态图像监视、记录和跟踪等独特功能,是通信指挥系统的重要组成部分,已成为城市轨道交通运营管理自动化的配套设备。其主要用于车站值班员及控制中心调度员监视站厅、站台情况,辅助列车调度员指挥行车以及协助列车司机安全发车,在发生灾害时,可随时监视灾害及乘客疏散情况。监视区域包括上、下行站台、售、检票厅和主要出入口;同时,公安系统也可根据需要对车站进行选择性监控。该系统由车站设备、中心设备及传输通道三部分组成。每个车站的视频信号均需传至控制中心。

8.1.6 传输系统

典型的城市轨道交通系统由多条线、一个或多个控制中心以及多个车辆段和停车场组成,为了传输各子系统所需话音、数据、图像等信息,需建立一个多功能、高可靠和集中维护管理的综合传输网。由于光纤传输具有频带宽、容量大、抗干扰性强,以及耐腐蚀、重量轻等特点,已成为城市轨道交通通信传输系统最主要的方式。光纤数字传输系统主要由光纤线路、光传输终端设备(光端机)和 PCM 复接设备三部分组成。光纤数字传输系统大量的信道除了用于传送数字电话交换网的话音信号,还为闭路电视监控系统、车站广播系统、无线通信系统提供信道,同时也可为其他部门的控制信号提供信道。

8.1.7　时钟系统

为了保证城市轨道交通运营准时服务乘客、统一全线设备标准时间,设置了时钟系统。该系统一般采用 GPS(Global Positioning System,全球卫星定位系统)时钟系统。

8.1.8　电源系统

为保证通信系统正常工作,一个安全可靠的通信电源及接地系统是必不可少的。该通信电源系统能够安全、可靠地向各通信设备不间断地供电,以保证在市电中断时,各通信子系统仍可正常工作一段时间。

◀8.2　城市轨道交通信号系统

城市轨道交通信号系统是实现行车指挥、列车运行监控和管理所需技术措施及配套装备的集合体。信号系统作为行车指挥和列车运行的控制设备,在保证行车安全、提高通过能力、节能及改善运输人员的劳动条件等方面起着至关重要的作用,在城市轨道交通中采用先进信号设备能起到事半功倍的效果。现代化的城市轨道交通要求城市轨道交通信号设备的现代化。

8.2.1　概述

城市轨道交通系统的安全、速度、输送能力和效率与信号系统密切相关,以速度控制为基础的列车自动控制系统已成为城市轨道交通信号系统的共同选择。信号系统实际上已成为城市轨道交通调度指挥和运营管理的中枢神经,选择合适的信号系统可以产生巨大的经济效益和社会效益。

1)城市轨道交通对信号系统的要求

城市轨道交通,尤其是地下铁道因其固有的特点,对信号系统提出如下要求。

(1)安全性要求高

因城市轨道交通尤其是地下部分隧道空间小,行车密度大,故障排除难度大,若发生事故难以救援,损失将非常严重,所以为保证行车安全,对信号系统提出了更高的要求。

(2)通过能力大

城市轨道交通一般不设站线,进站列车均停在正线上,先行列车停站时间直接影响后续列车接近车站,所以要求信号设备必须满足通过能力的要求。另一方面,不设站线使列车正常运行的顺序是固定的,有利于实现行车调度自动化。

（3）保证信号显示

城市轨道交通虽然地面信号机少,地下部分背景暗,且不受天气影响,直线地段瞭望条件好,但曲线地段受隧道壁的遮挡,信号显示距离受到限制,所以保证信号显示也是一个重要的问题。

（4）抗干扰能力强

城市轨道交通均为电力牵引,要求信号设备对其有较强的抗电气化干扰能力。

（5）可靠性高

由于城市轨道交通隧道净空小,且装有带电的牵引接触网(接触轨),行车时不便下洞维修和排除设备故障,所以要求信号设备具有高可靠性,应尽量做到平时不维修或少维修。

2) 城市轨道交通信号系统的特点

城市轨道交通信号系统的技术制式虽然是沿袭干线铁路的制式,但还是有它固有的特点,主要反映在以下几个方面。

（1）具有完善的列车速度监控功能

城市轨道交通所承担的客运量巨大,对行车间隔的要求远高于干线铁路,最小行车间隔达到90 s甚至更小,因此对列车速度监控提出了极高的要求,要求其能提供更高的安全保证。

（2）联锁关系较简单

城市轨道交通的大多数车站没有配线,道岔和信号机等联锁设备的监控对象远远少于一般干线铁路车站,通常一个控制中心即可实现全线的联锁功能。

（3）车辆段独立采用联锁设备

城市轨道交通的车辆段类似于铁路区段站的功能,其线路、道岔和信号设备远多于其他车站,通常独立采用一套联锁设备。

（4）自动化水平高

由于城市轨道交通的线路长度短,站间距离短,列车种类单一,行车规律性强,因此在城市轨道交通信号系统内,通常都包含有进路自动排列和运行自动调整的功能,只有运行图变更时才有人工介入,自动化水平高。

（5）不要求兼容

城市轨道交通的分线运营,对信号系统不要求互相兼容,即使是同一个城市的各线路所采用的信号系统可以不一样。

3) 城市轨道交通信号系统组成

目前,先进的城市轨道交通信号系统通常由列车运行自动控制 ATC(Automatic Train Control) 系统和车辆段信号控制系统两大部分组成,用于列车运行控制、列车间隔控制、行车调度指挥、信息管理、设备工况监测及维护等管理,是一个高效的综合自动化系统,如图8-2所示。

列车自动控制(ATC)系统包括列车自动防护 ATP(Automatic Train Protection)、列车自动运行 ATO(Automatic Train Operation)及列车自动监控 ATS(Automatic Train Supervision)3 个子系统。系统需设置行车控制中心,沿线各车站设计区域性联锁,其设备放在控制站(一般为有岔站),列车上安装有车载控制设备。控制中心与控制站通过有线数据通信网连接,控制中心与列车之间可采用无线通信进行信息交换。ATC 系统直接与列车运行有关,因此 ATC 系统中的数据传输要求比一般通信系统的安全性、可靠性、实时性更高。

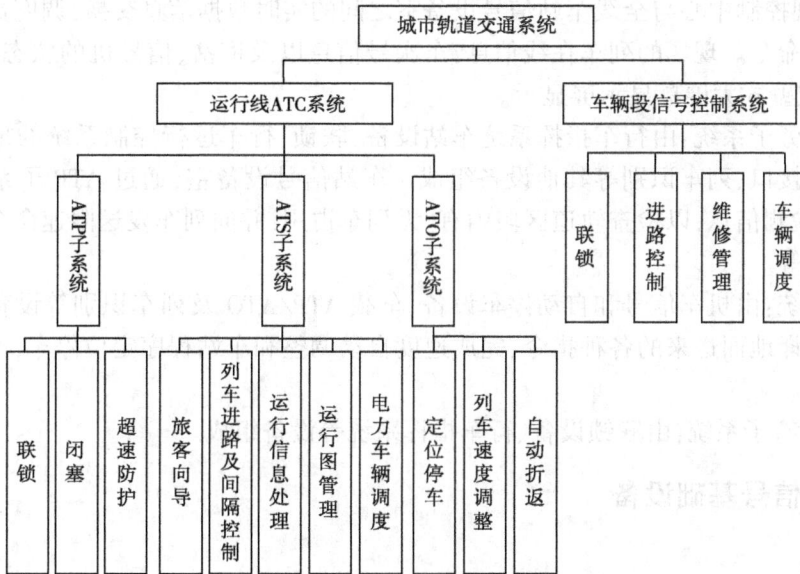

图 8-2 城市轨道交通信号系统图

城市轨道交通信号系统按子系统设备所在区域,由以下部分组成(图 8-3)。

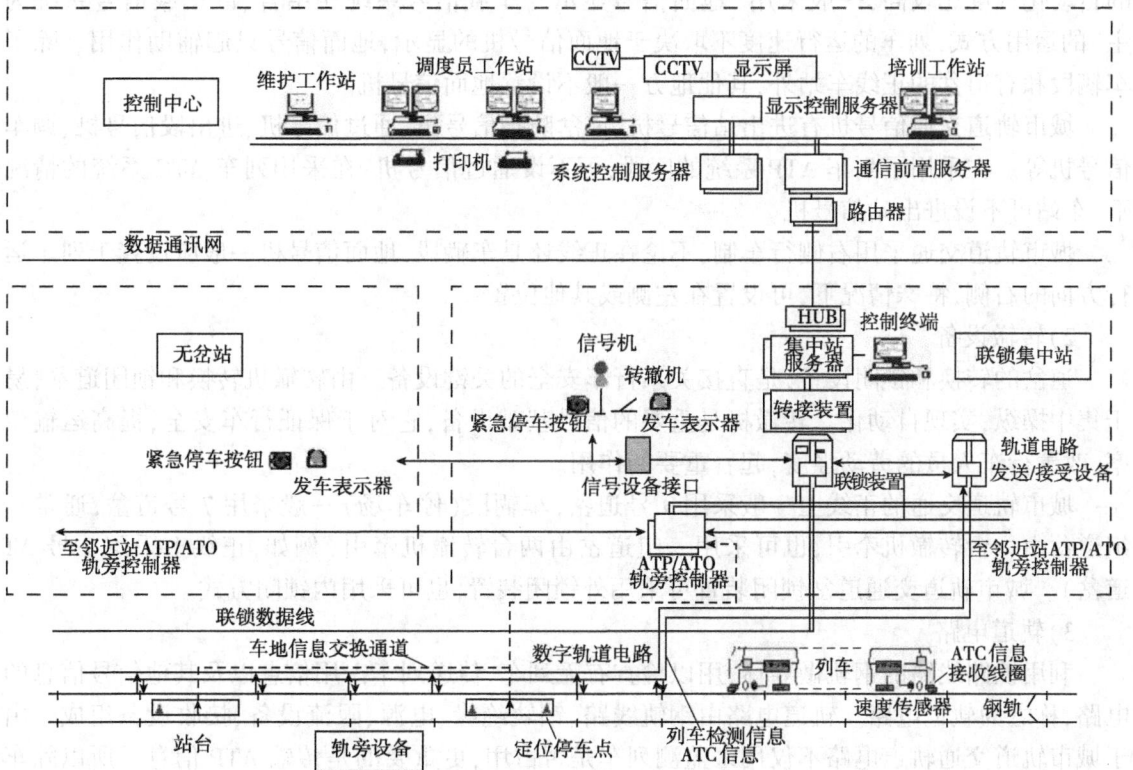

图 8-3 列车运行控制系统结构示意图

行车指挥控制中心:由列车运行监视(调度监督)或列车运行监控(调度集中)或列车自动监控等子系统构成。指挥列车运行的控制中心,设有作为 ATC 系统中枢的计算机系统;数据传输系统,实现控制中心与全线车站信号设备室之间的实时数据信息交换;调度员通过控制台下达行车控制命令。现场的列车在线信息,车次号信息以及道岔、信号机的状态信息等,由调度员的 CRT 或壁式大屏幕显示屏显示。

车站及轨旁子系统:由行车指挥系统车站设备、联锁、行车运行控制系统的地面设备及其与联锁设备的接口、列车识别等其他设备组成。车站信号设备室,通过 ATP 子系统的轨旁设备,发送列车检测信息,以检查轨道区段内有、无列车占用,并向列车发送限速命令、门控命令、定位停车指令等。

车载子系统:由机车信号和自动停车设备、车载 ATP/ATO 及列车识别等设备组成。车载设备接收并解译地面送来的各种指令,完成速度自动调整和车站程序定位停车,实现列车的自动运行。

车辆段(场)子系统:由联锁设备、行车指挥系统等设备组成。

8.2.2 信号基础设备

1)信号机

城市轨道交通地面多采用透镜式色灯信号机和 LED 信号机,其在结构上与铁路信号机基本相同,但在设置要求和显示意义方面及显示距离方面与传统铁路有一定区别,城市轨道交通的自动化程度比较高,一般采用"地面信号显示与车载信号系统相结合、以车载信号系统为主"的运用方式,列车的运行速度不取决于地面信号机的显示,地面信号只起辅助作用。除了车辆段和有道岔的正线车站外,其他地方一般不设置地面信号机。

城市轨道交通信号机有进出站信号机、道岔防护信号机、通过信号机、进出段信号机、调车信号机等。在采用了列车 ATP 系统的区段,可不设通过信号机;在采用列车 ATC 系统的情况下,车站可不设进出站信号机。

城市轨道交通采用右侧行车制,不论在正线还是车辆段,地面信号机一般应设置于列车运行方向的右侧,特殊情况下,可设置在左侧或其他位置。

2)转辙设备

道岔的转换和锁闭设备,是直接关系行车安全的关键设备。由转辙机转换和锁闭道岔,易于集中操纵,实现自动化。转辙机是重要的信号基础设备,它对于保证行车安全,提高运输效率,改善行车人员的劳动强度,起着重要的作用。

城市轨道交通的正线上一般采用 9 号道岔,车辆段(停车场)一般采用 7 号道岔,通常一组道岔由一台转辙机牵引,也可采用一组道岔由两台转辙机牵引(例如,正线上采用 9 号 AT 道岔)。城市轨道交通道岔锁闭装置可采用外锁闭装置,也可采用内锁闭方式。

3)轨道电路

利用铁路线路的钢轨做导体,用以检查有无列车、传递列车占用信息以及其他信号信息的电路,称之为轨道电路。轨道电路由钢轨线路、钢轨绝缘、电源、限流设备、接收设备组成。由于城市轨道交通轨道电路不仅用来监测列车是否占用,更重要的是传输 ATP 信息。所以除车辆段内可采用 50Hz 相敏轨道电路外,需要采用音频轨道电路。

4）计轴设备

计轴设备是正线信号系统重要设备之一,具有轨道区段空闲检查、列车完整性检查等功能,再采用 CBTC 的城轨线路,当无线传输设备发生故障,可用计轴器检查列车的位置,构成"降级"信号。

5）信号显示制式

信号显示制式是指表达信号显示意义的基本体系,信号显示制式一般分为进路式与速度式。速度式又可细分为速差式与速度式(连续速度式)。

（1）进路式

早期的铁路信号显示采用进路式,进路式信号是指示列车进入不同进路为原则的信号显示制式,表达的是进路意义。进路式信号存在显示复杂、适应性差、显示意义不确切等缺点,随着行车速度不断提高,目前世界多数国家已不采用。

（2）速差式

速差式信号指每一种信号显示均能表示不同行车速度的信号显示制式,表达的速度意义。速差式信号采用简单统一的显示方式,指示列车通过本信号机的运行速度,或能指示列车通过次架信号机的速度,是目前地面信号主要采用的信号显示制式。如我国铁路干线普遍采用的四显示自动闭塞的通过信号机,划分了三级速度等级,绿、绿黄、黄、红四种显示明确表示了一个闭塞分区的始端速度和终端速度。

速差式信号制式对应的是固定闭塞制式,我国铁路信号和城市轨道交通采用的基于轨道电路的列车控制系统,都属于速差式信号制式。

（3）速度式

速度式信号制式采用目标距离控制模式,速度不分级,采用连续的一次速度控制曲线,城市轨道交通基于准移动闭塞和移动闭塞的列车控制系统都属于速度式信号系统。

8.2.3　联锁设备

联锁设备是城市轨道交通的重要信号设备,用来在车站或车辆段实现联锁关系,建立进路、控制道岔、开放信号机以及解锁进路,以保证行车安全。城市轨道交通联锁设备分为正线车站联锁设备和车辆段联锁设备。联锁设备早期采用继电集中联锁,现在多采用计算机联锁。

（1）继电集中联锁

在电气集中联锁设备中实现联锁的元件是继电器,因此也称继电集中联锁设备。早期的城市轨道交通,如北京、上海、广州地铁的车辆段曾采用 6502 继电集中联锁。6502 继电集中联锁设备可分为室内和室外设备两大部分,室内设备有控制台、电源屏、继电器组合及组合架、人工解锁按钮盘、分线盘,室外设备主要有信号机、动力转辙机和轨道电路。图 8-4 所示为电气集中联锁设备组成框图。

根据城市轨道交通行车作业的需要,在原 6502 电路的基础上,设计了与 ATP 子系统的接口电路,增加了自动信号、自动进路、区间封锁、区间限速、站台紧急关闭、扣车等功能。

北京地铁 1 号线改造信号工程的联锁正线车站采用 9101 型整架式联锁设备。该电路可以实现中心控制及车站控制,并在其中一方控制时,另一方不能实施进路控制。电路可以实现用于 ATC 列车的正常的自动闭塞运行方式,也可提供非运营时间内的非 ATC 列车运行的自动

站间闭塞,其具有在站控方式下,实现车站值班员的自动进路、自动折返进路以及全自动折返进路控制的功能。

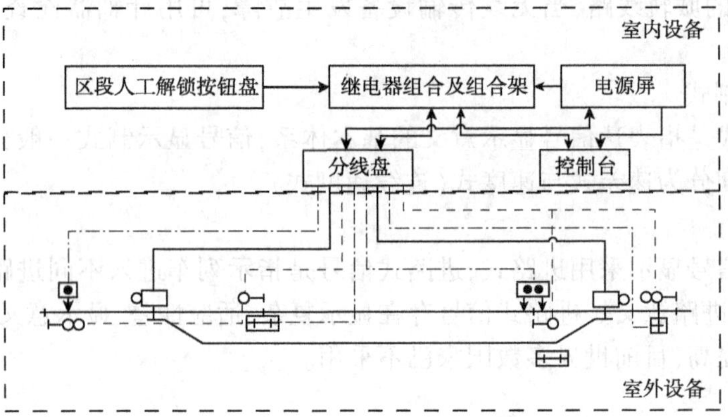

图 8-4　继电集中连锁设备的组成

(2)计算机联锁

计算机联锁是通过计算机技术、控制技术和通信技术来实现车站联锁控制功能的实时控制系统。根据系统各主要部分功能的不同,计算机联锁系统一般采用如图 8-5 所示的层次结构。整个计算机联锁由室内和室外设备构成,室内设备由人机交互层、联锁控制层和 I/O 接口层设备所构成。室外设备主要是信号机、转辙机和轨道电路等。

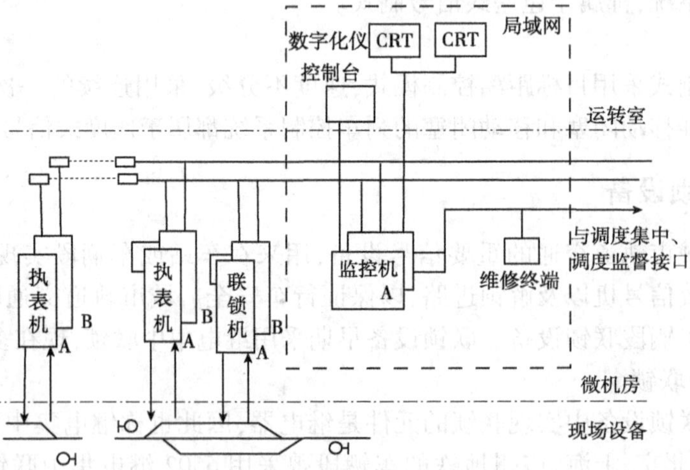

图 8-5　计算机连锁系统结构

城市轨道交通计算机联锁系统与 ATP 系统、ATS 系统结合,系统配置可根据不同的运营要求实现集中控制、区域控制或车站控制方式。其对计算机联锁有特殊的要求,如列车运行的三级控制、多列车进路、追踪进路、折返进路、联锁监控区、保护区段和侧面防护等。

用于我国城市轨道交通的计算机联锁系统主要有国产的 TYJL-Ⅱ型计算机联锁、DS6-11型计算机联锁、VPI 型计算机联锁和 iLOCK 型计算机联锁,从国外引进的 SICAS 计算机联锁和MICROLOCKⅡ计算机联锁,前四种主要用于车辆段,后两种主要用于正线。

8.2.4　列车自动控制系统

1) 列车自动控制系统的组成和功能

城市轨道交通的信号系统是保证列车运行安全和提高线路通过能力的重要设施。基于城市轨道交通区别于大铁路的诸多特点,传统的信号系统已不能适应城市轨道交通的发展,必须用一种能实现列车速度自动控制和列车运行间隔自动调整的新系统来替代,这就是列车自动控制系统。系统中后续列车根据与先行列车之间的距离和进路条件,在车内连续地显示出容许的速度信息(或按设定的运行条件达到该容许速度的距离信息),根据上述信息列车自动地控制运行速度,以达到自动调整行车间隔的目的,提高运输效率,并由列车自动控制系统实现在车站的程序定位停车。ATC 系统取消了传统的地面信号,将机车信号作为主体信号,信号的含义发生了质的变化,传递给列车的是具体的速度和距离信息,系统能可靠地防止由于司机失误造成的超速或追尾等事故,确保列车运行安全。

ATC 系统包括三个子系统:列车自动监控(ATS)系统、列车自动保护(ATP)系统、列车自动运行(ATO)系统,简称"3A"系统。ATC 是在保证行车安全、提高运营效率的情况下,实现列车的自动控制。

(1) ATS 子系统

ATS 子系统由控制中心设备、车站设备及车载设备三部分组成,它的主要功能是控制和监督列车运行。该系统按列车计划运行图,指挥列车运行,办理列车进路,控制发车时刻,及时收集和记录列车运行信息,列车位置、车次号等由控制中心计算机进行列车跟踪,绘制列车运行图,并将列车信息及线路情况等在控制中心的模拟盘上显示出来。同时实时显示整个 ATC 系统的状况,及时给出告警显示和记录,进行统计和汇编以及仿真和诊断。

(2) ATP 子系统

ATP 子系统是确保列车运行安全的关键设备,它由轨旁设备和车载设备所组成。列车通过地面 ATP 设备接收运行于该区段的目标速度,保证列车在不超过该目标速度情况下运行,从而也保证了后续列车与先行列车之间的安全间隔距离。对联锁车站,ATP 系统确保只有一条进路有效。该系统还监督列车车门和车站站台屏蔽门的开启和关闭,保证操作安全。

(3) ATO 子系统

作为列车自动运行系统应完成出站的出发控制、站间运行控制及车站定位停车的控制任务。它由地上设备和车上设备组成,地上设有提供列车地点信息的 ATO 地上设备,车上有 ATO 接收器、ATO 逻辑装置及车上设备等。当列车经过设于轨道内的地面感应器(标志器)时,向列车传递地点信息,车上装置收到地点信息,分别检出后送到逻辑装置,在逻辑装置内参照其他 ATC 信息,设定 ATO 目标速度模式,追踪输出及制动指令,以进行运行控制。所以,ATO 控制主要是站间的自动运行控制及定位停车控制。

这三个子系统是通过信息交换网络构成闭环系统,可以充分发挥保证行车安全、提高运行效率、缩短行车间隔、促进管理现代化、提高综合运营能力和服务质量的作用。

2) 列车自动控制系统的分类

由于地面设备构成不同、地面与车载信息传输方式不同,构成的 ATC 系统也不尽相同,其功能与使用效果也有差别。我国目前还不具备提供完整的列车控制系统,应用在城市轨道交通系统中 ATC 核心技术都采用国外的先进技术。综合国内外 ATC 系统的产品,可按车—地信息传输方式、对列车的控制方式和闭塞制式对 ATC 系统进行分类。

(1)按车—地信息传输方式

在列车自动控制系统中,根据车—地信息传输方式不同,可以分为点式和连续式两类。

①点式。点式车速自动控制系统在欧洲应用十分广泛。其主要特点是采用无源、高信息容量的地面应答器,结构简单,安装灵活,可靠性高,价格明显低于连续式列车速度自动控制系统。点式系统主要由地面应答器、轨旁设备以及车载设备组成。地面应答器是无源的,通常设置在信号机的旁侧或者设置在一段需要降速的缓行区间的始、终端。应答器内部按协议存放实现列车速度监控及其他行车功能所必需的数据。当列车驶过地面应答器时,车载应答器以一定的频率,通过电磁感应方式将能量传递给地面应答器,地面应答器随即开始工作,将所存储的数据通过电磁感应传送至车上。车载设备根据地面传至车上的信息,计算得出两个信息点之间的速度监控曲线,实现列车超速防护。

点式信息为非连续式的信息模式,结构简单,易于维护,但单纯的点式 ATP 系统不满足紧急状态下的紧急停车功能。以防止列车冒进车站为例,需在进站前方铺设一段电缆环线,传输 ATP 信息,以适应紧急停车的安全保障。由于该系统运行下的列车获得的信息是定点、不连续的,列车在越过信息点后按已接收到的信息行驶,必须等待收到下一个点式信息时才能按新的信息要求行驶,在两信息点间行驶不能及时地适应变化的运行条件,因此,降低了行车效率。单纯的点式系统与 ATO 系统配套时,不易实现 ATO 的运行调整功能。

②连续式。连续式列车超速防护系统是基于连续的信息传递,列车不间断地从信息传输通道获得信息,车载计算机也不间断地计算出速度曲线,从而可使列车间隔缩至很短。连续式列车自动控制系统因传递信息的连续性而具有较佳的控制性能,主要应用在地铁中。连续式列车速度自动控制系统按地—车信息传输所用媒体又可分为有线与无线两大类,有线传输利用多信息或数字音频无绝缘轨道电路、交叉电缆环线、裂缝波导管或无线自由电波等,向车载设备提供连续的列车运行信息,既能连续检测列车位置和占用状态,又具有信息传递功能,可以实时、连续地提供大量列车控制信息,达到安全、平稳控制列车、满足高密度行车的运行目的。

(2)按对列车的控制方式不同分类

信号系统按对列车实施的最终控制方式不同,一般分为阶梯式速度曲线和速度—距离模式曲线两种控制方式。

①速度曲线控制方式。基于传统的音频轨道电路,其传输的信息量少,对应每个闭塞分区只能传送一个信息代码,即该区段所规定的最大速度命令码或入口/出口速度命令码,列车速度监控采用的是闭塞分区入口/出口检查方式,当列车速度超过规定速度时,实施常用制动或紧急制动,实施常用制动时,如制动率达不到要求,会自动转为紧急制动。一旦实施了紧急制动,必须在列车停止后,通过一定操作才能缓解。阶梯式速度曲线中,两列车之间的最小行车安全间隔距离至少应为一个固定的闭塞分区,为了保证列车正常追踪运行,两列车间隔距离在三个闭塞分区以上,两列车之间的最小行车安全间隔距离较后者需要的空间距离大,降低了线路通过能力。

②速度—距离模式曲线控制方式。该方式由命令编码单元通过车—地通信,实时向列车提供目标速度、目标距离、线路状态等信息,车载计算机根据这些数据,结合列车自身的固有数据,实时计算得出允许速度曲线,并按此曲线对列车的实际运行速度进行监控,在列车的每一确切位置,ATP 地面设备或车载 ATP 设备据此计算出列车运行的速度—距离曲线,保证列车在安全速度下运行。该模式列车可用信息较少,阶梯所代表的速度差值较大,造成列车连续速度控制性能也较差。相比之下,由于数据传输及车速监控都是连续的,速度—距离模式曲线控制方式可以提高线路利用率,相应缩短追踪列车之间的最小安全行车及正常行车间隔距离,可提高行车密度及列车运行的平稳度。

（3）按闭塞制式不同分类

闭塞是指城市轨道交通系统保证列车按空间间隔安全运行的一种技术方法。城市轨道交通的闭塞可分为固定自动闭塞、准移动闭塞和移动闭塞。

①固定自动闭塞是将线路用轨道电路或其他的列车占用检测装置划分为若干闭塞分区,保证列车按照空间间隔制运行的一种技术方法。固定闭塞方式,通过轨道电路判断闭塞分区占用情况,并传输信息码,需要大量的轨旁设备,维护工作量较大,存在较多缺点,并无法满足提高系统能力、安全性和互用性的要求。

②准移动闭塞在控制列车的安全间隔上比固定闭塞进了一步。它通过采用报文式轨道电路辅之环线或应答器来判断分区占用并传输信息,信息量大;可以告知后续列车继续前行的距离,后续列车可根据这一距离合理地采取减速或制动,列车制动的起点可延伸至保证其安全制动的地点,从而可改善列车速度控制,缩小列车安全间隔,提高线路利用效率。但准移动闭塞中后续列车的最大目标制动点仍必须在先行列车占用分区的外方,因此它并没有完全突破轨道电路的限制。

③移动闭塞不依靠轨道电路向列控车载设备传递信息,而采用移动通信、地面交叉感应电缆、应答器等媒体向列控车载设备传递信息,实现自动闭塞。两列车之间空间距离是根据线路条件、列车运行速度、控制性能等因素决定的,能缩短列车间的运行间隔,更有利于发挥线路的通过能力。

准移动闭塞和移动闭塞可以实现较大的通过能力,对于客运量变化具有较强的适应性,可以提高线路利用率,具有高运行、节能等作用,并且控制模式与列车运行特性相近,能较好地适应不同列车的技术状态,其技术水平较高,具有较大的发展前景。但固定闭塞价格相对低廉,也可满足 2min 通过能力的行车要求。因此,应根据实际情况,因地制宜地选择这三种不同制式的闭塞系统。

3）ATC 系统的发展趋势

为了提高城市轨道交通的载客能力,一方面可增加每列车的车辆数目及车辆的空间容量,另一方面就是缩短行车间隔,后者为发展更先进的列车运行控制系统提出了需求。与此同时,微计算机技术的飞速发展也为发展列车速度自动控制提供了良好的硬件和软件环境。自 20 世纪 70 年代以来,世界上一些著名的信号公司,如法国的阿尔斯通（ALSTOM）、德国的西门子（SIEMENS）、英国的西屋（Westing House）、瑞典的 ADTranz、美国的 US&S 等相继推出基于数字轨道电路的准移动闭塞 ATC 系统,使城市轨道交通的通过能力大大提高,运行的安全性和可控性也得到改善。现在,基于准移动闭塞的 ATC 系统已在世界各国得到广泛应用。目前,作为准移动闭塞 ATC 系统基础的数字轨道电路正朝着双向信息传输和更高的传输速率、更多的信息量方向发展。相对于以固定闭塞分区为单位的固定闭塞,移动闭塞前后车间距是以距离连续描述的。移动自动闭塞中轨道占用不再是以分区为单位,而是以列车车长为单位的。与固定自动闭塞及准移动自动闭塞相比,移动自动闭塞系统有如下的优点。

①实现车—地之间双向、实时、高速度、大容量的信息传输。

②列车定位精度高。

③列车控制的实时性更强。

④不受牵引回流的干扰。

⑤摆脱线路状况不良造成的影响。

⑥轨旁设备简单、数量少,系统可靠性高。

⑦缩短列车追踪间隔,提高通过能力。

⑧方便行车指挥,易于列车运行调整。

⑨能适应不同性能列车的高效运行。

⑩有利于缓解因土建工程规模不足造成的折返能力下降。

⑪易达到设备故障修和状态修技术要求。

根据移动闭塞技术的发展及城市轨道交通系统的要求,移动闭塞将是城市轨道交通和铁路信号控制系统发展的主要方向。20 世纪 90 年代以来,随着计算机、通信技术特别是移动通信的快速发展,基于通信的列车控制(Communication-Based Train Control,CBTC)系统受到了日益广泛的重视。ALCATEL、ALSTOM、HARMON 公司近年来都开发出了基于通信的实现移动闭塞的城市轨道交通信号系统。

4)基于无线通信的列车控制系统

CBTC 系统是独立于轨道电路,采用高精度的列车定位和连续、高速、双向的数据通信,通过车载和地面安全设备实现对列车的控制,是一种采用先进的通信和计算机技术,连续控制、监测列车运行的移动闭塞方式。其典型的结构如图 8-6 所示。

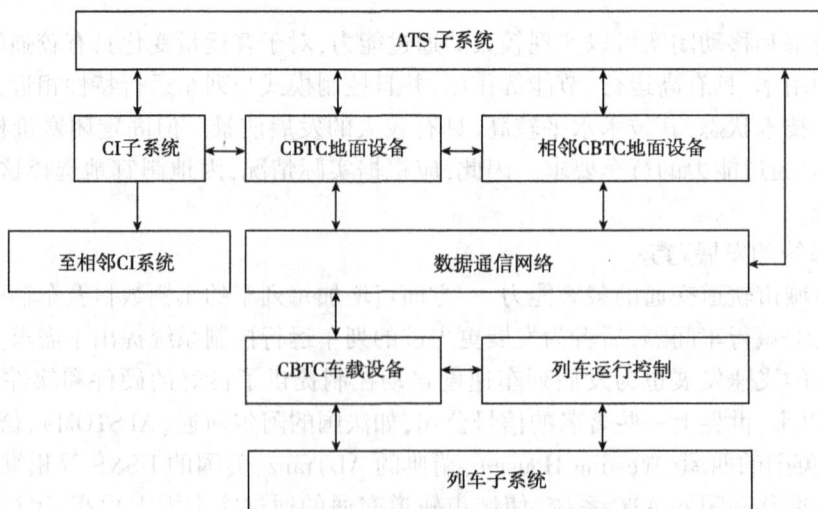

图 8-6　典型的基于通信的列车控制(CBTC)系统结构框图

　　移动自动闭塞一般由列车自动防护系统车载设备通过精确测定列车前部位置,实时传送到地面控制中心,再由地面控制中心根据车长确定列车尾部的精确位置,在此基础上附加一定的安全距离确定出后车追踪运行的目标点。以此目标点计算出后行列车的运行控制命令,将其通过通信系统实时发送给后行列车,由车载设备实时控制列车,以确保列车运行安全。因此,列车的精确定位和高可靠大容量双向的实时通信是实现移动自动闭塞关键技术。

　　基于通信技术的列车控制系统摆脱了用轨道电路判别列车对闭塞分区占用与否,突破了固定(或准移动)闭塞的局限性。其较以往系统具有更大的优越性,具体体现如下:

　　①实现了列车与轨旁设备的实时双向通信,且信息量大。

　　②可减少轨旁设备,便于安装维修,有利于紧急状态下利用线路作为人员疏散的通道,有利于降低系统全寿命周期内的运营成本。

　　③确立"信号通过通信"的新理念,使列车与地面(轨旁)紧密结合、整体处理,改变以往车—地相互隔离、以车为主的状态。这意味着车—地通信采用统一标准协议后,就有可能实现不同线路间不同类型列车的联通联运。所谓联通联运对于信号系统而言,主要是指系统的地面设备可以与另一系统的地面设备互联、系统的车载设备可以与另一系统的地面设备协同工作、同一列车首尾的不同厂家的车载设备可以在同一线路上实施列车运行控制。

　　目前移动闭塞主要有基于感应环线通信的 CBTC 系统和基于无线(Radio)通信的 CBTC 系统,后者将在我国城市轨道交通中得广泛的应用。图 8-7 所示为基于无线通信的 CBTC 结构图。

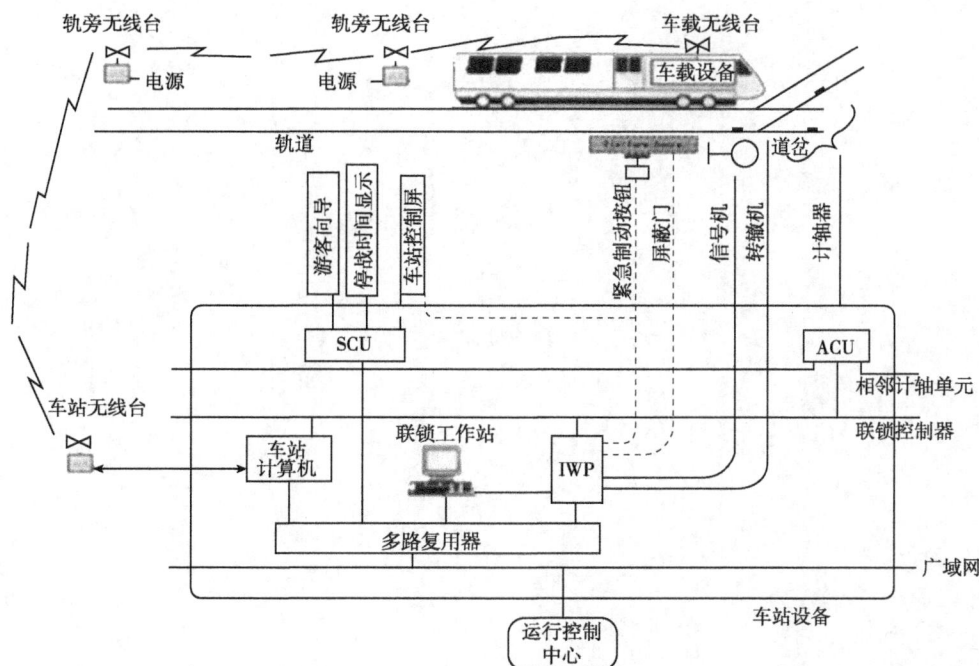

图 8-7　基于 CBTC 的系统结构图

本章小结

　　本章主要介绍城市轨道交通通信与信号系统,通信系统部分主要介绍了城市轨道交通通信系统的组成及各部分的功能;信号系统部分在介绍城市轨道交通对信号系统的要求及信号系统特点、组成的基础上,介绍了信号机、转辙设备、轨道电路等信号基础设备,从继电集中联锁和计算机联锁两方面介绍了城市轨道交通所采用的联锁设备。最后介绍了列车自动控制系统的组成、分类,探讨了列车控制系统的发展及基于通信的列车控制(CBTC)系统。

思考题

　　1.城市轨道交通的通信系统由哪几部分组成?

　　2.城市轨道交通对信号的要求是什么?

　　3.什么是轨道电路,什么是计轴设备?

　　4.什么是联锁?城市轨道交通联锁设备的类型有哪些?

　　5.固定闭塞和移动闭塞的区别是什么?

　　6.简述列控系统的组成及功能。

　　7.什么是CBTC?简述其优越性。

▶第9章 通风、环境与安全

【本章概要】

本章介绍了通风空调系统、环境与安全方面的相关知识,包括通风空调系统构成、类型、控制方式等;施工期、运营期对环境的影响及治理措施;各种安全防护措施等。

◀9.1 通风空调系统

城市轨道交通线路设置通风空调系统可满足出行乘客的舒适性、安全性要求,满足运营人员对工作环境、安全性的要求,同时满足车站区间系统设备的正常运转的工艺环境需要,提高服务水平。

9.1.1 系统构成

通风空调系统按环境控制的区域不同分为:区间隧道通风系统和车站通风空调系统。车站通风空调系统又分为车站公共区通风空调系统(简称大系统)、车站设备管理用房通风空调系统(简称小系统)和车站空调水系统。

(1)区间隧道通风系统

区间隧道通风系统采用正常通风、事故通风和火灾排烟共用的通风系统。当列车阻塞在区间隧道时系统向阻塞区间提供一定的通风量,保证列车空调器等设备正常运行和为乘客提供足够的新风量。列车发生火灾时,系统应能及时排除烟气、控制烟气流向,并诱导乘客向安全区疏散。

(2)车站大系统

车站大系统设置通风空调系统。通风空调设备均布置在车站两端的风道内,承担整个站厅、站台层的通风空调任务。正常运营时,车站大系统为乘客提供"过渡性舒适"的乘车环境。当车站公共区发生火灾时,车站大系统应能迅速排除烟气,同时组织一定的迎面风速,诱导乘客安全疏散。

(3)车站小系统

正常营运时,车站小系统为车站工作人员提供舒适的工作环境条件和为车站设备运行提供所需的工艺环境条件。当车站设备管理用房发生火灾时,车站小系统应能及时排除烟气或设防烟防火分隔,并对内走道和封闭楼梯间实施防、排烟措施。

(4)车站空调水系统

为车站大小系统提供空调冷源,包含冷却水系统、冷冻水系统及输送、分配管网。空调水系统应能在各种工况和运营条件下满足运行、调节要求。

9.1.2 通风空调系统的类型

通风空调系统的形式有以下几种:传统屏蔽门系统、集成屏蔽门系统、传统闭式系统 + 安全门、集成闭式系统 + 安全门。

传统屏蔽门系统:站台设置屏蔽门,区间与车站以屏蔽门为界,在空间上划分为两个区域。区间与车站的通风空调系统完全独立,自成体系。车站设置组合式空调机组、回排风机等为车站提供通风空调系统;区间设置专用的事故通风机及排热风机等相关设备。

集成屏蔽门系统:站台设置屏蔽门,区间与车站以屏蔽门为界,在空间上划分为两个区域。但车站不需设置组合式空调机组,而是利用土建风道内设置的大型表冷器及车站通风机组成空气处理系统,为车站提供通风空调;车站通风机、排热风机同时兼作区间事故风机。

传统闭式系统 + 安全门:站台设置 1.5 ~ 2.5m 高安全门,区间与车站之间的空间基本连通。车站设置组合式空调机组、回排风机等为车站提供通风空调系统;区间设置专用的事故通风机等相关设备。

集成闭式系统 + 安全门:站台设置 1.5 ~ 2.5m 高安全门,区间与车站之间的空间基本连通。但车站不需设置组合式空调机组,而是利用土建风道内设置的大型表冷器及车站通风机组成空气处理系统,为车站提供通风空调;车站通风机同时兼作区间事故风机。

9.1.3 通风空调系统控制方式

通风空调系统控制分为中央级控制、车站级控制和就地控制三级控制。

中央级控制设置在控制中心,对全线车站和相关区间隧道通风、空调设备进行监控。正常运行时对各车站的通风与空调系统进行必要的指导,在地下线路发生阻塞或区间隧道发生火灾时,向车站下达各种运行模式指令或执行预定运行模式,统一控制全线的通风、空调设备的运行。

车站级控制设置在车站控制室内,对本车站各种通风、空调设备进行监控。根据车站内部及室外空气状态控制空调、通风系统运行方式,对该站和所辖区域的各种通风和空调设备进行监控,向中央级控制室传送各种信息及通风、空调控制状况,并执行中央级控制室下达的各项命令。车站及车站停车轨区域发生火灾时,对火灾区域进行排烟。

就地控制设置在通风、空调电控室或通风、空调设备附近,便于各设备及子系统调试、检查和维修。就地控制具有优先权。

9.1.4 主要设计原则

①地下车站按站台设置安全门,设计通风空调系统。

②通风空调系统应按远期运营条件(预期的远期客流量和最大通行能力)进行设计,在保证功能的前提下,设备可考虑近期和远期分期实施或采用不同的运行模式,以达到经济运行的目的。

③当列车正常运营期间,通风空调系统应为乘客提供"过渡性舒适"的候车和乘车环境、为城市轨道交通系统工作人员提供舒适的工作环境、为设备安全运行提供所需的运行环境;当

发生事故时,通风空调系统应能迅速切换到事故通风模式,火灾时能迅速排除烟气、为乘客提供新鲜空气并引导乘客向安全区疏散。

④当列车阻塞在区间时,对阻塞区间进行机械通风,确保列车空调器的正常运行,维持列车上尚可接受的环境要求;同时为疏散的乘客提供足够的新鲜空气。

⑤当在地下区间发生火灾时,根据列车火灾发生部位,随火灾区段进行机械通风,满足区间排烟风速,确保乘客安全疏散及协助消防救援工作。当列车在车站站台或站厅发生火灾时,启动车站火灾运行模式,进行车站排烟。

⑥风亭、冷却塔的布置应与城市环境相协调;通过风亭向站外传播的噪音以及冷却塔的噪音应控制在国家现行规范、标准所规定的范围内。

⑦通风空调系统设计应采取一定的节能调节措施。

⑧通风空调系统应选用运行安全、技术先进、工艺成熟、节省空间、便于安装和维护且自身自动控制程度高的设备,并在满足功能要求的前提下立足于设备国产化。

◀9.2　环境影响

9.2.1　环境影响

城市轨道交通系统在相同运力条件下,与道路交通相比,能有效降低汽车尾气排放,对降低大气污染物排放有积极的作用,但在线路施工期间和列车运营过程中会给沿线区域带来一定的影响。

1)施工期环境影响

(1)噪声和振动环境影响

施工过程中施工现场挖掘、装载、运输、安装等机械设备工作时,产生的噪声和振动将影响施工场地周围的敏感目标。

(2)水环境影响

工程施工过程中污水主要为施工机械、车辆和施工场地的冲洗废水、施工人员的生活污水以及施工现场的跑、冒、滴、漏等,如果处置不当可能污染当地的地表或地下水系统。

(3)大气环境影响

施工过程中的施工机械等产生的尾气,会造成大气污染。另外砂、土、灰等建筑材料的运输、堆放极易产生扬尘,污染空气;此外,施工人员生活排放的烟气对周围环境也产生一定的影响。

(4)固体废弃物影响

施工期的固体废弃物主要为施工产生的渣土、施工队伍产生的一定量的生活垃圾等,这些势必影响周围的环境质量。

(5)生态环境影响

城市轨道交通工程将永久性占用土地,包括部分耕地,并占压砍伐工程范围内的花坛、树木,另外施工亦将临时性占用一定数量的土地等,上述行为将改变现有的土地功能,破坏既有的绿化环境,降低区域植被覆盖率。城市轨道交通工程所需填土方若需外运,取土、填方对原有地表的挖填将扰动土层的结构,破坏原地表的植被。路基边坡和取土场如果防护不当,容易造成水土流失。

2)运营期环境影响

(1)水环境影响

运营期污水主要来自车站及车辆段与综合基地。车站排水分两部分:一是结构渗漏水、凝结水、清扫水、雨水等,经排水管集中排至市政排水管道,这部分废水量较大,但水污染物含量较低;二是工作人员生活污水,经排水管集中排至市政污水管道,这部分污水量较小。车辆段与综合基地排水也分为两部分:一是列车冲洗、检修作业排放的含油污水,主要污染物为矿物油;二是工作人员办公生活污水。城市轨道交通运营后,各车站和车辆段将产生一定数量的生产和生活污水,处理排放不当,会造成地表及地下水污染。

(2)大气环境影响

在运营期,地下部分的内部空气环境主要通过环境控制系统进行调节,而暖气、通风、空调系统又依赖风亭进、排风口与外界环境进行气体交换,将余热、余湿、粉尘及由乘客呼吸作用产生的大量 CO_2 气体排出。线路内部产生的粉尘通过风亭排出后,可能会对风亭周围的外部环境产生影响。

(3)噪声和振动环境影响

包括轮轨噪声、车辆非动力噪声、牵引动力系统噪声、高架轨道噪声、地下铁道的地面承载噪声、空气动力噪声等。

线路运营后的噪声主要为车辆运行噪声和风井通风的机械噪声。振动主要为列车的从动车轮运行过程中的振动、轨道结构振动。

(4)固体废弃物

线路运营以后,产生的生活垃圾以及车辆段产生的废蓄电池和报废设备等固体废弃物,如处理不当会造成环境污染。

(5)电磁辐射

变电所内的变电设备、整流设施会产生一定量的电磁辐射。这些辐射会影响沿线无线电设施,影响近距离居民广播电视的收听、收看。

9.2.2　治理措施

(1)生态环境保护

①临时性占地在施工结束后尽快恢复原地表功能,以减少对生态环境的影响。

②路基边坡采用加筋挡土墙及悬臂式挡土墙防护,防止水土流失。

③取土场在取土结束后,尽快恢复植被或根据地形情况开发利用。

④跨河桥尽量与河流正交,以减少墩台对河床的挤压和冲刷,选择桥梁孔径时避免桥前壅水,并做好河堤防护,维持原有河道的畅通。

⑤车辆段周围进行合理的绿化设计,用以保护、美化环境。

(2)噪声污染防治措施

①根据环境影响评价大纲设定沿线主要环境影响敏感目标,在线路两侧设置声屏障,以确

保环境敏感目标的声环境质量达标。声屏障是地面和高架轨道交通采用的最常用的降噪方法,是降低城市轨道交通运行噪声的有效措施。由于城市轨道交通的横截面通常尺寸紧凑,声屏障已经接近线路的设备限界,列车车身与屏障之间的距离很小,一般小于1m。车身外板的材料通常是不吸声的金属,因此声屏障采用吸声或吸声系数很大的材料制成,则噪声的声波将在车身和声屏障间来回折射,声能一部分被吸收,另一部分被折射到开放空间逸出,达到降噪的目的。

②车辆段噪声污染防治。车辆段产生噪声影响的各类机械设施和设备,可采取加装消声器、隔振等相应的减振、降噪的有效措施。设备机座底下设置减振器,高噪声设备建成密闭的隔声房,采用隔声门窗,并从机械设备的选型上考虑采用低噪声设备。

③施工期噪声影响防治。在与居民相邻区域安置施工机械时,设置简易隔声屏障,尽可能采用低噪声的施工方法和施工机械,并辅以必要的管理措施。

(3)振动环境影响的治理措施

振动大小和动车车组轴重有一定关系,应根据各线路车辆选型以及列车速度综合考虑。可采取减振降噪措施,如采用轨道减振器扣件或弹性短轨枕整体道床、浮置板轨道或纵向浮置板轨道。车辆和设备选用方面采用低振动设备。

(4)电磁辐射影响的控制措施

沿线设备设置良好的接地,并在穿越敏感目标区域的路段加大设置接地设施的密度。建设项目的变电站、开关站,采用钢筋混凝土结构,窗户玻璃夹衬金属丝网,主变压器外壳采取良好的接地措施。同时,确保规划红线控制距离,以此减缓列车在运营中对轨道两侧敏感目标的电磁辐射影响。

(5)大气环境污染的保护措施

处于集中供热范围内的各站均纳入城市集中供热,由供热站集中供热,减少锅炉数量。车辆段新建锅炉采用燃气作为燃料,将极大地减少烟尘、SO_2 等大气污染物的排放量,排放浓度执行《锅炉大气污染物排放标准》(GB 13271—2001)。

(6)水污染的治理措施

车站附近有市政污水管道的,生活污水经化粪池处理后,排入市政管道,执行《污水综合排放标准》(GB 8978—1996)中规定的三级排放标准;车站附近没有市政污水管道的,需要向附近沟渠排放的,执行《污水综合排放标准》(GB 8978—1996)中规定的二级排放标准。

对于车辆段产生的含油、酸、碱、镉等生产污水,采用中和池、隔油池及二级气浮设备处理达到《污水综合排放标准》(GB 8978—1996)中规定的三级标准后,排入附近市政污水管道;生活污水经化粪池处理后,就近排入附近市政污水管道。

(7)固体废物处置

建设项目产生的各类固体废弃物,采取分类收集、集中清运的方式。一般废物(生活垃圾等)委托当地环卫部门外运处置。车辆段产生的废蓄电池和报废设备,移交专业单位处置。

(8)环境绿化与景观

线路设计中,应结合平纵面设计优化线型,构筑物采用美观的造型,以创造良好的景观效果。施工期间应尽量减少对绿化带的破坏,对于施工期间破坏的绿化带应尽快恢复。

◀9.3　安全防护

安全防护包括防灾(防火灾、风灾、水淹、冰雪、地震、雷击和停车事故等灾害)和其他防护措施。国家和各地方均设有气象、防洪和地震监测部门,发布的灾情预报较为可靠,故在城市轨道交通系统中不设置相应的监测设施,而是在控制中心设置与气象、防洪和地震监测部门的联络设施,直接接收有关预报信息,城市轨道交通防灾系统以防火为主。

防灾系统包括环境与设备检测系统、火灾自动报警系统、事故通风与防排烟系统、消防给水系统、防灾通信系统、安全门系统、疏散预备用照明等。

9.3.1　环境与设备监控系统

环境与设备监控系统(Building Automatic System,简称 BAS)是指对城市轨道交通系统建筑物内的环境、屏蔽门、防淹门等建筑设备和系统进行集中监视、控制和管理的系统。城市轨道交通 BAS 应遵循分散控制、集中管理、资源共享的基本原则,应与通风、空调、低压配电系统统一设计标准,协调各系统设计接口关系。城市轨道交通 BAS 设计还应针对城市轨道交通的特点和各城市的气候环境和经济情况设置不同水平的 BAS,以达到营造良好舒适环境、降低能源消耗、节省人力、提高管理水平的目的。

BAS 具有四方面基本功能,包括:机电设备监控,执行防灾及阻塞模式,环境监控与节能运行管理,环境和设备的管理。

机电设备监控具有中央和车站二级监控的功能,BAS 控制命令能分别从中央工作站、车站工作站和车站紧急控制盘人工发布或由程序自动判定执行,并具有越级控制功能以及所需的各种控制手段。对设备操作的优先级遵循人工高于自动的原则。

执行防灾及阻塞模式能接收火灾自动报警系统(Fire Alarm System,简称 FAS)车站火灾信息,执行车站防烟、排烟模式;接收列车区间停车位置信号,根据列车火灾部位信息,执行隧道防排烟模式;接收列车区间阻塞信息,执行阻塞通风模式;监控车站逃生指示系统和应急照明系统;监视各排水泵房危险水位。

环境监控能通过对环境参数的检测,对能耗进行统计分析,控制通风、空调设备优化运行,提高整体环境的舒适度,降低能源消耗。环境和设备管理能对车站环境等参数进行统计;对设备的运行状况进行统计,据此优化设备的运行,实施维护管理趋势预告,提高设备管理效率。

9.3.2　火灾报警系统

火灾自动报警系统包含城市轨道交通系统的火灾报警、消防控制等监视城市轨道交通系统火灾灾情及联动控制消防设备,为城市轨道交通系统防火救灾工作进行自动化管理的系统。

火灾报警系统设控制中心级和车站级二级监控管理方式。控制中心级对全线防灾系统进行集中监视和管理;车站级通过各种探测器、感温电缆、监视模块、手动报警器、破玻按钮、警铃、火警报警控制器和相关软件及全线网络设备,对车站、区间隧道、行车调度指挥中心、车辆基地、变电所、材料库等与运营有关的建筑和设施,实行全方位的实时监控,并将其状态监测信息实时地传送至控制中心。同时向行车调度指挥中心、BAS、公共广播、旅客信息等各个子系统发布灾害信息,避免或降低灾害情况下造成的人员与财产损失。

9.3.3　事故通风和防排烟系统

地下车站及区间隧道内应设有完整的火灾事故通风和排烟系统。BAS 系统设中心和车站两级管理,中心为主控级,车站为分控级;中心、车站、就地三级控制。通风与防排烟系统的风机、风阀等共用设备纳入 BAS 监控管理,火灾时由 FAS 下达预定的救灾运行模式指令,BAS 接受并优先执行,并反馈指令执行信号。区间的通风排烟应由相邻车站设备配合实现,并由控制中心实施监控。

9.3.4　消防给水系统

消防给水水源采用城市自来水,当城市自来水供水量及供水压力能满足消防用水量及水压的要求时,地下车站不设消防增压泵和消防水池。当自来水供水压力不能满足消防要求时,地下车站应设消防增压泵。

地下车站超过 30m 的人行通道、空调通风机房和区间隧道均设消火栓,车站的消火栓间距,一般不大于 30m(单口)和 50m(双口),区间隧道的消火栓间距为 50m。设有消火栓给水系统的车站,地面设两座水泵接合器井和两座室外消火栓井。

9.3.5　防灾通信系统

调度电话系统:在控制中心防灾、环控调度员处设调度总机;各车站控制室、车辆段及停车场防灾值班室设调度分机。总机可对分机进行个别选择呼叫、分组呼叫和全部呼叫。

广播系统:车站广播主要用于对车站乘客、运营和维修人员进行广播,通知他们有关时间表的变更、列车的误点和安全状况、偶发事故或预先录制的通告等信息。车站广播采用控制中心和车站两级控制,平常以车站广播为主,控制中心可以插入。在事故抢险和疏导旅客安全撤离时,则以控制中心的防灾广播为主。

闭路电视监视系统:控制中心防灾调度员处设有监视器和控制键盘。各车站站台、站厅、自动扶梯、主要疏散通道及出入口等处设摄像机,车站控制室设一台监视器和一个控制键盘。车站防灾值班员可监视本站灾害疏散情况,中心防灾调度员可任选全线各站的任一图像进行监视。

无线通信系统:行车调度中心设置中心防灾值班员控制台,防灾分机用户(车站及车辆防灾值班员、抢险救援基地、站长、保安人员)配置移动通信设备。中心防灾值班员可对全线车站及车辆段防灾值班员、全线车站值班员及站长、抢险救援基地、保安人员进行选呼、组呼及全呼;车站及车辆段防灾值班员、车站值班员及站长、抢险救援基地、保安人员可对防灾值班员进行一般呼叫和紧急呼叫。

列车无线电话系统:在控制中心,各车站防灾值班室、车辆段防灾值班室、抢险救援基地、站长室、行车值班室及保安值班室设无线电话接收分机,当列车在任何地点发生火灾事故时,可立即向分机发送事故信息。

公务电话系统:能将"119""110""120"等特种业务呼叫自动转移至市话局的"119""110""120"上。

9.3.6　安全门系统

为乘客提供安全的乘车环境是构成城市轨道交通线路运营的重要要素。通过对近年来城市轨道交通安全事故的分析发现，乘客主观或者客观原因掉落轨道而导致事故的案例占有很大的比重。设置安全门后，车站与轨道空间处于隔断状态，只有当列车停靠站台时，安全门才与列车门同时开启，供乘客上下，这提高了乘车的安全性及运营的可靠性。安全门可大大降低乘客因车站客流拥挤或其他原因跌落轨道而发生危险的概率。

9.3.7　疏散预备用照明

在站厅层、站台层、自动扶梯、楼梯进出口、换乘通道及通道拐弯处、交叉口以及应急出口处等地设置乘客疏散标志。

在站厅层、站台层、自动扶梯、风道、电梯及楼梯口、控制室、站长室、设备用房和配电室等地设置备用照明灯。

9.3.8　建筑防火措施

城市轨道交通地下车站的行车值班室或车站控制室、变电所、配电室、通信及信号机房、通风和空调机房、消防泵房、灭火剂钢瓶室等重要设备用房，应采用耐火极限不低于3h的隔墙和耐火极限不低于2h的楼板与其他部位隔开，建筑吊顶应采用不燃材料。隔墙上的门窗应采用甲级防火门及甲级防火窗。

车站的站台、站厅、出入口楼梯、疏散通道、封闭楼梯间等乘客集散部位，以及各设备、管理用房，其墙、地面及顶面的装修材料以及广告灯箱、座椅、电话亭和售、检票口等所用的材料应为不燃材料。

站台公共区的任一点，距疏散楼梯口或通道口不得大于50m，站台每端均应设置到达区间的楼梯。供人员疏散使用的楼梯及自动扶梯，其疏散能力均按正常情况下的90%计算。

附设于设备及管理用房的门至最近安全出口的距离不得超过35m，位于近端封闭的通道两侧或近端的房间，其最大距离不得超过上述距离的一半。地下出入通道长度不宜超过100m，如超过时应采取措施满足人员疏散的消防要求。

两条单线区间隧道之间，当隧道连贯长度大于600m时，应设联络通道，并在通道两端设双向开启的甲级防火门。

9.3.9　供电设备防火措施

为预防电气火灾，各级供电设备(牵引、动力、照明的各级配电屏盘)，应设有完善的保护电路及必要的报警信号。根据不同的电气设备设置相应的保护装置，如过电流保护、零序电流保护、联络线纵联差动保护、定时限电保护、变压器超温及过负荷保护、逆向电流保护、大电流脱扣保护、双边联跳保护、框架泄漏保护、电流速断保护、断延时短路保护、瞬时短路保护、漏电自动保护及防雷接地装置。

凡敷设电缆的处所，需采取防止潮湿和鼠害等措施。电缆敷设在电缆沟、区间隧道墙托架和高架区间的电缆支架上，应考虑高低压、交直流、强弱电分开敷设。电缆沟应加盖板保护，较长的电缆沟槽及进入机房的沟槽端口,应进行防火分隔和隔离处理。

电力电缆应选用阻燃电缆或耐火电缆。火灾时仍需运行的设备电源电线电缆应选用耐火型电线电缆。

9.3.10 其他防灾或安全防护

原建设部发布的《城市轨道交通运营管理办法》已于2005年8月1日起施行,反恐是其中重要内容之一。因此在线路上应根据实际运营情况充分考虑反恐应急预案,建立应急救援组织,配备救援器材设备。

本章小结

本章主要介绍了通风空调系统的构成、类型、控制方式及设计原则,施工期、运营期各阶段对环境的影响及相应的治理措施,概要介绍了环境与设备监控系统、火灾报警系统、建筑防火措施、事故通风和防排烟系统、消防给水系统等安全防护系统。

思考题

1. 通风空调系统有哪几种类型? 其控制方式有哪几种?
2. 分别论述施工期及运营期对环境的影响及相应的治理措施。
3. 城市轨道交通的安全防护措施有哪些?
4. 如何加强城市轨道交通安全管理?
5. 城市轨道交通运营单位如何加强消防安全工作?

◁ 第10章　建设与运营管理模式

【本章概要】

本章从城市轨道交通的投融资、线网规划、工程管理等领域阐述了城市轨道交通的建设模式;探讨了城市轨道交通的运营管理模式。

◀ 10.1　城市轨道交通建设模式

众所周知,城市轨道交通建设周期长、工程技术复杂、投资巨大,需要政府不断投入较大数额的财政资金。城市轨道交通一经建设,不会轻易停运,因此需要政府持续不断的财政支持,这将直接影响到城市财政收支平衡的风险和压力。因此,城市轨道交通建设不仅要坚持量力而行、有序发展,而且更重要的是应探索行之有效的城市轨道交通建设模式。这是涉及我国城市轨道交通可持续发展的更深层次的问题。

10.1.1　城市轨道交通投融资模式

根据资金的来源和不同投融资工具的应用,城市轨道交通产业的投融资模式可分为如图10-1所示的三类基本模式,即图 a)代表的完全政府投资模式,图 b)代表的政府主导的债务融资模式,图 c)代表的多元化投融资主体模式。

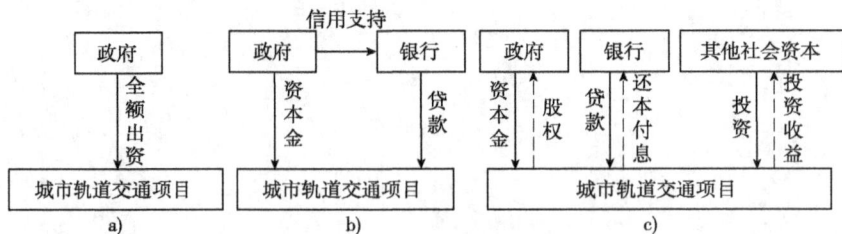

图 10-1　城市轨道交通投融资模式分类示意

从图 a)到图 c)正是全世界范围内城市轨道交通投融资模式演变的过程。

①完全政府投资模式是一种最为传统的投融资模式,城市轨道交通建设所需要的资金完全由政府投入,项目主体只负责建设和运营,完全不负责建设资金的筹集。

②政府主导的债务融资模式是政府完全投资模式的发展,也是我国目前多数城市在城市轨道交通建设中所采用的最普遍的投融资模式,对城市轨道交通建设所需要的资金,政府只投入一部分资本金,其余资金由项目主体通过债务融资解决,而债务融资的还本付息通常依靠政

府财政资金解决。

③投融资主体多元化模式是政府主导的债务融资模式的发展。在此模式下,城市轨道交通建设所需要的资金不单纯依靠债务融资,同时还引进了一定形式的股权融资,使得城市轨道交通建设的主体变得多元化。

(1)完全政府投资模式

由于城市轨道交通建设项目盈利能力低、正外部效应强,难以吸引社会投资,因此很多城市,特别是较早期建设城市轨道交通项目的城市都采取了完全政府投资模式。例如纽约地铁和 2002 年以前的伦敦地铁等;我国在城市轨道交通建设初期也采用这个模式,例如北京地铁 1 号线、2 号线和天津地铁等。

在该模式下,政府是唯一的投资主体。因此具有管理体制简单、公益性较强和融资成本较低等优点。但缺点也较为明显:一是由于工程造价的不断上涨,以及城市轨道交通建设的快速发展,政府财政资金难以满足基础设施建设的需要,例如当年北京地铁复八线❶由于资金不足,13.6km 的线路花了 10 年才建成;二是不利于城市轨道交通运营企业引进先进的公司管理模式;三是缺乏对经营者有效的激励约束机制,运营效率不高。

(2)政府主导的债务融资模式

该模式是城市轨道交通建设较为普遍采用的模式,例如发展初期的香港地铁、北京地铁原复八线、广州地铁 2 号线、3 号线、上海地铁 10 号线和深圳地铁 1 号线等均采用这一投融资模式。以深圳地铁 1 号线为例,线路总投资 105.53 亿元,政府投资 73.87 亿元,占投资总额的 70%,其余 30% 的投资额 31.66 亿元由项目主体即当时的深圳市地铁有限公司向银行贷款解决。

在该模式下,政府仍然对城市轨道交通建设资金的融资起着主导作用。首先,政府需要投入一定比例的资本金(按国家发展和改革委员会规定资本金的最低比例为总投资的 43%,在最新的政策中这一比例有所下降,最低资本金比例可下降到 25%);其次,由于城市轨道交通经营的公益性,企业债务融资的还本付息实际上还是由政府负担;第三,在企业进行债务融资的过程中,金融机构和利率事项等具体的投融资相关事宜的安排也往往由政府主导。

政府主导的债务融资模式有着资金筹措程序简便、到位快等优点,对满足当前我国地方经济发展对城市轨道交通的迫切需要,缓解财政建设资金不足等方面起到一定的积极作用。但其存在的问题是,如果城市轨道交通运营企业无法成功构建城市轨道交通的盈利模式,城市轨道交通项目未来的还本付息还将由政府以财政资金或者划拨土地等资源的方式解决,无法从根本上解决城市轨道交通建设运营资金短缺的问题。另外,在这一模式下,企业股权结构依然单一,难以引入先进的公司管理模式,企业经营绩效往往不高。

(3)投融资主体多元化模式

政府主导下的债务融资模式只是减轻了政府即时的资金压力,在盈利机制不健全的情况下,城市轨道交通项目贷款的还本付息压力最终还是由政府承担,只不过在政府资金的投入时间上往后推移了,并没有减少财政资金对城市轨道交通建设的总投资量,因为以上两种投融资模式投融资的主体仍然是政府(或者是代表政府的企业)。只有实现城市轨道交通投融资主

----

❶　北京地铁复八线,西起复兴门站,东至四惠东站,于 1999 年 9 月 28 日建成,是现在北京地铁 1 号线的一部分。2000 年 6 月 28 日,复八线与原北京地铁 1 号线成功实现贯通运营,复八线这一名称不再存在。

体的多元化,改善企业治理结构,提高企业管理水平,吸引社会资本进入城市轨道交通建设,形成城市轨道交通投融资、建设和运营的良性循环,才能从根本上解决城市轨道交通投融资问题。具体而言,投融资主体多元模式又包括 PPP、BOT、BT、TOT(参见附录)等方式。

10.1.2 城市轨道交通线网规划模式

城市轨道交通线网规划是在确定的规划期限内,对整个城市轨道交通线网的总体结构、线路规模、站点布局、用地控制、车辆段及枢纽站的配置等所做的规划。线网规划是城市轨道交通建设、运营和相关资源开发利用的前提,其质量直接决定着城市轨道交通系统的优劣程度和经营效率。

从城市轨道交通与土地开发先导关系角度分类,目前,世界大城市轨道交通线网规划模式可以分为以解决目前交通紧迫问题,符合现状最大客流的"客流追随型"SOD(Service-oriented Development)模式和引导土地开发导向、支持新区建设的"规划引导型"TOD(Transit-oriented Development)模式。从政府在城市轨道交通规划中所起的作用角度分类,可以将城市轨道交通规划分为"政府主导型"、"政府引导型"两种模式。

SOD 模式的主要优点是:首先城市轨道交通的客流预测有现成的城市客运量、居民出行数据为基础,线网规划可以沿着城市主要交通走廊进行布置,因而不确定性小、风险性小。其次,这种模式的时效性比较显著,经济和社会效益比较可观。第三,在客流密集地区建设城市轨道交通项目,容易赢得社会各方面的支持。

SOD 模式的主要缺点是:城市轨道交通经营成本较高,可持续发展能力不足。其原因主要有两个方面,一是在城市建成区建设,由于建设难度大、拆迁成本高,造成城市轨道交通的建设成本较高;二是在建成区中线路周边可供开发的土地资源不多,城市轨道交通建设所创造的资源增值大部分成为正的外部效应,城市轨道交通运营企业难以获益。此外,由于在城市主要建成区施工,会给城市生活带来相当长一段时间的交通拥挤和紊乱,对城市轨道交通经营带来一定的负面影响。

在 TOD 模式下,要求城市发展以轨道交通的发展和完善为基础,城市轨道交通站点周边的各类商业民用设施的开发均以城市轨道交通的社会效益最大化为基本原则,最终形成城市的集约化、可持续的发展模式。因此,在一定程度上有着"人跟线走"的特征。这种规划模式强调城市轨道交通建设的土地综合利用,将居住、零售、办公和公共空间组织在以城市轨道交通站点为核心的社区步行环境中,从而为城市发展带来更好的社会效益、经济效益和环境效益。

TOD 模式的缺点:由于 TOD 模式是基于预测的规划模式,它依赖于未来城市发展目标、定位、城市规划以及相关社会资源的配套与支持,是多目标的价值取向和多种公共政策共同的结果,因此,存在较大的不确定性,一旦引导功能未实现,会导致城市轨道交通后期运营的困境和发展的障碍。此外,由于城市轨道交通建设后的初期客流量会比较小,因此项目投入运营的初期经济、社会效益也不明显,线路开通后的一段时间内在线路运营方面难以实现财务收支平衡。

"政府主导型"的模式是我国目前大多数城市采取的城市轨道交通线网规划编制方式,政府在规划领域中起着主导作用。"政府引导型"的模式是目前世界上多数先进城市编制城市轨道交通线网规划通常所采取的方式。

10.1.3　城市轨道交通线路建设工程管理模式

工程项目管理模式是指一个工程项目建设的基本组织模式以及在完成项目过程中各参与方所扮演的角色及合同关系。经过多年的发展,项目管理模式不断创新与完善,国内外衍生出灵活多样的项目管理模式。根据工程项目的合同关系与组织管理关系的不同,现代项目管理大致可分为传统的项目管理模式、工程总承包项目管理模式、由专业化机构进行项目管理模式和公共设施及服务私营化模式四大类。

（1）传统的项目管理模式

传统的项目管理模式（Design-bid-build,即 DBB）,即"设计—招投标—建造"模式,将设计、施工分别委托于不同的单位来承担。这种模式由业主委托咨询机构进行前期的可行性研究等工作,待项目评估立项后再进行设计,设计基本完成后通过招标选择承包商。业主和承包商签订工程施工合同和设备供应合同,由承包商与分包商、供应商单独订立分包及材料的供应合同并组织实施。业主单位一般指派业主代表与咨询方和承包商联系,负责有关的项目管理工作,施工阶段的质量控制和安全控制等工作一般授权监理工程师进行。

（2）工程总承包项目管理模式

工程总承包项目管理模式是在传统建设模式基础上发展起来的,是指从事工程总承包的企业受业主委托,按照合约对工程项目的勘察、设计、采购、施工、试运行（竣工验收）等实行全过程或若干阶段的承包。总承包企业依据合约对工程的质量、工期、造价等向业主负责。工程总承包项目管理模式按照具体方式,工作内容和责任不同,又可以细分为三种模式:设计、采购、施工总承包模式,设计、施工总承包模式和设计管理总承包模式。

①设计、采购、施工总承包（Engineer Procure Construct,即 EPC）模式,又称交钥匙总承包,该模式指工程总承包企业按照合同约定,承担工程项目的设计、采购、施工、试运行服务等工作,并对承包工程的质量、安全、工期、造价全面负责,使业主获得一个现成的工程,"转动钥匙"就可以运行。

②设计、施工总承包（Design Build,即 DB）模式,指工程总承包企业按照合约承担工程项目的设计和施工,并对承包工程的质量、安全、工期和造价全面负责。

③设计、管理总承包（Design Manage,即 DM）模式,指由同一实体向业主提供设计,并进行施工管理服务的工程管理模式。

（3）由专业化机构进行项目管理模式

专业化机构项目管理模式,可以细分为以下四种模式。

①项目管理服务（Project Management,即 PM）模式。该模式是指从事工程项目管理的企业受业主委托,按照合同约定,代表业主对工程项目的组织实施进行全过程或若干阶段的管理和服务。

②项目管理承包（Project Management Contracting,即 PMC）模式。该模式的工作内容与 PM 模式基本相同,涵盖项目决策、准备、实施、试运行的全过程。所不同的是在合约内容上:PMC 模式的合约中,项目管理承包企业需要承担一定的管理风险和经济责任。

③建筑工程管理（Construction Management,即 CM）模式,该模式又称阶段发包模式或快速轨道方式,与设计图纸全部完成之后才进行招标的传统建设模式相比,CM 模式的特点有:由

业主委托的 CM 方式项目负责人与设计单位、咨询工程师组成一个联合小组,共同负责组织和管理工程的规划、设计和施工。在主体设计方案确定以后,完成一部分工程的设计,即对这一部分工程进行招标,发包给一家承包商施工,由业主直接与承包商签订施工承包合同。

④代建制模式。代建制是指投资方经过规定的程序,委托相应资质的工程管理公司或者具备相应工程管理能力的其他企业,代理投资人或建设单位项目建设的模式。它是一种特殊的项目管理方式,除了项目管理的内容外,还包括项目策划、报批、办理规划、土地、环评、消防、市政、人防、绿化、开工等手续,采购施工承包商和监理单位等内容。

(4)公共设施及服务私营化模式

公共设施及服务私营化模式是指利用私人资本或由私营企业融资来提供传统上由政府承担的公共设施和社会公益服务项目的模式,代表性的模式有 BOT 模式、BT 模式等。

BOT(Build Operate Transfer)又称特许经营权模式,是指某一财团或若干投资人作为项目的发起人,从一个国家的中央或地方政府获得某项基础设施的特许建造经营权,然后由此类发起人联合其他各方组建股份制的项目公司,负责整个项目的融资、设计、建造和运营。

BT(Build Transfer)是一种基础设施项目,集投融资、施工建造为一体的工程建设模式。在BT 模式中,承包商不享有特许经营期。在建设期满后,承包商将项目移交给业主无偿使用,而业主在规定年限内通过回购款给予承包商补偿。

我国在多年的城市轨道交通工程建设实践中主要采取这四种建设工程管理模式,即传统的项目管理模式、工程总承包项目管理模式下的设计—施工总承包模式、由专业化机构进行项目管理模式下的代建制模式,以及公共设施及服务私营化模式下的 BT 模式。

目前城市轨道交通建设所采取的四种模式各有利弊,总的来说,从实施难度和适应性方面来说,BT 模式最难,DB 模式其次,代建制和传统模式较容易;而从业主投资控制、规避建设风险方面来说,BT 模式最为有利,DB 模式次之,代建制和传统模式较差。在项目实施前期选择何种建设模式,业主方需要根据自身的能力和项目实际情况,权衡各方面因素灵活运用,才能达到最佳效果。表 10-1 所示为典型工程项目管理模式的比较。

典型工程项目管理模式的比较　　　　表 10-1

类　别	传统(DBB)模式	DB 模式	代建制模式	BT 模式
组建模式	业主方自己成立项目公司	业主方自己成立项目公司	业主方自己成立项目公司	由投资方组建 BT 项目公司
市场竞争性	一般	尚可	较差	很差
介入时机	一般在初步设计后	一般在初步设计后	较灵活,一般在立项后	一般在初步设计或施工图设计后
与施工单位合同关系	业主和承包商签订,业主一般不直接介入施工过程	业主与设计、施工联合签订设计施工总承办合同	由代业主签订	由 BT 投资人签订或由 BT 投资人自行施工
投资控制	由业主和承包商签订合同,授权监理工程师控制	通过招标竞争方式控制	设定投资控制目标对代业主方进行奖惩	通过招标竞争方式控制,减缓业主建设期投资压力
设计管理	业主委托咨询工程师完成	总承包商负责管理	由代业主管理	根据 BT 合同约定由业主负责或 BT 方负责

续上表

类　别	传统（DBB）模式	DB 模式	代建制模式	BT 模式
工期影响	不利于缩短工期	有利于缩短工期	有利于缩短工期	有利于缩短工期
业主机构	一般	人员可适量精简	人员精简	人员最为精简
业主实施风险	不能规避	有效规避	不能规避	有效规避
操作难度	一般	较大	一般	最大
适应性	尚可	一般	尚可	较差

10.2　城市轨道交通运营管理模式

10.2.1　城市轨道交通系统运营管理模式分类

城市轨道交通的运营管理模式在世界各国出现了多样化的趋势。由于世界各个城市发展城市轨道交通的历史条件和经营环境不同，形成了各种各样的城市轨道交通管理模式。按资产属性及运营企业性质划分，世界城市轨道交通的运营管理模式主要可分为以下六种。

（1）有竞争条件下的官办官营模式

有竞争条件下的官办官营模式，线路为政府所有，两家或两家以上的运营单位通过招标方式获得经营权。

韩国首尔采用了这种模式。首尔的城市轨道交通系统由政府出资修建，并委托国有企业运营；在同一个城市内有两家以上的城市轨道交通运营企业，它们通过招投标的方式获得新线路的建设及经营权。

有竞争条件下的官办官营是一种带有计划性质的市场竞争。在此模式下，政府作为业主，给企业的补助较为优厚；官办性质的企业不能过分重视盈利，所以票价带有福利性；但是由于创造了一定的竞争环境，客观上提高了企业的主观能动性。

（2）无竞争条件下的官办官营模式

无竞争条件下的官办官营模式，线路为政府所有，一家单位独家经营，或两家以上单位按行政区域划分经营范围。伦敦、纽约、北京、广州、柏林、巴黎的地铁运营管理都是属于这种模式。这种模式的特点是城市轨道交通的运营者由政府指定，政府给予相应的补贴。欧美国家多是采用无竞争条件下的官办官营管理模式，主要是因为欧美国家的城市轨道交通系统客流密度比较低，系统少有盈利的可能性。这些城市一般由非盈利性的公共团体代表政府管理城市轨道交通；票价带有极大的福利性，运营收入不能抵偿运营成本，主要靠补助金支持日常开销。

（3）官办半民营模式

官办半民营模式，线路为政府所有，交由政府股份占主导地位的上市公司经营。香港地铁的运营管理采用这种模式。香港地铁公司是一家上市公司，它的第一大股东为香港政府。虽然是市场化运作，但是香港政府为地铁公司提供担保，从多个方面干涉地铁公司的经营。因此，香港地铁不能算是完全民营的模式，只能算作半民营。

（4）官办民营模式

官办民营模式，线路为政府所有，交由民间股份占主导地位的上市公司经营。新加坡的地铁运营管理属于这种模式。新加坡国土运输局（Land Transport Authority，简称 LTA）拥有城市轨道交通的所有权和建设权，并承担建设费用，制定相应的运输规则。而新加坡快速城市轨道交通公司（SMRT）通过与 LTA 签订租借合同获得城市轨道交通的经营权，负责新加坡地铁的运营。

新加坡地铁采取把建设和运营分开的管理模式，所有线路都在国土运输局建设完成以后交付运营公司使用。它的主要特点如下。

①地铁作为福利由政府负担建设费用。

②淡化运营公司的职能，运营公司无线路的所有权，政府不干涉运营收入也不对运营开支进行补贴。

③运营公司完全民营，第一大股东为私人投资公司。

④由政府指定运营水平和规则，以此保证城市轨道交通的公共福利性质。

（5）多种经济成分构成的模式

多种经济成分构成的模式即公私合营，线路归政府和地方公共团体所共有，同样由政府和地方公共团体共同组织人员经营。

东京的城市轨道交通系统很早就引入了多种经济成分。例如有政府投资、商业贷款、民间投资、交通债券等多种形式，充分开拓了融资渠道。

（6）私办私营模式

私办私营模式，线路由私人集团投资兴建，由私人集团经营，政府无权干涉私人工作。

以曼谷轻轨为例，曼谷轻轨的建设和运营由一家私人企业控股的公司——曼谷大众交通系统公共有限公司（Bangkok Mass Transit System Public Limited，简称 BTS）负责。泰国政府通过合同形式对轻轨建设和运营以及 BTS 的股本结构进行约束。如特许经营协议规定，票价范围在 10～40 泰铢。

在这种模式下能最大限度地激发私人投资者的兴趣，但在票价、线路走向等敏感问题上政府与私人投资者不可避免地发生冲突，政府难以保证城市轨道交通作为公共福利事业的本质。城市轨道交通的投资回收期长，私人投资者要有在头几年亏损的情况下偿还贷款利息的心理准备。这种模式会激发私人投资者严格控制建设和运营成本。

总体而言，西方国家城市的城市轨道交通线路几乎都是国家政府或市政府所有，由政府机构直接运营或是交给公有性质的企业运营；而东方国家城市的情况就比较复杂。

10.2.2 不同运营管理模式的适用性

综上所述，我们发现，城市轨道交通的运营管理模式在世界各国呈现出多样化的格局。由于不同的管理模式是在不同的社会环境下发展起来的，在具体选择时应立足城市实际状况，设计和选择适应城市的管理模式，以利于城市轨道交通持续、健康、稳定发展。从以上分析可知，不同模式均存在自身的优势与不足，有自己的适应范围。

（1）强调地铁福利性质的城市，如纽约、新加坡，政府承担了过多的责任，存在后续投资困难的危机；选择盈利性的城市，如曼谷，难以保证城市轨道交通项目本身的有序发展；而在香港、东京、汉城，城市轨道交通发展已逐渐走上良性循环，城市轨道交通的福利性和盈利性得到了较好的融合,基本上能够自给自足,以线养线,政府的角色也在逐渐淡出之中。

(2)客流量和线路类型是影响城市轨道交通管理模式的重要依据。对世界主要几个城市的轨道交通客流密度(表10-2)进行分析,可以初步得出如下结论。

城市轨道交通密度客流分析[单位:万人/(km·日)]　　　　　　表 10-2

城市	伦敦	巴黎	纽约	柏林	香港	首尔	东京	曼谷(预计)	新加坡	上海
客流密度	0.64	1.54	0.8	0.77	2.86	1.75	2.87	1.7	1.3	1.64

①当客流密度在 0~1.5 万人/(km·日)时,城市轨道交通运输缺乏盈利所需的必要客流,因此需要在政府的扶持下存活。这种类型的城市轨道交通系统适用采用官办官营的管理模式。

②当客流密度在 1.5 万~2.5 万人/(km·日)时,城市轨道交通运输系统基本具备维持运营成本所需的客流且能略有盈利,因此可考虑采用有竞争条件下的官办官营模式、公私合营、官办半民营的模式。

③当客流密度达到 2.5 万人/(km·日)以上时,可采用官办半民营、官办民营的模式。

④当城市轨道交通系统的业主(政府)独自承担建设费用,而不从运营收入抵扣时,在大于 1 万人/(km·日)的客流密度时就可尝试官办民营的管理模式。

⑤考虑到市中心地区修建城市轨道交通的成本和物业开发的难度较高,市中心区城市轨道交通线路不宜采用私办私营的管理模式,必须有公共资本参与。私办私营的模式最好用于市郊铁路。在市郊铁路的条件下,客流密度达到 1.7 万人/(km·日)以上时就可采用私办私营的模式。

总之,城市轨道交通采用何种模式,应依据其社会环境和城市具体情况设计和选择合适的管理模式。

本章小结

建设城市轨道交通对城市发展影响深远,对我国城市化进程和城市经济的整体提升有着十分广泛的影响和促进作用,因此,有必要加快城市轨道交通的建设。城市轨道交通因其自身经济特征,决定其投融资模式必须以政府为主导,应明确政府和建设运营单位的权利和责任,以促进城市轨道交通健康发展。

思考题

1. 简述城市轨道交通投融资模式。
2. 简述国内外城市轨道交通系统的运营管理模式及其特点。

第11章 运营组织

【本章概要】

本章从城市轨道交通运营计划、运输能力、运行组织及客运管理四个方面重点分析了城市轨道交通的运营管理。

11.1 城市轨道交通运营计划

城市轨道交通系统是一个复杂的、技术密集型的公共交通系统,只有各部门、各工种、各项作业之间相互协调配合,才能保证列车运行安全,提高运输效率。运输计划在保证城市轨道交通运营各部门相互配合和协调上发挥着重要的作用。城市轨道交通的用户是旅客,故其运输计划的制定需要考虑旅客的需求特性及其变化规律。一般地,城市轨道交通系统的运输计划包括客流计划,全日行车计划、车辆配备、运用与检修计划,以及日常运输调整计划等。

11.1.1 客流计划

客流计划是对运输计划期间城市轨道交通线路客流的规划。它是全日行车计划、车辆配备计划和列车交路计划编制的基础。在新线投入运营的情况下,客流计划根据客流预测资料进行编制;在既有运营线路的情况下,客流计划根据客流统计资料和客流调查资料进行编制。客流计划的主要内容包括站间到发客流量,各站方向别上下车人数,全日、高峰小时和低谷小时的断面客流量,全日分时最大断面客流量等。

最基本的客流计划可以用一个二维矩阵来表示,也可称为站间交换量 OD 矩阵。它是以站间到发客流量资料作为编制基础,分步计算出各站上下车人数和断面客流量数据。表 11-1 是一条有 8 座车站城市轨道交通线路的站间到发客流量斜表,根据站间到发客流量资料可以计算出各站上下车人数,见表 11-2。根据各站上下车人数,又可计算出断面客流量数据,见表 11-3。根据表 11-2 资料可绘制断面客流图,见图 11-1。

在客流计划编制过程中,高峰小时的断面客流量可以通过高峰小时站间到发客流量资料来计算,也可以通过全日站间到发客流量资料来估算。在用全日站间到发客流量资料时,在求出全日断面客流量数据后,高峰小时的断面客流量按占全日断面客流量的一定比例来估算,比例系数的取值可通过客流调查来确定。全日分时最大断面客流量,可在求出高峰小时断面客流量的基础上,根据全日客流分布模拟图来确定。

站间到发客流斜表(单位:人) 表11-1

发\到	A	B	C	D	E	F	G	H	计
A	—	7019	6098	7554	4878	9313	12736	23798	71396
B	6942	—	1725	4620	3962	6848	7811	16538	48446
C	5661	1572	—	560	842	2285	2879	4762	18561
D	7725	4128	597	—	458	1987	2822	4914	22631
E	4668	3759	966	473	—	429	1279	3121	14695
F	9302	7012	1982	2074	487	—	840	5685	27382
G	12573	9327	2450	2868	1345	1148	—	2133	31844
H	22680	14753	4707	5184	2902	5258	2015	—	57499
计	69551	47570	18525	23333	14874	27268	30382	60951	292454

各站上下车人数 表11-2

下行上客数	下行下客数	车站	上行上客数	上行下客数
71396	0	A	0	69551
41504	7019	B	6942	40551
11328	7823	C	7233	10702
10181	12734	D	12450	10599
4829	10140	E	9866	4734
6525	20862	F	20857	6406
2133	28367	G	29711	2015
0	60951	H	57499	0

各区间断面客流量(单位:人) 表11-3

下行	区间	上行
71396	A－B	69551
105881	B－C	103160
109386	C－D	106629
106833	D－E	104778
101522	E－F	99646
87185	F－G	85195
60951	G－H	57499

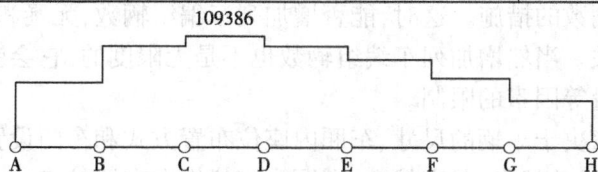

图11-1 断面客流图

11.1.2　全日行车计划

全日行车计划指城市轨道交通系统全日分阶段开行的列车对数计划。它决定着城市轨道交通系统的输送能力和设备(列车)使用计划,也是列车运行图编制的依据。全日行车计划编制的依据包括:

(1)营业时间计划

城市轨道交通系统营业计划,即城市轨道交通系统全日营业时间范围。时间的安排主要考虑了两个因素:一是方便乘客,满足城市生活的需要,即考虑城市居民出行活动特点;二是满足城市轨道交通系统各项设备检修养护的需要。根据资料,世界各国的城市轨道交通系统营业时间如表11-4所示。

世界主要城市轨道交通系统营运时间 　　　　　　　　　　　表11-4

城　市	类　型	始运年份(年)	营业时间(h)
伦敦	地铁	1863	20
纽约	地铁	1868	24
芝加哥	地铁	1892	24
布达佩斯	地铁	1896	19
巴黎	地铁	1900	20
柏林	地铁	1902	21
东京	地铁	1927	19.5
莫斯科	地铁	1935	19
北京	地铁	1969	18
华盛顿	地铁	1976	18
香港	地铁	1979	19
上海	地铁	1996	18

(2)全日分时最大断面客流量

全日分时最大断面客流量可根据客流数据推算。

(3)列车运载能力

列车运载能力涉及列车编组、列车定员等数据。列车编组辆数是以高峰小时最大断面的客流量作为基本依据。在一定的客流量情况下,采用缩短行车间隔时间,而不增加列车编组辆数的办法也能达到一定的运能,但在行车密度已经很大的情况下,为满足增长的客流需求,往往采用增加列车编组辆数的措施。这时,能否增加列车编组辆数,无疑和城市轨道交通系统保有的运用车辆数量有关。当然增加列车编组辆数也不是无限度的,它会受到车站站台长度、车辆段停车线长度和数量等因素的限制。

车辆定员的多少取决于车辆的尺寸、车厢内座位布置方式和车门设置数。一般地,在车辆限界范围内,车辆长宽尺寸越大,载客越多;车厢内座位纵向布置较横向布置载客要多;车厢内车门区较座位区载客要多。

（4）设计实际满载率

满载率是指实际载客量与设计载客量容量之比，它反映着系统的服务水平。一般地，满载率可取 0.75 ~ 0.90。

全日行车计划的编制一般要在分时行车计划编制完毕的基础上汇总后完成。分时行车计划中的列车开行对数可按式（11-1）计算。

它的计算公式如下：

$$n_i = \frac{p_{\max,i}}{c_p \cdot \beta} \tag{11-1}$$

式中：n_i——某小时 i 内应开行的列车数；

　　$p_{\max,i}$——该小时最大客流断面旅客数量；

　　c_p——列车的设计载客能力；

　　β——列车满载率。

全日列车开行对数应为：

$$N = \sum_i n_i \tag{11-2}$$

在实际中，经常需要用到另一个指标来评价行车计划，即发车间隔 I_i，有：

$$I_i = \frac{60}{n_i}(\min) \tag{11-3}$$

$$I_i = \frac{3600}{n_i}(s) \tag{11-4}$$

11.1.3　车辆配备计划、运用与检修计划

车辆配备计划是指为完成全线全日行车计划所需要的车辆保有数量计划。车辆保有数计划包括运用车辆数、在修车辆数和备用车辆数三部分，列车保有量根据线路远期客流预测数据，测算远期运行行车间隔，可得出所需运用列车数；备用列车数量按照运用列车数的10%取得；检修列车数量需根据运用列车数量综合维修能力、修程修制取得，一般为运用列车数量的10% ~ 15%。

（1）运用车辆数

运用车辆数是为完成日常运输任务而必须配备的技术状态良好的车辆数，运用车辆的需要量与高峰小时开行的列车对数、列车的旅行速度及在折返站的停留时间各项因素有关，可按下式计算：

$$N = \frac{n_{高峰}\theta_{列}\, m}{60} \tag{11-5}$$

式中：N——运用车辆数（辆）；

　　$n_{高峰}$——高峰小时开行列车数（对）；

　　$\theta_{列}$——列车周转时间（min）；

　　m——列车编组辆数（辆）。

列车周转时间是指列车在线路上往返一次所消耗的全部时间。它包括了列车在区间运行，列车在中间站停车供乘客乘降，以及列车在折返站作业的全过程。

$$\theta_{列} = \sum t_{运} + \sum t_{站} + \sum t_{折停}(\min) \tag{11-6}$$

式中：$\sum t_运$——列车在线路上往返一次各区间运行时间的和(min)；

$\qquad \sum t_站$——列车在线路上往返一次各中间站停站时间的和(min)；

$\qquad \sum t_{折停}$——列车在折返站停留时间的和(min)。

当列车在折返站的出发间隔时间大于高峰小时的行车间隔时间时,须在折返线上预置一列列车进行周转,此时运用车辆数需相应增加。

(2)在修车辆数

由于运营过程中的损耗,车辆需要定期检修,以预防故障或事故的发生。在修车辆是指处于定期检修状态的那部分车辆。车辆的定期检修是一项有计划的预防性维修制度。车辆检修概念包括车辆检修级别和车辆检修周期。车辆的检修级别和周期是根据车辆设计的技术性能、各部件在正常情况下的使用寿命以及车辆运用的环境等因素进行确定的。车辆的检修周期是关系在修车辆数计算、配属车辆数计算以及车辆段建设规模和车辆段作业组织的重要技术指标。城市轨道交通车辆的检修级别通常分为日检、双周检、双月检、定修、架修和大修六种。表11-5是某地铁线路的车辆检修周期。

某地铁线路车辆检修周期及检修停时 表11-5

检 修 级 别	时 间 间 隔	走行公里数	检 修 停 时
日检	1 日	—	—
双周检	2 周	4000	4 小时
双月检	2 月	20000	2 日
定修	1 年	100000	10 日
架修	5 年	500000	25 日
大修	10 年	1000000	40 日

注:确定检修周期时,时间间隔和走行公里数取小者。

在以时间间隔作为确定检修周期的情况下,根据每种检修级别的年检修工作量和每种检修级别的检修停时,就可以推算在修车辆数。

(3)备用车辆数

城市轨道交通系统为了适应客流变化,确保完成临时紧急的运输任务,以及预防运用车辆发生故障,必须把若干技术状态良好的车辆储备起来,这部分车辆称为备用车辆。备用车辆的数量可控制在运用车辆数的10%左右。不过,对于投产不久的新线来说,车辆状态较好,客流量不大时,备用车辆数量可适当减少,以节约投资。

11.1.4 列车交路计划

1)列车交路的种类

在城市轨道交通线路的各个区段客流量不均衡的情况下,采用合理的列车交路安排是运输计划的一个重要组成部分。列车交路计划规定了列车的运行区段、折返车站和按不同列车交路运行的列车对数。

合理的列车交路既能提高列车和车辆运用效率,避免运能虚费,降低运营成本,又能给予乘客较大的方便。因此,采用不同列车交路相结合的列车运行方式,能使行车组织做到经济合理。

列车交路可分成长交路、短交路和长短交路三种。长交路是指列车在线路上全线运行;短交路是指列车在线路的某一区段内运行,在指定的车站上折返;长短交路是指线路上两种交路并存的列车运行。图 11-2a)是长交路列车运行的图解,从行车组织的角度看,其比短交路列车的运行组织简单,对中间站折返设备要求也不高,但在各区段客流量不均衡情况下,会产生部分区段运能的浪费。图 11-2b)是短交路列车运行的图解,将长交路改为短交路,能适应不同客流区段的运输需求,运营也比较经济,但要求中间折返站具有两个方向的折返能力以及具有方便的换乘条件,从乘客的角度看,服务水平有所降低。图 11-2c)是长短交路列车运行的图解,长短交路混跑的组织方案,既能满足运输需求,又能提高运营效益。因此,在线路各区段客流量不均衡情况下,可以采用以大交路为主,小交路为辅的列车交路计划,组织列车在线路上按不同的密度行车。同样,当高峰期间客流在空间分布上比较均匀,而低谷期间客流在空间上分布相差悬殊时,也可以在低谷时间采用长短交路列车运行方案,组织开行部分在中间站折返的短交路列车。

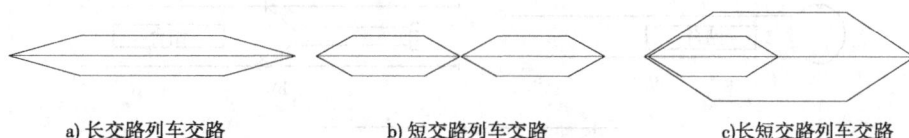

a) 长交路列车交路　　　　　b) 短交路列车交路　　　　　c)长短交路列车交路

图 11-2　不同类型的列车交路

2)列车交路计划的确定

列车交路计划的确定应建立在对线路各区段客流量进行统计分析的基础上,充分考虑行车组织与客运组织的条件,进行可行性研究后加以确定。

首先,区段客流分析是列车交路计划确定的主要因素之一,也就是根据客流在时间上、空间上所表现出的不均衡性加以研究分析,作为列车交路计划确定的依据。

其次,行车条件决定了列车交路计划实现的可能性,城市轨道交通的线路设置由于其运营特点,不可能在每个车站设置具备调车作业功能的线路,交路的实现只能在两个设有调车或折返线路的车站之间进行,同时还必须注意列车交路是否会影响到行车组织的其他环节。例如,是否会影响行车间隔、后续列车的接车等。

第三,客运组织是列车交路确定的必要客观条件,由于列车交路计划的实现可能导致列车终到站的变化,相关车站的乘客乘降作业、列车清客、客运服务工作都会随之不断调整,对客运组织水平的要求比较高,如果客运组织不力将会直接影响到列车运行图的执行情况,因此,确定列车交路计划应该对客运组织的条件加以考虑。

3)列车折返方式

列车运行到终点站或在短交路和长短交路情况下运行到中间折返站需要进行折返作业。列车折返方式根据折返线的布置分为站前折返和站后折返两种方式。

(1)站前折返方式(图 11-3)

站前折返方式是列车经由站前渡线折返。图 a)是列车在终点站经由站前渡线折返,图 b)是短交路运行时列车在中间站经由站前渡线折返。在采用站前折返方式时,列车空车走行少,折返时间较短;上下车乘客能同时上下车,可以缩短停站时间;此外,站线和折返线相结合,能节省投资费用。站前折返的缺点是出发列车和到达列车存在着进路交叉,影响行车安全;上下车乘客同时上下车,在客流量大的情况下,站台秩序会受到影响。

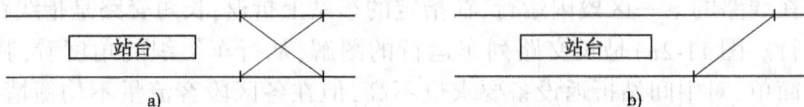

图 11-3　站前折返方式时的折返线布置

列车到发作业产生交叉干扰的条件是进路有交叉,并且占用进路的时间相同,两个条件必须同时具备才构成真正的进路交叉。在行车密度很大的情况下,采用站前折返方式,要完全消除到发列车的交叉干扰,难度较大。

(2)站后折返(图 11-4)

图 11-4a)是列车经由站后环形线折返,图 11-4b)是列车经由站后尽端折返线折返,图 11-4c)是列车经由站后渡线折返,常作为列车在中间站进行中途折返使用。

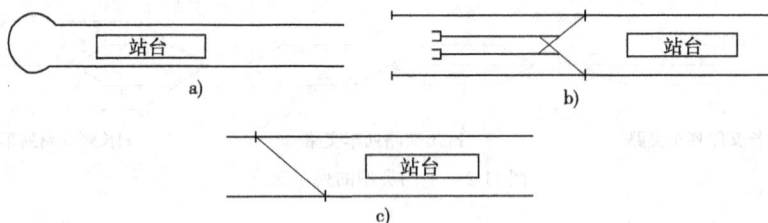

图 11-4　站后折返方式时的折返线布置

采用站后折返方式能避免采用站前折返时存在的缺点;出发列车与到达列车不存在进路交叉,行车安全;而且列车进出站速度高,有利于提高旅行速度,因此,站后折返方式被广泛采用。站后折返方式的主要缺点是列车折返时间较长。

环形线折返设备能保证最大的通过能力,节约设备费用与运营成本。但它也存在一些缺点,如由于列车在小半径曲线上运行造成单侧钢轨磨耗;折返线不能停放检修列车和难以进一步延长;以及若用明挖法施工增大了开挖范围等。所以在线路的终点站常采用尽端线折返设备。采用尽端线折返设备,列车既可以折返,也可以临时停留检修。

11.1.5　日常运输调整计划

由于途中运缓、作业延误或设备故障等原因,会造成列车晚点,城市轨道交通具有行车密度高、间隔小、对安全要求高的特点,需要根据列车运行的实际情况,按照恢复正点和行车安全兼顾的原则,对运输计划进行调整。

列车运行是运输生产活动的重要环节,在日常运输活动中,为了保证列车运行安全和按图行车,需要设置专门人员,调整运输计划。城市轨道交通与干线铁路的不同之处,包括调整目标和调整手段,如城市轨道交通中的调整目标更多的考虑了列车到发间隔的均衡性。

日常运输计划调整的主要方法如下。

①始发站提前或推迟发出列车。

②根据车辆的技术状态、线路允许速度,组织列车提高速度,恢复正点。

③组织车站快速作业,压缩停站时间。

④组织列车放站运行。

⑤变更列车运行交路,具备条件时在中间站折返。

⑥停运部分车次的列车。

11.2 列车运行图及运输能力

11.2.1 列车运行图

列车运行图(又称时距图)是城市轨道交通行车组织工作的综合性计划,也是城市轨道交通系统各部门协调工作,维持全线列车与旅客组织的秩序,是地铁及轻轨行车组织工作的基础,由它规定各次列车占用区间的顺序和时间,列车在各个车站的到发及通过时刻,区间运行时分,停站时分,折返站列车折返作业时分,列车出入车辆段时分,设备保养维修时间和司机作息时间等。列车运行图不仅把沿线各车站、线路、供电、车辆、通信信号等技术设备的运用联合成一个统一的整体,而且把所有与行车有关的部门和单位都组织起来,严格地按一定程序有条不紊地进行工作,从而保证列车安全、正点运行。图11-5描述了城市轨道交通系统从物理网络、线路开行方案到运行计划(时刻表)编制的关系图。

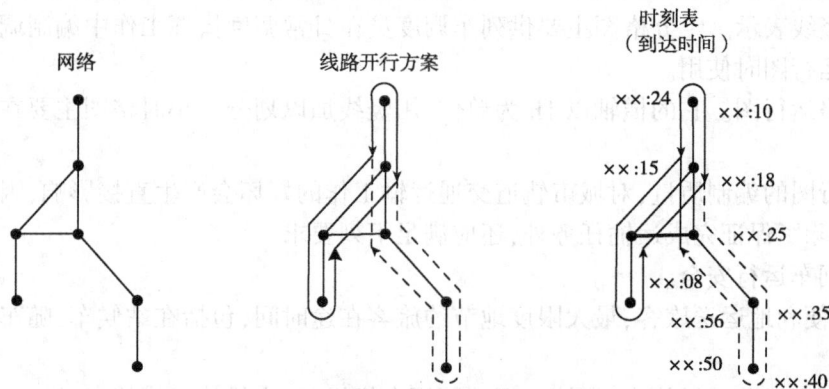

图11-5 城市轨道交通运行计划形成过程

1)列车运行图的格式

列车运行图是运用坐标原理对列车运行时间、空间关系的图解表示,其实际上是对列车运行时空过程的图解。在列车运行图上,对列车运行时空过程的图解可以有两种不同的形式。其一为以横坐标表示时间,纵坐标表示距离。这时,列车运行图上的水平线表示分界点的中心线,水平线间的间距表示分界点间的距离;垂直线表示时间(图11-6)。其二为以横坐标表示距离,纵坐标表示时间。这时,列车运行图上的水平线表示时间;垂直线表示分界点中心线,垂直线间的间距表示分界点间的距离;图上斜线称为列车运行线,其中上斜线代表上行列车,下斜线代表下行列车。列车运行线与水平线的交点,就是列车在每个车站到、发或通过的时刻。

为区别不同的列车,如专运列车,客运列车,施工列车等,列车运行线分别采用不同的符号表示,并在每条运行线上标明列车的车次。

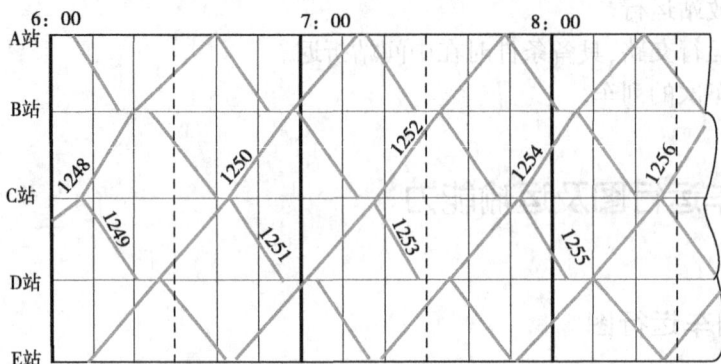

图 11-6 列车运行图

为了适应使用上的不同需要,列车运行图按时间划分方法的不同,可有如下四种格式:

①一分格运行图。它的横轴以 1min 为单位,用细竖线加以划分,10 分钟格和小时格用较粗的竖线表示。

②二分格运行图。它的横轴以 2min 为单位,用细竖线加以划分,10 分钟格和小时格用较粗的竖线表示。

③十分格运行图。它的横轴以 10min 为单位,用细竖线划分,半小时格用虚线表示,小时格用较粗的竖线表示。十分格图主要供列车调度员在日常调度指挥工作中编制调度调整计划和绘制实绩运行图时使用。

④小时格运行图。它的横轴以 1h 为单位,用竖线加以划分。小时格图主要在编制列车方案图时使用。

列车运行图的编制质量,对城市轨道交通运输工作的好坏会产生直接影响,因此在编制列车运行图时,除了保证完成运输任务外,还应满足下列要求。

①保证列车运行安全。

②迅速、便利地运送旅客,最大限度地节约旅客在途时间,包括在站候车、随车运行及中转换乘等。

③充分利用线路通过能力,经济合理地使用车辆设备,安排施工维修时间。

④保证列车运行与车站客运作业过程的协调。

⑤合理安排乘务人员作息时间。

列车运行图反映了行车组织工作的水平。提高运行图的编制质量,可以在不增加设备和人员的基础上,把运输工作做得更好,取得显著的技术经济效益。

城市轨道交通系统是面向城市地区居民的交通系统。由于客流特点的差异,一般说来,城市轨道交通系统需要采用较城市间铁路更灵活的运行图。例如,它需要编制平时运行图、周末运行图和周日运行图。每经过一定时期,有必要根据客流增减情况重新审视班次计划和运行图。

2)列车运行图的分类

按使用范围以及铁路线路的技术设备(如单线、复线)和列车运行速度、上下行方向的列车数量、列车的运行方式等条件,列车运行图可以分为多种不同类型的列车运行图。

(1)按照区间正线数(图 11-7)

①单线运行图。在单线区段,上下行方向列车都在同一正线上运行,因此,两个方向列车必须在车站上进行交会。

②双线运行图。在双线区段,上下行方向列车在各自的正线上运行,因此,上下行方向列车的运行互不干扰,可以在区间内或车站上交会。但列车的越行必须在车站上进行。

③单双线运行图。在有部分双线的区段,单线区间和双线区间各按单线运行图和双线运行图的特点铺画运行线。

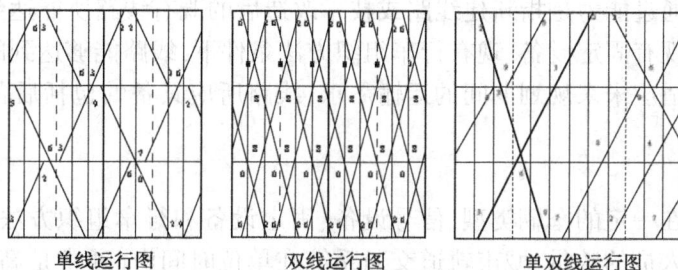

| 单线运行图 | 双线运行图 | 单双线运行图 |

图 11-7　列车运行图

(2)按照列车运行速度

①平行运行图。在同一区间内,同一方向列车的运行速度相同,且列车在区间两端站的到、发或通过的运行方式也相同,因而列车运行线相互平行。

②非平行运行图。在运行图上铺有各种不同速度的列车,且列车在区间两端站的到、发或通过的运行方式不同,因而列车运行线不相平行。

(3)按照上下行方向列车数

①成对运行图。这是上下行方向列车数相等的列车运行图。

②不成对运行图。这是上下行方向列车数不相等的列车运行图。

(4)按照同方向列车运行方式

①连发运行图。在这种运行图上,同方向列车的运行以站间区间为间隔。单线区段采用这种运行图时,在连发的一组列车之间不能铺画对向列车。

②追踪运行图。在这种运行图上,同方向列车的运行以闭塞分区为间隔,在装有自动闭塞的单线或双线区段上采用。

应该指出,上述分类都是针对列车运行图的某一特点而加以区别的。实际上,城市轨道交通系统的列车运行图因其系统特征所致,每张列车运行图都具有多方面的特点,一般均为双线成对追踪平行运行图。

11.2.2　运输能力

为了实现运输生产过程,完成客运任务,城市轨道交通系统必须具备一定的运输能力。运输能力是通过能力和输送能力的总称。

(1)通过能力

通过能力是指在采用一定的车辆类型、信号设备和行车组织方法条件下,城市轨道交通系统线路的各项固定设备在单位时间内(通常是高峰小时)所能通过的列车数。通过能力的正确计算和合理确定,在城市轨道交通系统的新线规划设计、日常运输能力安排以及既有线改造过程中都是一个重要的问题。

通过能力主要按照线路、列车折返设备、车辆段设备、供电设备等固定设备进行计算,其中能力最小的设备限制了整个线路的通过能力,该项设备的能力即为线路的最终通过能力。由此可见,通过能力实质上取决于固定技术设备的综合能力,因此,各项固定设备的能力应力求相互协调与配合,避免造成某些设备的能力闲置。

在实际工作中,通常还把通过能力分为设计通过能力、现有通过能力和需要通过能力三个不同的概念。设计通过能力是指新建线路或技术改造后的既有线路所能达到的通过能力。现有通过能力是指在现有固定设备、现有行车组织方法条件下,线路能够达到的通过能力。需要通过能力是指为了适应未来规划期间的运输需求,线路所应具备的包括后备能力在内的通过能力。

(2)输送能力

输送能力是指在一定的车辆类型、信号设备、固定设备和行车组织方法的条件下,按照现有活动设备和乘务人员的数量,城市轨道交通系统在单位时间内(通常是高峰小时、一昼夜或一年)所能运送的乘客人数。

通过能力反映的是线路所能开行的列车数,它是输送能力的基础。输送能力是运输能力的最终体现,它反映了在开行列车数一定的前提下,线路所能运送的乘客人数。在通过能力一定的条件下,线路的最终输送能力还与车站设备的设计容量存在密切关系。这些设备包括站台、楼梯、自动扶梯、出入口和通道等。

(3)加强运输能力的措施

运输能力是通过能力与输送能力的总称,而通过能力又主要是由线路通过能力和列车折返能力两者中的能力较小者所决定。加强运输能力的措施有多种多样,各种加强运输能力措施解决能力问题的内涵也不一样,但尽管如此,加强运输能力的措施大体上还是可以分为运输组织措施和设备改造措施两大类。

运输组织措施是指运用比较完善的行车组织方法,更好和更有效地使用既有技术设备,无需大量投资就能使运输能力达到需要水平的提高能力措施。如优化列车运行图、扩大列车编组、合理规定列车停站时间、科学组织列车折返作业过程、改善列车乘务制度和采用各种在短时期内能提高通过能力的措施等。

设备改造措施是指需要大量投资来加强技术设备的措施。随着科学技术的进步,必须不断地以先进的技术设备来装备城市轨道交通系统,以加强城市轨道交通运输的物质技术基础,提高运输能力。这些措施包括进一步修建线路、改造既有线路与车辆段、采用先进的信号和列车运行控制系统以及购买新型车辆等。

根据各国轨道交通系统的运营实践,在扩能的措施方面,加强既有线运输能力通常是运输组织措施和设备改造措施两者并用,但在线路行车密度已经很大的情况下,要较大幅度地提高运输能力,往往需要通过采用设备改造措施来实现。

11.3 列车运行组织

11.3.1 行车组织调度

1)运输调度生产组织系统

城市轨道交通系统是一个复杂的、技术密集的公共交通系统,它具有高度集中和各个工作环节紧密联系、协同动作的特点,必须实行集中领导、统一指挥的原则。运输调度是城市轨道交通系统日常运输工作的指挥中枢,凡与运输有关各部门、各工种都必须在运输调度的统一指挥下,进行日常生产活动。

运输调度的基本任务是:科学地组织客流,经济合理地使用车辆及运输设备。挖掘运输潜力,提高运输效率和经济效益,组织与运输有关各部门密切配合、协同动作,确保实现列车运行图。努力完成运输生产任务,为城市经济建设和人民生活服务。

在日常运输工作中,为统一指挥、有序组织运输生产活动,城市轨道交通系统设立控制中心,对复杂的运输生产活动进行全面地指挥和监督,控制中心中实行分工管理原则,将整个运输生产活动按业务性质划分成若干部分,设置不同的调度工种分别管理一定的工作。如在控制中心,通常设有行车调度、电力调度和环控调度等调度工种。在车站设置值班站长、值班员、站务员等工种。图 11-8 为城市轨道交通运营指挥执行层次图。

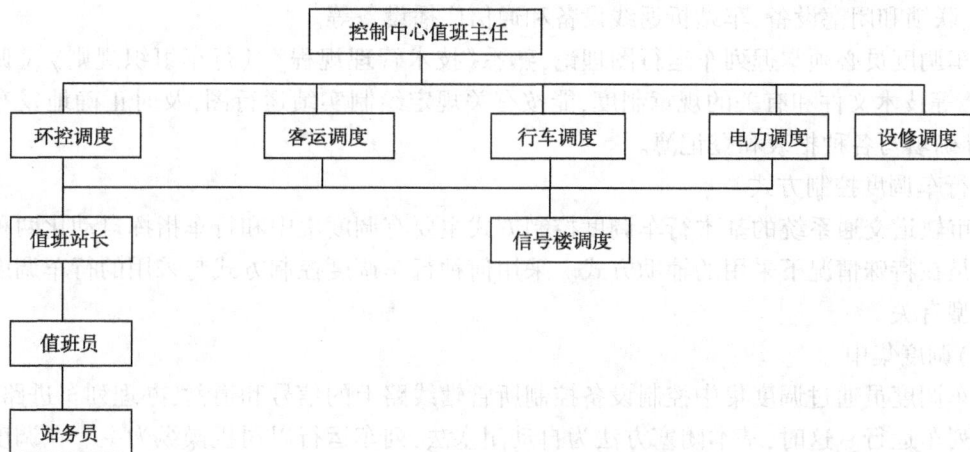

图 11-8 城市轨道交通运营指挥执行层次图

值班调度主任(调度长)是调度班组工作的组织者和领导者,其主要工作职责是传达、贯彻和执行上级有关文件、命令及指示,负责完成本班组各项运输指标,主持接班会、布置有关注意事项,检查安全生产情况,掌握列车运行图执行情况,负责施工和救援工作的把关,主持事故分析会等。

2)行车调度

①行车调度是运输调度工作的核心,担负着指挥列车运行、贯彻安全生产、实现列车运行图、完成运输计划的重要任务。行车调度员是列车运行的统一指挥者,负责监控或操纵列车运

行控制设备,掌握列车运行、到发情况,发布调度命令,检查各站、段执行和完成行车计划情况,在列车晚点或运行秩序紊乱时采取有效措施尽快恢复按图行车,负责施工要点登记,发生行车事故要迅速采取救援措施,并向上级和有关部门报告,填写各种报表。

②列车运行是城市轨道交通系统日常运输生产活动的重要内容,行车调度员负有指挥列车安全、正点运行的责任。因此应高度重视行车调度队伍的建设,保证行车调度员的素质和业务水平,应保持行车调度员工作的相对稳定性。为提高行车调度员的组织指挥水平,加强与站、段行车作业人员的联系。应经常有计划、有目的地组织行车调度员深入现场熟悉设备、人员情况,交换工作意见,改进工作作风,解决好日常工作中存在的问题。

作为一个合格胜任的行车调度员,必须熟悉人、车、天、地、图等各种和运输有关的情况。

行车调度员必须熟悉司机、车站行车值班员和车辆段信号楼值班员等与列车运行有关的作业人员情况,了解他们的工作经历、业务水平和个性等情况,充分调动有关人员的工作积极性。

行车调度员必须熟悉车辆的技术性能、使用状态等情况。车辆是运送乘客的工具,实现调度指挥的物质基础,只有熟悉车辆情况,才能使按图行车建立在可靠的基础上。

行车调度员必须掌握气候变化对客流增减及对列车运行影响的一般规律,如在雨雪天,高峰时间和低谷时间的客流量都会出现反常情况;在冬季,乘客人数通常会有所增加,以及由于乘客穿衣服较多造成车厢拥挤、有时会使列车停站时间延长;在夏季下雷阵雨时,避雨的人群有时会使车站出口、站台堵塞等。

行车调度员必须熟悉与行车有关的各种技术设备,如线路平纵断面、列车自动控制系统及其信号、联锁和闭塞设备、车站折返线设备和通信广播设备等。

行车调度员必须掌握列车运行图理论,熟悉《技术管理规程》、《行车组织规则》、《调度工作规则》等技术文件和有关的规章制度,能按有关规定绘制实绩运行图,及时正确地发布调度命令,准确填写各种报表和登记簿。

3)行车调度控制方式

城市轨道交通系统的基本行车调度控制方式主要有调度集中和行车指挥自动化两种。车站控制是在特殊情况下采用的辅助方式。采用何种行车调度控制方式与采用的行车调度指挥设备类型有关。

(1)调度集中

行车调度员通过调度集中控制设备控制所管辖线路上的信号和道岔,办理列车进路,组织和指挥列车运行。这时,基本闭塞方法为自动闭塞法,列车运行以司机操纵为主。在调度集中控制因故不能实现时,改为车站控制。车站值班员在列车调度员的指挥下,办理列车进路,接发列车。

(2)行车指挥自动化

在行车调度员监控下,由双机冗余计算机组等设备构成的列车自动监控子系统(ATS)完成列车运行的控制任务。这时,基本闭塞方法为自动闭塞法,通常还采用列车自动保护(ATP)和列车自动运行(ATO)子系统,三个子系统构成列车自动控制系统(ATC),ATC子系统具有列车运行自动化和行车指挥自动化功能。在ATS子系统因故不能使用时,改为调度集中控制。

11.3.2 正常情况下列车运行组织

1) 列车运行的基本概念

① 在双线行车情况下,城市轨道交通系统的列车通常是按右侧单方向运行。

② 为保证列车运行的安全,在组织列车运行时,通过设备或人工控制,使列车按闭塞分区或站间区间保持间隔距离的办法,称为行车闭塞法。

保持列车间隔距离的方法有两大类:一类是空间间隔法,另一类是时间间隔法。城市轨道交通线路在正常情况下采用空间间隔法行车。只是在特殊情况下,才准许采用时间间隔法,而且要有安全保证措施。

在自动闭塞线路上,基本行车闭塞法为自动闭塞法,实行行车指挥自动化或调度集中控制。当基本闭塞设备不能使用时,根据行车调度员的命令改为电话闭塞法。在电话中断时,可按时间间隔法行车。

③ 各站的行车工作由行车调度员统一指挥。车站和车辆段行车工作分别由车站行车值班员、车辆段信号楼值班员指挥。列车由值乘司机指挥。列车在车站时,所有乘务人员应按车站行车值班员的指挥进行工作。

通常,在实行行车指挥自动化或调度集中控制时,行车有关工作由行车调度员直接指挥。转为车站控制时,车站行车工作由车站值班员直接指挥。

行车调度员是日常运输工作的具体组织者、指挥者,对实现列车运行图和完成运输工作的指标,负有重大责任。所以,所有行车有关人员必须执行行车调度员的命令,服从调度指挥。

2) 列车运行调整

组织列车正点始发是保证列车正点运行和实现列车运行图的基础。对始发列车,行车调度员应在列车出库、列车折返交路和客流情况等方面进行具体掌握和组织,以保证正点发车,列车在始发站发车早点不应超过 1min。

在列车运行晚点时,行车调度员应根据列车运行的实际情况,按规定的列车等级顺序进行调整,对同一等级的旅客列车可根据列车的接续车次按乘客多少等情况进行运行调整,尽可能在最短时间内使列车恢复按图运行。

在进行列车运行调整时,列车等级顺序依次排列如下:专运列车、旅客列车、调试列车、回空列车、其他列车。在抢险救灾的情况下,优先放行救援列车。

列车运行调整应注意列车运行安全,做到恢复正点运行和行车安全兼顾。

3) 调度命令

行车调度员在组织、指挥列车运行过程中,须按规定发布调度命令,有关行车人员必须执行行车调度员的命令。调度命令应妥善保管一定的期限。

4) 行车事故及处理

(1) 行车事故分类

列车在运营时间内、运营线路上行驶过程中,由于有关作业人员工作差错、机件设备故障或外部因素影响造成人身伤亡、设备损坏或严重影响列车运行都列为行车事故。行车事故包括我方责任、双方责任和无责任事故三类。

我方责任和双方责任事故均属行车责任事故。自杀、他杀、违章扒车和非法进洞造成的行车事故属非责任事故。行车责任事故按照其性质、损失及对行车的影响程度,目前为重大事故、大事故、险性事故和一般事故四类。

（2）行车事故处理

在发生行车事故情况下,行车调度员应采取下列措施:

①接到值乘司机或车站行车值班员的事故报告后,立即报告控制中心主任和值班调度主任。报告事项包括:发生时间(月、日、时、分),发生地点(区间、公里、米、某站、上行或下行正线),列车车次、车组号、关系人员职务、姓名,事故概况及原因,人员伤亡及车辆、线路等设备损坏情况,是否需要救援。

②接到救援请求后,应及时向车辆段运转值班室值班员发布救援列车出动命令。

③立即关闭后方站的出站信号(调控权下放时,应立即通知后方站行车值班员关闭出发信号),阻止续行列车进入区间。

④通知电力调度员,切断牵引电流。

⑤根据需要,向列车司机发布疏导乘客命令,命令应指明疏导方向及注意事项。

⑥根据需要向有关站发布疏导乘客命令。

⑦对已进入该区间的其他列车应采取措施使其退回后方站,若不能退回后方站时也应发布疏导乘客命令。

⑧尽快开通线路,恢复按图行车。

⑨及时填写"行车事故概况"。

11.3.3　特殊情况下的列车运行组织

（1）列车自动控制系统故障时的行车

在采用 ATC 系统情况下,由 ATS 子系统完成列车运行的控制任务,行车调度员只起监控作用;列车根据 ATO 子系统提供的信息,由 ATO 子系统自动驾驶运行。

在 ATC 系统发生故障时,行车指挥方法和列车运行控制方式改变如下:

①ATS 子系统发生故障,改为调度集中控制,由行车调度员人工控制全线的信号与道岔、办理列车进路和调整运行秩序。

②ATP 地面设备发生故障,因 ATO 车载设备接收不到限速命令,无法按自动闭塞法行车。此时,如是小范围的设备故障,可由行车调度员确认故障区间空闲后,向司机发布命令,列车在故障区间限速运行;如是大范围的设备故障,须停止使用自动闭塞法,改为车站控制,实行电话闭塞法行车。

③ATP 车载设备发生故障,因故障列车无法接收限速命令,该列车司机应按调度命令,人工驾驶限速运行。

④ATP 子系统和车站通信设备同时发生故障,采用时间间隔法行车。

⑤ATO 子系统发生故障,列车改为人工驾驶,在 ATP 车载设备的监护下,按车内速度信号显示运行。

（2）改为车站控制时的行车

凡发生下列情形之一时,根据行车调度员的命令,由调度集中控制改为车站控制。

①对所管辖的道岔或信号失去了控制作用。

②表示盘上失去了复示作用或不能正确复示。

③停止使用自动闭塞法。

④按半自动闭塞法行车。

⑤清扫道岔。

⑥列车运行或调车有关工作必须由车站办理。

当调度集中控制改为车站控制时,在行车调度员的指挥下车站行车值班员办理闭塞、准备进路、开闭信号和接发列车。

(3)改用电话闭塞法时的行车

在停止使用自动闭塞法时,应改用电话闭塞法行车。

电话闭塞法是在没有机械、电气设备控制的条件下,仅凭电话联系来保证列车空间间隔的行车闭塞法。由于安全程度较低,所以只是一种临时代用的闭塞法。改用电话闭塞法行车,应有列车调度员的命令,并严格按规定的作业办法与要求办理。

(4)改用时间间隔法时的行车

由于自然灾害或其他原因使车站一切电话中断,车站行车值班员无法与控制中心、邻站取得联系,为了不间断行车,双线区间可改用时间间隔法行车。

(5)夜间施工时的行车

夜间施工是城市轨道交通系统生产活动的重要组成部分。运输调度部门既要按照批准的施工计划,保证设备维修更换、线路扩建工程等夜间施工任务顺利完成,又要保证次日运输生产能正常进行。

为此,夜间施工时的行车应按有关作业办法与要求组织。

11.3.4 站场行车作业组织

1)车站行车作业组织

在运输生产活动中,车站起着极为重要的作用。车站是线路上供列车到发、通过的分界点,某些车站还具有折返、停产检修和临时待避等功能;车站是客流集散的场所,是乘客出行乘坐列车的始发、终到及换乘点,也是运营企业与服务对象的主要联系环节;车站还是城市轨道交通各工种联劳协作进行运输生产的基地。

车站的运输生产活动主要由行车作业和客运作业两部分组织。车站行车作业包括接发列车作业、列车折返作业等。车站客运作业包括售检票、组织乘客乘降和换乘作业等。

车站的分类可从不同的角度进行。就车站作业而言,主要是按运营功能分类和按是否具有站控功能及设备容量分类。车站按运营功能的不同可分为终点站、中间站、折返站和换乘站。车站按是否具有站控功能可分为集中站和非集中站。车站按其设备容量不同可分为特等站、一等站和二等站。车站等级是车站设置相应机构和配备定员的基本依据之一。

车站每天要办理大量的行车作业。为此,根据车站的运营功能和客流量的不同,车站上应设置各种不同种类和容量的行车设备。

车站行车作业包括行车接发作业、列车折返作业等。车站行车作业应按照列车运行图要求,不间断地接发列车与折返列车,确保行车安全与乘客安全。对车站行车作业的基本要求是:

（1）执行命令听从指挥

严格执行单一指挥制,车站行车作业由车站值班员统一指挥。列车在车站时,列车司机应在车站值班员指挥下进行工作。车站值班员应认真执行行车调度员的命令和上级领导的指示。

（2）遵章守纪按图行车

认真执行行车规章制度,遵守各项劳动纪律,办理作业正确及时,严防错办和忘办,严禁违章作业。当班必须精神集中、服装整洁、佩戴标志、保证车站安全、不间断的按列车运行图接发列车。

（3）作业联系及时准确

联系各种行车事宜时,必须程序正确、用语规范、内容完整、简明清楚,严防误听、误解和臆测行事。

（4）接发列车目迎目送

接发列车严肃认真,姿势端正。认真做好看、听、闻,确保列车安全运行。

（5）行车表报填写齐全

行车表报包括各种行车凭证、行车日志和各种登记簿。行车凭证有路票、绿色许可证和调度命令等,登记簿有《调度命令登记簿》、《检修施工登记簿》和《交接班登记簿》等。应按规定内容、格式认真填写各种行车表报,保持表报完整、整洁。

为加强车站行车作业组织,必须建立和健全各项行车作业制度,做到行车作业制度化、程序化、标准化。车站行车作业的制度主要有车站值班员岗位责任制、交接班制度、检修施工登记制度、道岔擦拭制度、巡视检查制度和行车事故处理制度等。

由于国内城市轨道交通信号系统普遍实现中央级控制(ATS),列车实行自动驾驶运行,城市轨道交通车站原则上不办理接发列车作业。车站对列车运行情况进行监视,负责向行车调度员报点,各站间相互报点,当发生意外事件时,向行车调度员请示,经同意后暂不报点;站台站务员按有关规定迎送列车。只有在信号联锁故障,需人工排列进路组织列车运行及列车开到区间因故障要退回车站等特殊情况下须办理接发列车作业。

当信号系统实行中央级控制时,列车在进行折返作业前,应清客、关车门。列车折返进路由中央ATS自动排列或行车调度员人工排列。在车站有数条折返进路的情况下,应在折返作业办法中规定优先采用的列车折返模式,明确列车折返优先经由的折返线或渡线。在办理列车折返作业时,如要变更列车折返模式,在折返列车尚未启动时,可在通知折返列车司机后,变更列车折返模式。在车站控制时的折返作业组织,除列车折返进路由车站值班员人工排列,其余与中央控制时相同。原则上,车站值班员按作业办法中规定的优先模式排列折返进路,如要变更列车折返模式,必须要得到列车调度员的同意。

2）车辆基地作业组织

车辆段及综合基地包括车辆段、综合维修中心、材料总库、教育培训中心和必要的生活设施,是保证城市轨道交通系统中各项设备处于良好状态、确保行车安全的场所。其服务对象包括移动设备(车辆)、机电设备(如车站的自动扶梯、屏蔽门、乘客导向设施、环控设备、给排水设备等)、供电设备(如变电站、变电所、接触网、电力电缆等)、通信信号设备、轨道、桥梁、隧道、房屋建筑等固定维护设施和部门。

城市轨道交通车辆段主要担负着一条或几条线路城市轨道交通车辆的停放、检查、维修、清洁整备等任务。有的车辆段还负责乘务人员的组织管理、出乘、换班等业务工作,并相应配备乘务值班室等设施。车辆段根据功能可分为检修车辆段(简称车辆段)和运用停车场(简称停车场)。车辆段根据其检修作业范围可分为架(厂)修段和定修段。独立设置的停车场隶属于相关车辆段。车辆段应具有停车库(场)、检修库、洗车设备、运营管理用房、维修管理部门和其他必备设施。

综合维修中心(简称维修中心)是指城市轨道交通系统中各种设备和设施的维修管理单位。它的业务范围较广,涉及城市轨道交通线路、路基、轨道、桥梁、涵洞、隧道和房屋建筑等设施的维护、保养,以及供电、通信、信号、机电设备和自动化设备的维修保养和故障修理工作。

材料总库担负着城市轨道交通系统材料、配件、设备、机具、劳保用品等物质的采购、存放、发放和管理工作,为城市轨道交通工程各系统的建设、运营和维修所需材料、机电设备和配件等提供存储和供应服务,并负责材料的采购、保管和发放工作。

11.4 客运管理

城市轨道交通系统的客流量随时间段不同具有明显的高峰与低谷特性,且这种不均衡性亦与城市的产业布局、居民出行习惯有关。因此,为实行优质高效的客运组织工作必须依靠科学管理。

11.4.1 站务管理

车站是乘客出入、集散和乘降的场所。车站服务工作的好坏直接影响到乘客的旅行感受。优质、高效、满意的服务可以吸引越来越多的乘客,提高城市轨道交通方式在市场中的竞争力。

站务管理的原则是认真执行行车及客运管理有关规章制度,保证行车和旅客人身安全,协调全线的运输生产。

根据生产岗位的需要,车站一般设立下列工作岗位:站长,副站长,监控员,售票员,检票员,站台服务员,安全保卫人员,勤杂人员和机动人员等,各岗位的人员配备数量视各车站的规模大小分别确定。

为给乘客创造一个舒适、良好的旅行环境,各车站应在进出口、通道、楼梯、站台等处设立固定导向标志或可控表示牌,用文字、图形或符号等标明站台、出入口、售票口、检票处,电梯(楼梯)上下处以及列车的类别、去向等。

各车站还应有附近地区道路和公交换乘示意图。

车站客运工作人员必须使客运设备保持良好状态,防止损坏,并做好对旅客的宣传、服务工作,引导旅客及时集疏和换乘,避免旅客在车站滞留,造成车站堵塞。

11.4.2 票务管理

(1)票制

票制,是票价制式的简称,有两种形式:单一票价制和计程票价制(分级票价制)。

目前,世界各国采用单一票价制的城市或线路约占57%,采用计程票价制的约占43%。采用单一票价制时,全程只发售一种车票,优点是售票简单,效率高,进站检票,出站不检票,可减少车站管理人员。缺点是乘客支付的车费不够合理,无论路途远近,都支付同样的车费,且给票价的制订带来了困难,既要为乘客的切身利益着想,又要保证地铁或轻轨的运营效益。计程票价制可以克服上述缺点,但车票的种类多,进、出站均需检票,售、检票手续繁琐,需要的检票人员多,必要时需配置自动或半自动的售、检票设备。

一般在运营里程较短或乘客平均运距较长的线路上采用单一票价制,而在运营里程较长,而乘客平均运距偏短的线路上采用计程票价制。另外,在流动人口较多的旅游开放城市,还可采取平、高峰期间两票制,以提高经济效益和人为调节客流的时间分布。

(2)票价

城市轨道交通作为城市公共交通的一个组成部分,带有公益性质,不能单纯追求盈利,其票价不仅取决于本身运营成本,还受其他交通方式的票价水平、城市发展水平、市民生活水平、物价政策、企业交通补贴费用以及乘客承受力等多种因素的制约。地铁或轻轨的票价要经政府有关部门综合研究后才能确定。

(3)售、检票方式

从国外的经验和发展趋势来看,凡实行计程票价制,绝大多数都相应采取自动或半自动售、检票方式。虽然采用自动或半自动售、检票方式要增加设备投资,但优点十分明显,譬如能高效准确地售、检票,既节约时间,节省大量劳动力,又避免因人为误解产生纠纷,确保乘客迅速通过售、检票口。采用自动或半自动售、检票方式还可以加强票务管理,减少人为因素影响,尤其在客流调查方面具有人工售、检票无法比拟的优越性;自动或半自动售、检票方式也是一个城市,乃至一个国家综合技术水平和文明程度的象征。

在采用人工售票时,为加强票务管理,车票的印制、保管、发放和统计以及票款回收应统一由票款室(或科)负责,以加强票务的集中管理。在采用车上售票时,由于售票员不像在公共汽车、电车上那样是随车回场交票,车站在收款工作上,应有适当的保安措施。

本章小结

城市轨道交通系统是一个复杂的、技术密集的公共交通系统,它具有高度集中和各个工作环节紧密联系、协同动作的特点。本章从运输计划开始,介绍了运营管理的各个方面;首先介绍了运输计划中的客流计划、全日行车计划、车辆配备计划、列车交路计划及日常运输调整计划等;其次对维持全线列车与旅客组织秩序的运行图做了介绍;在介绍城市轨道交通通过能力和输送能力的基础上,给出了加强运输能力的措施;介绍了行车调度指挥系统及正常和非正常情况下的列车运行组织;最后介绍了运营管理中的客运管理部分。

思考题

1. 城市轨道交通运输计划一般包含哪些方面的内容?
2. 什么是折返?为什么要考虑折返?有几种折返形式?
3. 什么是列车运行图?
4. 什么是运输能力?简述加强运输能力的措施。
5. 什么是票制?简述不同票制的优缺点。

附录 专业词汇中英文对照表

专业词汇中文	专业词汇英文
A	
安全系数	safety coefficient
暗挖法	shallow mining method；subsurface excavation method
B	
板梁	plate girder
半堤半堑(半路堤半路堑)	part-cut and part-fill section； cut and fill section
备用车	reserve train
标准长度钢轨	standard length rail
C	
槽形梁	trough girder
侧面磨耗	side wear of rail
侧式站台	side platform
岔枕	switch tie；turnout tie
柴排	firewood raft；mattress；willow fascine
长隧道	long tunnel
厂修	factory repair
超高	superelevation；cant
超前导坑	advance heading
超前锚杆	advance anchor bolt
超前支护	advance support
车钩高	coupler height
车钩缓冲装置	coupling buffer device
车辆1位端	car end No. 1
车辆2位端	car end No. 2
车辆长度	vehicle length
车辆定距	length between car centers
车辆段	depot
车辆检修规程	examine and repair program
车辆运行状态指示灯	operation indicator lamp
车辆最大高度	maximum height of car
车辆最大宽度	maximum width of car
车门开闭状态指示灯	door indicator lamp open/closing
车门	car door

专业词汇中文	专业词汇英文
车体	car body
沉管法	immersed tube method；immersed tunneling method
沉井基础	open caisson foundation
沉箱基础	pneumatic caisson foundation
衬砌	lining
承台	bearing platform
城市公共交通	urban public transport
城市轨道交通	urban rail transit
城市轨道交通线路	urban rail transit line
乘客信息系统	passenger information system
乘客信息显示系统	PIDS
程序制动	sequence braking
齿轮箱	gear box
冲击率	impact rate
冲刷	erosion；scouring
出入段线	transfer track for depot
出行距离	trip distance
出行时间	travel time
初期支护	primary support
穿销防爬器	wedged rail anchor
传动装置	traction device
垂直磨耗	vertical wear of rail
磁浮交通	maglev transit
磁悬浮列车	magnetic levitation trains
粗粒土填料	coarse-grained soil filler；coarse-grained soil fill
淬火轨	head hardened rail；quenched rail
错列式	comprehensive type
D	
大桥	major bridge
单轨交通	monorail transit
单开道岔	simple turnout；lateral turnout
单式对称道岔	symmetrical double curve turnout
单式交分道岔	single slip switches

续上表

专业词汇中文	专业词汇英文
弹簧垫圈	spring washer
弹簧悬挂装置	spring suspension
弹性扣件	elastic rail fastening
挡土墙	retaining wall
导坑	heading
导曲线	lead curve
导曲线半径	radius of lead curve
导曲线支距	offset of lead curve
岛式站台	Island Platform
道岔	switch;turnout;switches and crossings
道岔号数	turnout number
道岔全长	total length of turnout
道岔中心	center of turnout
道床	ballast bed;track-bed
道床厚度	thickness of ballast bed;depth of ballast
道床宽度	width of ballast bed
道钉	track spike
道砟	ballast
地板面高度	height of floor from rail top
地基	foundation;foundation soil
地面线路	ground line
地铁	subway(metro)
地铁隧道	subway tunnel;underground railway tunnel;metro tunnel
地下连续墙法	underground diaphragm wall method;underground wall method
地下铁道	metro;underground railway;subway
地下线路	underground line
电—空控制	E-P control
电力监控系统	SCADA(Supervisory Control and Data Acquisition)
电制动	electric brake mode
电阻制动	rheostatic brake
垫板	tie plate
顶管法	pipe jacking method;jacking method;jack-in method
定修	scheduled repair

专业词汇中文	专业词汇英文
动态不平顺	dynamic track irregularity
动车	motor
冻结法	freezing method
冻结接头	frozen joint
独轨铁路	monorail railway
渡线	crossover;transition line
短轨	short rail
短枕	short tie;block tie
墩身	pier body;pier shaft
盾构	shield
盾构法	shield driving method;shield method
F	
翻浆冒泥	mud-pumping
反超高	reverse superelevation;counter superelevation;negative super-elevation
防洪	flood control
防爬撑	anti-creep strut
防爬器	anti-creeper;rail anchor
防水板	waterproofing board;waterproof sheet
防水材料	waterproof material
防水层	waterproof layer
放散温度力	stress liberation
非渗水土路基	non-permeable soil sub grade;impervious embankment
分开式扣件	separated rail fastening;indirect holding fastening
分散式供电	distributed power supply mode
辅助坑道	service gallery
复合制动模式	blended electro-dynamic brake mode
复式交分道岔	double slip switches
覆盖率	service rate
覆盖面积	area coverage
G	
盖挖逆筑法	cover and cut-top down method
干线	artery

续上表

专业词汇中文	专业词汇英文
刚架桥(刚构桥)	rigid frame bridge
钢管桩	steel pipe pile
钢轨	rail
钢轨擦伤	engine burn;wheel burn
钢轨工作边	gage line
钢轨接头	rail joint
钢轨扣件	rail fastening
钢轨裂纹	rail cracks
钢轨伤损	rail defects and failures
钢轨伸缩调节器	expansion rail joint
钢轨探伤车	rail flaw detection car
钢轨锈蚀	rail corrosion
钢轨折断	brittle fractures of rail;sudden rupture of rail
钢轨组合辙叉	assembled frog
钢模板	steel form
钢枕	steel tie
高峰线路	peak-hour line
高架线路	elevated line
高锰钢整铸辙叉	solid manganese steel frog;cast manganese steel frog
公私合伙/合营	PPP(Public-private Partnership)
拱顶	arch crown
拱桥	arch bridge
钩头钉	rail spike
狗头钉	dog spike
构架	truck frame
构造轨缝	structural joint gap;maximum joint gap structurally obtainable
故障性检修	corrective repair
固定轴距	rigid wheelbase
管段	tube section
管片	segment
管柱基础	tubular column foundation
贯通式	through type
规划引导型	TOD(Transit-oriented Development)

专业词汇中文	专业词汇英文
轨撑	rail brace
轨道	track
轨道变形	track deformation;track disorder;track distortion
轨道不平顺	track irregularity
轨道方向	track alignment
轨道几何形位	track geometry
轨道检测设备	track geometry measuring device
轨道检查车	track recording car;track inspection car
轨道检查小车	track geometry measuring trolley
轨道结构	track structure
轨道框架刚度	rigidity of track panel
轨道类型	classification of track;track standard
轨道前后高低	longitudinal level of rail
轨道水平	track cross level
轨道稳定性	stability of track
轨道质量指数	track quality index
轨底	rail base;rail bottom
轨底坡	rail base slope;rail cant
轨顶	top of rail(TOR)
轨缝	rail gap
轨节	rail link
轨距	track gauge
轨距杆	gage tie bar;gage rod;gage tie
轨距加宽	gauge widening
轨料	track material
轨排	track panel
轨排	track panel;track skeleton
轨头	rail head
轨头剥离	spalling of rail head
轨温	rail temperature
轨下基础	sub-rail foundation;sub-rail track bed
轨腰	rail web
轨枕	tie;cross tie;sleeper

专业词汇中文	专业词汇英文
国土运输局	LTA(Land Transport Authority)
过超高	surplus superelevation;excess elevation
H	
合金轨	alloy steel rail
核伤	nucleus flaw;oval flaw
横洞	transverse gallery
横列式	transversal type
衡重式挡土墙	balance weight retaining wall;gravity retaining wall with relieving platform;balanced type retaining wall
互换修	repair by renewal of part
护轨	guard rail
护坡	slope protection
护墙	guard wall
滑床板	slide plate;switch plate
滑坡	landslip;landslide
环境与设备监控系统	BAS(Building Automatic System)
缓和曲线	transition curve;easement curve;spiral transition curve
换乘站	interchange station
混合式供电	combined power supply mode
火灾自动报警系统	FAS(Fire Alarm System)
混凝土枕	concrete tie
J	
机械制动	friction brake mode
基本轨	stock rail
基础制动装置	foundation brake rigging
基床	sub grade bed
基床表层	formation top layer
基坑	base pit
基于通信的列车控制	CBTC(Communications-based Train Control)
集中式供电	centralized power supply mode
计划修	planning repair
计算机联锁	CI(Computer Interlocking)
架修	intermediate repair

专业词汇中文	专业词汇英文
尖轨	switch rail tongue rail;blade
建造—经营—移交	BOT(Build Operate Transfer)
建造—移交	BT(Build Transfer)
建筑工程管理模式	CM(Construction Management)
交叉渡线	scissors crossing;double crossover
交分道岔	slip switch
交通起止点	OD(Origin Destination)
胶结绝缘接头	glued insulated joint
脚手架	scaffold
接头缝	joint gap
接头夹板	joint bar;splice bar
接头联结零件	rail joint accessories;rail joint fastenings
接头螺栓	track bolt
尽端式	end type
紧急疏散门	emergency evacuation exits
静态不平顺	static track irregularity;irregularity without load
居民出行量	resident riding trips
矩形桥墩	rectangular pier
矩形隧道	rectangular section tunnel
绝缘接头	insulated joint
掘进机法	tunnel boring machine method
均衡修	balanced repair
K	
壳体	body shell
可动心轨辙叉	movable-point frog
客流追随型	SOD(Service Oriented Development)
扣件(中间联结零件)	rail fastening
跨径(跨度)	span
跨座式单轨交通	straddled monorail transit
宽混凝土轨枕(轨枕板)	broad concrete tie
矿山法	mining method
扩大基础	spread foundation
L	
立体式	cubic type
连接装置	connecting equipment
连续梁桥	continuous beam bridge

专业词汇中文	专业词汇英文
联合检修库	combined repairing shed
联络线	connect line
联轴器	shaft coupling
列车广播系统	PA
列车平稳性指标	train stability index
列车视频监视系统	CCTV
列车运行控制	ATC(Automatic Train Control)
列车运行图	distance-time diagram
列车自动防护	ATP(Automatic Train Protection)
列车自动驾驶	ATO(Automatic Train Operation)
列车自动监控	ATS(Automatic Train Supervision)
路堤	embankment;fill
路堤边坡	side slope of embankment;fill slope talus
路堤填料	embankment fill material;embankment filler;filling material of embankment
路拱	road crown;sub grade crown
列检	train examination
路基	sub grade;road bed;formation sub grade
路基横断面	sub grade cross-section
路基面	sub grade surface;formation
路基面宽度	width of the sub grade surface;formation width
路基下沉	sub grade settlement
路肩	road shoulder;sub grade shoulder
路肩标高	formation level;shoulder level
路堑	cut;road;cutting
轮对轴箱装置	wheel and axle box
螺纹道钉	screw spike
M	
脉冲编码调制	PCM(Pulse Code Modulation Decoding)
曼谷大众交通系统公共有限公司	BTS(Bangkok Mass Transit System Public Limited)
锚定板挡土墙	anchored retaining wall by tie rods;anchored bulkhead retaining wall;anchored plate retaining wall
锚定板式桥台	anchor slab abutment

专业词汇中文	专业词汇英文
锚碇	anchorage
锚杆挡墙	anchored bolt retaining wall
锚杆支护	anchor bolt support
锚喷	anchor bolt-spray
锚喷支护	anchor bolt-spray support
明挖法	cut and cover tunneling;open cut method
明挖基础	open-cut foundation;open excavation foundation
摩擦桩	friction pile
木枕;枕木	wooden tie
N	
耐磨轨	wear resistant rail
P	
排水沟	weep drain;drainage ditch;drain ditch
排水设备	drainage facilities
配属车	allocated train
喷锚	anchor bolt spray
平均无故障工作时间	MTBF
平面式	plane type
铺轨机	track laying machine
Q	
起动平均加速度	average starting acceleration
牵出线	draw-out track
牵引电机	traction motor
牵引网	traction network
浅埋暗挖法	sallow buried-tunneling method;shallow excavation method
欠超高	deficient superelevation
堑顶	top of cutting slope;top of cutting
桥墩	pier
桥梁全长	overall length of bridge
桥梁下部结构	substructure
桥塔	bridge tower;pylon
桥台	abutment
桥下净空	underneath clearance

专业词汇中文	专业词汇英文
轻轨交通	light rail transit
曲线超高	superelevation cant;elevation of curve
曲线尖轨	curved switch
驱动系统	drive system
全球卫星定位系统	GPS(Global Positioning System)
S	
塞拉门	plug pull door
三开道岔	three-way turnout
上承式桥	deck bridge
设计、采购、施工总承包	EPC(Engineer Procure Construct)
设计、管理总承包	DM(Design Manage)
设计、施工总承包	DB(Design Build)
设计—招投标—建造	DBB(Design Bid Build)
石笼	gabion
时距图	distance-time diagram
市郊铁路	suburb railway
试车线	testing track
双开道岔	equilateral turnout
司机台	driver's desk
碎石道砟	stone ballast
隧道	tunnel
隧道洞门	tunnel portal
缩短轨	standard shortened rail;fabricated short rail used on curves; standard curtailed rail
锁定轨温	fastening-down temperature of rail
T	
台身	abutment body
探伤	fault detecting and checking
特大桥	super major bridge
特种断面尖轨	special heavy section switch rail;tongue rail made of special section rail;full-wed section switch rail
天沟	gutter;overhead ditch;intercepting ditch
天然地基	natural foundation;natural ground
拖车	trailer

专业词汇中文	专业词汇英文
停车场	stabling yard
停车线	parking track
S	
司机及运营控制中心	OCC
V	
V形墩	V-shaped pier
W	
挖孔桩	dug pile
微机控制单元	EBCU
围护结构	enclosure structure
围堰	cofferdam
维修线	maintenance track
温度力	temperature stress
温度调节器	rail expansion device
无缝线路	continuously welded rail track(CWR);jointless track
无砟轨道	ballastless track
X	
洗车线	washing track
下承式桥	through bridge
现车修	repair with on parts renewed
线路长度	line length
线路断面	line section
线路爬行	track creeping
线路网长度	line network length
线路网密度	line network density
相对接头	opposite joint
箱梁	box girder
项目管理承包模式	PMC(Project Management Contracting)
项目管理服务模式	PM(Project Management)
小桥	minor bridge
斜拉桥	cable-stayed bridge
斜腿刚架桥	strutted beam bridge
斜腿刚构桥	slant-legged rigid frame bridge

续上表

专业词汇中文	专业词汇英文
心轨	point rail;nose rail
新奥法	NATM(New Austrian Tunneling Method)
悬臂梁桥	cantilever beam bridge
悬索桥(吊桥)	suspension bridge
Y	
移交—经营—移交	TOT(Transfer Operate Transfer)
异形轨	compromise rail
异形接头	compromise joint
异型接头夹板	compromise joint bar
翼轨	wing rail
有缝线路	jointed track
有轨电车	tram
有砟轨道	ballasted track
右开道岔	right hand turnout
鱼尾板	fish plate
鱼尾螺栓	fish bolt
预防性检修	preventive repair
预留轨缝	pre-formed rail gauge
月修	monthly maintenance
运用车	running train
运用库	running shed
Z	
杂散电流	stray current
载重	loading weight
再生制动	regenerative brake
在修车	repairing train
照明灯	illumination lamp
辙叉	Frog;crossing
整体道床	solid bed;integrated ballast bed;monolithic concrete bed
正线	main line
支线	branch
支座	bearing
直线尖轨	straight switch

专业词汇中文	专业词汇英文
指示灯	indicator lamp
制动控制单元	BCU
制动平均减速度	average braking deceleration
制动装置	brake equipment
中桥	medium bridge
中央牵引装置	central draft gear
轴列式	axle arrangement
轴重	axle load
柱式桥墩	column pier
转向架	bogie
转向架安全性指标	bogie safety index
转辙器	switch
桩基础	pile foundation
状态修	repair based on condition of component
自动导轨运输系统	automated guide way transit
自重	light weight
纵列式	longitudinal type
孔桩	bored pile
最低轨温	lowest rail temperature
最高轨温	highest rail temperature
最高运行速度	maximum running speed
最小曲线半径	minimal curve radius
最小竖曲线半径	minimal vertical curve radius
左开道岔	left hand turnout

参考文献

[1] 顾保南,叶霞飞.城市轨道交通工程[M].武汉:华中科技大学出版社,2007.

[2] 上海申通地铁集团有限公司,轨道交通培训中心.城市轨道交通概论[M].北京:中国铁道出版社,2009.

[3] 张立.城市轨道工程[M].成都:西南交通大学出版社,2006.

[4] 朱顺应,郭志勇.城市轨道交通规划与管理[M].南京:东南大学出版社,2008.

[5] 谭复兴,高伟君,等.城市轨道交通系统概论[M].北京:中国水利水电出版社,2007.

[6] 彭辉.城市轨道交通系统[M].北京:人民交通出版社,2008.

[7] 孙章,蒲琪.城市轨道交通概论[M].北京:人民交通出版社,2010.

[8] 毛保华,等.城市轨道交通[M].北京:科学出版社,2001.

[9] 陆化普,朱军,王建伟.城市轨道交通规划的研究与实践[M].北京:中国水利水电出版社,2001.

[10] 邢恩深.基础设施建设项目投融资操作实务[M].上海:同济大学出版社,2005.

[11] 张树森.BT投融资建设模式[M].北京:中央编译出版社,2006.

[12] 王灏.城市轨道交通投融资模式研究[M].北京:中国建筑工业出版社,2010.

[13] 周翊民.不同功能定位的轨道交通线路及其相互衔接[J].城市轨道交通研究,2009,(6):6-10.

[14] 沈景炎.城市轨道交通多种制式的特征与评价大纲[J].城市轨道交通研究,2003(5)(6):1-6,7-16.

[15] 彭辉.城市轨道交通系统[M].北京:人民交通出版社,2008.

[16] 王曰凡.城市轨道交通车辆选型[J].城市轨道交通研究,2009(4):1-7.

[17] 周翊民,孙章,季令.城市轨道交通市郊线的功能及技术特征[J].城市轨道交通研究,2007(8):1-5.

[18] 冈田宏(日).东京城市轨道交通系统的规划、建设和管理[J].城市轨道交通研究,2003(3):1-7.

[19] 周庆瑞,金锋.新型城市轨道交通[M].北京:中国铁道出版社,2005.

[20] 邵伟中,刘瑶,陈光华,等.巴黎市域轨道交通线路及车站布置特点分析[J].城市轨道交通研究,2006(1):62-64.

[21] 邵春福.交通规划原理[M].北京:中国铁道出版社,2004.

[22] 叶霞飞,顾保南.城市轨道交通规划与设计[M].北京:中国铁道出版社,1999.

[23] 上海市城市规划设计研究院,上海申通轨道交通研究咨询公司.上海市轨道交通网络车辆段停车场布局规划[R],2007.

[24] 上海市城市规划管理局,上海市城市规划设计研究院,上海申通轨道交通研究咨询公司.

上海市轨道交通网络线路控制中心规划研究[R],2007.

[25] 张振淼.城市轨道交通车辆[M].北京:中国铁道出版社,1998.

[26] 何宗华,汪松滋,何其光.城市轨道交通运营组织[M].北京:中国建筑工业出版社,2003.

[27] 毛保华.城市轨道交通系统运营管理[M].北京:人民交通出版社,2006.

[28] 季令,张国宝.城市轨道交通运营管理[M].北京:中国铁道出版社,2000.

[29] 邵伟中,朱效洁,徐瑞华,等.城市轨道交通事故故障应急处置相关问题研究[J].城市轨道交通研究,2006(1):3-6.

[30] 周淮,朱效洁,吴强.上海轨道交通网络化运营管理问题研究[J].城市轨道交通研究,2006(6):1-5.

[31] 何静.城市轨道文通运营管理[M].北京:中国铁道出版社,2007.

[32] 中国可持续交通课题组.城市交通可持续发展——要素、挑战及对策[M].北京:人民交通出版社,2008.

[33] 孙章.城市轨道交通百年回眸[J].科学,2003(1):6-10.

[34] 周国春.2007年世界地铁知名度排名[J].城市轨道交通动态,2008(3):33-38.

[35] 胡晓嘉,顾保南.城市轨道交通运营管理模式研究[J].城市轨道交通研究,2002,5(4):43-46,51.

[36] Becky P Y Loo, Amy H T Cheng. Are there useful yardsticks of population size and income level for building metro systems? Some worldwide evidence[J]. Cities,2010(27):299-306.

[37] Bing Li, A Akintoye. Perceptions of positive and negative factors influencing the attractiveness of PPP/PFI procurement for construction projects in the UK[J]. Architectural Management, 2005,12(2):125-148.

[38] Reinhard H Schmidt. Public Private Partnerships(PPP) in Financial Development in South-East Europe[C]. Development finance conference in Berlin, Springer, 2005:190-192.

[39] Rail Transit Vehicle Interface Standards Committee of the IEEE Vehicular Technology Society. IEEE Std 1474.3-2008, IEEE Recommended Practice for Communications-based Train Control (CBTC) System Design and Funcational Allocations[S],2008.

[40] Wang F Y. Integrated Intelligent Control and Management for Urban Traffic Systems[C]. Proceedings of IEEE ITS Conference, 2003:1313-1317.

[41] Deng Y, Fang W N, Hu Q M, et al. The simulation system of metro platform based on intelligent behavior-oriented passengers[J]. Computer-Aided Industrial Design&Conceptual Design, IEEE 10th Internatinal, 2009:1918-1922.

[42] Castelli L, Pesenti R Ukovich W. Scheduling multimodal transportation systems[J]. European Journal of Operational Research, 2004,(155):603-615.

[43] Chein S I J. Optimization of coordinated intermodal transit networks[D]. Maryland:University of Maryland, 1995.

[44] R Cervero. The property value case for transit. Developing Around Transit. Washington, D. C. The Urban Land Institute, 2004:31-52.

［45］John L Renne. Transit-Oriented Development：Measuring Benefits，Analyzing Trends，and E-valuating Policy，Rutgers State University PHD Dissertation，2005：6-15.

［46］Paul Bunt，Peter Joyce. Car ownership patterns near rapid transit stations. Canadian Institute of Transportation Engineers，1998：89-102.

［47］Peter Newman. Transit Oriented Development：An Australian Overview. Transit Oriented Development-Making It Happen. Australia，2005.

［48］Abramovic B，Petrovic M，Blaksovic ZJ. Use of railways for urban passenger transport［J］. WIT Transactions on the Built Environment，2008，101：243-251.

［49］Assis W O，Milani B E A. Generation of optimal schedules for metro lines using model predictive control［J］. Automatica，2004（40）：1397-1404.

［50］Garzon N J，Sanz B J D D，Gmez R J，et al. J. A new tool for railway planning and line management［J］. WIT Transactions on the Built Environment，2008，103：263-271.